2022
전공역사
중등교원임용 시험대비

선생님을 위한,

한문사료 노트

고대사/중세사

구영모 편저

합격기준 박문각 임용 동영상강의 www.pmg.co.kr

PMG 박문각

PREFACE

머리말

매년 김구 전공역사 강의를 듣는 많은 분들이 합격의 영광을 거머쥐기도 하지만, 간발의 차이로 불합격의 고배를 드는 분들도 많다. '이러한 분들을 조금이나마 더 줄일 방법은 없을까?'라는 수많은 고민 끝에 기획한 책이 바로 이 〈선생님을 위한 한문사료노트〉이다. 근래 임용 역사 시험에서 한문 사료는 한국사와 동양사에서 각각 1문제씩 필수적으로 출제가 되고 있으며, 배점은 무려 총합 4-8점가량을 차지할 정도로 비중이 높기 때문이다. 동시에 한문 사료 문항은, 정답률이 50% 미만인 경우가 대부분이므로 여기서 점수를 올릴 여지가 크다고 본 것이다.

이 〈한문사료노트〉는 근래 임용 역사 시험의 경향에 철저히 맞추어 기획되었다. 근래 역사 임용 시험에서 출제되는 한문 사료들은 교과서에 있는 한글 사료 등이 원문으로 출제되는 경우가 많았다. 또한 역사 임용 시험에서 기출되었던 한글 사료가 원문으로 나오거나, 출제되었던 한문 사료가 그대로 출제되는 경우도 많았다. 따라서 본서는 이러한 출제 경향에 맞춰 교과서 사료와 기출 사료를 집중적으로 탐구하는 형식을 취했다. 이에 덧붙여 교과서나 기출문제 등에 수록되지 않았음에도 근래 학계의 경향상 출제에 반영될 수 있겠다고 생각한 사료들도 과감하게 실었다.

이 책은 출제가 될 수 있는 사료들을 읽어보고, 관련 내용을 혼자서도 점검해볼 수 있도록 구성되었다. 한문 사료와 해석, 주요 어휘와 한자음은 물론이고, 해당 사료에 대한 간단한 해설, 그리고 해당 사료와 관련해서 출제된 각종 국가시험의 출제 내용들을 빈칸 문제로 풀어볼 수 있도록 구성하였다. 이를 통해 한문 사료에 대한 두려움을 타파하고, 관련 학습 내용들을 잘 점검해나갈 수 있도록 만들어 둔 것이다. 또한 교과서에 있는 모든 사료를 다룰 수 없는 관계로 '사료 Plus' 등을 통해 추가적으로 관련 사료들을 짚어볼 수 있도록 하였다.

다만, 다양한 내용 요소를 집어넣는 과정에서 몇 가지 축약된 기호를 사용하였다. 먼저 '역, 한, 세, 동'이라고 표시되어 있는 것들은 각각 '**역**사, **한**국사, **세**계사, **동**아시아사 교과서'를 의미한다. 이 기호와 함께 출판사의 명칭을 기록해둠으로써 해당 사료가 어느 출판사의 교과서에 수록되어 있는지 한눈에 알아볼 수 있도록 하였다. 또한 기출 문제 빈칸에는 '수, 등, 전, 공'이라는 표시가 있는데, 이는 순서대로

'**수**능(대학수학능력시험), 한국사**능**력검정시험, **전**공역사임용시험, **공**통사회임용시험에서 출제'되었다는 의미이다. 이렇게 직관적인 축약 기호를 통하여 다양한 국가시험에서 어떻게 출제가 되었는지 꼼꼼히 살펴볼 수 있도록 구성하였다.

한편, 이 책은 본디 올해는 한 권의 책으로 출간할 생각이었다. 그리고 수업과 교재 연구 등을 통해 내용을 보완하여 내년에는 한국사와 동양사로 각각 분권화할 생각이었다. 그러나 올해 처음으로 기획 및 집필하는 과정에서 다소 많은 시간이 소요되어, 시간 관계상 시기별로 분권화하여 출간하게 되었다. 한국사와 중국사 모두 약 9-10세기를 기준으로 나누었는데, 〈고대사-중세사〉 편에서는 남북국 시대와 당나라 시기까지를 다루고 있고, 〈중세사-근세사〉 편에서는 고려에서 조선 시대까지와 송에서 청나라에 이르는 시기까지를 다룰 예정이다. 그리고 본 교재는 김구 전공역사 3-6월 강의(박문각)에서 활용할 예정이다.

이렇게나마 본 교재를 내보낼 수 있었던 것은 학계에 계신 연구자분들의 연구 성과를 참조한 덕분이다. 집필 과정에서 여러 선생님의 글 등을 읽으며 정말 많이 놀라기도 하고 감탄하기도 했다. 학계에 있는 분들의 연구 덕분에 이렇게 수험서를 만들 수 있었지만, 일반적으로 수험서의 성격상 일일이 각주를 남기기는 어려워 마지막에 참고문헌으로 대신했다. 또한 조악한 원고를 구색을 갖춘 수험서로 출간할 수 있게 해준 박문각 출판팀에도 감사의 말씀을 전하고 싶다. 기획 내용과 원고 초본을 보내드렸을 때부터 흔쾌히 받아주셨기 때문이다. 출간 과정에서 들어가는 많은 노고에 늘 진심으로 감사드린다.

마지막으로 이 수험서가 부디 우리 김구 전공역사 수강생분들에게 한문 사료 문항을 격파할 수 있는 좋은 무기가 되기를 소망한다. 그리고 그 덕분에 한 명이라도 더 많은 수강생분들이 합격하기를 소망한다.

편저자 구영모

CONTENTS

차 례

PART 01 문명의 형성과 여러 나라의 성장

PART 02 삼국의 성립과 발전

선생님을 위한,

한문사료노트

고대사/중세사

PART 01

문명의 형성과 여러 나라의 성장

THEME

001 단군 이야기와 고조선 건국

역금성, 역동아, 역리베르, 역미래엔, 역비상, 역지학사, 역천재 / 한리베르

① 魏書云, "乃往二千載有壇君王倹立都阿斯達, 開國號朝鮮, 與高同時." ② 古記云, "昔有桓因【謂帝釋也】庶子桓雄, 數意天下, 貪求人世. ③ 父知子意, 下視三危太伯, 可以弘益人間, 乃授天符印三箇. ④ 遣往理之, 雄率徒三千, 降於太伯山頂, 神壇樹下, 謂之神市, 是謂桓雄天王也. ⑤ 將風伯雨師雲師, 而主穀主命主病主刑主善惡, 凡主人間三百六十餘事, 在世理化. ⑥ 時有一熊一虎, 同穴而居, 常祈于神雄願化爲人. ⑦ 時神遺靈艾一炷蒜二十枚曰, '爾輩食之, 不見日光百日, 便得人形.' ⑧ 熊虎得而食之, 忌三七日, 熊得女身, 虎不能忌, 而不得人身. ⑨ 熊女者無與爲婚, 故每於壇樹下, 呪願有孕. ⑩ 雄乃假化而婚之, 孕生子號曰壇君王倹. ⑪ 以唐高即位五十年庚寅, 都平壤城, 始稱朝鮮. ⑫ 又移都於白岳山阿斯達, 又名弓忽山, 又今旀達, 御國一千五百年. ⑬ 周虎王即位己卯, 封箕子於朝鮮, 壇君乃移於藏唐京, 後還隱於阿斯達爲山神, 壽一千九百八歲."

— 『三國遺事』「奇異」

주요 어휘

乃 이에 **내** 往 옛 **왕** 載 실을 / 해 **재** 壇 제단 **단** 都 도읍 **도**
高 왕요(王堯, 정종)를 피휘 云 이를 **운** 昔 옛 **석** 桓 굳셀 **환**
因 인할 **인** 謂 이를 **위** 釋 석가 / 불교 **석** 庶 여러 **서** 雄 수컷 **웅**
數 셀 **수** 危 위태할 **위** 弘 넓을 / 널리 **홍** 益 더할 **익** 符 부절 **부**
意 뜻 **의** 貪 탐할 **탐** 求 구할 **구** 知 알다 **지** 視 볼 **시**
授 줄 **수** 率 거느릴 **솔** 降 내릴 **강** / 항복할 **항** 頂 정수리 **정**
將 장차 / 거느릴 **장** 主 주관할 **주** 穀 곡식 **곡** 病 질병 **병**
刑 형벌 **형** 熊 곰 **웅** 虎 범 **호** 穴 동굴 **혈** 常 항상 **상**
祈 빌다 **기** 願 원할 **원** 遺 남길 **유** 靈 신령 **령** 艾 쑥 **애**

炷 심지 **주**	蒜 마늘 **산**	枚 줄기 **매**	爾 너 **이**	輩 무리 **배**
食 먹을 **식**	便 편할 **편**	忌 꺼릴 **기**	婚 혼인할 **혼**	每 매양 **매**
呪 빌 **주**	孕 임신할 **잉**	假 거짓 / 임시 **가**		始 처음 **시**
移 옮길 **이**	御 어거할 **어**	還 돌아올 **환**	隱 숨을 **은**	壽 목숨 **수**

한자 독음

① 위서운, "내왕이천재유단군왕검입도아사달, 개국호조선, 여고(요)동시." ② 고기운, "석유환인 【위제석야】 서자환웅, 수의천하, 탐구인세. ③ 부지자의, 하시삼위태백, 가이홍익인간, 내수천부인삼개. ④ 견왕리지, 웅솔도삼천, 강어태백산정, 신단수하, 위지신시, 시위환웅천왕야. ⑤ 장풍백우사운사, 이주곡주명주병주형주선악, 범주인간삼백육십여사, 재세이화. ⑥ 시유일웅일호, 동혈이거, 상기우신웅원화위인. ⑦ 시신유령애일주산이십매왈, '이배식지, 불견일광백일, 편득인형.' ⑧ 웅호득이식지, 기삼칠일, 웅득녀신, 호불능기, 이부득인신. ⑨ 웅녀자무여위혼, 고매어단수하, 주원유잉. ⑩ 웅내가화이혼지, 잉생자호왈단군왕검. ⑪ 이당고(요)즉위오십년경인, 도평양성, 시칭조선. ⑫ 우이도어백악산아사달, 우명궁홀산, 우금미(며)달, 어국일천오백년. ⑬ 주호왕즉위기묘, 봉기자어조선, 단군내이어장당경, 후환은어아사달위산신, 수일천구백팔세."

1. 국문 해석

① 『위서(魏書)』에 이르기를, "지금부터 2000년 전에 단군왕검(檀君王儉)이 있어 아사달(阿斯達)에 도읍을 정하고 나라를 열어 조선(朝鮮)이라 불렀으니 중국의 요(堯)임금과 같은 때이다."라고 하였다. ② 『고기(古記)』에 이르기를, "옛날에 환인(桓因) 【제석(帝釋)을 이른다】 의 서자(庶子)인 환웅(桓雄)이 천하(天下)에 자주 뜻을 두어 인간 세상을 탐하여 구하였다. ③ 아버지가 아들의 뜻을 알고 삼위태백(三危太白)을 내려다보니 인간(人間)을 널리 이롭게 할 만하여, 이에 천부인(天符印) 3개를 주며 가서 다스리도록 하였다. ④ 환웅은 무리 3,000을 거느리고 태백산(太伯山) 정상의 신단수(神檀樹) 아래로 내려왔으니, 이곳을 신시(神市)라 하고 그를 환웅천왕(桓雄天王)이라 하였다. ⑤ 그는 풍백(風伯)·우사(雨師)·운사(雲師)를 거느리고 곡식·생명·질병·형벌·선악을 맡아 관장하고, 모두 인간의 360여 가지 일을 주관하면서 세상에 머물며 다스리고 교화하였다. ⑥ 이때 곰 한 마리와 호랑이 한 마리가 있었는데 같은 굴에 살면서 항상 신령스러운 환웅에게 사람이 되게 해 달라고 빌었다. ⑦ 이때 신(환웅)이 영험한 쑥 한줌과 마늘 스무 쪽을 주면서 이르기를, '너희들이 이것을 먹고 100일 동안 햇빛을 보지 않으면 곧 사람의 형체를 얻을 수 있으리라.'라고 하였다. ⑧ 곰과 호랑이는 그것을 받아먹고 금기한 지 21일 만에 곰은 여자의 몸이 되었으나, 호랑이는 금기하지 못해서 사람의 몸이 되지 못하였다. ⑨ 여자가 된 곰[熊女]은 혼인할 사람이 없었는데 매번 단수(檀樹) 아래에서 아이를 갖게 해 달라고 빌었다. ⑩ 이에 환웅이 잠시 사람으로 변하여 그녀와 혼인하였고 잉태하여 아들을 낳으니 이름을 단군왕검이라 하였다. ⑪ 단군왕검은 중국의 요임금이 즉위한 지 50년인 경인(庚寅)년에 평양성(平壤城)에 도읍하고 비로소 조선(朝鮮)이라 불렀다. ⑫ 또한 도읍을 백악산(白岳山) 아사달(阿斯達)로 옮겼는데, 그곳을 또는 궁홀산(弓忽山) 또는 금미달(今彌達)이라고도 불렀는데, 이곳에서 1,500년 동안 나라를 다스렸다.

⑬ 주나라 무왕(武王)이 즉위한 기묘(己卯)년에 기자(箕子)를 조선에 봉하니, 단군은 곧 장당경(藏唐京)으로 옮긴 뒤에 돌아와 아사달에 숨어 산신(山神)이 되었고 나이가 1,908세였다."라고 하였다.

— 『삼국유사(三國遺事)』 「기이(奇異)」

2. 사료 해설

원 간섭기인 충렬왕 시기 일연(一然)은 『삼국유사(三國遺事)』를 서술하면서 단군의 건국 이야기를 가장 맨 앞에 배치하였다. 민족의 시조로서 단군왕검(檀君王儉)을 이야기한 것인데, 그 과정에서 단군의 탄생을 신이하게 묘사하였다. 먼저 단군왕검의 조부(祖父)인 환인(桓因)은 제석(帝釋)을 이른다고 하였는데, 제석은 하느님을 뜻하는 불교식 용어이다. 따라서 단군왕검은 하느님의 후손인 동시에, 하늘에 있는 태양신(太陽神)의 후손으로도 볼 수 있다.

단군왕검의 부(父)인 환웅(桓雄)은 풍백(風伯)·우사(雨師)·운사(雲師)를 거느리고 곡식과 생명, 형벌 등을 관장하였다고 하는데, 이는 당시 농경이 발달하고 그에 따라 사유 재산이 형성되었음을 보여준다. 그리고 환웅이 무리 3,000을 이끌고 왔다는 것은 외부 집단이 이주 또는 정착한 것으로 보이며, 곰과 호랑이로 상징되는 집단은 이 지역의 토착 집단으로 보인다. 그리하여 환웅과 웅녀의 결합에 따라 태어난 단군왕검은 외부 집단과 토착 집단의 결합에 따른 세력체 형성을 상징하는 것으로 본다.

일반적으로 '단군(檀君)'은 무당 혹은 하늘 등을 뜻하는 몽골어인 '텡그리(tengri)'로 해석하고, '왕검(王儉)'은 정치적 군장을 뜻하는 '임금'으로 해석한다. 이에 따라 단군왕검은 종교적 지배자와 정치적 지배자를 겸하고 있으며, 고조선은 제정일치(祭政一致) 사회였던 것으로 본다.

사료 텍스트 완성하기

교과서 텍스트

1. 한 군장은 스스로를 (　　　)의 자손이라 칭하고, 청동기를 사용하여 권위를 높였다.
2. 역 『삼국유사』에는 인간을 널리 이롭게 한다는 (　　　)의 이념과 고조선 건국 이야기가 전한다.
3. 한 고조선은 환웅 집단이 여러 세력과 결합하여 성립되었고, '단군왕검'이라는 (　　　)의 지배자가 통치하였다.
4. 역 고려 시대에 일연이 쓴 (　　　)에는 고조선을 세운 단군의 건국 이야기가 수록되어 있다. 또한 조선 시대 역사서인 (　　　)에는 고조선의 건국 시기가 기원전 2333년으로 기록되어 있다.

기출 텍스트

1. 능 '환인이 천부인 세 개를 주어 내려가게 하니'라는 부분은 천손족(天孫族) 관념에 바탕을 둔 고조선 지배층의 (　　　) 의식이 반영되어 있다.
2. 능 '환웅이 풍백, 우사, 운사를 거느리고 왔다.'라는 부분은 생산 활동에서 (　　　)이/가 차지하는 비중이 크게 높아졌음을 시사한다.
3. 능 중국의 (　　　)임금과 비슷한 시기에 등장했다는 것은 우리가 중국과 대등할 정도로 유구한 역사와 전통을 가진 민족이라는 자부심이 담겨 있다.
4. 능 (　　　)은/는 제사장이면서 정치적 지배자였다.

빈칸 정답

	교과서 텍스트	기출 텍스트
1	하늘	선민
2	홍익인간	농경
3	제정일치	요
4	『삼국유사』, 『동국통감』	단군왕검

002 기자조선에 대한 신화와 범금 8조

역금성, 역동아, 역리베르, 역미래엔, 역지학사, 역천재 / 한금성, 한동아, 한비상, 한지학사, 한천재

① 武王勝殷, 繼公子祿父, 釋箕子之囚. ② 箕子不忍爲周之釋, 走之朝鮮. ③ 武王聞之, 因以朝鮮封之. ④ 箕子旣受周之封, 不得無臣禮, 故於十三祀來朝, 武王因其朝而問鴻範.

—『尙書大傳』「殷傳」

⑤ 玄菟·樂浪, 武帝時置, 皆朝鮮·濊貉·句驪蠻夷. ⑥ 殷道衰, 箕子去之朝鮮, 敎其民以禮義, 田蠶織作. ⑦ 樂浪朝鮮民犯禁八條. ⑧ 相殺以當時償殺, 相傷以穀償, 相盜者男沒入爲其家奴, 女子爲婢, 欲自贖者, 人五十萬. ⑨ 雖免爲民, 俗猶羞之, 嫁取無所讎. ⑩ 是以其民終不相盜, 無門戶之閉. ⑪ 婦人貞信不淫辟. ⑫ 其田民飮食以籩豆, 都邑頗放效吏及內郡賈人, 往往以杯器食. ⑬ 郡初取吏於遼東, 吏見民無閉臧. ⑭ 及賈人往者, 夜則爲盜, 俗稍益薄. ⑮ 今於犯禁浸多, 至六十餘條.

—『漢書』「地理志」

⑯ 昔箕子旣適朝鮮, 作八條之敎以敎之, 無門戶之閉而民不爲盜. ⑰ 其後四十餘世, 朝鮮侯準僭號稱王.

—『三國志』「魏書」東夷傳

주요 어휘

勝 이기다 / 승리를 거두어 멸망시키다 **승**
殷 성할 **은**
繼 이을 **계**
祿 복 **록**
釋 풀다 **석**
囚 가둘 **수**
忍 참을 **인**
走 달아날 **주**
聞 들을 **문**
封 봉할 **봉**
受 받을 **수**
不得(부득) 마지못하여
祀 제사 **사**
朝 알현할 **조**
問 사이 **간**
鴻 큰기러기 **홍**
範 법 **범**
菟 새삼 / 토끼 **토**
濊 깊을 **예**
貉 오랑캐 **맥**
蠻 오랑캐 **만**
衰 쇠할 **쇠**
去 갈 **거**
蠶 누에 **잠**
織 짤 **직**
犯 범할 **범**
禁 금할 **금**
相 서로 / 이끌다 **상**
當 당할 **당**
償 갚을 **상**
傷 상처 **상**
盜 훔칠 **도**
沒 가라앉을 **몰**
贖 속바칠 **속**
雖 비록 **수**
免 면할 **면**

猶 오히려 **유**	羞 바칠 **수**	嫁 시집갈 **가**	取 취할 **취**	讎 짝 **수**
終 끝내 **종**	無 없을 **무**	閉 닫을 **폐**	婦 며느리 **부**	貞 곧을 **정**
淫 음란할 **음**	辟 편벽되다 **벽**	飮 마실 **음**	籩 제기 이름 **변**	豆 콩 **두**
籩豆 대나무와 나무로 만든 제기		頗 매우 **파**	放 본받을 **방**	效 본받을 **효**
賈 장사 **고**	往 갈 **왕**	往往 이따금	杯 잔 **배**	見 볼 **견**
臧 숨길 **장**	稍 점점 **초**	益 더할 **익**	薄 엷을 **박**	浸 담글 **침**
旣 이미 **기**	適 갈 **적**	準 준할 **준**	僭 참람할 **참**	稱 일컬을 **칭**

한자 독음

① 무왕승은, 계공자녹부, 석기자지수. ② 기자불인위주지석, 주지조선. ③ 무왕문지, 인이조선봉지. ④ 기자기수주지봉, 부득무신예, 고어십삼사래조, 무왕인기조이간홍범.

⑤ 현토·낙랑, 무제시치, 개조선·예맥·구려만이. ⑥ 은도쇠, 기자거지조선, 교기민이예의, 전잠직작. ⑦ 낙랑조선민범금팔조. ⑧ 상살이당시상살, 상상이곡상, 상도자남몰입위기가노, 여자위비, 욕자속자, 인오십만. ⑨ 수면위민, 속유수지, 가취무소수. ⑩ 시이기민종불상도, 무문호지폐. ⑪ 부인정신불음벽. ⑫ 기전민음식이변두, 도읍파방효리급내군고인, 왕왕이배기식. ⑬ 군초취리어요동, 리견민무폐장. ⑭ 급고인왕자. 야즉위도, 속초익박. ⑮ 금어범금침다, 지육십여조.

⑯ 석기자기적조선, 작팔조지교이교지, 무문호지폐이민불위도. ⑰ 기후사십여세, 조선후준참호칭왕.

1. 국문 해석

① 주(周) 무왕(武王) 은(殷)을 멸망시키고, 공자 녹보(祿父)에게 은을 계승하도록 하고, 기자(箕子)를 감옥에서 풀어주었다. ② 기자는 주나라에 의해 석방된 것을 참을 수 없어서 조선으로 도망쳤다. ③ 무왕은 그 소식을 듣고 조선에 봉하였다. ④ 기자는 이미 주에게 봉함을 받았으므로, 신하의 예를 지키지 않을 수 없어서, 무왕 13년에 내조하였는데, 무왕은 알현 과정에서 홍범(鴻範)에 대해 물었다.

—『상서대전(尙書大傳)』「은전(殷傳)」

⑤ 현토(현도)와 낙랑은 무제 시기에 설치되었는데, 이 땅은 모두 조선·예맥·구려의 오랑캐가 사는 곳이다. ⑥ 은나라의 도가 쇠해지자 기자가 조선으로 가서 그 백성들을 예의에 힘쓰고, 농사짓고 누에를 쳐서 길쌈을 하도록 가르쳤다. ⑦ 낙랑 조선민에게는 범금 8조가 있다. ⑧ 남을 죽이면 즉시 죽음으로 갚고, 남을 상해하면 곡식으로 배상하며, 남의 물건을 훔친 자가 남자이면 그 집의 노(奴)로 삼으며 여자이면 비(婢)로 삼는데, 자신의 죄를 용서받으려는 자는 1인에 50만(전)이었다. ⑨ 그러나 비록 죄를 사면받아 민(民)이 된다 할지라도 풍속에서는 오히려 이를 꺼려 결혼하려고 할 때 짝하려는 자가 없었다. ⑩ 이 때문에 그 민들은 끝내 도둑질하지 않아 집의 문을 닫아 놓지 않았다. ⑪ 부인들은 모두 정조를 지키고 신용이 있어 음란하고 편벽된 행동을 하지 않았다.

⑫ 그 지방의 농사짓는 백성들은 대나무 그릇에 밥을 먹고, 도시에서는 관리나 장사꾼들을 본받아서 왕왕 술잔 같은 그릇으로 음식을 먹는다. ⑬ 군에서는 처음에 요동에 가서 관리를 데려왔는데, 그 관리들은 백성들이 물건을 숨기거나 감추어 두는 법이 없는 것을 보았다. ⑭ 장사꾼들이 오자 밤에 도둑질을 하게 되어 풍속이 차츰 박해졌다. ⑮ 지금에 와서는 법으로 금하는 것이 더 많아져서 60여 조목이 되었다.

— 『한서(漢書)』 「지리지(地理志)」

⑯ 옛날에 기자가 일찍이 조선에 가서, 팔조(八條)의 가르침을 만들어 그들을 가르치니, 문을 닫아 걸지 않아도 백성들은 도둑질을 하지 않았다. ⑰ 그후 사십여 세(世)가 지나 조선후(朝鮮侯) 준(準)이 참람되게 왕(王)이라 일컬었다.

— 『삼국지(三國志)』 「위서(魏書)」 동이전(東夷傳)

2. 사료 해설

선진(先秦) 문헌에서는 기자조선에 관련한 기록이 없고, 한 무제 시기 편찬된 『상서대전(尙書大傳)』 등에서 기자조선에 대해 처음으로 언급하고 있다. 『상서대전』에 따르면 주(周) 무왕(武王)이 기자를 '조선후'에 봉하였다고 기록하고 있으며, 또한 이후 편찬된 『한서(漢書)』에서는 "상(은)의 도가 쇠해지자 기자가 조선으로 가서 그 백성으로 하여금 예의에 힘쓰고, 농사짓고 누에를 쳐서 길쌈하도록 가르쳤다."라고 기록하고 있다. 이를 근거로 16세기 무렵 사림들 사이에서는 기자를 성현으로 숭배하고, 기자조선에 대한 연구를 심화하였다. 이를 대표하는 저술로는 이이의 『기자실기』 등이 있다.

하지만 현재 학계에서는 이러한 기자조선을 사실로 받아들이지 않고 있다. 기자조선에 관련한 기록이 한 무제 시기 갑자기 등장한 것을 고조선에 대한 침략과 연계지어서 나타난 만들어진 인식일 가능성이 높다고 보는 것이다. 그리고 기자가 살았다고 하는 황허강 지역과 고조선 지역의 문화 사이에 고고학적 상관성이 거의 없고, 또한 당시 상황에서는 이 지역 간의 왕래 자체가 쉽지 않았을 것이라고 본다.

한편 『한서(漢書)』 등에는 고조선의 범금 8조가 전한다. 학계에서는 기자조선의 실체에 대해 의심하고 있고, 범금 8조의 경우 고조선 후기 철기의 수용 이후 나타난 것으로 파악하는 경우가 많다.

범금 8조는 살인죄와 상해죄에 대해 다루고 있다. 이 두 조항은 농업 사회의 발전에 따른 노동력 중시와 연계해서 해석하는 경우가 많다. 절도죄 역시 사유 재산의 보호를 의미하는데, 이는 철기의 수용에 따른 사회 분화의 결과로 이해된다. 또한 절도죄에 대한 사면을 위해 50만 전을 배상한다는 조항은 고조선 사회에 화폐가 유통되었음을 보여준다. 다만 고조선에서 독자적인 화폐 주조와 유통으로 단정할 수는 없으므로, 중국 내 화폐가 고조선 사회에 유통된 것으로 보기도 한다.

사료 Plus+

- 우리 해동에 나라가 생긴 것이 맨 처음에 단군조선에서 시작하였는데, 그때는 까마득한 시절이어서 민속이 순박하였다. 기자가 주나라의 봉함을 받아서 8조의 가르침을 시행하니 문물과 예의의 아름다운 것이 실제로 이로부터 시작되었다.

— 『동문선(東文選)』

- 예조 전서(禮曹典書) 조박(趙璞) 등이 상서(上書)하길, "… 조선의 단군(檀君)은 동방(東方)에서 처음으로 천명(天命)을 받은 임금이고, 기자(箕子)는 처음으로 교화(敎化)를 일으킨 임금이오니, 평양부(平壤府)로 하여금 때에 따라 제사를 드리게 할 것입니다. …"라고 하였다.

— 『태조실록(太祖實錄)』 원년 8월

- 물론 단군(檀君)께서 먼저 나시기는 하였으나 문헌으로 상고할 수 없다. 삼가 생각하건대 기자께서 우리 조선에 들어오시어 그 백성을 후하게 양육하고 힘써 가르쳐 주시어 머리를 틀어 얹는 오랑캐의 풍속을 변화시켜 문화가 융성하였던 제나라와 노나라 같은 나라로 만들어 주셨다.

— 이이(李珥), 『기자실기(箕子實記)』

사료 텍스트 완성하기

교과서 텍스트

1. 역 고조선은 사회 질서를 유지하고자 (　　　)을/를 제정하여 시행하였는데, 그중 3개 조가 전한다. 내용을 보면, 주로 사람의 생명과 노동력을 중시한 내용이다. 남을 다치게 하면 곡물로 변상하였다는 점에서 고조선이 (　　　) 사회였음을 알 수 있고, 도둑질한 사람을 (　　　)(으)로 삼거나 (　　　)을/를 치르게 하였다는 점을 통해 사유 재산을 인정하고 노비가 존재하는 신분제 사회였음을 알 수 있다.
2. 한 16세기에 사림은 단군보다 기자를 더 높이 숭상하면서 기자조선에 대한 연구를 심화하였다. 이이의 (　　　)은/는 그 대표적인 저술로 사림의 존화주의적 세계관을 보여 주고 있다.

기출 텍스트

1. 등 조선 초기 (　　　)의 동래(東來)로 우리나라에서 유교적 예의의 교화가 시작되었다고 인식하였다.
2. 등 고조선은 (　　　)을/를 통해 절도, 살인, 상해 등의 죄를 다스렸다.

빈칸 정답

	교과서 텍스트	기출 텍스트
1	8조법, 농경, 노비, 배상	기자
2	기자실기	8조법

THEME

003 고조선의 성장과 위만조선의 성립

한 씨마스

① 侯準旣僭號稱王, 爲燕亡人衛滿所攻奪. ② 魏略曰, "昔箕子之後朝鮮侯, 見周衰, 燕自尊爲王, 欲東略地, 朝鮮侯亦自稱爲王, 欲興兵逆擊燕以尊周室. ③ 其大夫禮諫之, 乃止. ④ 使禮西說燕, 燕止之, 不攻. ⑤ 後子孫稍驕虐, 燕乃遣將秦開攻其西方, 取地二千餘里, 至滿番汗爲界, 朝鮮遂弱." ⑥ "及秦幷天下, 使蒙恬築長城, 到遼東. ⑦ 時朝鮮王否立, 畏秦襲之, 略服屬秦, 不肯朝會. ⑧ 否死, 其子準立. ⑨ 二十餘年而陳·項起, 天下亂, 燕·齊·趙民愁苦, 稍稍亡往準, 準乃置之於西方. ⑩ 及漢以盧綰爲燕王, 朝鮮與燕界於浿水. ⑪ 及綰反, 入匈奴, 燕人衛滿亡命, 爲胡服, 東度浿水, 詣準降. ⑫ 說準求居西界, 收中國亡命, 爲朝鮮藩屛. ⑬ 準信寵之, 拜爲博士, 賜以圭, 封之百里, 令守西邊. ⑭ 滿誘亡黨, 衆稍多, 乃詐遣人告準, '言漢兵十道至, 求入宿衛,' 遂還攻準. ⑮ 準與滿戰, 不敵也."

–『三國志』「魏書」東夷傳

주요 어휘

旣 이미 기 / 僭 참람할 참 / 衛 지킬 위 / 滿 찰 만 / 攻 칠 공
衰 쇠할 쇠 / 尊 높일 존 / 欲 하고자할 욕 / 略 간략할 / 노략질할 략
地 땅 지 / 稱 일컬을 칭 / 逆 거스를 역 / 擊 부딪칠 격 / 諫 간할 간
止 그칠 지 / 使 하여금 / 사신 사 / 說 말씀 설 / 攻 칠 공
稍 점점 초 / 驕 교만할 교 / 虐 사나울 학 / 至 이를 지 / 界 지경 계
遂 드디어 수 / 弱 약할 약 / 及 미치다 / 함께 급 / 築 쌓을 축
使 하여금 사 / 蒙 입을 몽 / 恬 편안할 염 / 到 이를 도 / 畏 두려워할 외
襲 엄습할 습 / 服 옷 / 직책 / 따르다 복 / 屬 무리 / 복종하다 속
肯 수긍하다 긍 / 項 클 항 / 起 일어날 기 / 愁 근심 수 / 苦 괴로울 고
亡 도망할 망 / 往 가다 왕 / 綰 얽을 관 / 浿 강 이름 패 / 度 건널 도

詣 이를 **예**	說 설득할 **설**	收 거둘 **수**	藩 덮을 **번**	屛 병풍 **병**
信 믿을 **신**	寵 사랑할 **총**	拜 벼슬을 줄 **배**	博 넓을 **박**	賜 줄 **사**
圭 홀(笏) **규**	邊 가 **변**	誘 꾈 **유**	詐 속일 **사**	告 알릴 **고**
還 돌아올 **환**	攻 공격할 **공**	戰 싸울 **전**	敵 맞설 **적**	

한자 독음

① 후준기참호칭왕, 위연망인위만소공탈. ② 위략왈, "석기자지후조선후, 견주쇠, 연자존위왕, 욕동략지, 조선후역자칭위왕, 욕흥병역격연이존주실. ③ 기대부예간지, 내지. ④ 사예서설연, 연지지, 불공, ⑤ 후자손초교학, 연내견장진개공기서방, 취지이천여리, 지만번한위계, 조선수약." ⑥ "급진병천하, 사몽염축장성, 도요동. ⑦ 시조선왕부입, 외진습지, 약복속진, 불긍조회. ⑧ 부사, 기자준립. ⑨ 이십여년이진·항기, 천하란, 연·제·조민수고, 초초망왕준, 준내치지어서방. ⑩ 급한이노관위연왕, 조선여연계어패수. ⑪ 급관반, 입흉노, 연인위만망명, 위호복, 동도패수, 예준항. ⑫ 설준구거서계, 수중국망명, 위조선번병. ⑬ 준신총지, 배위박사, 사이규, 봉지백리, 영수서변. ⑭ 만유망당, 중초다, 내사견인고준, '언한병십도지, 구입숙위,' 수환공준. ⑮ 준여만전, 부적야."

1. 국문 해석

① 조선후(朝鮮侯) 준(準)이 일찍이 참람되게 왕을 칭하였는데, 연(燕)나라에서 망명한 위만(衛滿)에게 공격받아 나라를 빼앗겼다. ② 『위략(魏略)』에 이르기를, "옛 기자(箕子)의 후예인 조선후(朝鮮侯)는 주(周)나라가 쇠약해지자 연(燕)나라가 스스로 높여 왕이 되어 동쪽을 침략하여 땅을 빼앗으려는 것을 보고, 조선후 역시 스스로 왕이라 칭하고 군사를 일으켜 도리어 연나라를 공격하여 주나라 왕실을 받들고자 하였다. ③ 조선의 대부(大夫) 예(禮)가 간언하자 곧 그만두었다. ④ 조선후가 예를 시켜 서쪽의 연나라를 설득하니 연이 그만두고 공격하지 않았다. ⑤ 이후 조선후의 자손이 점점 교만하고 포학해지자, 연나라는 곧 장군 진개(秦開)를 보내 조선의 서쪽을 공격해 2,000여 리의 땅을 빼앗고, 만번한(滿番汗)에 이르러 경계를 삼았다. 조선은 마침내 쇠약해졌다." 라고 전한다. ⑥ "진(秦)나라가 천하(天下)를 통일한 뒤, 몽염(蒙恬)을 시켜서 장성(長城)을 쌓게 하여 요동(遼東)에까지 이르렀다. ⑦ 이때에 조선왕(朝鮮王) 부(否)가 왕(王)이 되었는데, 진(秦)나라의 습격을 두려워한 나머지 정략(政略)상 진(秦)나라에 복속(服屬)은 하였으나 조회(朝會)에는 나가지 않았다. ⑧ 부(否)가 죽고 그 아들 준(準)이 즉위하였다. ⑨ 20여 년이 지나 진승(陳勝)과 항우(項羽)가 군사를 일으켜 천하가 혼란해지니, 연(燕)·제(齊)·조(趙)나라의 백성들이 근심과 괴로움에 점차 망명하여 조선의 준왕에게 오니, 준왕은 이에 이들을 나라의 서방에 두었다. ⑩ 한(漢)나라에 이르러 노관(盧綰)을 연왕(燕王)으로 삼으니 조선과 연나라는 패수(浿水)를 경계로 하였다. ⑪ 노관이 한나라를 배반하고 흉노(匈奴)로 들어가자, 연나라 사람 위만도 망명하여 호복(胡服)을 하고 동쪽의 패수를 건너가서 준왕에게 투항하였다. ⑫ 위만은 준왕을 설득하여 서쪽 경계에 거주하기를 구하고, 중국의 망명자를 거두어 이를 조선의 번병(藩屛)을 삼겠다고 하였다.

⑬ 준왕은 그를 믿고 총애하여 벼슬을 내려 박사(博士)로 삼고 규(圭)를 내려주어 백 리의 땅을 봉해 주면서 서쪽 변경을 지키도록 하였다. ⑭ 위만은 망명자의 무리를 꾀어내어 무리가 점차 많아지자, 이에 사람을 보내 준왕에게 거짓으로 알리기를 '한나라의 군대가 10개의 길로 쳐들어오니, 들어가 숙위(宿衛)하기를 청합니다.'라고 하고, 마침내 돌아와 준왕을 공격하였다. ⑮ 준왕은 위만과 싸웠지만 상대가 되지 못하였다."라고 전한다.

–『삼국지(三國志)』「위서(魏書)」 동이전(東夷傳)

2. 사료 해설

이 사료는 기원전 4세기부터 기원전 2세기 초반의 고조선의 모습을 보여주는 사료이다. 먼저 고조선은 기원전 5세기 무렵에는 중국 계통의 철기 문화를 수용하였고, 기원전 4세기경에는 '왕'을 칭할 정도로 성장하였다. 당시 고조선은 주변에 산재한 지역 집단의 연맹장 역할을 하면서, 대부(大夫)와 같은 관료 체계를 마련한 것으로 보인다. 또한 연과 대립 관계를 형성하면서 선제공격을 하려고 하였다는 점, 그리고 연의 공격에 2,000여 리의 땅을 빼앗길 만큼 광활한 영역을 지배하고 있었다는 점 등은 당시 고조선의 강대함을 보여주는 것이라 할 수 있다. 다만 이렇게 연에게 광활한 서방 지역을 빼앗긴 것은 강력한 집권체제를 갖추지 못한 데에서 오는 한계로 보인다. 이후에도 고조선은 점차 국왕을 정점으로 하는 중앙 정부의 통제력을 강화해 나가려고 노력하였다.

위만은 연나라 사람으로 한 고조(高祖)가 연왕(燕王)으로 봉한 노관(盧綰)의 부장(副將)이었다. 여후(呂后) 시기 노관이 자신에게 닥친 위험을 깨닫고 흉노로 망명하자, 위만은 고조선으로 망명한 것이다. 위만은 패수(浿水)와 왕검성(王儉城) 사이의 지역, 즉 중국과 고조선의 경계지역[秦古空地]에 거주하였는데, 준왕은 이러한 위만에게 박사(博士) 관직을 주며 그의 세력을 인정하였다.

결국 위만은 준왕을 몰아내고 정권을 장악하였는데, 이를 '위만조선'이라 한다. 국호를 그대로 조선이라 하였고, 토착민 출신들을 중용하였기 때문에 이전의 고조선을 계승하였다고 본다.

사료 Plus+

환공(桓公)이 관자(管子)에게 "내가 듣기로 해내(海內)에 7가지 옥폐(玉幣)가 있다고 하는데, 들어 볼 수 있겠는가?"라고 물었다. 관자가 대답하길, "음산(陰山)의 연민(礝碈)이 하나요, 연(燕)나라 자산(紫山)의 백금(白金)이 하나요, 발조선(發朝鮮)의 문피(文皮)가 하나요, 여수(汝水)와 한수(漢水) 우구(右衢)에서 나는 황금(黃金)이 하나요, 강양(江陽)의 진주가 하나요, 진(秦)나라 명산(明山)의 증청(曾靑)이 하나요, 우씨(禺氏) 변산(邊山)의 옥(玉)이 하나입니다."라고 하였다.

–『관자(管子)』「규도(揆度)」

사료 텍스트 완성하기

교과서 텍스트

1. 역 고조선은 기원전 5세기경에 중국 계통의 (   ) 문화를 수용하였고, 기원전 4세경에는 (   )(이)라는 칭호를 사용하였다.
2. 한 고조선은 기원전 4세기경에는 연나라와 세력을 다툴 만큼 성장하였는데, 이 무렵 (   ) 상속의 왕위 계승이 이루어졌으며, 왕 밑에 상, (   ), 장군 등의 관직을 두었다.
3. 역 고조선은 연과의 전쟁으로 인해 서쪽 지역을 잃었으나 (   )을/를 중심으로 세력을 키워 나갔다.
4. 한 기원전 2세기 초 (   )이/가 연에서 무리를 이끌고 고조선으로 들어왔고, 이후 세력을 키워 준왕을 몰아내고 왕위에 올랐다(기원전 194).

기출 텍스트

1. 수 고조선은 (   )와/과 요서 지역을 경계로 대립하였고, 연의 장수 (   )의 공격을 받았다.
2. 능 기원전 3세기경에는 (   ), 준왕과 같은 강력한 왕이 등장하여 왕위를 세습하였다.
3. 능 고조선은 왕 아래 (   ) 등의 관직을 두었다.
4. 능 기원전 2세기경에는 (   )이/가 (   )을/를 몰아내고 왕이 되었다.

빈칸 정답

	교과서 텍스트	기출 텍스트
1	철기, 왕	연나라, 진개
2	부자, 대부	부왕
3	평양	상 · 대부 · 장군
4	위만	위만, 준왕

THEME

004 고조선의 멸망과 정치 구조

미 미래엔 / 한 해냄

① 其秋, 遣樓船將軍楊僕從齊浮渤海, 兵五萬人, 左將軍荀彘出遼東, 討右渠. ② 右渠發兵距險. ③ 左將軍卒正多率遼東兵先縱, 敗散, 多還走, 坐法斬. ④ 樓船將軍將齊兵七千人先至王險. ⑤ 右渠城守, 窺知樓船軍少, 卽出城擊樓船, 樓船軍敗散走. ⑥ 將軍楊僕失其衆, 遁山中十餘日, 稍求收散卒, 復聚. ⑦ 左將軍擊朝鮮浿水西軍, 未能破自前. … ⑧ 左將軍已幷兩軍, 卽急擊朝鮮. ⑨ 朝鮮相路人・相韓陰・尼谿相參・將軍王唊, 相與謀曰. ⑩ "始欲降樓船, 樓船今執, 獨左將軍幷將, 戰益急, 恐不能與戰, 王又不肯降." ⑪ 陰・唊・路人皆亡降漢. ⑫ 路人道死.

—『史記』「朝鮮列傳」

⑬ 魏略曰, "初右渠未破時, 朝鮮相歷谿卿以諫, 右渠不用. ⑭ 東之辰國. ⑮ 時民隨出居者二千餘戶."

—『三國志』「魏書」

주요 어휘

遣 보낼 견	從 좇을 종	浮 뜰 부	彘 돼지 체	討 칠 토
渠 도랑 거	距 떨어질 거	率 거느릴 솔	縱 늘어질 종	敗 깨뜨릴 패
散 흩을 산	還 돌아올 환	走 달릴 주	坐 죄를 받을 좌	斬 벨 참
窺 엿볼 규	擊 부딪칠 격	遁 달아날 둔	復 다시 부	聚 모일 취
未 아닐 미	破 깨뜨릴 파	已 이미 이	幷 어우를 병	卽 곧 즉
急 급할 급	擊 부딪칠 격	陰 응달 음	尼 중 니	谿 시내 계
唊 말 많을 겹	謀 꾀할 모	始 처음 시	諫 간할 간	隨 따를 수

한자 독음

① 기추, 견누선장군양복종제부발해, 병오만인, 좌장군순체출요동, 토우거. ② 우거발병거험. ③ 좌장군졸정다솔요동병선종, 패산, 다환주, 좌법참. ④ 누선장군장제병칠천인선지왕험. ⑤ 우거성수, 규지누선군소, 즉출성격누선, 누선군패산주. ⑥ 장군양복실기중, 둔산중십여일, 초구수산졸, 부취. ⑦ 좌장군격조선패수서군, 미능파자전. … ⑧ 좌장군이병양군, 즉급격조선. ⑨ 조선상노인・상한음・니계상참・장군왕겹, 상여모왈. ⑩ "시욕항누선, 누선금집, 독좌장군병장, 전익급, 공불능여전, 왕우불긍항." ⑪ 음・겹・노인개망항한. ⑫ 노인도사.

⑬ 위략왈, "초우거미파시, 조선상역계경이간, 우거부용. ⑭ 동지신국. ⑮ 시민수출거자이천여호."

1. 국문 해석

① 그해 가을에, 누선장군 양복(楊僕)을 파견하여 제(齊)로부터 배를 타고 발해(渤海)를 건너게 하고 군사 5만으로 좌장군 순체(荀彘)는 요동에서 출격하여 우거(右渠)를 토벌하게 하였다. ② 우거(右渠)는 군사를 일으켜 험준한 곳에서 대항하였다. ③ 좌장군의 졸정(卒正)인 다(多)가 요동군사를 거느리고 먼저 출진하였으나, 싸움에 패하여 군사는 흩어지고 다(多)도 도망하여 돌아왔으므로 법(法)에 따라 참형(斬刑)을 당하였다. ④ 누선장군은 제(齊)나라 병사 7천 인을 거느리고 먼저 왕험(王險)에 이르렀다. ⑤ 우거(右渠)가 성을 지키고 있으면서, 누선(樓船)의 군사가 적음을 엿보아 알고, 곧 성(城)을 나와 누선을 치니 누선은 패해 흩어져 도망갔다. ⑥ 장군 양복은 그의 군사(軍士)를 잃고 10여 일을 산중에 숨어 살다가 점차 흩어진 병졸들을 다시 거두어 모아들였다. ⑦ 좌장군도 조선의 패수(浿水) 서군(西軍)을 쳤으나 깨뜨리고 전진할 수가 없었다. … ⑧ 좌장군(左將軍)이 양군(兩軍)을 합쳐서 즉시 조선(朝鮮)을 공격하였다. ⑨ 조선상(朝鮮相) 노인(路人), 상(相) 한음(韓陰), 니계상(尼谿相) 참(參), 장군(將軍) 왕겹(王唊)이 함께 모의하여 말하였다. ⑩ "처음 누선에게 항복하려 했으나 누선은 지금 잡혀 있고 좌장군 단독으로 장졸(將卒)을 합하여 전투가 더욱 맹렬하여 맞아서 싸우기 두려운데도 왕은 항복하려 하지 않는다." ⑪ 한음(韓陰)・왕겹(王唊)・노인(路人)이 모두 도망하여 한(漢)나라에 항복하였다. ⑫ 노인(路人)은 가는 도중에 죽었다.

– 『사기(史記)』 「조선열전(朝鮮列傳)」

⑬ 『위략(魏略)』에 따르면 "처음 우거(右渠)가 아직 격파되기 이전에 조선상(朝鮮相) 역계경(歷谿卿)이 간하였지만, 우거가 듣지 않았다. ⑭ 이에 역계경은 동쪽 진국(辰國)으로 갔다. ⑮ 이때 민(民)으로 따라가 옮긴 자가 2,000여 호(戶)였다."라고 하였다.

– 『삼국지(三國志)』 「위서(魏書)」

2. 사료 해설

위만과 그 자손들은 평양을 중심으로 남방이나 동방으로 세력을 확장하여 고조선 주변의 소국인 진번(眞番, 지금의 황해도 일대)과 임둔(臨屯, 지금의 동해안 일대) 등을 지배하에 두었다. 이를 통해 일정 세력 범위를 확보한 위만의 손자 우거에 이르러서는 주변의 여러 나라들이 글을 올려 한(漢)에 알현(謁見)하는 것도 막고, 중계 무역을 통해 막대한 이익을 거두고 있었다. 이러한 상황에서 한의 사신 섭하(涉何)가 조선비왕(朝鮮裨王) 장(長)을 살해하는 사건이 발생하였고, 이에 고조선이 보복 공격을 하는 사건이 발생하였다.

당시 한 무제는 고조선과 흉노가 연결되는 것을 우려하였는데, 더 이상 고조선의 세력 팽창을 좌시할 수 없어 전쟁을 단행하였다. 하지만 고조선에 대한 한의 공격은 난항을 겪었다. 누선장군 양복의 군사가 대패하고 좌장군 순체의 군사 역시 고전하였던 것이다. 이에 한 무제는 화의를 모색하였으나, 결국 결렬되었다. 이에 두 장군이 계속해서 왕험성(왕검성)을 포위하고 지속적인 전투가 벌어졌고, 이러한 상황 속에서 고조선 내부의 분열이 발생하면서 왕험성은 함락되었다.

고조선 멸망 과정에서 일어난 내부 분열은 고조선의 정치 구조와 연관된 것으로 보인다. 조선상(朝鮮相) 등의 주도 아래 투항이 모의되고 있는데, 이들은 자신들의 기득권을 인정받고 싶어했던 것으로 보인다. 또한 전쟁 전 조선상 역계상(歷谿卿)의 경우 많은 세력을 거느리고 이탈하기도 하였다. 이러한 '상(相)'은 특정 지역에 기반을 둔 정치 집단의 수장을 가리켰던 것으로 보이며, 고조선은 이러한 지역에 기반을 둔 정치 집단의 연합체로 보인다.

사료 Plus⁺

원봉 3년 여름, 니계상 참이 사람을 시켜 조선왕 우거를 죽이고 항복해 왔지만, 왕험성은 함락되지 않았다. 죽은 우거왕의 대신(大臣) 성기(成己)가 또한 한나라에 반란을 일으키고 다시 군리(軍吏)를 공격하였다. 좌장군은 우거왕의 아들 장항(長降)과 조선상 노인의 아들 최(最)로 하여금 그 백성을 달래고 성기를 주살하도록 하니, 이로써 마침내 조선을 평정하고 4군(郡)을 세웠다.

-『사기(史記)』「조선열전(朝鮮列傳)」

사료 텍스트 완성하기

교과서 텍스트

1. 한 위만조선은 (　　　)을/를 적극적으로 수용하면서 정복 활동을 전개하고, 남부의 소국과 한 사이의 중계 무역을 통해 발전하였다.
2. 한 기원전 2세기 후반 고조선이 주변 집단들과 한이 교류하는 것을 막자, (　　　)이/가 대규모 군대를 보내 고조선을 침략하였다.
3. 동 한 무제는 고조선과 (　　　)이/가 연결되는 것을 막기 위해 고조선을 침략하였다. 고조선은 한(漢)과 한반도 남부의 진을 잇는 (　　　) 무역으로 번성하였는데, 한 무제는 이를 침략의 구실로 삼았다.
4. 역 한은 고조선을 멸망시킨 후 고조선이 있던 자리에 진번, 임둔, 낙랑, 현도의 4군과 여러 현을 설치하였다. 그중 (　　　)은/는 한반도의 여러 지역과 교류하고 중국의 문화가 한반도로 들어오는 창구 역할을 하며 오랫동안 번성하였다.

기출 텍스트

1. 능 위만조선은 진국(辰國)과 한(漢) 사이에서 (　　　) 무역을 행하였다.
2. 능 조선상 (　　)이/가 무리를 이끌고 진국(辰國)으로 갔다.
3. 능 우거왕은 군사를 일으켜 왕검성에서 나와 누선장군 (　　　)의 군대를 공격하여 승리를 거두었다.
4. 능 한 무제의 침략에 의해 고조선의 (　　　)은/는 기원전 108년에 함락되었다.

빈칸 정답

	교과서 텍스트	기출 텍스트
1	철기문화	중계
2	한 무제	역계경
3	흉노, 중계	양복
4	낙랑	왕검성

THEME

005 부여의 건국 이야기

한 비상

① 北夷橐離国王侍婢有娠. ② 王欲殺之, 婢對曰. ③ "有氣大如鷄子, 從天而下我, 故有娠." ④ 後産子, 捐於猪溷中, 猪以口氣噓之, 不死. ⑤ 復徙置馬欄中, 欲使馬藉殺之, 馬復以口氣噓之, 不死. ⑥ 王疑以爲天子, 令其母收取奴畜之. ⑦ 名東明, 令牧牛馬. ⑧ 東明善射, 王恐奪其國也, 欲殺之. ⑨ 東明走, 南至掩淲水, 以弓擊水, 魚鼈浮爲橋, 東明得渡, 魚鼈解散, 追兵不得渡. ⑩ 因都王夫餘. ⑪ 故北夷有夫餘國焉.

—『論衡』「吉驗篇」

주요 어휘

橐 전대 **탁**	離 떼놓을 **리**	娠 임신할 **신**	欲 하고자 할 **욕**	殺 죽일 **살**
鷄 닭 **계**	從 좇을 **종**	捐 버릴 **연**	猪 돼지 **저**	溷 어지러울 **혼**
徙 옮길 **사**	欄 난간 **란**	藉 깔개 **자**	疑 의심할 **의**	畜 쌓을 **축**
牧 칠 **목**	善 착할 **선**	射 쏠 **사**	恐 두려울 **공**	奪 빼앗을 **탈**
掩 가릴 **엄**	淲 물가 **호**	鼈 자라 **별**	橋 다리 **교**	渡 건널 **도**
散 흩을 **산**	追 쫓을 **추**	因 인할 **인**	都 도읍 **도**	焉 그러하다 **언**

한자 독음

① 북이탁리국왕시비유신. ② 왕욕살지, 비대왈. ③ "유기대여계자, 종천이하아, 고유신." ④ 후산자, 연어저혼중, 저이구기허지, 불사. ⑤ 부사치마난중, 욕사마자살지, 마부이구기허지, 불사. ⑥ 왕의이위천자, 영기모수취노축지. ⑦ 명동명, 영목우마. ⑧ 동명선사, 왕공탈기국야, 욕살지. ⑨ 동명주, 남지엄호수, 이궁격수, 어별부위교, 동명득도, 어별해산, 추병부득도. ⑩ 인도왕부여. ⑪ 고북이유부여국언.

1. 국문 해석

① 북이(北夷) 탁리국왕(槖离國王)의 시비(侍婢)가 임신을 하였다. ② 왕이 그를 죽이려고 하자 시비가 대답하여 말하였다. ③ "크기가 달걀만 한 기운이 있었는데 하늘로부터 저에게 내려왔으므로 임신을 하였습니다." ④ 후에 아들을 낳으니, (왕은) 돼지우리에 버렸지만, 돼지가 입김을 불어 넣어 죽지 않았다. ⑤ 다시 마구간에 옮겨 두어 말이 밟아 죽였으면 했지만 말이 다시 입김을 불어 넣어서 죽지 않았다. ⑥ 왕은 (아이가) 하늘의 아들[天子]이 아닐까 의심하고, 그 어미로 하여금 거두도록 하고 노비로 삼아 길렀다. ⑦ 이름을 동명(東明)이라고 하고 그로 하여금 소와 말을 기르도록 하였다. ⑧ 동명이 활을 잘 쏘자 왕은 나라를 빼앗길까 두려워하여 그를 죽이고자 하였다. ⑨ 동명은 달아나 남쪽 엄호수(掩淲水)에 이르렀다. 활로써 물을 치니, 물고기와 자라가 떠올라 다리를 만들었다. 동명이 (엄호수를) 건너자 물고기와 자라가 흩어져 추격병은 이를 건널 수 없었다. ⑩ 이로 인하여 도읍하고 부여의 왕이 되었다. ⑪ 그러한 까닭에 북이에 부여국(夫餘國)이 있는 것이다.

—『논형(論衡)』「길험편(吉驗篇)」

2. 사료 해설

후한(後漢)의 사상가 왕충(王充)이 쓴 『논형(論衡)』은 제자백가(諸子百家) 사상을 비롯해 당시의 정치·습속·속설(俗說) 등 다방면의 문제를 다룬 책으로 85편으로 이루어져 있다. 1세기 무렵 쓰여진 이 책은 당시 한창 세력을 확장하고 있던 부여의 건국 이야기에 대해서도 다루고 있다. 여기에 나타난 부여의 건국 이야기는 이후 다른 사서에 등장하는 부여의 건국 이야기와 비교해서 볼 때 지명 등에서는 미묘한 차이가 있긴 있지만, 동명의 출생, 탈출, 그리고 부여의 건국이라는 전체적 이야기 구조와 내용은 동일하다.

그런데 이와 같은 이야기 구조는 고구려의 건국 신화와 굉장히 유사한 구조를 가지고 있다. 특히 동명(東明)이란 칭호는 고구려 시조 주몽(朱蒙)의 칭호이기도 하다. 그 결과 부여의 건국 이야기와 고구려의 건국 이야기의 관계에 관한 논쟁이 많다. 근래에는 고구려가 부여 방면으로 진출하며 부여 지역에 대한 지배를 합리화하기 위해 그 건국 신화를 전유하였다고 보는 등의 견해가 힘을 얻고 있다.

사료 Plus+

고기(古記)에 이르길, 전한(前漢) 선제(宣帝) 신작(神爵) 3년 임술 4월 8일에 천제가 흘승골성(訖升骨城)에 내려왔는데, 다섯 마리 용이 끄는 수레를 타고 왔다. 도읍을 세우고 왕이라 칭하고는 국호를 북부여라 하고 자기 이름을 해모수(解慕漱)라고 하였다. 아들을 낳아 이름을 부루(扶婁)라 하고 해(解)를 성으로 삼았다. 왕은 훗날 상제(上帝)의 명으로 도읍을 동부여(東扶餘)로 옮겼다. 동명제는 북부여(北扶餘)를 계승하여 일어나 졸본주(卒本州)에 도읍을 정하여 졸본부여(卒本扶餘)가 되었으니, 곧 고구려의 시조였다.

—『삼국유사(三國遺事)』「기이(紀異)」

사료 텍스트 완성하기

교과서 텍스트

1. 역 부여는 만주 (   ) 주변에 살던 여러 부족이 연합하여 성립한 연맹 왕국으로, 가장 힘이 센 부족의 군장이 왕이 되었다.

기출 텍스트

1. 전 부여의 시조 (   )을/를 백제 건국자의 조상으로 내세운 건국 설화를 통해 부여와 고구려, 백제의 관계를 유추할 수 있다.

빈칸 정답

	교과서 텍스트	기출 텍스트
1	쑹화강(송화강)	동명

006 부여의 성장

엽천재 / 한미래엔

① 夫餘在長城之北, 去玄菟千里. ② 南與高句麗, 東與挹婁, 西與鮮卑接, 北有弱水. ③ 方可二千里, 戶八萬. … ④ 夫餘本屬玄菟. ⑤ 漢末, 公孫度雄張海東, 威服外夷, 夫餘王尉仇台更屬遼東. ⑥ 時句麗·鮮卑彊, 度以夫餘在二虜之間, 妻以宗女. ⑦ 尉仇台死, 簡位居立. ⑧ 無適子, 有蘖子麻余. ⑨ 位居死, 諸加共立麻余. ⑩ 牛加兄子名位居, 爲大使, 輕財善施, 國人附之, 歲歲遣使詣京都貢獻. ⑪ 正始中, 幽州刺史毌丘儉討句麗, 遣玄菟太守王頎詣夫餘. ⑫ 位居遣大加郊迎, 供軍糧. ⑬ 季父牛加有二心, 位居殺季父父子, 籍沒財物, 遣使簿斂送官. ⑭ 舊夫餘俗, 水旱不調, 五穀不熟, 輒歸咎於王, '或言當易', '或言當殺'. ⑮ 麻余死, 其子依慮年六歲, 立以爲王.

—『三國志』「魏書」

주요 어휘

去 갈 / 지날 **거** 菟 토끼 **토** 與 더불다 **여** 弱 약할 **약** 屬 엮을 **속**
度 법도 **도** / 헤아릴 **탁** 雄 웅장할 **웅** 張 베풀 / 넓힐 **장** 威 위엄 **위**
服 복종할 **복** 更 고칠 **경** 彊 굳셀 **강** 虜 오랑캐 **로** 妻 아내 **처**
適 맏아들 **적** 蘖 그루터기 **얼** 輕 가벼울 **경** 詣 이를 **예** 遣 보낼 **견**
郊 성 밖 **교** 迎 맞이할 **영** 糧 양식 **양** 籍 서적 **적** 沒 가라앉을 **몰**
簿 장부 **부** 斂 거둘 **렴** 送 보낼 **송** 旱 가물 **한** 調 고를 **조**
熟 익을 **숙** 輒 문득 / 번번이 **첩** 歸 돌려보낼 **귀** 咎 허물 **구** 當 당할 **당**

한자 독음

① 부여재장성지북, 거현토천리. ② 남여고구려, 동여읍루, 서여선비접, 북유약수. ③ 방가이천리, 호팔만. … ④ 부여본속현토. ⑤ 한말, 공손탁웅장해동, 위복외이, 부여왕위구태경속요동. ⑥ 시구려·선비강, 탁이부여재이로지간, 처이종녀. ⑦ 위구태사, 간위거립. ⑧ 무적자, 유얼자마여. ⑨ 위거사, 제가공립마여.

⑩ 우가형 자명위거, 위대사, 경재선시, 국인부지, 세세견사예경도공헌. ⑪ 정시중, 유주자사관구검토구려, 견현토태수왕기예부여. ⑫ 위거견대가교영, 공군양. ⑬ 계부우가유이심, 위거살계부부자, 적몰재물, 견사부렴송관. ⑭ 구부여속, 수한부조, 오곡불숙, 첩귀구어왕, '혹언당역', '혹언당살'. ⑮ 마여사, 기자의려연육세, 입이위왕.

1. 국문 해석

① 부여(夫餘)는 장성(長城)의 북쪽에 있는데, 현도(玄菟)에서 천 리쯤 떨어져 있다. ② 남쪽은 고구려(高句驪), 동쪽은 읍루(挹婁), 서쪽은 선비(鮮卑)와 접해 있고, 북쪽에는 약수(弱水)가 있다. ③ (국토의 면적은) 사방 2천 리가 되며, 호수(戶數)는 8만이다. … ④ 부여는 본래 현도에 속하였다. ⑤ 한(漢) 말에 공손탁(公孫度)이 해동(海東)에서 세력을 확장하여 외이(外夷)들을 위력(威力)으로 복속시키자, 부여왕 위구태(尉仇台)는 소속을 바꾸어 요동군(遼東郡)에 복속하였다. ⑥ 이때에 고구려와 선비가 강성해져, 부여가 두 오랑캐의 사이에 끼어있자 공손탁은 일족(一族)의 딸을 그 왕에게 시집보내었다. ⑦ 위구태가 죽고 간위거(簡位居)가 왕이 되었다. ⑧ 간위거에게는 적자(適子)가 없고 서자(庶子) 마여(麻余)가 있었다. ⑨ 간위거가 죽자, 제가(諸加)들이 함께 마여를 옹립하여 왕으로 삼았다. ⑩ 우가(牛加)의 형(兄)의 아들도 이름이 위거였는데, 대사(大使)가 되어서 재물을 아끼지 않고 남에게 베풀어 주기를 좋아하니 국인(國人)들이 그를 따랐으며, 해마다 위(魏) 수도에 사신을 보내어 공물(貢物)을 바쳤다. ⑪ 정시(正始) 연간에 유주자사(幽州刺史) 관구검(毌丘儉)이 고구려를 토벌하면서 현도태수(玄菟太守) 왕기(王頎)를 부여(夫餘)에 파견하였다. ⑫ 위거는 대가(大加)를 보내어 교외(郊外)에서 왕기를 맞이하게 하고 군량을 제공하였다. ⑬ 위거의 계부(季父)인 우가(牛加)가 딴마음을 품자, 위거는 계부(季父) 부자(父子)를 죽이고 그들의 재물을 적몰, 조사관을 파견하여 재산 목록(簿斂)을 만들어 관(官)에 보내었다. ⑭ 옛 부여의 풍속에는 장마와 가뭄이 고르지 않아 오곡(五穀)이 영글지 않으면, 그 허물을 왕에게 돌려 '왕을 마땅히 바꾸어야 한다.'라고 하거나 '죽여야 한다.'라고 하였다. ⑮ 마여(麻余)가 죽고, 그의 아들인 여섯 살짜리 의려(依慮)를 세워 왕(王)으로 삼았다.

— 『삼국지(三國志)』 「위서(魏書)」

2. 사료 해설

부여는 약 700여 년 동안 존속한 국가이다. 기원전 2세기경의 사실을 전하는 『사기(史記)』 「화식열전(貨殖列傳)」에서부터 등장하였고, 『삼국사기』에 의하면 494년 고구려에게 항복하였다고 전해지기 때문이다. 하지만 부여에 대한 기록은 단편적으로 전해지고 있기 때문에 교과서의 서술도 굉장히 적은 상황이다. 이렇게 관련 기록이 부족한 원인 중 하나는 부여가 3세기 이후 선비족의 대규모 침입 속에서 멸망의 기로에 놓일 만큼 커다란 타격을 입었기 때문으로 보인다.

먼저 285년에는 모용외(慕容廆)의 대규모 침입을 받았다. 이때 부여에서는 왕 의려(依慮)가 자살하고, 그 자제들이 북옥저로 도망해 간신히 목숨을 보전할 수 있었다고 한다. 이후 서진의 도움을 받아 나라를 되찾았지만, 346년에는 모용황의 침입으로 큰 타격을 입었다. 약 5만여 명의 부여인이 전연(前燕)에 포로로 잡혀가게 되었는데, 이후 국세가 크게 기운 것으로 보인다. 그리하여 광개토대왕릉비나 모두루묘지명과 같은 당대 금석문 자료를 보면, 이미 5세기 무렵 부여의 상당 부분은 고구려에 종속된 것으로 보인다. 그러다가 『삼국사기』에 보이는 것처럼 494년 고구려에 투항해 완전히 흡수된 것으로 보인다.

부여와 관련한 기록에는 당대의 금석문 자료 등에서도 '부여', '북부여', '동부여' 등으로 나뉘어 등장한다. 세 개의 부여의 관계에 대해 많은 논쟁이 있어왔다. 근래에는 모용외의 공격을 기점으로 삼아 도망친 곳을 '동부여'라고 파악하고, 다시 되돌아와 나라를 회복한 나라를 '북부여', 즉 원래의 '부여'로 보아 '북부여 = 부여'로 보는 견해가 힘을 얻고 있다.

사료 Plus+

서진(西晋) 무제(武帝) 시기 부여는 자주 와서 조공(朝貢)을 바쳤다. 태강(太康) 6년에 이르러 모용외(慕容廆)의 습격을 받아 패하여 부여왕(夫餘王) 의려(依慮)는 자살하고, 그의 자제들은 옥저(沃沮)로 달아나 목숨을 보전하였다. … 이듬해 부여후왕(夫餘後王) 의라(依羅)는 동이교위(東夷校尉) 하감(何龕)에게 사자를 파견하여, 현재 남은 무리를 이끌고 돌아가서 다시 옛 나라를 회복하기를 원하며 원조를 요청하였다. 하감은 전열(戰列)을 정비하고 독우(督郵) 매침(賈沈)을 파견하여, 군사를 거느리고 부여의 사자를 호송하게 하였다. 모용외 또한 그들을 길에서 기다리고 있었으나, 매침이 모용외와 싸워 크게 깨뜨리니, 모용외의 군대는 물러가고 의라는 나라를 회복하였다.

— 『진서(晉書)』 「동이열전(東夷列傳)」

사료 텍스트 완성하기

교과서 텍스트

1. 역 부여는 왕이 중앙을 다스리고 (　　　)들이 각자의 영역을 다스렸다.
2. 역 부여는 왕권이 약하여 흉년이 들면 (　　　)이/가 책임을 지고 물러나거나 죽임을 당하기도 하였다.

기출 텍스트

1. 수 부여는 중국과 우호 관계를 맺으며 발전하다가 (　　　)의 침략을 받고 쇠퇴하였다.
2. 전 국왕 의라는 (　　　)의 도움을 받아 선비족을 물리치고 나라를 부흥시켰다.

빈칸 정답

	교과서 텍스트	기출 텍스트
1	제가	선비족
2	왕	서진(西晋)

THEME

007 부여의 정치 체제

역비상 / 한금성, 한동아, 한비상, 한씨마스, 한지학사, 한천재

① 國有君王. ② 皆以六畜名官, 有馬加・牛加・豬加・狗加・大使・大使者・使者. ③ 邑落有豪民, 名下戶皆爲奴僕. ④ 諸加別主四出道, 大者主數千家, 小者數百家. … ⑤ 有軍事亦祭天, 殺牛觀蹄以占吉凶, 蹄解者爲凶, 合者爲吉. ⑥ 有敵, 諸加自戰, 下戶俱擔糧飮食之. ⑦ 其死, 夏月皆用冰. 殺人徇葬, 多者百數. ⑧ 厚葬, 有槨無棺. ⑨ 魏略曰, "其俗停喪五月, 以久爲榮." …

－『三國志』「魏書」

주요 어휘

畜 쌓을 **축**	加 더하다 / 살다 **가**		豬 돼지 **저**	狗 개 **구**
使 하여금 / 시키다 **사**		者 사람 **자**	落 떨어질 **락**	豪 호걸 **호**
僕 종 **복**	數 셀 **수**	祭 제사 **제**	殺 죽일 **살**	觀 볼 **관**
蹄 굽 **제**	吉 길할 **길**	凶 흉할 **흉**	蹄 굽 **제**	解 풀 **해**
俱 함께 **구**	擔 멜 **담**	糧 양식 **양**	夏 여름 **하**	冰 얼음 **빙**
徇 따라 죽다 **순**	葬 장사지낼 **장**	厚 두터울 **후**	槨 덧널 **곽**	棺 널 **관**
俗 풍속 **속**	停 머무를 **정**	喪 죽을 **상**	久 오랠 **구**	榮 영화로울 **영**

한자 독음

① 국유군왕. ② 개이육축명관, 유마가・우가・저가・구가・대사・대사자・사자. ③ 읍락유호민, 명하호개위노복. ④ 제가별주사출도, 대자주수천가, 소자수백가. … ⑤ 유군사역제천, 살우관제이점길흉, 제해자위흉, 합자위길. ⑥ 유적, 제가자전, 하호구담양음식지. ⑦ 기사, 하월개용빙. 살인순장, 다자백수. ⑧ 후장, 유곽무관. ⑨ 위략왈, "기속정상오월, 이구위영." …

1. 국문 해석

① 나라에는 군왕(君王)이 있다. ② 모두 여섯 가지 가축[六畜]의 이름으로 관직명을 정하였는데, 마가(馬加)・우가(牛加)・저가(豬加)・구가(狗加)・대사(大使)・대사자(大使者)・사자(使者)가 있다. ③ 부락에는 호민(豪民)이 있으며, 하호(下戶)라 불리는 백성은 모두 노복(奴僕)이 되었다. ④ 제가(諸加)들은 별도로 사출도(四出道)를 주관하는데, 큰 곳은 수천 가(家)이며 작은 곳은 수백 가(家)였다. … ⑤ 전쟁을 하게 되면 그때도 하늘에 제사를 지내고, 소를 잡아서 그 발굽을 보아 길흉을 점치는데, 발굽이 갈라지면 흉하고 발굽이 붙으면 길하다고 생각한다. ⑥ 적군의 침입이 있으면 제가(諸加)들이 몸소 전투를 하고, 하호(下戶)는 양식을 짊어지고 가서 음식을 만들어 준다. ⑦ 여름에 사람이 죽으면 모두 얼음을 넣어 장사지내며, 사람을 죽여서 순장(殉葬)을 하는데 많을 때는 백 명가량이나 된다. ⑧ 장사를 후하게 지내는데, 곽(槨)은 사용하나 관(棺)은 쓰지 않는다. ⑨『위략(魏略)』에 이르길, "그 나라의 습속(習俗)은 다섯 달 동안 초상을 지내는데 오래 둘수록 영화롭게 여긴다." 라고 전한다. …

—『삼국지(三國志)』「위서(魏書)」

2. 사료 해설

여기에 나타난 부여의 정치 체제는 고대 국가 성립 초기에 나타나는 '부(部)체제'에 근접한 모습을 보여준다. 국왕은 도성이 있는 중앙을 다스리고, 마가・우가・저가・구가 등의 제가들이 사출도로 표현되는 독자적인 영역을 자체적으로 다스리며, 왕과 협의를 통해 국정을 운영하고 있기 때문이다. '가(加)'는 고대 동아시아 여러 지역에서 등장하는 '간(干)・간지(干支)・한(汗)' 등과 그 의미가 통하는 말이다. 이는 일정한 지역에서 세력을 형성하고 있던 정치 집단의 수장(首長)을 의미한다.

당시 왕권은 이전 장의 사료에서 묘사한 '풍흉에 따라 왕을 죽이기도 했다.'라는 모습을 토대로 왕권이 미약하다고 보기도 하며, 국왕을 중심으로 국가 운영이 이루어지고 있다는 측면에서 왕권이 점차 강화되어 가고 있다고 보기도 한다.

사료 Plus+

그 도장에 '예왕지인(濊王之印)'이란 글귀가 있고 나라 가운데에 예성(濊城)이란 이름의 옛 성이 있으니, 아마도 본래 예맥(濊貊)의 땅이었는데, 부여가 그 가운데에서 왕(王)이 되었으므로, 자기들 스스로 '망명해 온 사람'이라고 말하는 이유가 여기에 있는 듯하다.

—『삼국지(三國志)』「위서(魏書)」

사료 텍스트 완성하기

교과서 텍스트

1. 역 부여는 왕이 중앙을 다스리고 (   )들이 각자의 영역을 다스렸다.
2. 역 전쟁이 일어나면 (   )을/를 잡아 발굽의 모양으로 길흉을 점치기도 하였다.

기출 텍스트

1. 능 왕이 죽으면 많은 사람들을 부장품과 함께 묻는 (   )의 풍습이 있었다.
2. 능 마가, 우가, 저가, 구가 등이 (   )을/를 다스렸다.

빈칸 정답

	교과서 텍스트	기출 텍스트
1	'가(加)'	순장
2	소	사출도

008 부여의 사회·경제

역금성, 역동아, 역미래엔, 역비상, 역지학사 / 한금성, 한씨마스

① 多山陵·廣澤, 於東夷之域最平敞. ② 土地宜五穀, 不生五果. ③ 其人麤大, 性彊勇謹厚, 不寇鈔. … ④ 以殷正月祭天, 國中大會, 連日飮食歌舞, 名曰'迎鼓'. ⑤ 於是時斷刑獄, 解囚徒. … ⑥ 用刑嚴急, 殺人者死, 沒其家人爲奴婢. ⑦ 竊盜一責十二. ⑧ 男女淫, 婦人妒, 皆殺之. ⑨ 尤憎妒, 已殺, 尸之國南山上, 至腐爛. ⑩ 女家欲得, 輸牛馬乃與之. ⑪ 兄死妻嫂, 與匈奴同俗. ⑫ 其國善養牲, 出名馬·赤玉·貂狖·美珠.

—『三國志』「魏書」

주요 어휘

澤 못 택	域 지경 역	敞 높을 창	宜 마땅할 의	果 실과 과
麤 거칠 추	彊 굳셀 강	勇 날쌜 용	謹 삼갈 근	厚 두터울 후
寇 도둑 구	鈔 노략질할 초	殷 성할 은	連 잇닿을 련	迎 맞이할 영
鼓 북 고	斷 끊을 단	解 풀 해	囚 가둘 수	徒 무리 도
嚴 엄할 엄	急 급할 급	沒 가라앉을 몰	竊 훔칠 절	盜 훔칠 도
淫 음란할 음	妒 투기할 투	殺 죽일 살	憎 미워할 증	已 이미 이
腐 썩을 부	爛 문드러질 란	輸 나를 수	嫂 형수 수	匈 오랑캐 흉

한자 독음

① 다산릉·광택, 어동이지역최평창. ② 토지의오곡, 불생오과. ③ 기인추대, 성강용근후, 불구초. … ④ 이은정월제천, 국중대회, 연일음식가무, 명왈'영고'. ⑤ 어시시단형옥, 해수도. … ⑥ 용형엄급, 살인자사, 몰기가인위노비. ⑦ 절도일책십이. ⑧ 남녀음, 부인투, 개살지. ⑨ 우증투, 이살, 시지국남산상, 지부란. ⑩ 여가욕득, 수우마내여지. ⑪ 형사처수, 여흉노동속. ⑫ 기국선양생, 출명마·적옥·초유·미주.

1. 국문 해석

① 산릉(山陵)과 넓은 들이 많아서 동이(東夷) 지역에서는 가장 넓고 평탄한 곳이다. ② 토질은 오곡(五穀)이 자라기에는 적당하지만, 오과(五果)는 생산되지 않는다. ③ 그 나라 사람들은 체격이 크고 성질은 굳세고 용감하며, 근엄・후덕하여 다른 나라를 쳐들어가거나 노략질하지 않는다. … ④ 은력(殷曆) 정월(正月)에 지내는 제천행사(祭天行事)는 국중대회(國中大會)로 날마다 마시고 먹고 노래하고 춤추는데, 그 이름을 '영고(迎鼓)'라 하였다. ⑤ 이때에는 형옥(刑獄)을 중단하고 죄수를 풀어 주었다. … ⑥ 형벌은 엄하고 각박하여 사람을 죽인 사람은 사형에 처하고 그 집안 사람은 적몰하여 노비(奴婢)로 삼는다. ⑦ 도둑질을 하면 도둑질한 물건의 12배를 변상케 했다. ⑧ 남녀 간에 음란한 짓을 하거나 부인이 투기하면 모두 죽였다. ⑨ 투기하는 것을 더욱 미워하여 죽이고 나서 그 시체를 나라의 남산(南山) 위에 버려서 썩게 한다. ⑩ 친정집에서 그 부인의 시체를 가져가려면 소와 말을 바쳐야 내어준다. ⑪ 형(兄)이 죽으면 형수를 아내로 삼는데 이는 흉노(匈奴)의 풍습과 같다. ⑫ 그 나라 사람들은 가축을 잘 기르며, 명마(名馬)와 적옥(赤玉), 담비와 원숭이 가죽 및 아름다운 구슬이 산출되는데, 구슬 가운데 큰 것은 대추[酸棗]만 하다.

— 『삼국지(三國志)』 「위서(魏書)」

2. 사료 해설

부여는 반농반목(半農半牧)의 산업이 발달한 것으로 보인다. 농업이 발달한 것은 부여가 이 지역에서 가장 넓은 평야 지역에 위치해 있고, 쌀・보리・콩・조・기장과 같은 오곡(五穀)의 생산에 적합하였다는 것을 통해 알 수 있다. 또한 목축업의 경우 가축을 잘 기르고 명마(名馬) 등이 산출되었다는 것을 보았을 때 알 수 있다. 부여의 특산물로는 적옥(赤玉) 등이 유명하다고 한다. 이러한 부여의 특산물은 중국을 비롯한 주변 여러 세력과의 교역에 활용되었을 것으로 보인다.

사료 Plus+

나라 안에 있을 때의 의복은 흰색을 숭상하여, 흰 베로 만든 큰 소매 달린 도포와 바지를 입고 신발은 가죽신을 신는다. 외국에 나갈 때는 비단옷과 수놓은 옷・모직(毛織) 옷을 즐겨 입고, 대인(大人)은 그 위에 여우・살쾡이・원숭이, 희거나 검은담비 가죽으로 만든 갖옷을 입으며, 또 금・은으로 모자를 장식하였다.

— 『삼국지(三國志)』 「위서(魏書)」

사료 텍스트 완성하기

교과서 텍스트

1. 한 부여의 법은 매우 엄격하여 살인자는 사형에 처하고 그 가족은 노비로 삼았으며, 도둑질한 자는 (   )(으)로 배상하게 하였다.
2. 한 형이 죽으면 형수를 아내로 삼는 (   )와/과 순장의 풍습이 있었다.

기출 텍스트

1. 능 12월에 (   )(이)라는 제천 행사를 열었다.
2. 능 물건을 훔치면 (   )(으)로 배상하게 하였다.

빈칸 정답

	교과서 텍스트	기출 텍스트
1	12배	영고
2	형사취수혼	12배

THEME

009 고구려의 건국 이야기

역 리베르 / 한 비상

① 金蛙嗣位. ② 於是時, 得女子於大白山南優渤水, 問之, 曰. ③ "我是河伯之女, 名柳花. ④ 與諸弟出遊, 時有一男子, 自言天帝子解慕漱, 誘我於熊心山下, 鴨淥邊室中私之, 卽往不返. ⑤ 父母責我無媒而從人, 遂謫居優渤水." ⑥ 金蛙異之, 幽閉於室中, 爲日所炤, 引身避之, 日影又逐而炤之. ⑦ 因而有孕, 生一卵, 大如五升許. ⑧ 王棄之與犬豕, 皆不食, 又棄之路中, 牛馬避之. ⑨ 後棄之野, 鳥覆翼之. ⑩ 王欲剖之, 不能破. ⑪ 遂還其母. ⑫ 其母以物裹之, 置於暖處, 有一男兒, 破殼而出, 骨表英奇. ⑬ 年甫七歲, 嶷然異常, 自作弓矢射之, 百發百中. ⑭ 扶餘俗語, 善射爲朱蒙, 故以名云.

―『三國史記』「高句麗本紀」東明聖王

주요 어휘

蛙 개구리 와 / 優 넉넉할 우 / 渤 물 솟아오르는 모양 발 / 伯 맏 백
柳 버들 유 / 花 꽃 화 / 遊 놀 유 / 解 풀 해 / 慕 그리워할 모
漱 씻다 수 / 誘 꾈 유 / 鴨 오리 압 / 淥 거를 록 / 邊 가장자리 변
往 갈 왕 / 返 돌아올 반 / 責 꾸짖을 책 / 媒 중매 매 / 從 좇을 종
遂 이를 수 / 謫 귀양갈 적 / 幽 그윽할 유 / 閉 닫을 폐 / 炤 밝을 소
引 끌 인 / 避 피할 피 / 影 그림자 영 / 炤 밝을 소 / 孕 아이 밸 잉
卵 알 란 / 許 허락할 허 / 棄 버릴 기 / 豕 돼지 시 / 避 피할 피
覆 뒤집힐 복 / 翼 날개 익 / 剖 쪼갤 부 / 破 깨뜨릴 파 / 還 돌아올 환
物 물건 물 / 裹 자루 척 / 暖 따뜻할 난 / 處 살다 처 / 殼 껍질 각
英 뛰어날 영 / 奇 기이할 기 / 嶷 숙성할 억 / 矢 화살 시 / 射 궁술 사
朱 붉을 주 / 蒙 입을 몽

한자 독음

① 금와사위. ② 어시시, 득녀자어대백산남우발수, 문지, 왈. ③ "아시하백지녀, 명유화. ④ 여제제출유, 시유일남자, 자언천제자해모수, 유아어웅심산하, 압록변실중사지, 즉왕불반. ⑤ 부모책아무매이종인, 수적거우발수." ⑥ 금와이지, 유폐어실중, 위일소소, 인신피지, 일영우축이소지. ⑦ 인이유잉, 생일란, 대여오승허. ⑧ 왕기지여견시, 개불식, 우기지노중, 우마피지. ⑨ 후기지야, 조복익지. ⑩ 왕욕부지, 불능파. ⑪ 수환기모. ⑫ 기모이물척지, 치어난처, 유일남아, 파각이출, 골표영기. ⑬ 연보칠세, 억연이상, 자작궁시사지, 백발백중. ⑭ 부여속어, 선사위주몽, 고이명운.

1. 국문 해석

① 금와(金蛙)가 왕위를 계승하였다. ② 이때 금와왕은 태백산(太白山) 남쪽 우발수(優渤水)에서 여자를 만났는데, 그녀에게 사정을 물어보니 다음과 같이 대답하였다. ③ "저는 하백(河伯)의 딸로 이름은 유화(柳花)라고 합니다. ④ 어느 날 여러 동생들과 놀러 나갔는데, 이때 한 남자가 스스로 천제(天帝)의 아들 해모수(解慕漱)라면서 웅심산(熊心山) 아래에서 저를 유혹해 압록강 변의 집에서 그와 사통(私通)하고는 곧바로 가 버려 돌아오지 않았습니다. ⑤ 부모님께서는 제가 중매 없이 남을 좇았다고 책망하여, 마침내 우발수로 귀양을 보냈습니다." ⑥ 금와왕이 이를 이상히 여기고 그녀를 궁실 가운데 깊이 가뒀는데, 햇빛이 비춰 몸을 움직여 피하여도 햇살이 따라와 그녀를 비췄다. ⑦ 이로 인해 임신하여 하나의 알을 낳았는데 크기가 다섯 되만 하였다. ⑧ 왕이 이를 버려 개와 돼지에게 주었는데 모두 먹지 않았고, 다시 길가에 버렸지만 소와 말이 이를 피하였다. ⑨ 이후에 알을 들에다 버렸더니 새가 날개로 품었다. ⑩ 왕이 알을 쪼개려 하였지만 깨트릴 수 없었다. ⑪ 그리하여 마침내 그 어머니에게 돌려주었다. ⑫ 그 어머니가 물건으로 알을 감싸서 따뜻한 곳에 두었더니 한 남자아이가 껍질을 깨고 나왔는데 영특하고 잘생겼다. ⑬ 나이가 겨우 일곱 살이었을 때 남달리 뛰어나 스스로 활과 화살을 만들어 쏘았는데 백발백중이었다. ⑭ 부여의 속어에 활을 잘 쏘는 이를 주몽(朱蒙)이라고 하였으므로 이를 이름으로 삼았다.

– 『삼국사기(三國史記)』「고구려본기(高句麗本紀)」동명성왕(東明聖王)

2. 사료 해설

고구려의 건국 이야기를 담고 있는 가장 오래된 기록은 5세기 대의 「광개토왕비문(廣開土王碑文)」과 「모두루묘지명(牟頭婁墓誌銘)」이 있고, 6세기 중반 편찬된 『위서(魏書)』「고구려전(高句麗傳)」에서도 이를 전하고 있다. 또한 고려 시대 편찬된 『삼국사기(三國史記)』와 『삼국유사(三國遺事)』, 그리고 「동명왕편(東明王篇)」에도 실려 있는데, 전체적인 줄거리는 대체적으로 비슷하다.

이렇게 전해지는 고구려의 건국 이야기에 따르면 주몽이 부여에서 성장하였고, 여기서 벗어나 고구려를 건국했다고 한다. 이는 고구려의 건국 집단이 부여에서 기원하였다는 사실을 반영하는 것으로 보인다. 다만 고고학적으로는 부여에서 고구려로의 문화적 상관성이 뚜렷하게 드러나지는 않는다. 부여에서는 돌널무덤[石棺墓]과 널무덤[土壙墓]이 나타나지만, 고구려에서는 일찍부터 돌무지무덤[積石塚]이 지속적으로 나타났기 때문이다. 다만 아래 〈사료 Plus〉에 서술된 것처럼, 주몽이 남하하면서 재사・무골・묵거와 같은 토착 세력을 만났다는 것은 부여 출신의 이주민 세력과 이 지역의 토착 세력 간에 연합을 했음을 추정케 한다. 이러한 고고학적 내용과 건국 이야기를 종합해서 주몽 집단의 남하는, 급진적인 대규모 주민 이동이 아니라 점진적인 소규모 주민 이동이 반복된 것일 수 있다고 보기도 한다.

사료 Plus+

금와왕에게는 7명의 왕자가 있어 항상 주몽과 어울려 놀았지만, 그 재주가 모두 주몽에 미치지 못하였다. 그 장자(長子) 대소(帶素)가 금와왕에게 말하였다. “주몽은 사람의 소생이 아니고 그 사람됨이 용맹하니 일찍 도모하지 않는다면 후환이 있을까 걱정됩니다. 청컨대 제거하십시오.” 왕은 듣지 않고 주몽으로 하여금 말을 기르도록 하였다. 주몽은 그중에서 준마를 알아보고 먹이를 줄여 야위도록 하고 둔한 말은 잘 먹여 살찌웠다. 왕은 살찐 말은 자신이 타고 야윈 말은 주몽에게 주었다. 이후 왕이 들판에서 사냥을 하였는데, 주몽이 활을 잘 쏘므로 그에게 화살을 적게 주었지만 그가 잡은 짐승이 매우 많았다. 왕자와 여러 신료가 다시 주몽을 죽이고자 모의했는데, 주몽의 어머니가 이를 몰래 알고 말하였다. “나라 사람들이 장차 너를 해치려 한다. 너의 재주와 지략이라면 어디에 가든 문제가 없을 것이다. 지체하여 머물다가 욕보는 것보다 멀리 가서 뜻을 이루는 것이 나을 것이다.”

주몽은 이에 오이(烏伊)・마리(摩離)・협보(陜父) 등 세 사람과 벗을 하고 길을 나서 엄호수(淹淲水)에 도착하였는데, 이를 건너고자 하였지만 다리가 없었다. 주몽은 추격병이 가까이 올까 걱정하고 엄리수에 말하였다. “나는 천제의 아들이요, 하백의 외손자다. 오늘 도망치고 있는데 추격자가 다가오고 있으니 어찌하면 좋겠는가?” 이에 물고기와 자라가 떠올라 다리를 만들어 주몽은 건널 수 있었다. 이내 물고기와 자라가 흩어져 추격하던 기병들은 건널 수 없었다. 주몽은 모둔곡(毛屯谷)에 이르러 3명을 만났는데, 제각기 마의(麻衣), 납의(衲衣), 수조의(水藻衣)를 입고 있었다. 주몽이 물어보았다. “그대들은 어디서 온 사람이고 이름이 무엇이요?” 마의를 입은 자는 이름을 재사(再思)라고 하였고, 납의를 입은 자는 이름을 무골(武骨)이라고 하였고, 수조의를 입은 자는 이름을 묵거(默居)라고 하였는데 성(姓)은 말하지 않았다. 주몽은 재사들에게 극씨(克氏)・무골에게 중실씨(仲室氏), 묵거에게 소설씨(少室氏)의 성을 만들어 주었다. 이에 주몽이 여러 사람에게 이르기를, “내가 이제 하늘의 크나큰 명을 받들어 나라의 기틀을 열고자 하는데, 여기 3명의 현인(賢人)을 우연히 만난 것은 어찌 하늘이 내려 준 것이라고 아니할 수 있겠는가!” 마침내 그 능력을 헤아려 각기 임무를 주고 그들과 함께 졸본천(卒本川)에 이르렀다. 그 토양이 비옥하고 아름다우며 산하(山河)가 험하고 견고하여 마침내 도읍으로 삼고자 하였지만, 미처 궁실을 지을 겨를이 없었으므로 단지 비류수(沸流水)가에 오두막을 짓고 살았다. 국호(國號)를 고구려(高句麗)라고 하고 고(高)를 성으로 삼았다.

—『삼국사기(三國史記)』「고구려본기(高句麗本紀)」 동명성왕(東明聖王)

사료 텍스트 완성하기

교과서 텍스트

1. 역 고조선이 멸망한 후 압록강 중류의 토착민들은 부족을 이루며 살고 있었는데, (   )에서 내려온 세력이 토착민과 결합하여 고구려를 세웠다.
2. 역 고구려의 초기 수도였던 (   ) 지역은 산과 계곡이 많아 농사지을 땅이 부족하였다. 그래서 고구려는 적극적으로 전쟁을 벌여 세력을 넓혀 나갔다.

기출 텍스트

1. 전 고구려는 압록강 일대에 (   )을/를 축조하였다.
2. 수 『삼국사기』에 따르면 주몽이 (   )에 있을 때 낳은 아들 (   )이/가 와서 태자가 되자, 비류와 온조는 남쪽으로 내려갔다고 한다.

빈칸 정답

	교과서 텍스트	기출 텍스트
1	부여	돌무지무덤
2	졸본	북부여, 유리

THEME

010 고구려의 정치 체제

韓금성, 韓동아, 韓비상, 韓씨마스, 韓해냄

① 其國有王, 其官有相加・對盧・沛者・古雛加・主簿・優台丞・使者・皁衣先人, 尊卑各有等級. … ② 本有五族, 有涓奴部・絶奴部・順奴部・灌奴部・桂婁部. ③ 本涓奴部爲王, 稍微弱, 今桂婁部代之. … ④ 王之宗族, 其大加皆稱古雛加. ⑤ 涓奴部本國主, 今雖不爲王, 適統代人, 得稱古雛加, 亦得立宗廟, 祠靈星・社稷. ⑥ 絶奴部世與王婚, 加古雛之號. ⑦ 諸大加亦自置使者・皁衣・先人, 名皆達於王, 如卿大夫之家臣, 會同坐起, 不得與王家使者・皁衣先人同列. ⑧ 其國中大家不佃作, 坐食者萬餘口, 下戶遠擔米糧魚鹽供給之.

—『三國志』「魏書」

주요 어휘

沛 성대한 모양 **패**　雛 새끼 **추**　簿 장부 **부**　優 넉넉할 **우**　皁 하인 **조**
尊 높을 **존**　卑 낮을 **비**　灌 물 댈 **관**　桂 계수나무 **계**　稍 점점 **초**
微 작을 **미**　弱 약할 **약**　代 대신할 **대**　適 맞을 / 큰아들 **적**　統 큰 줄기 **통**
祠 사당 **사**　靈 신령 **령**　星 별 **성**　達 통달할 **달**　佃 밭 갈 **전**
作 지을 **작**　遠 멀 **원**　擔 멜 **담**

한자 독음

① 기국유왕, 기관유상가・대로・패자・고추가・주부・우태승・사자・조의선인, 존비각유등급. … ② 본유오족, 유연노부・절노부・순노부・관노부・계루부. ③ 본연노부위왕, 초미약, 금계루부대지. … ④ 왕지종족, 기대가개칭고추가. ⑤ 연노부본국주, 금수불위왕, 적통대인, 득칭고추가, 역득입종묘, 사영성・사직. ⑥ 절노부세여왕혼, 가고추지호. ⑦ 제대가역자치사자・조의・선인, 명개달어왕, 여경대부지가신, 회동좌기, 부득여왕가사자・조의선인동열. ⑧ 기국중대가부전작, 좌식자만여구, 하호원담미양어염공급지.

1. 국문 해석

① 그 나라에는 왕이 있고, 벼슬로는 상가(相加)·대로(對盧)·패자(沛者)·고추가(古鄒加)·주부(主簿)·우태(優台)·승(丞)·사자(使者)·조의(皂衣)·선인(先人)이 있으며, 신분의 높고 낮음에 따라 각각 등급을 두었다. … ② 고구려에는 본래 5족(族)이 있었는데, 연노부(涓奴部)·절노부(絶奴部)·순노부(順奴部)·관노부(灌奴部)·계루부(桂婁部)이다. ③ 본래 연노부가 왕을 하였지만 차츰 미약해져 지금은 계루부가 이를 대신한다. … ④ 왕의 종족(宗族) 가운데 대가(大加)는 모두 고추가(古鄒加)라고 부른다. ⑤ 연노부는 본래 국주(國主)였으므로 지금은 비록 왕이 되지 못하지만 적통대인(適統大人)은 고추가라고 칭할 수 있으며, 또한 종묘(宗廟)를 세우고 영성(靈星)과 사직(社稷)에 제사지낼 수 있다. ⑥ 절노부는 대대로 왕과 혼인하였으므로 고추가의 칭호를 더해준다. ⑦ 여러 대가(大加)는 또한 스스로 사자(使者)·조의(皂衣)·선인(先人)을 두고 명단을 모두 왕에게 보고하는데, 중국 경대부(卿大夫)의 가신(家臣)과 같으며, 회동(會同)의 좌석 차례에서는 왕가(王家)의 사자·조의·선인과 같은 대열에 앉을 수는 없다. ⑧ 그 나라의 대가(大家)들은 농사를 짓지 않으므로, 앉아서 먹는 인구(坐食者)가 만여 명이나 되는데, 하호(下戶)들이 먼 곳에서 양식·고기·소금을 운반해다가 그들에게 공급한다.

－『삼국지(三國志)』「위서(魏書)」

2. 사료 해설

이 사료는 고구려의 초기 국가 정치 체제를 보여준다. 먼저 눈에 띄는 것은 고구려 초기에는 연노부가 왕을 배출하였지만, 이후에는 계루부가 왕을 배출한다는 사실이다. 여기에 묘사된 연노부는 『후한서(後漢書)』 등에는 소노(消奴)라고 되어 있다. 이는 『삼국사기』에 나타나는 비류나부와도 대응되는 것으로 보인다. 왜냐하면 비류나부는 비류국의 송양(松讓)으로부터 기원한 것으로 보이는데, 양(讓)은 고구려에서 토지를 가리키는 '나(那)' 혹은 '노(奴)'와도 뜻이 통하기 때문이다(송나 = 소노 = 연노). 또한 여기에 묘사된 절노부의 경우 대대로 왕비를 배출한다고 하는데, 이는 『삼국사기』에 나타난 연나부와 일치한다. 연나부는 고국천왕에서부터 서천왕에 이르기까지 약 3세기 동안 왕비를 배출하였다. 이처럼 특정 나부에서 왕비를 고정적으로 배출한 것은 백제나 신라 등에서도 나타나는 모습인데, 이는 미약한 왕권을 보완하기 위해 특정 세력과 결합하고자 나타나는 모습으로 본다.

이러한 5부의 세력들이 관료적 존재로 변모한 시기에 대해서는 견해가 엇갈리는 편이다. 다만 대체적으로는 3세기 중후반부에는 이들 나부 체제가 해체되고 일원적 관등제 아래 편입되었을 것으로 본다. 그리하여 3세기 말에는 태수(太守), 재(宰) 등의 지방관 명칭이 등장할 수 있었다고 본다.

사료 텍스트 완성하기

교과서 텍스트

1. [한] 산간 지대에 위치한 고구려는 주변 소국을 정복하며 (　　　) 지대로 진출하였다.
2. [한] 고구려는 (　　　)의 부(部)가 연맹하여 발전하였고, 각 부는 각자의 주민과 영역을 다스렸다.

기출 텍스트

1. [능] 왕 아래 (　　　) 등의 대가들이 있었다.
2. [능] 대가들이 각기 (　　　) 등의 관리를 거느렸다.

빈칸 정답

	교과서 텍스트	기출 텍스트
1	평야	상가, 고추가
2	5개	사자, 조의, 선인

011 고구려의 사회·경제

옙금성, 옙동아, 옙미래엔, 옙비상, 옙천재 / 한금성, 한동아, 한미래엔, 한천재

① 其民喜歌舞, 國中邑落, 暮夜男女羣聚, 相就歌戲. ② 無大倉庫, 家家自有小倉, 名之爲'桴京'. ③ 其人絜淸自喜, 善藏釀. ④ 跪拜申一脚, 與夫餘異, 行步皆走. ⑤ 以十月祭天, 國中大會, 名曰'東盟'. ⑥ 其公會, 衣服皆錦繡金銀以自飾. ⑦ 大加主簿頭著幘, 如幘而無餘. ⑧ 其小加著折風, 形如弁. ⑨ 其國東有大穴, 名隧穴. ⑩ 十月國中大會, 迎隧神還于國東上祭之, 置木隧于神坐. ⑪ 無牢獄, 有罪諸加評議, 便殺之, 沒入妻子爲奴婢. ⑫ 其俗作婚姻, 言語已定, 女家作小屋於大屋後, 名'壻屋'. ⑬ 壻暮至女家戶外, 自名跪拜, 乞得就女宿. ⑭ 如是者再三, 女父母乃聽使就小屋中宿, 傍頓錢帛. ⑮ 至生子已長大, 乃將婦歸家.

—『三國志』「魏書」

주요 어휘

喜 기쁠 **희**	暮 저물 **모**	羣 무리 **군**	聚 모일 **취**	就 이룰 **취**
戲 탄식할 **희**	桴 뗏목 **부**	絜 헤아릴 **혈**	藏 감출 **장**	釀 빚을 **양**
跪 꿇어앉을 **궤**	拜 절 **배**	脚 다리 **각**	錦 비단 **금**	繡 수놓다 **수**
著 분명할 **저**	幘 머리쓰개 **책**	弁 고깔 **변**	隧 굴 **수**	穴 구멍 **혈**
還 돌아올 **환**	牢 우리 **뢰**	獄 옥 **옥**	罪 허물 **죄**	便 편할 **편**
婚 혼인할 **혼**	姻 혼인 **인**	壻 사위 **서**	屋 집 **옥**	暮 저물 **모**
乞 빌 **걸**	傍 곁 **방**	頓 조아릴 **돈**	將 장차 **장**	婦 며느리 **부**

한자 독음

① 기민희가무, 국중읍락, 모야남녀군취, 상취가희. ② 무대창고, 가가자유소창, 명지위'부경'. ③ 기인혈청자희, 선장양. ④ 궤배신일각, 여부여이, 행보개주. ⑤ 이십월제천, 국중대회, 명왈'동맹'. ⑥ 기공회, 의복개금수금은이자식. ⑦ 대가주부두저책, 여책이무여. ⑧ 기소가저절풍, 형여변. ⑨ 기국동유대혈, 명수혈. ⑩ 십월국중대회, 영수신환우국동상제지, 치목수우신좌. ⑪ 무뢰옥, 유죄제가평의, 편살지, 몰입처자위노비. ⑫ 기속작혼인, 언어이정, 여가작소옥어대옥후, 명'서옥'. ⑬ 서모지녀가호외, 자명궤배, 걸득취녀숙. ⑭ 여시자재삼, 여부모내청사취소옥중숙, 방돈전백. ⑮ 지생자이장대, 내장부귀가.

1. 국문 해석

① 그 백성들은 노래와 춤을 좋아하여, 나라 안의 촌락마다 밤이 되면 남녀가 떼 지어 모여서 서로 노래하며 유희를 즐긴다. ② 큰 창고는 없고 집집마다 조그만 창고가 있으니, 그 이름을 '부경(桴京)'이라 한다. ③ 그 나라 사람들은 깨끗한 것을 좋아하며, 술을 잘 빚는다. ④ 무릎을 꿇고 절할 때에는 한쪽 다리를 펴니 부여와 같지 않으며, 길을 걸을 적에는 모두 달음박질하듯 빨리 간다. ⑤ 10월에 지내는 제천행사(祭天行事)는 국중대회(國中大會)로 이름하여 '동맹(東盟)'이라 한다. ⑥ 그들의 공식(公式) 모임에서는 모두 비단에 수놓은 의복을 입고 금(金)과 은(銀)으로 장식한다. ⑦ 대가(大加)와 주부(注簿)는 머리에 책(幘)을 쓰는데, (중국의) 책(幘)과 흡사하지만 뒤로 늘어뜨리는 부분이 없다. ⑧ 소가(小加)는 절풍(折風)을 쓰는데, 그 모양이 고깔(弁)과 같다. ⑨ 그 나라의 동쪽에 큰 굴이 있는데 그것을 수혈(隧穴)이라 부른다. ⑩ 10월에 온 나라에서 크게 모여 수신(隧神)을 맞이하여 나라의 동쪽 (강) 위에 모시고 가 제사를 지내는데, 나무로 만든 수신(隧神)을 신(神)의 좌석에 모신다. ⑪ 감옥이 없고 범죄자가 있으면 제가(諸加)들이 모여서 평의(評議)하여 사형에 처하고 처자(妻子)는 몰수하여 노비(奴婢)로 삼는다. ⑫ 그 풍속은 혼인할 때 구두로 미리 정하고, 여자의 집에서 몸채 뒤편에 작은 별채를 짓는데, 그 집을 '서옥(壻屋)'이라고 부른다. ⑬ 해가 저물 무렵에 신랑이 신부의 집 문밖에 도착하여 자기의 이름을 밝히고 궤배(跪拜)하면서, 아무쪼록 신부와 더불어 잘 수 있도록 해 달라고 청한다. ⑭ 이렇게 두세 번 거듭하면 신부의 부모는 그때서야 작은 집(壻屋)에 가서 자도록 허락하고, (신랑이 가져온) 돈과 폐백은 (서옥) 곁에 쌓아둔다. ⑮ 아들을 낳아서 장성(長成)하면 남편은 아내를 데리고 자기 집으로 돌아간다.

– 『삼국지(三國志)』 「위서(魏書)」

2. 사료 해설

10월에 열린 고구려의 '동맹'은 연맹의 통합을 강화하고자 하는 행사였을 것으로 본다. 또한 10월이란 시점으로 보았을 때 일종의 추수감사제로 보기도 한다. 또한 동쪽의 큰 동굴, 즉 국동대혈(國東大穴)에서 수신(隧神)을 맞이한다고 하는데, 이는 여신상으로 보는 경우가 많다. 일반적으로 동굴은 생명의 모태인 여성의 자궁을 상징하고, 고구려 시조인 주몽의 어머니 유화(柳花)는 지모신(地母神)·농경신(農耕神)으로 받아들여졌기 때문이다.

또한 여기에 나타난 서옥제(壻屋制)는 일종의 구매혼 내지는 매매혼의 성격을 지니는 것으로 본다. 처가에 머무르는 이유도 일정 노동력을 제공하기 위함으로 본다. 이러한 서옥제의 매매혼적인 모습은 남편이 죽은 후 부인이 친정으로 돌아가게 되면 남자 집에서는 경제적인 손실로 작용할 수밖에 없다. 이를 방지하기 위해 형사취수혼의 풍습이 나타났다고 이해하기도 한다.

사료 Plus+

그 풍속은 음란하며, 남녀가 결혼하면 곧 죽어서 입고 갈 수의(壽衣)를 미리 조금씩 만들어 둔다. 장례를 성대하게 지내니, 금(金)·은(銀)의 재물을 모두 장례에 소비하며, 돌을 쌓아서 봉분을 만들고 소나무·잣나무를 그 주위에 벌려 심는다. 그 나라의 말은 모두 체구가 작아서 산에 오르기에 편리하다. 사람들은 힘이 세고 전투에 익숙하여, 옥저(沃沮)와 동예(東濊)를 모두 복속시켰다.

— 『삼국지(三國志)』「위서(魏書)」

사료 텍스트 완성하기

교과서 텍스트

1. 한 고구려는 5부의 대가들과 함께 국가를 운영하였는데, 중죄인의 처형 등 국가 중대사는 (　　　)을/를 통해 결정하였다.
2. 역 무예를 중시하고 활쏘기와 말타기에 능했던 고구려 사람들은 (　　　)(이)라는 혼인 풍습을 지켰다.
3. 역 10월에는 (　　　)(이)라는 제천 행사를 열어 연맹의 통합을 강화하였다.
4. 한 고구려는 (　　　)의 풍습과 서옥제라는 혼인 풍습도 있었다.

기출 텍스트

1. 능 10월에 (　　　)(이)라는 제천 행사를 열었다.
2. 능 왕과 신하들이 (　　　)에 모여 함께 제사를 지냈다.
3. 능 중대한 범죄자는 (　　　)을/를 통하여 사형에 처하였다.
4. 능 고구려는 혼인 풍습으로 (　　　)이/가 있었다.

빈칸 정답

	교과서 텍스트	기출 텍스트
1	제가회의	동맹
2	서옥제	국동대혈
3	동맹	제가회의
4	형사취수혼	서옥제

012 옥저의 정치 체제

역지학사 / 한금성, 한지학사

① 東沃沮在高句麗蓋馬大山之東, 濱大海而居. ② 其地形東北狹, 西南長, 可千里. ③ 北與挹婁·夫餘, 南與濊貊接. ④ 戶五千, 無大君王, 世世邑落, 各有長帥. ⑤ 其言語與句麗大同, 時時小異. … ⑥ 沃沮還屬樂浪. ⑦ 漢以土地廣遠, 在單單大領之東, 分置東部都尉, 治不耐城, 別主領東七縣. ⑧ 時沃沮亦皆爲縣. ⑨ 漢建武六年, 省邊郡, 都尉由此罷. ⑩ 其後皆以其縣中渠帥爲縣侯, 不耐·華麗·沃沮諸縣皆爲侯國. ⑪ 夷狄更相攻伐, 唯不耐濊侯至今猶置功曹·主簿諸曹, 皆濊民作之. ⑫ 沃沮諸邑落渠帥, 皆自稱三老, 則故縣國之制也.

—『三國志』「魏書」

주요 어휘

沃 물 댈 **옥** 沮 막을 **저** 蓋 덮을 **개** 濱 물가 **빈** 狹 좁을 **협**
接 사귈 **접** 還 돌아올 **환** 屬 엮을 **속** 廣 넓을 **광** 遠 멀 **원**
省 살피다 **성** / 덜다 **생** 邊 가 **변** 罷 방면할 **파** 渠 도랑 **거**
唯 오직 **유** 猶 오히려 **유** 濊 깊을 **예**

한자 독음

① 동옥저재고구려개마대산지동, 빈대해이거. ② 기지형동북협, 서남장, 가천리. ③ 북여읍루·부여, 남여예맥접. ④ 호오천, 무대군왕, 세세읍락, 각유장수. ⑤ 기언어여구려대동, 시시소이. … ⑥ 옥저환속낙랑. ⑦ 한이토지광원, 재단단대영지동, 분치동부도위, 치불내성, 별주령동칠현. ⑧ 시옥저역개위현. ⑨ 한건무육년, 생변군, 도위유차파. ⑩ 기후개이기현중거수위현후, 불내·화려·옥저제현개위후국. ⑪ 이적경상공벌, 유불내예후지금유치공조·주부제조, 개예민작지. ⑫ 옥저제읍락거수, 개자칭삼로, 즉고현국지제야.

1. 국문 해석

① 동옥저(東沃沮)는 고구려 개마대산(蓋馬大山)의 동쪽에 있는데, 큰 바닷가에 접해 산다. ② 그 지형은 동북 간은 좁고, 서남 간은 길어서 천리 정도나 된다. ③ 북쪽에는 읍루(挹婁)·부여(夫餘)가 있고, 남쪽에는 예맥(濊貊)과 접하여 있다. ④ 호수(戶數)는 5천 호(戶)인데, 대군왕(大君王)은 없으며 읍락(邑落)에는 각각 대를 잇는 우두머리(長帥)가 있다. ⑤ 그들의 말은 고구려와 대체로 같지만 경우에 따라 좀 다른 부분도 있다. … ⑥ 옥저는 다시 낙랑(樂浪)에 속하게 되었다. ⑦ 한나라는 그 지역이 넓고 멀리 떨어져 있으므로, 단단대령(單單大領)의 동쪽에 있는 지역을 나누어 동부도위(東部都尉)를 설치하고 불내성(不耐城)에 치소(治所)를 두어 별도로 영동(領東) 7현(縣)을 통치하게 하였다. ⑧ 이때에 옥저의 읍락도 모두 현이 되었다. ⑨ 후한(後漢) 건무(建武) 6년에 변경의 군(郡)을 줄였는데, (옥저가 속한) 동부도위도 이때 폐지되었다. ⑩ 그 후부터 현에 있던 토착민의 우두머리[渠帥]로 모두 현후(縣侯)를 삼으니, 불내(不耐)·화려(華麗)·옥저(沃沮) 등의 모든 현은 전부 후국(侯國)이 되었다. ⑪ 이들 이적(夷狄)들은 서로 침공하여 싸웠으나, 오직 불내예후(不耐濊侯)만이 오늘에 이르기까지 (면모를 유지하여) 공조(功曹)·주부(主簿) 등의 제조(諸曹)를 두었는데, 예인(濊人)이 모두 그 직(職)을 차지하였다. ⑫ 옥저의 여러 읍락의 우두머리[渠帥]들은 스스로를 삼로(三老)라고 일컬으니, 그것은 옛 한(漢)나라 현(縣)이었을 때의 제도이다.

— 『삼국지(三國志)』「위서(魏書)」

2. 사료 해설

옥저는 위만조선에 복속해 있다가, 위만조선이 멸망한 이후 낙랑군의 통제를 받았다. 기원전 1세기 후반 낙랑군은 옥저 땅을 부조현(夫租縣)이라 이름 붙이고 관리를 파견해 다스렸다. 서기 30년 낙랑군에서는 동부도위를 폐지하였는데, 이로 인해 옥저 땅에 설치된 부조현은 한의 제후국이 되었고, 옥저의 토착 지배자들은 후·읍군 벼슬을 받으면서 자치권을 회복하게 되었다.

그러나 서기 56년 태조왕이 옥저 지역을 정복하면서 옥저는 고구려에 속하게 되었다. 이때부터 옥저는 고구려의 간접 지배를 받게 되었다. 옥저 지역의 지배자들은 고구려의 관등인 사자로 임명되어 고구려 대가(大加)의 명령을 받았다. 대가는 세금을 거두어들이고 베나 물고기, 소금, 그 밖에 갖가지 해산물 등을 요구하였으며, 옥저의 미인들을 데려다가 노비나 첩으로 삼았다.

사료 Plus+

동옥저는 … 대군장이 없고 후·읍군·삼로의 관직이 있었다.

— 『후한서(後漢書)』

사료 텍스트 완성하기

교과서 텍스트

1. 역 한반도 북부의 동해안 지역에 위치하였던 (　　　)은/는 토지가 비옥하여 농경이 발달하였고, 소금과 해산물이 풍부하였다.

2. 역 옥저는 지리적인 한계로 앞선 문화의 수용이 늦었으며, (　　　)의 간섭을 받아 강력한 나라로 성장하지 못하였다.

기출 텍스트

1. 능 옥저에는 읍군, (　　　)(이)라고 불리는 군장이 있었다.

2. 능 고구려 (　　　)에게 정복되어 공물을 바쳤다.

빈칸 정답

	교과서 텍스트	기출 텍스트
1	옥저	삼로
2	고구려	태조왕

013 옥저의 사회·경제

㉮동아, ㉮미래엔, ㉮비상, ㉮천재 / ㉯천재

① 其土地肥美, 背山向海, 宜五穀, 善田種. ② 人性質直彊勇. ③ 少牛馬, 便持矛步戰. ④ 食飮居處, 衣服禮節, 有似句麗. ⑤ 魏略曰, 其嫁娶之法, 女年十歲, 已相設許, 壻家迎之, 長養以爲婦. ⑥ 至成人, 更還女家. ⑦ 女家責錢, 錢畢, 乃復還壻. ⑧ 其葬作大木槨, 長十餘丈, 開一頭作戶. ⑨ 新死者皆假埋之, 才使覆形, 皮肉盡, 乃取骨置槨中. ⑩ 擧家皆共一槨, 刻木如生形, 隨死者爲數. ⑪ 又有瓦鑩, 置米其中, 編縣之於槨戶邊.

—『三國志』「魏書」

주요 어휘

肥 살찔 비	背 등 배	宜 마땅할 의	善 좋을 선	種 씨 종
質 바탕 질	彊 굳셀 강	勇 날쌜 용	便 편할 편	持 가질 지
矛 창 모	嫁 시집갈 가	娶 장가들 취	已 이미 이	壻 사위 서
迎 맞이할 영	養 기를 양	婦 며느리 부	更 고칠 경	還 돌아올 환
責 요구할 책	畢 마칠 필	乃 이에 내	葬 장사지낼 장	假 거짓 가
埋 묻을 매	覆 뒤집힐 복	槨 덧널 곽	擧 들 거	刻 새길 각
隨 따를 수	鑩 솥 력	編 엮을 편	邊 가 변	

한자 독음

① 기토지비미, 배산향해, 의오곡, 선전종. ② 인성질직강용. ③ 소우마, 편지모보전. ④ 식음거처, 의복예절, 유사구려. ⑤ 위략왈, 기가취지법, 여년십세, 이상설허, 서가영지, 장양이위부. ⑥ 지성인, 경환여가. ⑦ 여가책전, 전필, 내부환서. ⑧ 기장작대목곽, 장십여장, 개일두작호. ⑨ 신사자개가매지, 재사복형, 피육진, 내취골치곽중. ⑩ 거가개공일곽, 각목여생형, 수사자위수. ⑪ 우유와력, 치미기중, 편현지어곽호변.

1. 국문 해석

① 동옥저의 토질은 비옥하며, 산을 등지고 바다를 향해 있어 오곡(五穀)이 잘 자라며 농사짓기에 적합하다. ② 사람들의 성질은 질박하고 정직하며 굳세고 용감하다. ③ 소나 말이 적고, 창을 잘 다루며 보전(步戰)을 잘한다. ④ 음식·주거·의복·예절은 고구려와 흡사하다. ⑤ 위략(魏略)에 따르면, 그 나라의 혼인하는 풍속은 여자의 나이가 10살이 되기 전에 혼인을 약속하고, 신랑집에서는 (그 여자를) 맞이하여 장성하도록 길러 아내로 삼는다. ⑥ 여자가 성인(成人)이 되면 다시 친정으로 돌아가게 한다. ⑦ 여자의 친정에서는 돈을 요구하는데, 신랑 집에서 돈을 지불한 후 다시 신랑 집으로 돌아온다. ⑧ 그들은 장사를 지낼 적에는 큰 나무 곽(槨)을 만드는데, 길이가 10여 장(丈)이나 되며 한쪽 머리를 열어 놓아 문을 만든다. ⑨ 사람이 죽으면 시체는 모두 가매장을 하되, 겨우 형체가 덮일 만큼 묻었다가 가죽과 살이 다 썩은 다음에 뼈만 추려 곽(槨) 속에 안치한다. ⑩ 온 집 식구를 모두 하나의 곽 속에 넣어 두는데, 죽은 사람의 숫자대로 살아 있을 때와 같은 모습으로 나무로 모양을 새긴다. ⑪ 또 질솥에 쌀을 담아서 곽의 문 곁에다 엮어 매달아 둔다.

– 『삼국지(三國志)』 「위서(魏書)」

2. 사료 해설

이 사료에 나타난 민며느리제는 구매혼 혹은 매매혼의 모습을 보인다. 이러한 구매혼은 노동력을 중시하는 사회에서 많이 나타나는데, 여자 집에 대한 노동력을 보상한다는 측면에서 여성의 노동력을 중시했다고 본다. 또한 고구려 대가들이 옥저의 여성들을 노비나 첩으로 삼는 경우도 있었기 때문에 옥저의 남자 집안에서 어린 여자아이를 데려와 보호함으로써 신부를 미리 확보하려고 했던 것으로 보기도 한다.

사료 Plus+

무제(武帝)가 조선(朝鮮)을 멸망시키고서 옥저(沃沮) 땅으로 현토군(玄菟郡)을 삼았다. 뒤에 이맥(夷貊)의 침략을 받아 군(郡)을 고구려의 서북쪽으로 옮기고는 옥저를 현(縣)으로 고쳐 낙랑(樂浪)의 동부도위(東部都尉)에 속하게 하였다. 광무제(光武帝) 때에 이르러서는 도위(都尉)의 관직을 없앴다. 이후부터는 그들의 우두머리[渠帥]를 봉(封)하여 옥저후(沃沮侯)로 삼았다. 그 나라는 지역이 좁고 작은 데다가 큰 나라의 사이에 끼어 있어서 마침내 고구려에 신속케 되었다.

– 『후한서(後漢書)』 「동이열전(東夷列傳)」 동옥저(東沃沮)

사료 텍스트 완성하기

교과서 텍스트

1. 역 옥저는 (　　　)을/를 만들어 가족이 죽으면 시신을 임시로 묻어 두었다가 나중에 그 뼈를 추려서 무덤에 매장하였다.
2. 역 옥저에는 (　　　)(이)라는 혼인 풍습이 있었다.

기출 텍스트

1. 전 시체를 (　　　)한 후 썩으면 뼈만 추려 곽 속에 안치하였고, 온 가족들의 뼈를 한 곽 속에 넣어 두었다.
2. 능 옥저는 혼인 풍속으로 (　　　)이/가 있었다.

빈칸 정답

	교과서 텍스트	기출 텍스트
1	가족 공동묘(무덤)	가매장
2	민며느리제	민며느리제

THEME

014 동예의 정치 체제

한 비상

① 無大君長, 自漢已來, 其官有侯邑君·三老, 統主下戶. ② 其耆老舊自謂與'句麗同種'. ③ 其人性愿慤, 少嗜欲, 有廉恥, 不請句麗. ④ 言語法俗, 大抵與句麗同, 衣服有異. ⑤ 男女衣皆著曲領, 男子繫銀花廣數寸以爲飾. ⑥ 自單單大山領以西屬樂浪, 自領以東七縣, 都尉主之, 皆以濊爲民. ⑦ 後省都尉, 封其渠帥爲侯. ⑧ 今不耐濊皆其種也. ⑨ 漢末更屬句麗.

－『三國志』「魏書」

주요 어휘

已 이미 **이**	統 큰 줄기 **통**	舊 옛 **구**	愿 삼갈 **원**	慤 성실할 **각**
嗜 즐길 **기**	欲 하고자 할 **욕**	廉 청렴할 **렴**	恥 부끄러워할 **치**	著 입을 **착**
曲 굽을 **곡**	領 목 **령**	繫 맬 **계**	飾 꾸밀 **식**	屬 엮을 **속**
主 주인 **주**	濊 깊을 **예**	封 봉할 **봉**		

한자 독음

① 무대군장, 자한이래, 기관유후읍군·삼로, 통주하호. ② 기기로구자위여'구려동종'. ③ 기인성원각, 소기욕, 유렴치, 불청구려. ④ 언어법속, 대저여구려동, 의복유리. ⑤ 남녀의개착곡령, 남자계은화광수촌이위식. ⑥ 자단단대산령이서속낙랑, 자령이동칠현, 도위주지, 개이예위민. ⑦ 후생도위, 봉기거수위후. ⑧ 금불내예개기종야. ⑨ 한말경속구려.

1. 국문 해석

① 대군장(大君長)이 없고 한대(漢代) 이래로 후(侯)·읍군(邑君)·삼로(三老)의 관직이 있어서 하호(下戶)를 통치하였다. ② 그 나라의 노인들은 예부터 스스로 일컫기를 '고구려(高句麗)와 같은 종족이다.'라고 하였다. ③ 그들의 성질은 조심스럽고 진실하며 욕심이 적고 염치(廉耻)가 있어, 남에게 구걸하거나 도움을 청하지 않는다. ④ 언어와 예절 및 풍속은 대체로 고구려와 같지만 의복은 다르다. ⑤ 남녀가 모두 곡령(曲領)을 입는데, 남자는 넓이가 여러 치 되는 은화(銀花)를 옷에 꿰매어 장식한다. ⑥ 단단대산령(單單大山領)의 서쪽은 낙랑(樂浪)에 소속되었으며, 령(領)의 동쪽

일곱 현(縣)은 동부도위(東部都尉)가 통치하는데 그 백성은 모두 예인(濊人)이다. ⑦ 그 뒤 동부도위를 폐지하고 그들의 우두머리[渠帥]를 봉(封)하여 후(侯)로 삼았다. ⑧ 오늘날의 불내예(不耐濊)는 모두 그 종족이다. ⑨ 한말(漢末)에는 다시 고구려에 복속되었다.

—『삼국지(三國志)』「위서(魏書)」

2. 사료 해설

동예 지역은 국가 형성 초기부터 주변의 여러 국가의 통제를 받았다. 그 과정에서 주변 국가들로부터 지속적인 수탈을 받을 수밖에 없었으며, 이로 인해 강력한 국가 권력이 등장하거나 사회적 분화가 진전될 수 없었다.

동예 지역은 본래 위만조선에 복속되어 있었다. 그러나 위만조선의 멸망 이후 일련의 과정을 거쳐 낙랑군의 통치를 받게 되었다. 초기에는 동예의 각 현을 다스리는 현령이나 현장을 요동에서 데리고 왔으나, 이후에는 낙랑군이 토착민을 관리로 임명하였다. 동예 각 읍락의 족장들을 현후(縣侯)로 삼고 간접 지배를 행한 것이다. 현령・현장 등은 각 고을의 우두머리를 '삼로'로 임명해 그 권한을 인정해주는 형태로 통제하였다. 이후 한 군현의 통제력이 미치지 않게 되면서 동예의 각 현은 불내국과 화려국 등 각자 다른 이름을 가지게 되었다.

이후 동예는 고구려에 점차 복속되었다. 고구려의 지배 형태는 옥저에 대한 지배 형태와 동일했던 것으로 보인다. 즉 읍락 내의 일은 족장이 자치적으로 영위하고, 고구려는 족장을 통해 공납을 징수하는 간접적인 지배방식을 취했던 것이다.

그러나 동예는 3세기 중반 무렵 관구검이 고구려를 침공할 때 낙랑태수 유무(劉茂) 등의 공격을 받아 다시 낙랑군의 지배를 받게 된다. 그러나 진(晉)이 쇠퇴하고, 낙랑군 지역을 고구려가 병합함에 따라 동예 지역은 다시 점차적으로 고구려의 지배하에 들어가게 되었다. 또한 동예의 일부 촌락은 신라에 병합되기도 하였다.

사료 텍스트 완성하기

교과서 텍스트

1. 한 동예는 (   ) 해안 지역에서 성립하였는데, 읍군이나 삼로라고 불린 군장이 부족을 다스렸다.

기출 텍스트

1. 수 동예는 읍군과 (   )(이)라는 군장이 자기 부족을 다스렸다.

빈칸 정답

	교과서 텍스트	기출 텍스트
1	강원도	삼로

THEME

015 동예의 사회·경제

역금성, 역동아, 역미래엔, 역비상 / 한금성, 한천재

① 其俗重山川, 山川各有部分, 不得妄相涉入. ② 同姓不婚. ③ 多忌諱, 疾病死亡輒捐棄舊宅, 更作新居. ④ 有麻布, 蠶桑作緜. ⑤ 曉候星宿, 豫知年歲豐約. ⑥ 不以珠玉爲寶. ⑦ 常用十月節'祭天', 晝夜飮酒歌舞, 名之爲舞天. ⑧ 又祭虎以爲神. ⑨ 其邑落相侵犯, 輒相罰責生口牛馬, 名之爲'責禍'. ⑩ 殺人者償死. ⑪ 少寇盜. ⑫ 作矛長三丈, 或數人共持之, 能步戰. ⑬ 樂浪檀弓出其地. ⑭ 其海出班魚皮, 土地饒文豹. ⑮ 又出果下馬, 漢桓時獻之.

— 『三國志』 「魏書」

주요 어휘

俗 풍속 **속**	妄 멋대로 **망**	涉 건널 / 들어갈 **섭**	婚 혼인할 **혼**	忌 꺼릴 **기**
諱 꺼릴 **휘**	疾 병 **질**	病 병 **병**	輒 문득 / 쉽게 **첩**	捐 버릴 **연**
棄 버릴 **기**	蠶 누에 **잠**	桑 뽕나무 **상**	緜 햇솜 **면**	曉 새벽 **효**
候 관측할 **후**	豫 미리 **예**	豐 풍년 **풍**	約 맺다 / 빈약 **약**	寶 보배 **보**
晝 낮 **주**	夜 밤 **야**	舞 춤출 **무**	祭 제사 **제**	虎 범 **호**
侵 침노할 **침**	犯 범할 **범**	罰 죄 **벌**	責 요구할 **책**	禍 죄 **화**
償 갚을 **상**	寇 도둑 **구**	盜 훔칠 **도**	檀 박달나무 **단**	饒 넉넉할 **요**
豹 표범 **표**	獻 바칠 **헌**			

한자 독음

① 기속중산천, 산천각유부분, 부득망상섭입. ② 동성불혼. ③ 다기휘, 질병사망첩연기구택, 경작신거. ④ 유마포, 잠상작면. ⑤ 효후성숙, 예지년세풍약. ⑥ 불이주옥위보. ⑦ 상용십월절제천, 주야음주가무, 명지위'무천'. ⑧ 우제호이위신. ⑨ 기읍락상침범, 첩상벌책생구우마, 명지위'책화'. ⑩ 살인자상사. ⑪ 소구도. ⑫ 작모장삼장, 혹수인공지지, 능보전. ⑬ 낙랑단궁출기지. ⑭ 기해출반어피, 토지요문표. ⑮ 우출과하마, 한환시헌지.

1. 국문 해석

① 그 나라의 풍속은 산천(山川)을 중요시하여 산과 내마다 각기 구분이 있어 함부로 들어가지 않는다. ② 동성(同姓)끼리는 결혼하지 않는다. ③ 꺼리는 것이 많아서 병을 앓거나 사람이 죽으면 옛집을 버리고 곧 다시 새집을 지어 산다. ④ 삼베가 산출되며 누에를 쳐서 옷감을 만든다. ⑤ 새벽에 별자리의 움직임을 관찰하여 그해의 풍흉을 미리 안다. ⑥ 주옥(珠玉)은 보물로 여기지 않는다. ⑦ 해마다 10월이면 하늘에 제사를 지내는데, 주야로 술 마시며 노래 부르고 춤추니 이를 '무천(舞天)'이라 한다. ⑧ 또 호랑이를 신(神)으로 여겨 제사지낸다. ⑨ 부락을 함부로 침범하면 벌로 생구(生口)와 소·말을 부과하는데, 이를 '책화(責禍)'라 한다. ⑩ 사람을 죽인 사람은 죽음으로 그 죄를 갚게 한다. ⑪ 도둑질하는 사람이 적다. ⑫ 길이가 3장(丈)이나 되는 창(矛)을 만들어 때로는 여러 사람이 함께 잡고서 사용하기도 하며, 보전(步戰)에 능숙하다. ⑬ 낙랑(樂浪)의 단궁(檀弓)이 그 지역에서 산출된다. ⑭ 바다에서는 반어피(班魚皮)가 나고, 땅은 기름지고 무늬있는 표범이 많다. ⑮ 또 과하마(果下馬)가 나는데 후한의 환제(桓帝) 때 헌상(獻上)하였다.

— 『삼국지(三國志)』 「위서(魏書)」

2. 사료 해설

이 사료는 동예의 여러 읍락이 상호 정치적인 관계나 경제적 교류의 관계를 형성하지 못하고 서로 분리되어 있었음을 보여준다. 각 읍락은 혈연성이 강한 공동체의 성격을 가지고 있었고, 그 안에서 자급자족하는 것을 원칙으로 삼는 경제적 공동체였던 것으로 보인다. 그 과정에서 각 구역 내의 산림과 하천, 풀밭 등은 공유지의 형태로 존재하였고, 경작지는 그 읍락의 주민들에게 점유의 형태로 놓여 있었다.

또한 동예에서는 같은 씨족 내에서는 혼인을 하지 않는 족외혼(族外婚)의 풍습이 있었다고 한다. 이러한 풍습을 통해 각 부족의 연합이 이루어질 수 있었을 것으로 본다.

사료 Plus+

정시(正始) 8년에는 위(魏) 조정에 와 조공하므로, 불내예왕(不耐濊王)으로 봉하였다. 불내예왕은 백성들 사이에 섞여 살면서 계절마다 군(郡)에 와서 조알(朝謁)하였다. 이군(二郡)에 전역(戰役)이 있어 조세(租稅)를 거둘 일이 있으면, 공급(供給)케 하고 사역(使役)을 시켜 마치 군(郡)의 백성처럼 취급하였다.

— 『삼국지(三國志)』 「위서(魏書)」 동이전(東夷傳)

사료 텍스트 완성하기

교과서 텍스트

1. 역 동예는 (   )을/를 신으로 여기고 제사를 지냈다.
2. 역 다른 마을의 경계를 침범하면 노비나 소, 말 등으로 배상하게 하는 (   )(이)라는 풍습이 있었다.
3. 역 동예는 (   )끼리 혼인하지 않았다.
4. 역 동예는 10월에 하늘에 제사를 지내는 (   )을/를 열었다.

기출 텍스트

1. 전 읍락을 함부로 침범하면 그 대가로 (   )을/를 변상하였다.
2. 수 여(呂)자나 (   ) 모양의 집을 많이 짓고 살았다.
3. 능 매년 10월에 (   )(이)라는 제천 행사를 거행하였다.
4. 능 특산물로 단궁, (   ), 반어피 등을 생산하였다.

빈칸 정답

	교과서 텍스트	기출 텍스트
1	호랑이	노비[生口]·소·말
2	책화	철(凸)자
3	같은 씨족	무천
4	무천	과하마

THEME

016 삼한의 정치 체제

한금성

① 韓在帶方之南, 東西以海爲限, 南與倭接, 方可四千里. ② 有三種, 一曰馬韓, 二曰辰韓, 三曰弁韓. ③ 辰韓者, 古之辰國也. ④ 馬韓在西. ⑤ 其民土著, 種植, 知蠶桑, 作綿布. ⑥ 各有長帥, 大者自名爲臣智, 其次爲邑借. ⑦ 散在山海間, 無城郭. … ⑧ 凡五十餘國, 大國萬餘家, 小國數千家, 總十餘萬戶. ⑨ 辰王治月支國. ⑩ 臣智或加優呼臣雲遣支報安邪踧支濆臣離兒不例拘邪秦支廉之號. ⑪ 其官有魏率善 · 邑君 · 歸義侯 · 中郎將 · 都尉 · 伯長. … ⑫ 其俗好衣幘, 下戶詣郡朝謁, 皆假衣幘, 自服印綬衣幘千有餘人. … ⑬ 其俗少綱紀, 國邑雖有主帥, 邑落雜居, 不能善相制御.

— 『三國志』「魏書」

주요 어휘

帶 띠 **대** 　海 바다 **해** 　限 경계 **한** 　倭 왜국 **왜** 　接 이을 / 접할 **접**
種 종족 **종** 　著 나타날 / 세울 **저** 　植 심을 **식** 　蠶 누에 **잠**
桑 뽕나무 **상** 　綿 이어질 **면** 　次 버금 **차** 　借 빌다 **차** 　散 흩을 **산**
間 틈 **간** 　總 거느릴 **총** 　幘 건 **책** 　詣 이를 **예** 　謁 아뢸 **알**
假 거짓 **가** 　服 옷 **복** 　綱 벼리 / 규제 **강** 　紀 벼리 / 규율 **기** 　雜 섞을 **잡**
御 어거할 **어**

한자 독음

① 한재대방지남, 동서이해위한, 남여왜접, 방가사천리. ② 유삼종, 일왈마한, 이왈진한, 삼왈변한. ③ 진한자, 고지진국야. ④ 마한재서. ⑤ 기민토저, 종식, 지잠상, 작면포. ⑥ 각유장수, 대자자명위신지, 기차위읍차. ⑦ 산재산해간, 무성곽. … ⑧ 범오십여국, 대국만여가, 소국수천가, 총십여만호. ⑨ 진왕치월지국. ⑩ 신지혹가우호신운견지보안사축지분신리아불례구사진지렴지호. ⑪ 기관유위솔선 · 읍군 · 귀의후 · 중랑장 · 도위 · 백장. … ⑫ 기속호의책, 하호예군조알, 개가의책, 자복인수의책천유여인. … ⑬ 기속소강기, 국읍수유주수, 읍락잡거, 불능선상제어.

1. 국문 해석

① 한(韓)은 대방(帶方)의 남쪽에 있는데, 동쪽과 서쪽은 바다로 경계를 삼고 남쪽은 왜(倭)와 접경하니, 면적이 사방 4,000리쯤 된다. ② 한에는 세 종족이 있는데, 하나는 마한(馬韓), 둘째는 진한(辰韓), 셋째는 변한(弁韓)이다. ③ 진한은 옛 진국(辰國)이다. ④ 마한은 (삼한 중에서) 서쪽에 위치하였다. ⑤ 그 백성들은 토착민으로 곡식을 심으며 누에치기와 뽕나무 가꿀 줄을 알고 면포(綿布)를 만들었다. ⑥ 나라마다 각각 장수(長帥)가 있어서, 세력이 강대한 사람은 스스로 신지(臣智)라 하고, 그 다음은 읍차(邑借)라고 하였다. ⑦ 산과 바다 사이에 흩어져 살았으며 성곽(城郭)이 없었다. … ⑧ 마한에는 무릇 50여 개의 나라가 있는데, 큰 나라는 1만여 가(家)이고 작은 나라는 수천 가로서 총 10만여 호(戶)이다. ⑨ 진왕(辰王)은 목지국(目支國)을 통치한다. ⑩ 신지(臣智)에게는 간혹 우대하는 호칭인 신운견지보(臣雲遣支報) 안사축지(安邪踧支) 분신리아불례(濆臣離兒不例) 구사진지렴(狗邪秦支廉)의 칭호를 더하기도 한다. ⑪ 그들의 관직으로는 위솔선(魏率善)·읍군(邑君)·귀의후(歸義侯)·중랑장(中郎將)·도위(都尉)·백장(伯長)이 있다. … ⑫ 한족의 풍속은 의책(衣幘)을 입기를 좋아하여, 하호(下戶)들도 낙랑이나 대방군에 가서 조알(朝謁)할 적에는 모두 의책을 빌려 입으며, 대방군에서 준 자신의 인수(印綬)를 차고 의책을 착용하는 사람이 1,000여 명이나 되었다. … ⑬ 한족의 풍속은 기강이 흐려서, 국읍(國邑)에 비록 주수(主帥)가 있더라도 읍락(邑落)이 뒤섞여 살기 때문에 제대로 다스리지 못하였다.

— 『삼국지(三國志)』 「위서(魏書)」

2. 사료 해설

기원전 2세기 무렵 한반도 남부에는 진국(辰國)이라는 집단이 있었던 것으로 보인다. 그런데 진국은 기원전 108년 고조선이 멸망하고 한사군(漢四郡)이 설치될 무렵에는 사료에 등장하지 않고, 삼한(三韓)의 모습이 사료에 전한다.

삼한의 형성 과정에 대해서는 견해가 다양하다. 일반적으로는 토착 집단의 점진적 발전이라는 토대 위에서 형성되었다고 보는 경우가 많다. 이러한 삼한이 소국 연맹체의 형태로서 발전하여 성립되는 것은 철기 문화가 한반도 남부 지역까지 확산된 서기 1세기 무렵으로 본다. 그러나 삼한은 낙랑군 등 한 군현의 통제로 말미암아 성장에 일정 부분 제한이 있었다.

그러나 2세기 중반 이후 삼한은 한 군현의 영향에서 점차 벗어나게 된다. 후한의 통치 권력이 동요되고 있었기 때문이다. 이 시기에는 오히려 낙랑군에서 삼한으로 유입된 백성들이 많았다고 전하기도 한다.

그리하여 삼한은 2세기 후반 무렵 정치·경제적으로 비약적인 성장을 하게 된다. 특히 이 무렵의 삼한의 성장은 고고학적 자료를 통해서도 확인할 수 있다. 대표적인 예는 지배 계층의 무덤이 널무덤[土壙木棺墓]에서 덧널무덤[土壙木槨墓]으로 변화한 것인데, 이를 통해 무덤의 규모가 훨씬 커지고 부장품의 양도 훨씬 많아졌기 때문이다.

사료 Plus+

- 준왕은 좌우 궁인을 데리고 달아나 바다로 들어가 한(韓)의 땅에 거하면서 스스로 한왕(韓王)이라 불렀다.

  – 『삼국지(三國志)』 「위서(魏書)」

- 마한이 삼한 중에서 가장 강대하였다. 그 종족들이 함께 왕을 세워 … 목지국에 도읍하였는데, 전체 삼한 지역의 왕으로 군림하였다.

  – 『후한서(後漢書)』 「동이열전(東夷列傳)」

사료 텍스트 완성하기

교과서 텍스트

1. 역 ( ) 멸망 후 많은 유민이 한반도 남부 지역으로 내려와 우수한 철기 문화를 전파하였는데, 이를 바탕으로 마한, 진한, 변한이 생겨났다.
2. 역 삼한의 소국을 다스린 군장은 ( )(이)라 불렸고, 마한에 있던 목지국의 군장이 삼한을 대표하였다.

기출 텍스트

1. 수 삼한에서는 ( )의 지배자인 진왕의 세력이 가장 컸다.
2. 능 ( )이/가 확산되면서 한반도 남부 지역에 삼한이 성립하였다.

빈칸 정답

	교과서 텍스트	기출 텍스트
1	고조선	목지국
2	신지·읍차	철기 문화

THEME

017 한 군현의 분열 책동

① 至王莽地皇時, 廉斯鑡爲辰韓右渠帥, 聞樂浪土地美, 人民饒樂, 亡欲來降. ② 出其邑落, 見田中驅雀男子一人, 其語非韓人. ③ 問之, 男子曰 "我等漢人, 名戶來, 我等輩千五百人伐材木, 爲韓所擊得, 皆斷髮爲奴, 積三年矣." ④ 鑡曰 "我當降漢 樂浪, 汝欲去不?" ⑤ 戶來曰 "可."

⑥ 鑡因將戶來出詣含資縣. ⑦ 縣言郡, 郡卽以鑡爲譯, 從芩中乘大船入辰韓, 逆取戶來. ⑧ 降伴輩尚得千人, 其五百人已死. ⑨ 鑡時曉謂辰韓 "汝還五百人. 若不者, 樂浪當遣萬兵乘船來擊汝." ⑩ 辰韓曰 "五百人已死, 我當出贖直耳." ⑪ 乃出辰韓萬五千人, 弁韓布萬五千匹, 鑡收取直還. ⑫ 郡表鑡功義, 賜冠幘 · 田宅. ⑬ 子孫數世, 至安帝 延光四年時, 故受復除.

— 『三國志』「魏書」

주요 어휘

至 이를 **지**	莽 우거질 **망**	廉 청렴할 **렴**	斯 이 **사**	鑡 돈 **착**
聞 들을 **문**	美 아름다울 **미**	饒 넉넉할 **요**	樂 풍류 **악**	亡 달아날 **망**
欲 하고자 할 **욕**	降 항복할 **항**	落 떨어질 **락**	見 볼 **견**	驅 몰다 **구**
雀 참새 **작**	語 말 **어**	問 물을 **문**	名 이름 **명**	輩 무리 **배**
伐 치다 **벌**	材 재목 **재**	木 나무 **목**	擊 칠 **격**	斷 끊을 **단**
當 마땅 / 곧 ~하려 하다 **당**		汝 너 **여**	詣 이를 **예**	含 머금을 **함**
資 재물 **자**	縣 매달 **현**			

* 다만 여기서 鑡는 지(支)와 마찬가지로 수장 또는 족장을 뜻하는 '치'라는 토착어를 한자로 옮겨 쓴 것으로 본다.

한자 독음

① 지왕망지황시, 염사치위진한우거수, 문낙랑토지미, 인민요락, 망욕내항. ② 출기읍낙, 견전중구작남자일인, 기어비한인. ③ 문지, 남자왈 "아등한인, 명호래, 아등배천오백인벌재목, 위한소격득, 개단발위노, 적삼년의." ④ 치왈 "아당항한 낙랑, 여욕거불?" ⑤ 호래왈 "가."

⑥ 치인장호래출예함자현. ⑦ 현언군, 군즉이치위역, 종금중승대선입진한, 역취호래. ⑧ 항반배상득천인, 기오백인이사. ⑨ 착시효위진한 "여환오백인. 약불자, 낙랑당견만병승선내격여." ⑩ 진한왈 "오백인이사, 아당출속직이." ⑪ 내출진한만오천인, 변한포만오천필, 치수취직환. ⑫ 군표치공의, 사관책・전택. ⑬ 자손수세, 지안제 연광사년시, 고수복제.

1. 국문 해석

① 왕망(王莽)의 지황(地皇) 연간에, 염사치(廉斯鑡)가 진한(辰韓)의 우거수(右渠帥)가 되어 낙랑(樂浪)의 토지(土地)가 비옥하여 사람들의 생활이 풍요하고 안락하다는 소식을 듣고 도망가서 항복하기로 작정하였다. ② 살던 부락을 나오다가 밭에서 참새를 쫓는 남자 한 명을 만났는데, 그 사람의 말은 한인(韓人)의 말이 아니었다. ③ 그 이유를 물으니 남자가 말하기를, "우리들은 한(漢)나라 사람으로 이름은 호래(戶來)이다. 우리들 천오백 명은 재목(材木)을 벌채하다가 한(韓)의 습격을 받아 포로가 되어 모두 머리를 깎이고 노예가 된 지 3년이나 되었다."라고 하였다. ④ 염사치가 "나는 한(漢)나라의 낙랑(樂浪)에 항복하려고 하는데 너도 가지 않겠는가?"라고 하였다. ⑤ 호래(戶來)는 "좋다."라고 하였다.

⑥ 그리하여 염사치는 호래(戶來)를 데리고 출발하여 함자현(含資縣)으로 갔다. ⑦ 함자현에서 낙랑군(樂浪郡)에 연락을 하자, 낙랑군은 염사치를 통역으로 삼아 금중(芩中)으로부터 큰 배를 타고 진한(辰韓)에 들어가서 호래(戶來) 등을 맞이하여 데려갔다. ⑧ 함께 항복한 무리 천여 명을 얻었는데, 다른 오백 명은 벌써 죽은 뒤였다. ⑨ 염사치가 이때 진한(辰韓)에게 따지기를, "너희는 오백 명을 돌려보내라, 만약 그렇지 않으면 낙랑(樂浪)이 만 명의 군사를 파견하여 배를 타고 와서 너희를 공격할 것이다."라고 하였다. ⑩ 진한(辰韓)은 "오백 명은 이미 죽었으니, 우리가 마땅히 그에 대한 보상을 치르겠습니다."라고 하였다. ⑪ 그러고는 진한 사람 만오천 명과 변한포(弁韓布) 만오천 필을 내어놓았다. ⑫ 염사치는 그것을 거두어 가지고 곧바로 돌아갔다. 낙랑군에서는 염사치의 공(功)과 의(義)를 표창하고, 관책(冠幘)과 전택(田宅)를 주었다. ⑬ 그의 자손은 여러 대(代)를 지나 안제(安帝) 연광(延光) 4년에 이르러서는 선조의 공으로 인하여 부역(賦役)을 면제받았다.

– 『삼국지(三國志)』「위서(魏書)」

2. 사료 해설

당시 낙랑군(樂浪郡)은 삼한 지역에 대한 정치적 회유책을 쓰고 있었다. 한 지역의 거수들에게 관작(官爵), 의책(衣幘) 등을 주어 그들과 조공 관계를 맺은 것이다. 낙랑군으로부터 관직을 받은 삼한의 군장들은 낙랑군에게 조공을 바쳤다. 낙랑군은 이에 대한 답례로 관작, 인수(印綬), 의책 등을 제공하였다. 이러한 과정을 토대로 낙랑군은 다양한 경제적 물품을 확보해나갈 수 있었고, 나아가 삼한 지역에 대한 통제력을 유지시켜 나갈 수 있었다.

사료 Plus+

한(韓)은 한(漢)나라 때 낙랑군(樂浪郡)에 속하였으며, 그 수장이 사철마다 낙랑군을 찾아뵈었다. 후한(後漢) 환제(桓帝)·영제(靈帝) 말기에는 한(韓)과 예(濊)가 강성하여 한나라의 군현(郡縣)이 제어하지 못하니, 한나라 군현의 백성[民]으로서 한국(韓國)에 유입된 자가 많았다.

－『삼국지(三國志)』「위서(魏書)」

018 삼한의 사회·경제

영금성, 영동아, 영미래엔, 영비상 / 한동아, 한미래엔, 한비상, 한지학사, 한천재

① 常以五月下種訖, 祭鬼神. ② 羣聚歌舞, 飮酒晝夜無休. ③ 其舞, 數十人俱起相隨, 踏地低昂, 手足相應, 節奏有似鐸舞. ④ 十月農功畢, 亦復如之. ⑤ 信鬼神, 國邑各立一人主祭天神, 名之'天君'. ⑥ 又諸國各有別邑, 名之爲'蘇塗'. ⑦ 立大木, 縣鈴鼓, 事鬼神. ⑧ 諸亡逃至其中, 皆不還之, 好作賊. ⑨ 其立蘇塗之義, 有似浮屠, 而所行善惡有異.

─『三國志』「魏書」

주요 어휘

常 항상 **상**	訖 이를 **흘**	祭 제사 **제**	羣 무리 **군**	聚 모일 **취**
晝 낮 **주**	休 쉴 **휴**	俱 함께 **구**	隨 따를 **수**	踏 밟을 **답**
低 밑 **저**	昂 오를 **앙**	手 손 **수**	應 응할 **응**	似 같을 **사**
鐸 방울 **탁**	舞 춤출 **무**	畢 마칠 **필**	復 다시 **부**	信 믿을 **신**
蘇 되살아날 **소**	塗 길 **도**	鈴 방울 **령**	鼓 북 **고**	逃 달아날 **도**
還 돌아올 **환**	賊 도둑 **적**	浮 뜰 **부**	屠 잡을 **도**	

한자 독음

① 상이오월하종흘, 제귀신. ② 군취가무, 음주주야무휴. ③ 기무, 수십인구기상수, 답지저앙, 수족상응, 절주유사탁무. ④ 십월농공필, 역부여지. ⑤ 신귀신, 국읍각립일인주제천신, 명지'천군'. ⑥ 우제국각유별읍, 명지위'소도'. ⑦ 입대목, 현영고, 사귀신. ⑧ 제망도지기중, 개불환지, 호작적. ⑨ 기립소도지의, 유사부도, 이소행선악유리.

1. 국문 해석

① 항상 5월이면 씨 뿌리기를 마치고 귀신에게 제사를 지낸다. ② 떼를 지어 모여서 노래와 춤을 즐기며 술 마시고 노는 데 밤낮을 가리지 않는다. ③ 그 춤은 수십 명이 모두 일어나서 뒤를 따라가며 땅을 밟고 구부렸다 치켜들었다 하면서 손과 발로 서로 장단을 맞추는데, 그 가락과 율동은 중국의 탁무(鐸舞)와 유사하다. ④ 10월에 농사일을 마친 후에도 이렇게 한다. ⑤ 귀신을 섬기기 때문에 국읍(國邑)에 각각 한 사람씩을 세워서 천신(天神)의 제사를 주관토록 했는데, 이를 '천군(天君)'이라 부른다. ⑥ 또 여러 나라에는 각각 별읍(別邑)이 있었는데 이를 '소도(蘇塗)'라고 한다. ⑦ 그곳에 큰 나무를 세우고 방울과 북을 매달고 귀신을 섬긴다. ⑧ 다른 지역에서 그 지역으로 도망 온 자들은 모두 돌려보내지 않았기 때문에 도적질을 좋아하게 되었다. ⑨ 그들이 소도를 세운 뜻은 부도(浮屠)와 같으나 행하는 바의 좋고 나쁜 점은 다르다.

–『삼국지(三國志)』「위서(魏書)」

2. 사료 해설

철기의 유입과 발전은 삼한 지역의 농업 생산력 증대를 크게 촉진하였으며, 농경을 전후로 5월과 10월에 '귀신'에게 제사를 지냈다고 한다. 이는 제사의 대상이 농경과 관계가 깊은 만큼 농업과 관련된 신에게 제사를 올렸던 것으로 볼 수 있다.

또한 각 군읍에 천군이 있어 제사를 주관하고, 소도라는 별읍을 두었다고 한다. 이는 삼한이 세속적 권력과 종교적 권위가 분리된 지방사회였음을 보여주는 것이다.

사료 Plus+

- 무슨 일이 있거나 관가(官家)에서 성곽(城郭)을 쌓게 되면, 용감하고 건장한 젊은이는 모두 등의 가죽을 뚫고, 큰 밧줄로 그곳에 한 발[丈]쯤 되는 나무막대를 매달고 온종일 소리를 지르며 일을 한다. 그런데 이를 아프게 여기지 않는다. 그렇게 작업하기를 권하며, 또 이를 강건한 것으로 여긴다.

  –『삼국지(三國志)』「위서(魏書)」
- 최치원(崔致遠)이 처음으로 마한(馬韓)은 고구려(高句麗)요, 변한(弁韓)은 백제(百濟)라 하였으니 오류(誤謬)가 된 첫 번째였다. 권근(權近)이 마한이 백제인 것은 알았지만 고구려가 변한이 아닌 것은 알지 못하고 혼동하여 설명하였으니, 이것이 두 번째 오류였다. … 삼한(三韓) 때 본국에는 비록 문자(文字)가 없었다 해도, 양한서(兩漢書)에는 모두 열전(列傳)이 있으므로 시험 삼아 연대(年代)의 상하(上下)와 지계(地界)의 원근(遠近)을 구하여 본다면 백대(百代)가 비록 멀지만 역역(歷歷)하여 눈앞에 있는 것 같으니 어찌 변별(辨別)하기 어려움이 있겠는가.

  –「동사찬요후서(東史纂要後敍)」

사료 텍스트 완성하기

교과서 텍스트

1. 역 삼한에서는 제사장인 (　　　)이/가 종교를 주관하였다. 또한 (　　　)(이)라는 신성한 지역이 있어서 이곳으로 죄인이 들어가도 잡지 못하였다.
2. 역 (　　　)은/는 장대 위에 새 모양을 올린 것으로 천군이 다스리는 소도와 관련된 것으로 추정된다. 삼한 사람들은 새를 하늘의 전령이라고 생각하고 새가 영혼을 하늘로 실어날라 준다고 믿었다.
3. 한 천군과 소도의 존재는 삼한이 (　　　) 사회였음을 보여준다.

기출 텍스트

1. 능 (　　　)이/가 소도에서 농경과 종교에 대한 의례를 주관하였다.
2. 수 5월과 10월에 (　　　)을/를 열어 하늘에 제사를 지냈다.
3. 수 주민들이 초가지붕의 반움집이나 (　　　)에서 살았다.

빈칸 정답

	교과서 텍스트	기출 텍스트
1	천군, 소도	천군
2	솟대	계절제
3	제정 분리	귀틀집

THEME

019 변한의 철 생산과 교류

[한] 리베르

① 弁辰亦十二國. ② 又有諸小別邑, 各有渠帥. ③ 大者名臣智, 其次有險側, 次有樊濊, 次有殺奚, 次有邑借. … ④ 土地肥美, 宜種五穀及稻. ⑤ 曉蠶桑, 作縑布, 乘駕牛馬. ⑥ 嫁娶禮俗, 男女有別. ⑦ 以大鳥羽送死, 其意欲使死者飛揚. ⑧ 魏略曰, 其國作屋, 橫累木爲之, 有似牢獄也. ⑨ 國出鐵, 韓·濊·倭皆從取之. ⑩ 諸市買皆用鐵, 如中國用錢, 又以供給二郡.

—『三國志』「魏書」

주요 어휘

辰 다섯째 지지 **진**	險 험할 **험**	側 곁 **측**	樊 울 **번**	濊 깊을 **예**
殺 죽일 **살**	奚 어찌 **해**	稻 벼 **도**	曉 새벽 **효**	縑 비단 **겸**
駕 타다 **가**	嫁 시집갈 **가**	娶 장가들 **취**	羽 깃 **우**	飛 날 **비**
揚 오를 **양**	似 같을 **사**	牢 우리 **뢰**	獄 옥 **옥**	買 살 **매**
如 같을 **여**	供 이바지할 **공**	給 넉넉할 **급**		

한자 독음

① 변진역십이국. ② 우유제소별읍, 각유거수. ③ 대자명신지, 기차유험측, 차유번예, 차유살해, 차유읍차. … ④ 토지비미, 의종오곡급도. ⑤ 효잠상, 작겸포, 승가우마. ⑥ 가취예속, 남녀유별. ⑦ 이대조우송사, 기의욕사사자비양. ⑧ 위략왈, 기국작옥, 횡루목위지, 유사뇌옥야. ⑨ 국출철, 한·예·왜개종취지. ⑩ 제시매개용철, 여중국용전, 우이공급이군.

1. 국문 해석

① 변진(弁辰)도 12국(國)으로 되어 있다. ② 또 여러 작은 별읍(別邑)이 있어서 제각기 거수(渠帥)가 있다. ③ 그중에서 세력이 큰 사람은 신지(臣智)라 하고, 그 다음에는 험측(險側)이 있고, 다음에는 번예(樊濊)가 있고, 다음에는 살해(殺奚)가 있고, 다음에는 읍차(邑借)가 있다. … ④ 토지(土地)는 비옥하여 오곡(五穀)과 벼를 심기에 적합하다. ⑤ 누에치기와 뽕나무 가꾸기를 알아 비단과 베를 짤 줄 알았으며, 소와 말을 탈 줄 알았다. ⑥ 혼인하는 예법은 남녀의 분별이 있었다. ⑦ 큰 새의 깃털을 사용하여 장사를 지내는데, 그것은 죽은 사람이 새처럼 날아다니라는 뜻이다. ⑧ 『위략(魏略)』에 이르길, 그 나라는 집을 지을 때에 나무를 가로로 쌓아서 만들기 때문에 감옥과 흡사하다. ⑨ 나라에서는 철(鐵)이 생산되는데, 한(韓)・예(濊)・왜인(倭人)들이 모두 와서 사 간다. ⑩ 시장에서의 모든 매매는 철(鐵)로 이루어져서 마치 중국(中國)에서 돈을 쓰는 것과 같으며, 또 두 군(郡)에도 공급하였다.

— 『삼국지(三國志)』 「위서(魏書)」

2. 사료 해설

변한은 막대한 양의 철 생산과 이를 기반으로 한 교역을 통해 발전하였다. 이 과정에서 한(韓)・예(濊)・왜(倭)뿐만 아니라 낙랑군과 대방군에도 철을 공급하였다고 한다. 특히 두 군에 대한 철 공급의 대가로 변한은 귀한 중국계 물품 등을 얻은 것으로 보인다. 그리고 이를 통해 확보한 경제력은 정치 권력 및 국가 체제 형성에 영향을 미쳤다.

사료 Plus+

아이가 태어나면 곧 돌로 그 머리를 눌러서 납작하게 만들려고 한다. 그래서 지금 진한(辰韓) 사람의 머리는 모두 납작하다. 왜(倭)와 가까운 지역이므로 남녀가 문신(文身)을 하기도 한다.

— 『삼국지(三國志)』 「위서(魏書)」

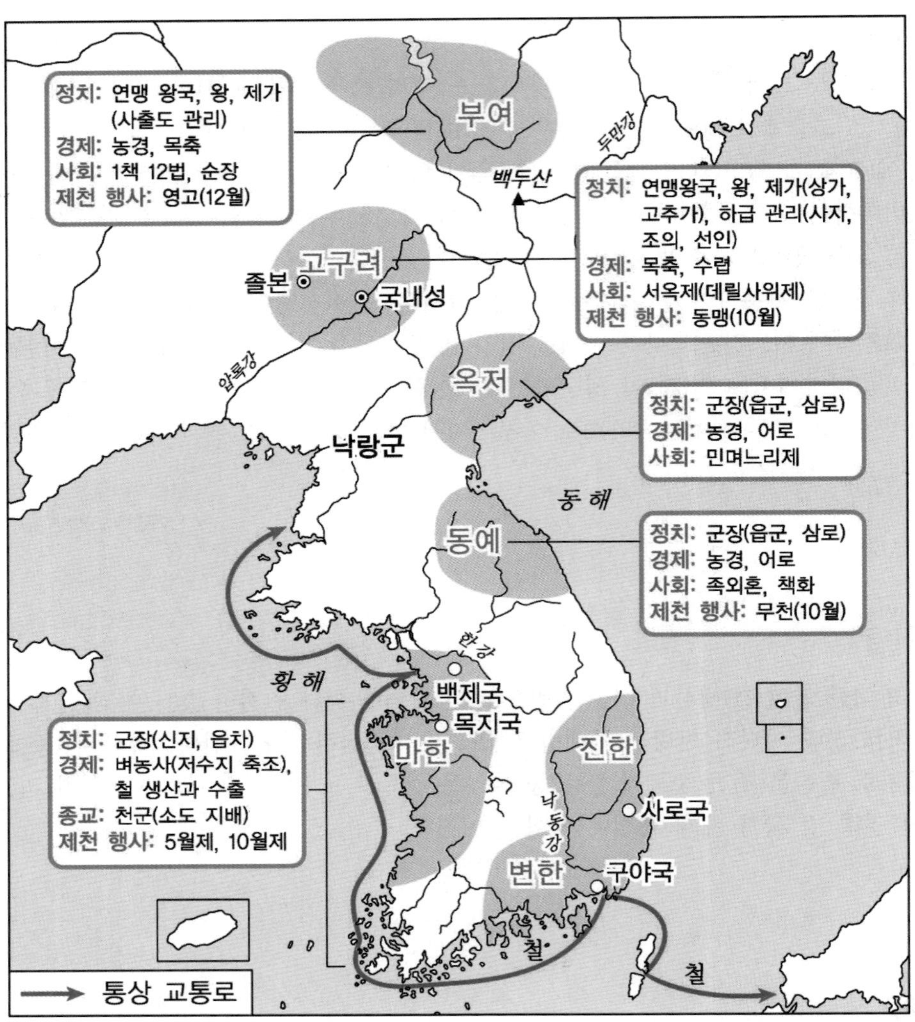

정치: 연맹 왕국, 왕, 제가
(사출도 관리)
경제: 농경, 목축
사회: 1책 12법, 순장
제천 행사: 영고(12월)
부여
두만강
백두산
정치: 연맹왕국, 왕, 제가(상가, 고추가), 하급 관리(사자, 조의, 선인)
경제: 목축, 수렵
사회: 서옥제(데릴사위제)
제천 행사: 동맹(10월)
고구려
졸본
국내성
압록강
옥저
정치: 군장(읍군, 삼로)
경제: 농경, 어로
사회: 민며느리제
낙랑군
동해
동예
정치: 군장(읍군, 삼로)
경제: 농경, 어로
사회: 족외혼, 책화
제천 행사: 무천(10월)
한강
황해
백제국
목지국
마한
진한
정치: 군장(신지, 읍차)
경제: 벼농사(저수지 축조), 철 생산과 수출
종교: 천군(소도 지배)
제천 행사: 5월제, 10월제
낙동강
사로국
변한
구야국
철
철
통상 교통로

△ 여러 나라의 성장

사료 텍스트 완성하기

교과서 텍스트

1. 역 변한에서는 풍부한 (　　　)을/를 낙랑과 왜에 수출하였고, 이것을 화폐처럼 사용하기도 하였다.
2. 한 철기 문화가 발달하면서 삼한 사회에서는 변화가 나타났다. 마한 지역은 (　　　)에게 통합되었고, 진한 지역에서는 사로국이 (　　　)(으)로 발전하였으며, 변한 지역에서는 (　　　) 연맹이 성장하였다.

기출 텍스트

1. 능 변한에서는 철이 많이 생산되어 (　　　) 등에 수출하였다.
2. 능 변한에서는 (　　　)을/를 화폐처럼 사용하였다.

빈칸 정답

	교과서 텍스트	기출 텍스트
1	철	낙랑 · 왜
2	백제, 신라, 가야	덩이쇠

선생님을 위한,

한문사료노트

고대사/중세사

PART 02

삼국의 성립과 발전

THEME

020 태조왕의 정복 활동

한 리베르

① 四年秋七月, 伐東沃沮, 取其土地爲城邑. ② 拓境東至滄海, 南至薩水. … ③ 五十三年春正月, 王遣將入漢遼東, 奪掠六縣. ④ 太守耿夔出兵拒之, 王軍大敗. … ⑤ 六十九年春, 漢幽州刺史馮煥, 玄菟大守姚光, 遼東太守蔡風等, 將兵來侵, 擊殺穢貊渠帥, 盡獲兵馬財物. ⑥ 王乃遣弟遂成, 領兵二千餘人, 逆煥光等. ⑦ 遂成遣使詐降, 煥等信之. ⑧ 遂成因據險以遮大軍, 潛遣三千人, 攻玄菟遼東二郡, 焚其城郭, 殺獲二千餘人. ⑨ 夏四月, 王與鮮卑八千人, 往攻遼隧縣. ⑩ 遼東太守蔡風, 將兵出於新昌, 戰沒. ⑪ 功曹掾龍端兵馬掾公孫酺, 以身扞諷, 俱歿於陣, 死者百餘人. … ⑫ 十二月, 王率馬韓穢貊一萬餘騎, 進圍玄菟城. ⑬ 扶餘王遣子尉仇台, 領兵二萬, 與漢兵幷力拒戰, 我軍大敗.

—『三國史記』

주요 어휘

伐 칠 **벌**	拓 밀칠 **탁**	境 지경 **경**	薩 보살 **살**	奪 빼앗을 **탈**
掠 노략질할 **략**	耿 빛날 **경**	夔 조심할 **기**	拒 막을 **거**	敗 패할 **패**
馮 성 **풍**	煥 불꽃 **환**	菟 새삼 **토**	姚 예쁠 **요**	蔡 거북 **채**
侵 침노할 **침**	擊 부딪칠 **격**	殺 죽일 **살**	穢 더러울 **예**	貊 북방종족 **맥**
渠 도랑 **거**	帥 장수 **수**	盡 다할 **진**	獲 얻을 **획**	財 재물 **재**
物 만물 **물**	乃 이에 **내**	遂 이를 **수**	使 하여금 **사**	詐 속일 **사**
遮 막을 **차**	潛 잠길 **잠**	焚 불사를 **분**	沒 가라앉을 **몰**	俱 함께 **구**
歿 죽을 **몰**	進 나아갈 **진**	圍 둘레 **위**	尉 벼슬 **위**	幷 아우를 **병**

한자 독음

① 사년추칠월, 벌동옥저, 취기토지위성읍. ② 척경동지창해, 남지살수. … ③ 오십삼년춘정월, 왕견장입한요동, 탈략육현. ④ 태수경기출병거지, 왕군대패. … ⑤ 육십구년춘, 한유주자사풍환, 현토대수요광, 요동태수채풍등, 장병내침, 격살예맥거수, 진획병마재물. ⑥ 왕내견제수성, 영병이천여인, 역환광등. ⑦ 수성견사사항, 환등신지. ⑧ 수성인거험이차대군, 잠견삼천인, 공현토요동이군, 분기성곽, 살획이천여인. ⑨ 하사월, 왕여선비팔천인, 왕공요수현. ⑩ 요동태수채풍, 장병출어신창, 전몰. ⑪ 공조연용단병마연공손포, 이신한풍, 구몰어진, 사자백여인. … ⑫ 십이월, 왕렬마한예맥일만여기, 진위현토성. ⑬ 부여왕견자위구태, 영병이만, 여한병병역거전, 아군대패.

1. 국문 해석

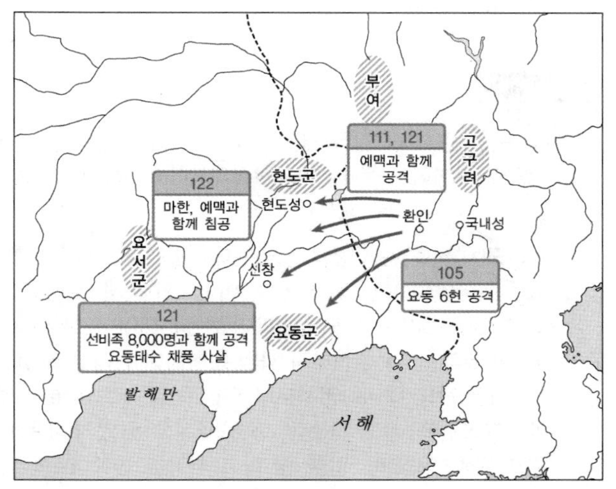

△ 고구려 태조왕 시기 팽창

① 4년(서기 56) 가을 7월, 동옥저(東沃沮)를 정벌하고 그 땅을 빼앗아 성읍으로 삼았다. ② 국경을 개척하여 동으로는 창해(滄海), 남으로는 살수(薩水)에 이르렀다. … ③ 53년 봄 정월, 임금이 한나라 요동에 장수를 보내 여섯 개 현을 약탈하게 하였다. ④ 요동 태수 경기(耿夔)가 군사를 출동시켜 대항하여 막으니 임금의 군사가 크게 패하였다. … ⑤ 69년 봄, 한나라 유주(幽州) 자사 풍환(馮煥), 현도 태수 요광(姚光), 요동 태수 채풍(蔡風) 등이 병사를 거느리고 침략해서 예맥의 우두머리를 쳐죽이고 병마와 재물을 모두 빼앗았다. ⑥ 임금이 아우 수성(遂成)을 보내 병사 2천여 명을 거느리고 풍환, 요광 등을 역습하게 했다. ⑦ 수성이 한나라에 사신을 보내 거짓으로 항복하겠다고 말했는데 풍환 등은 이 말을 믿었다. ⑧ 마침내 수성이 험한 곳에 의지하여 대군을 막으면서 몰래 군사 3천 명을 보내 현도, 요동의 두 군을 공격하여 그 성곽을 불사르고 2천여 명을 죽이거나 사로잡았다. ⑨ 여름 4월, 임금은 선비(鮮卑) 8천 명과 함께 요대현(遼隧縣)을 공격하였다. ⑩ 요동 태수 채풍이 병사를 거느리고 신창(新昌)에 나와 싸우다가 죽었다. ⑪ 공조연(功曹掾) 용단(龍端)과 병마연(兵馬掾) 공손포(公孫酺)는 스스로의 몸으로 채풍을 호위하여 막았으나 채풍과 함께 진영에서 죽었고, 이때 사망자가 백여 명이었다. … ⑫ 12월, 임금이 마한(馬韓)과 예맥의 1만여 명의 기병을 거느리고 나아가 현도성을 포위하였다. ⑬ 부여왕이 아들 위구태(尉仇台)를 보내 병사 2만 명을 거느리고, 한나라 병사와 힘을 합쳐 막고 싸우니 우리 군사가 크게 패하였다.

— 『삼국사기(三國史記)』

2. 사료 해설

고구려 태조왕 시기는 대외적으로 팽창하여 동쪽으로는 동해안의 동옥저를 복속시켰으며, 서쪽으로는 요동군과 현도군 등의 한 군현과 치열한 상쟁을 되풀이하는 시기였다. 이러한 대외적 팽창의 결과 전쟁의 노획품과 전쟁 노예 및 공납 등으로 인한 물질적 부의 축적이 진전되었고, 이로 인해 5부 내의 사회적 분화는 더욱 촉진되었다. 이는 계루부를 중심으로 하는 지배집단의 권력이 더욱 강해지는 결과를 초래하였다.

한편, 태조왕 시기는 지방에 대한 통치가 간접 지배에 머무르는 단계였다. 그래서 『삼국사기』에는 태조왕의 책성(柵城), 남해(南海) 등의 지역에 대한 순수가 눈에 띈다. 책성 지역의 순수는 두만강 유역에 대한 통치권 확인으로 보이며, 남해 지역 순수는 동옥저에 대한 지배권 확인으로 보인다. 옥저의 경우 이 시기에 고구려의 간접 지배를 받았으며, 4세기 이후 고구려가 중앙에서 지방관을 파견하여 직접 옥저를 다스리게 되었다.

사료 Plus⁺

- (고구려) 큰 산과 깊은 골짜기가 많고 넓은 들은 없다. 좋은 전지(田地)가 없어 부지런히 농사를 지어도 식량이 넉넉하지 못하다. 사람들의 성품이 흉악하고 급해서 노략질하기를 좋아한다.

  – 『삼국지(三國志)』 「위서(魏書)」 동이전(東夷傳)

- 이이모(伊夷模)는 아들이 없었는데, 관노부(灌奴部) (출신의 여인과) 사통(私通)하여 아들을 낳았으니, 이름을 위궁(位宮)이라고 하였다. 이이모가 죽자 (위궁을) 세워 왕으로 삼았는데 지금 고구려 왕 궁(宮)이다. 그 증조(曾祖)의 이름도 궁(宮)이었는데 태어나면서부터 눈을 뜨고 볼 수 있었으니, 그 나라 사람들이 그를 미워하였다. 그가 성장하자 과연 흉학하여 여러 차례 (중국을) 침략하였다가 도리어 고구려가 피해를 입었다. 지금 왕도 태어나면서부터 또한 눈을 뜨고 다른 사람을 볼 수 있었다. 고구려에서는 서로 닮은 것을 가리켜 '위(位)'라고 하는데, 그 증조부와 닮았기 때문에 그에게 위궁이라는 이름을 붙였다. 위궁은 힘이 세고 씩씩하였으며, 말을 잘 타고 사냥을 잘했다.

  – 『삼국지(三國志)』 「위서(魏書)」 동이전(東夷傳)

- 46년 봄 3월, 임금이 동쪽 책성(柵城)에 가는 도중 책성 서쪽 계산(罽山)에 이르러 흰 사슴을 잡았다. 책성에 이르자 여러 신하에게 잔치를 베풀어 술을 마시고 책성을 지키는 관리들에게 물품을 차등을 두어 하사하였다. 마침내 그들의 공적을 바위에 새기고 돌아왔다. 겨울 10월, 왕이 책성에서 돌아왔다. … 62년 가을 8월, 임금이 남해를 두루 돌아보았다.

  – 『삼국사기(三國史記)』 「고구려본기(高句麗本紀)」 태조왕(太祖王)

사료 텍스트 완성하기

교과서 텍스트

1. 역 태조왕 때 동해안으로 나아가 (   )을/를 정복하는 한편, 요동 지방으로의 진출을 꾀하였다.
2. 역 태조왕 때 동해안의 옥저를 정복하였고 (   )을/를 공격하여 요동으로의 진출을 꾀하였다.
3. 한 태조왕은 옥저를 복속하고 왕권을 크게 강화하였다. 이때부터 (   ) 고씨가 독점적으로 왕위를 세습하였다.

기출 텍스트

1. 능 태조왕은 동옥저를 정복하여 (   )을/를 받았다.
2. 능 태조왕이 옥저를 정복하고 (   )(으)로 진출하였다.

빈칸 정답

	교과서 텍스트	기출 텍스트
1	옥저	공물
2	현도군	동해안
3	계루부	

THEME

021 고국천왕 시기 체제 정비

① 十二年秋九月, 中畏大夫沛者於畀留評者左可慮, 皆以王后親戚, 執國權柄. ② 其子弟並恃勢驕侈, 掠人子女, 奪人田宅, 國人怨憤. ③ 王聞之, 怒欲誅之, 左可慮等與四椽那謀叛. ④ 十三年夏四月, 聚衆攻王都, 王徵幾內兵馬, 平之, 遂下令曰. ⑤ "近者, 官以寵授, 位非德進, 毒流百姓, 動我王家. ⑥ 此寡人不明所致也!" ⑦ 今汝四部, 各擧賢良在下者. ⑧ 於是, 四部共擧東部晏留, 王徵之, 委以國政. ⑨ 晏留言於王曰. ⑩ "微臣庸愚, 固不足以叅大政. ⑪ 西鴨淥谷左勿村乙巴素者, 琉璃王大臣乙素之孫也, 性質剛毅, 智慮淵深, 不見用於世, 力田自給. ⑫ 大王若欲理國, 非此人則不可." … ⑬ 王遣使, 以卑辭重禮聘之, 拜中畏大夫, 加爵爲于台. … ⑭ 王知其意, 乃除爲國相, 令知政事. ⑮ 於是, 朝臣國戚, 謂素以新閒舊, 疾之.

—『三國史記』

주요 어휘

沛 늪 **패**
評 꾮을 **평**
親 친할 **친**
戚 겨레 **척**
執 잡을 **집**
權 권세 **권**
柄 권세 **병**
恃 믿을 **시**
勢 기세 **세**
驕 교만할 **교**
侈 사치할 **치**
掠 노략질할 **략**
奪 빼앗을 **탈**
聞 들을 **문**
怒 성낼 **노**
欲 하고자 할 **욕**
誅 벨 **주**
謀 꾀할 **모**
叛 배반할 **반**
聚 모일 **취**
攻 칠 **공**
徵 부를 **징**
幾 기미 **기**
平 평정할 **평**
遂 이를 **수**
寵 사랑할 **총**
授 줄 **수**
毒 독 **독**
流 흐를 **류**
擧 들 **거**
賢 어질 **현**
晏 늦을 **안**
留 머무를 **류**
叅 간여할 **참**
質 바탕 **질**
理 다스릴 **리**
卑 낮출 **비**
辭 말 **사**
聘 찾아갈 **빙**
拜 벼슬 내릴 **배**
除 덜다 / 제외하다 / 벼슬을 주다 **제**
閒 한가할 / 등한시할 **한**
舊 옛 **구**
疾 병 / 근심하다 / 미워하다 **질**

한자 독음

① 십이년추구월, 중외대부패자어비류평자좌가려, 개이왕후친척, 집국권병. ② 기자제병시세교치, 략인자녀, 탈인전택, 국인원분. ③ 왕문지, 노욕주지, 좌가려등여사연나모반. ④ 십삼년하사월, 취중공왕도, 왕징기내병마, 평지, 수하령왈. ⑤ "근자, 관이총수, 위비덕진, 독류백성, 동아왕가. ⑥ 차과인불명소치야!" ⑦ 금여사부, 각거현량재하자. ⑧ 어시, 사부공거동부안류, 왕징지, 위이국정. ⑨ 안류언어왕왈. ⑩ "미신용우, 고부족이참대정. ⑪ 서압록곡좌물촌을파소자, 류리왕대신을소지손야, 성질강의, 지려연심, 불견용어세, 역전자급. ⑫ 대왕약욕이국, 비차인칙불가." … ⑬ 왕견사, 이비사중예빙지, 배중외대부, 가작위우태. … ⑭ 왕지기의, 내제위국상, 영지정사. ⑮ 어시, 조신국척, 위소이신한구, 질지.

1. 국문 해석

① 12년 가을 9월, 중외대부(中畏大夫) 패자(沛者) 어비류(於畀留)와 평자(評者) 좌가려(左可慮)는 모두 왕후(王后)의 친척으로 나라의 권세를 잡았다. ② 그 자제는 모두 세력을 믿고 교만하고 사치하였으며 남의 자녀와 전택(田宅)을 약탈하여 나라 사람들이 원망하고 분개하였다. ③ 왕이 이를 듣고 노하여 그들을 주살하려고 하자, 좌가려 등은 4연나(四椽那)와 함께 반란(叛亂)을 도모하였다. ④ 13년 여름 4월, (좌가려 등이) 무리를 모아 왕도(王都)를 공격하니 왕이 기내(畿內)의 병마(兵馬)를 징발해 그들을 평정하고 마침내 영(令)을 내렸다. ⑤ "요즘 관직을 총애로써 주고 관위에 덕이 없어도 승진토록 하니 그 해독이 백성까지 흘렀고 우리 왕가(王家)를 요동하도록 했다. ⑥ 이는 과인(寡人)이 현명하지 못한 까닭이다. ⑦ 지금 너희 4부(部)는 각기 현명하고 어진 아랫사람을 천거하라!" ⑧ 이에 4부가 모두 동부(東部) 안류(晏留)를 추천하니, 왕이 그를 불러 국정(國政)을 맡겼다. ⑨ 안류가 왕에게 말하기를, ⑩ "저는 용렬하고 어리석어 본래 큰 정치에 참여하기 부족합니다. ⑪ 서압록곡(西鴨淥谷) 좌물촌(左勿村)의 을파소(乙巴素)는 유리왕(琉璃王)대 대신(大臣)인 을소(乙素)의 후손으로 성품이 강직하고 지혜와 사려가 깊지만, 세상에 쓰이지 못하고 힘들여 밭을 갈아 스스로 먹고 있습니다. ⑫ 대왕께서 만약 나라를 다스리고자 하신다면, 이 사람이 아니고서는 어렵습니다."라고 하였다. … ⑬ 왕이 사신을 보내 겸손히 말하고 예의를 갖추어 그를 초빙하고는 중외대부(中畏大夫)의 벼슬을 내리고 관작(官爵)을 더하여 우태(于台)로 하였다. … ⑭ 왕은 그의 뜻을 알고 이에 국상(國相)에 제수하고 정사(政事)를 맡겼다. ⑮ 이에 조정의 신료와 왕실의 종척(宗戚)은 을파소가 신진으로서 구신(舊臣)을 함부로 한다고 생각하여 그를 미워하였다.

— 『삼국사기(三國史記)』

2. 사료 해설

고국천왕 시기는 고구려 왕권이 획기적으로 확립된 시기이다. 먼저 고국천왕은 왕비족인 연나부와의 연합을 통해 왕권을 안정화시키는 동시에 연나부 세력을 억제하여 왕권을 더욱 강화하고자 하였다. 그러자 어비류・좌가려 등의 연나부 세력의 반란이 발생하였고, 이를 평정한 고국천왕은 국왕 중심의 정치 질서를 더욱 강력하게 구축할 수 있었다. 이 과정에서 기존에는 보이지 않던 '동부(東部)' 등 방위명의 부명이 본격적으로 등장하게 되었다. 또한 신진세력으로 보이는 을파소 등을 국상에 앉히고 여러 개혁을 추진한 것으로 보인다.

이러한 상황 속에서 고국천왕이 진대법(賑貸法)을 단행한 기사가 보인다. 고국천왕이 사냥을 나가던 와중에 만난 사람은 품팔이를 하고 있었다고 하는데, 이는 후대의 소작농과 유사한 처지에 놓였던 것으로 보인다. 즉 이는 이 시기 철제 농기구의 보급에 따른 농업 생산력의 증대가 사회·경제적 분화에 영향을 미쳤음을 보여주고, 고국천왕 시기는 그러한 분화에 대응하는 조치를 취했던 것으로 보인다.

사료 Plus⁺

고국천왕이 질양(質陽)으로 사냥을 나갔다 길에 앉아서 울고 있는 자를 보고 물었다. "어찌하여 우는가?" 울고 있던 자가 대답하였다. "신은 매우 가난하여 늘 품팔이를 하여 어머니를 부양하여 모셔 왔는데 올해는 곡식이 자라지 않아 품팔이할 곳이 없고, 한 되 한 말의 곡식도 얻을 수 없어 이 때문에 울고 있습니다."라고 하였다. 왕이 말하기를 "아! 내가 백성의 부모가 되어 백성을 이 지경까지 이르도록 하였으니 나의 죄가 크다."라고 하고, 옷과 음식을 주어 위로하였다. 이에 내외의 담당 관청에 명하여 홀아비·과부·고아·홀로 사는 노인·늙어 병든 자·가난하여 스스로 살아갈 수 없는 사람들을 널리 찾아서 구휼(救恤)하도록 하였다. 또한 담당 관청에 명하여 매년 봄 3월부터 가을 7월까지, 관의 곡식을 내어 집안 식구[家口]의 많고 적음에 따라 차등 있게 곡식을 꿔주도록[賑貸] 하고, 겨울 10월에 이르러 갚게 하는 것을 법식으로 삼았다.

— 『삼국사기(三國史記)』

사료 텍스트 완성하기

교과서 텍스트

1. 한 2세기경 고국천왕은 농민층의 ( )을/를 막고자 진대법을 실시하였다.
2. 역 이 무렵 고구려는 왕권이 성장하면서 자치적 성격이었던 5부를 ( )적 성격으로 개편하고, 왕위 계승도 형제 상속에서 ( ) 상속으로 바꾸는 등 삼국 중에서 가장 먼저 중앙 집권 체제를 마련하였다
3. 한 2세기 후반 고국천왕 때부터 5부의 지배 세력을 ( )(으)로 편입하여 수도의 방위별 행정 구역에 거주하게 하였다.

기출 텍스트

1. 수 고국천왕 시기 ( )을/를 실시하여 빈민을 구제하였다.
2. 능 반란을 진압한 후 인재를 추천받아 ( )와/과 을파소를 발탁하였다.

빈칸 정답

	교과서 텍스트	기출 텍스트
1	경제적 몰락	진대법
2	행정, 부자	안류
3	중앙 귀족	

022 산상왕의 즉위와 활동

① 伯固死, 有二子, 長子拔奇, 小子伊夷模. ② 拔奇不肖, 國人便共立伊夷模爲王. ③ 自伯固時, 數寇遼東, 又受亡胡五百餘家. ④ 建安中, 公孫康出軍擊之, 破其國, 焚燒邑落. ⑤ 拔奇怨爲兄而不得立, 與涓奴加各將下戶三萬餘口詣康降, 還住沸流水. ⑥ 降胡亦叛伊夷模, 伊夷模更作新國, 今日所在是也. … ⑦ 景初二年, 太尉司馬宣王率衆討公孫淵, 宮遣主簿大加將數千人助軍. ⑧ 正始三年, 宮寇西安平, 其五年, 爲幽州刺史毌丘儉所破.

–『三國志』

주요 어휘

伯 맏 **백** 拔 빼다 **발** 奇 기이할 **기** 模 법 **모** 肖 닮을 **초**

不肖(불초) 못나고 어리석음 / 어버이의 덕행(德行)이나 사업을 이을 만한 능력이 없음

寇 도둑질 **구** 康 편안할 **강** 擊 부딪칠 **격** 破 깨뜨릴 **파** 焚 불사를 **분**

燒 불태울 **소** 怨 원망할 **원** 詣 이를 **예** 還 돌아올 **환** 住 거주할 **주**

率 거느릴 **솔** 討 토벌할 **토** 簿 장부 **부** 助 도울 **조**

한자 독음

① 백고사, 유이자, 장자발기, 소자이이모. ② 발기불초, 국인편공립이이모위왕. ③ 자백고시, 수구요동, 우수망호오백여가. ④ 건안중, 공손강출군격지, 파기국, 분소읍락. ⑤ 발기원위형이부득립, 여연노가각장하호삼만여구예강항, 환주비류수. ⑥ 항호역반이이모, 이이모갱작신국, 금일소재시야. … ⑦ 경초이년, 태위사마선왕솔중토공손연, 궁견주부대가장수천인조군. ⑧ 정시삼년, 궁구서안평, 기오년, 위유주자사관구검소파.

1. 국문 해석

① 백고(伯固)가 죽고 두 아들이 있었는데, 큰아들은 발기(拔奇), 작은아들은 이이모(伊夷模)였다. ② 발기는 어질지 못하여, 국인(國人)들이 함께 이이모를 옹립하여 왕으로 삼았다. ③ 백고 때부터 고구려는 자주 요동(遼東)을 노략질하였고, 또 유망(流亡)한 호족(胡族) 5백여 호(戶)를 받아들였다. ④ 건안(建安) 연간에 공손강(公孫康)이 군대를 보내어 고구려를 공격하여 격파하고 읍락을 불태웠다. ⑤ 발기는 형이면서도 왕이 되지 못한 것을 원망하여, 연노부(涓奴部)의 대가(大加)와 함께 각기 하호(下戶) 3만 명을 이끌고 공손강에게 투항하였다가 돌아와서 비류수(沸流水) 유역에 옮겨 살았다. ⑥ 지난날 항복했던 호족(胡族)도 이이모를 배반하므로 이이모는 새로 나라를 세웠는데 오늘날 고구려가 있는 곳이 이곳이다. … ⑦ 경초(景初) 2년(238)에 태위(太尉) 사마선왕(司馬宣王)이 군대를 거느리고 공손연(公孫淵)을 토벌하니, 위궁(位宮)이 주부(主簿)와 대가(大加)를 파견하여 군사 수천 명을 거느리고 사마선왕의 군대를 도왔다. ⑧ 정시(正始) 3년(242년)에 위궁이 서안평(西安平)을 노략질하였다. 정시(正始) 5년에는 유주자사(幽州刺史) 관구검(毌丘儉)에게 격파되었다.

– 『삼국지(三國志)』

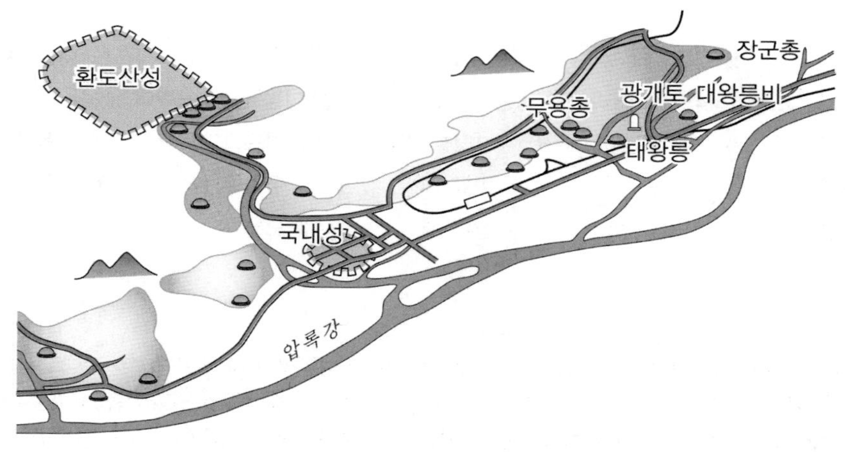

△ 국내성 일대의 모습

2. 사료 해설

고국천왕 사후 왕위 계승을 둘러싸고 발기(發岐)와 연우(延優) 사이에 분쟁이 발생하였다. 이러한 상황 속에서 고국천왕의 부인이었던 우씨가 연우와 결혼을 하고, 왕비의 출신부인 연나부의 지원을 받은 연우가 소노부와 연계한 발기를 제압하고 즉위하여 산상왕이 되었다. 이 왕위 계승 분쟁을 고비로 왕위의 부자계승 원칙이 확립되었으며, 취수혼도 점차 사라진 것으로 보인다.

한편, 이러한 왕위 계승 분쟁을 기화로 삼아 공손강(公孫康)이 침공하여 수도가 불타는 타격을 입었다. 또한 발기와 발기를 추종하던 소노부가 요동군으로 투항하였다. 이러한 위기 상황 속에서 산상왕은 국가를 재정비하기 위해 천도를 감행하였다.

일반적으로 집안 지역으로 천도한 시기는 『삼국사기』 고구려본기 유리왕조의 기록을 따라 통상적으로 유리왕 대로 이해해왔다. 그러나 『삼국지(三國志)』 등에서는 산상왕 시기 천도를 행하였다고 서술하고 있고, 집안 지역에 대한 대규모 발굴작업의 결과 국내성과 환도산성 등지에서 2세기 이전으로 올라가는 유적이 확인되지 않았다. 이로 인해 국내성 지역은 산상왕 시기 천도가 이루어져서 장수왕 시기 평양으로 천도하기까지 약 200여 년간 수도로 기능해왔다고 이해하는 견해가 힘을 얻고 있다.

사료 Plus+

- 21년 봄 3월, 하늘에 제사 지낼 때 쓸 돼지가 달아났다. 임금은 희생(犧牲)을 관장하는 설지(薛支)에게 명하여 뒤쫓게 하였다. 그는 국내 위나암(尉那巖)에 이르러 돼지를 찾아서 국내 사람의 집에 가두고 기르게 하였다. 설지가 돌아와 임금을 뵙고 말하였다. "신이 돼지를 쫓아 국내 위나암에 이르렀습니다. 그곳의 산수가 깊고 험한 데다 땅이 오곡을 키우기에 알맞고, 게다가 고라니와 사슴, 물고기와 자라 등 산물이 많은 것을 보았습니다. 임금께서 만약 그곳으로 도읍을 옮기시면 백성의 이익이 끝없을 뿐만 아니라, 또한 전쟁의 걱정도 면할 수 있을 것입니다." … 22년 겨울 10월, 임금은 국내(國內)로 도읍을 옮기고, 위나암성(尉那巖城)을 쌓았다.

  – 『삼국사기(三國史記)』 「고구려본기(高句麗本紀)」 유리왕(琉璃王)

- 13년 겨울 10월, 임금이 환도(丸都)로 도읍을 옮겼다.

  – 『삼국사기(三國史記)』 「고구려본기(高句麗本紀)」 산상왕(山上王)

023 위(魏) 관구검의 침입과 대응

① 十年春二月, 吳王孫權, 遣使者胡衛通和. ② 王留其使, 至秋七月, 斬之, 傳首於魏. … ③ 十二年, 魏太尉司馬宣王率衆, 討公孫淵. ④ 王遣主簿大加, 將兵千人助之. ⑤ 十六年, 王遣將, 襲破遼東西安平. … ⑥ 二十年秋八月, 魏遣幽州刺史毌丘儉, 將萬人, 出玄菟來侵. ⑦ 王將步騎二萬人, 逆戰於沸流水上, 敗之, 斬首三千餘級. ⑧ 又引兵再戰於梁貊之谷, 又敗之, 斬獲三千餘人. ⑨ 王謂諸將曰. ⑩ "魏之大兵, 反不如我之小兵. ⑪ 毌丘儉者魏之名將, 今日命在我掌握之中乎." ⑫ 乃領鐵騎五千, 進而擊之. ⑬ 儉爲方陣, 決死而戰, 我軍大潰, 死者一萬八千餘人. ⑭ 王以一千餘騎, 奔鴨淥原. ⑮ 冬十月, 儉攻陷丸都城, 屠之. ⑯ 乃遣將軍王頎, 追王. ⑰ 王奔南沃沮, 至于竹嶺.

—『三國史記』「高句麗本紀」

주요 어휘

使 사신 **사** 留 머무를 **류** 斬 벨 **참** 率 거느릴 **솔** 將 거느릴 **장**
襲 엄습할 **습** 破 깨뜨릴 **파** 侵 침노할 **침** 逆 거스를 **역** 敗 깨뜨릴 **패**
獲 얻을 **획** 掌 손바닥 **장** 握 쥘 **악** 鐵 쇠 **철** 方 모 **방**
潰 무너질 **궤** 奔 달릴 **분** 陷 빠질 **함** 丸 알 **환** 屠 잡을 **도**
追 쫓을 **추**

한자 독음

① 십년춘이월, 오왕손권, 견사자호위통화. ② 왕유기사, 지추칠월, 참지, 전수어위. … ③ 십이년, 위태위사마선왕솔중, 토공손연. ④ 왕견주부대가, 장병천인조지. ⑤ 십육년, 왕견장, 습파요동서안평. … ⑥ 이십년추팔월, 위견유주자사관구검, 장만인, 출현토내침. ⑦ 왕장보기이만인, 역전어비류수상, 패지, 참수삼천여급. ⑧ 우인병재전어양맥지곡, 우패지, 참획삼천여인. ⑨ 왕위제장왈. ⑩ "위지대병, 반불여아지소병. ⑪ 관구검자위지명장, 금일명재아장악지중호." ⑫ 내령철기오천, 진이격지. ⑬ 검위방진, 결사이전, 아군대궤, 사자일만팔천여인. ⑭ 왕이일천여기, 분압록원. ⑮ 동십월, 검공함환도성, 도지. ⑯ 내견장군왕기, 추왕. ⑰ 왕분남옥저, 지우죽령.

1. 국문 해석

① 10년 봄 2월, 오(吳)나라의 왕 손권(孫權)이 사신 호위(胡衛)를 보내 화친을 청하였다. ② 임금이 그 사신을 잡아두었다가 가을 7월에 이르러 그의 목을 베어 위나라로 보냈다. … ③ 12년, 위나라 태위(太尉) 사마선왕(司馬宣王)이 무리를 이끌고 공손연(公孫淵)을 쳤다. ④ 임금이 주부(主簿)와 대가(大加)를 보내 병사 천 명을 이끌고 그들을 돕게 하였다. ⑤ 16년, 임금이 장수를 보내 요동의 서안평(西安平)을 습격하여 깨뜨렸다. … ⑥ 20년 가을 8월, 위나라가 유주자사(幽州刺史) 관구검(毌丘儉)을 보내 만 명을 거느리고 현도(玄菟)에서 나와 침입하였다. ⑦ 임금이 보병과 기병 2만을 거느리고 비류수 가에서 맞아 싸워 이기고 3천여 명의 머리를 베었다. ⑧ 다시 병사를 이끌어 양맥(梁貊) 골짜기에서 싸워, 또 이겨 3천여 명을 베거나 사로잡았다. ⑨ 임금이 여러 장수들에게 말하였다. ⑩ "위나라의 대병이 오히려 우리의 소병만 못하다. ⑪ 관구검이란 자는 위나라의 명장이지만, 오늘 그의 목숨은 나의 손아귀에 달려 있도다." ⑫ 임금은 곧 철기(鐵騎) 5천 명을 거느리고 나아가 공격하였다. ⑬ 관구검이 방(方)형으로 진을 치고 결사적으로 싸우자, 우리 군대가 크게 패하여 죽은 자가 1만 8천여 명이었다. ⑭ 임금은 기병 1천여 기병을 데리고 압록원(鴨淥原)으로 달아났다. ⑮ 겨울 10월, 관구검이 환도성을 쳐서 함락시키고 사람들을 죽였다. ⑯ 그리고 곧 장군 왕기(王頎)를 보내 임금을 쫓았다. ⑰ 임금은 남옥저(南沃沮)로 달아나 죽령(竹嶺)에 이르렀다.

－『삼국사기(三國史記)』「고구려본기(高句麗本紀)」

2. 사료 해설

동천왕 시기 고구려는 요동 지역의 공손씨 세력을 견제하기 위해 중국의 여러 왕조들과 적극적으로 교섭하였다. 마침 오(吳)가 위(魏)를 견제하기 위해 요동의 공손씨 세력과 동맹을 맺으려 하다가 실패한 후 오는 고구려에 접근하였다. 동천왕은 이에 응해 오와 통교를 행하였다. 그러나 고구려는 위가 적극적으로 접근해오자 오와의 관계를 끊고 위와의 관계를 강화해 나가기 시작하였다. 위가 공손연을 공격하자 이에 협력하기도 하였다.

그러나 고구려는 위와 직접 국경을 맞닿기 시작하면서 관계가 악화되기 시작하였다. 이에 동천왕이 먼저 서안평을 공격하였고, 이에 대한 반격으로 위의 유주자사 관구검이 대규모 침공을 해왔다. 고구려군은 사료에 나온 것처럼 초반에는 대규모 승리를 거두었으나, 위군의 반격에 밀려 대패하였다. 관구검의 군대는 환도성을 공략하였고, 동천왕은 옥저 방면으로 달아났다. 관구검은 수도 환도성을 대대적으로 약탈한 뒤 일단 회군하였고, 이후에도 재차 공격을 통해 동천왕을 압박하였다.

이 무렵 낙랑태수 유무(劉茂)와 대방태수 궁준(弓遵)도 동예와 옥저 지역으로 출병하였다. 그 결과 이 지역에 대한 중국 군현의 영향력이 다시금 강화되었다.

사료 Plus⁺

- 왕은 남옥저(南沃沮)로 달아나고자 하였는데, 죽령(竹嶺)에 이르자 군사의 대부분이 도망쳐 흩어졌다. 오직 동부(東部)의 밀우(密友)만이 홀로 왕의 곁에 있었다. 밀우가 왕에게 말하였다. "지금 적병의 추격이 매우 긴박하니, 이러한 상황에서는 탈출할 수 없습니다. 제가 죽음을 무릅쓰고 적병을 막아보겠습니다. 그렇다면 왕께서는 피하실 수 있으실 것입니다." 마침내 밀우는 죽음을 각오한 군사를 모집하여 그들과 함께 적에게 달려가 힘써 싸웠다. 왕은 간신히 탈출하여 갈 수 있었다.

  －『삼국사기(三國史記)』「고구려본기(高句麗本紀)」 동천왕(東川王)

- 왕은 사잇길을 통해 이리저리 움직여 남옥저에 도착하였지만, 위나라 군대의 추격은 멈추지 않았다. 왕은 계책도 없고 기세도 꺾여서 어찌할 바를 몰랐다. 동부(東部) 사람 유유(紐由)가 나와 다음과 같이 말하였다. "상황이 매우 위태롭고 긴박하지만, 허무하게 죽을 수는 없습니다. 저에게 계책이 있으니, 음식을 갖고 가서 위(魏)나라 군사들에게 먹이고, 그 틈을 엿보아 적장을 찔러 죽이고자 합니다. 만약 저의 계책이 성공할 수 있다면, 왕께서는 힘써 공격하여 승리할 수 있을 것입니다."

  －『삼국사기(三國史記)』「고구려본기(高句麗本紀)」 동천왕(東川王)

사료 텍스트 완성하기

교과서 텍스트

1. 한 고구려 (　　　) 때 밀우와 유유는 위 관구검의 침공을 물리치는 전공을 세웠다.

기출 텍스트

1. 능 (　　　)이/가 이끄는 위의 군대가 고구려를 침략하였다.

빈칸 정답

	교과서 텍스트	기출 텍스트
1	동천왕	관구검

024 미천왕의 즉위와 낙랑·대방군 점령

① 初, 烽上王疑弟咄固有異心, 殺之. ② 子乙弗畏害出遁. ③ 始就水室村人陰牟家傭作, 陰牟不知其何許人, 使之甚苦. ④ 其家側草澤, 蛙鳴, 使乙弗夜投瓦石, 禁其聲, 晝日督之樵採, 不許暫息. ⑤ 不勝艱苦, 周年, 乃去, 與東村人再牟販鹽. ⑥ 乘舟抵鴨淥, 將鹽下寄江東思收村人家. ⑦ 其家老嫗請鹽, 許之斗許, 再請不與. ⑧ 其嫗恨恚, 潛以屨置之鹽中. ⑨ 乙弗不知, 負而上道, 嫗追索之, 誣以廋屨, 告鴨淥宰. ⑩ 宰以屨直, 取鹽與嫗, 決笞放之. ⑪ 於是, 形容枯槁, 衣裳藍縷, 人見之, 不知其爲王孫也. ⑫ 是時, 國相倉助利將廢王, 先遣北部祖弗東部蕭友等, 物色訪乙弗於山野. … ⑬ 秋九月, 王獵於侯山之陰, 國相助利從之, 謂衆人曰. ⑭ "與我同心者效我." ⑮ 乃以蘆葉插冠, 衆人皆插之. ⑯ 助利知衆心皆同, 遂共廢王, 幽之別室, 以兵周衛. ⑰ 遂迎王孫, 上璽綬, 卽王位. … ⑱ 十二年, 遣將襲取遼東西安平. ⑲ 十四年冬十月, 侵樂浪郡, 虜獲男女二千餘口.

—『三國史記』

주요 어휘

烽 봉화 봉	疑 의심할 의	咄 꾸짖을 돌	固 굳을 고	殺 죽일 살
畏 두려워할 외	害 해칠 해	遁 달아날 둔	就 나아갈 취	傭 품팔이 용
作 지을 작	側 곁 측	草 풀 초	澤 못 택	鳴 울다 명
投 던질 투	暫 잠시 잠	息 쉴 식	恨 한할 한	恚 성낼 에
追 쫓을 추	索 찾을 색	誣 무고할 무	告 알릴 고	決 터질 결
將 장차 장	廢 폐할 폐	物 만물 물	訪 찾을 방	獵 사냥 렵
陰 응달 음	從 좇을 종	效 본받을 효	乃 이에 내	蘆 갈대 노
葉 잎 엽	插 꽂을 삽	冠 갓 관	遂 이를 수	廢 폐할 폐
幽 가둘 유	周 두루 주	衛 지킬 위	迎 맞이할 영	璽 도장 새
綬 인끈 수	襲 엄습할 습	侵 습격할 침	虜 포로 노	獲 얻을 획

한자 독음

① 초, 봉상왕의제돌고유이심, 살지. ② 자을불외해출둔. ③ 시취수실촌인음모가용작, 음모부지기하허인, 사지심고. ④ 기가측초택, 와명, 사을불야투와석, 금기성, 주일독지초채, 불허잠식. ⑤ 불승간고, 주년, 내거, 여동촌인재모판염. ⑥ 승주저압록, 장염하기강동사수촌인가. ⑦ 기가노구청염, 허지두허, 재청불여. ⑧ 기구한에, 잠이구치지염중. ⑨ 을불부지, 부이상도, 구추색지, 무이수구, 고압록재. ⑩ 재이구직, 취염여구, 결태방지. ⑪ 어시, 형용고고, 의상남루, 인견지, 부지기위왕손야. ⑫ 시시, 국상창조리장폐왕, 선견북부조불동부소우등, 물색방을불어산야. … ⑬ 추구월, 왕렵어후산지음, 국상조리종지, 위중인왈. ⑭ "여아동심자효아." ⑮ 내이노엽삽관, 중인개삽지. ⑯ 조리지중심개동, 수공폐왕, 유지별실, 이병주위. ⑰ 수영왕손, 상새수, 즉왕위. … ⑱ 십이년, 견장습취요동서안평. ⑲ 십사년동십월, 침낙랑군, 노획남녀이천여구.

1. 국문 해석

① 예전에 봉상왕(烽上王)은 그의 동생 돌고가 반역할 생각을 가졌다고 의심하여 그를 죽였다. ② 그의 아들 을불은 자기에게도 해가 미칠 것이 두려워 도망쳤다. ③ 처음에는 수실촌(水室村) 사람 음모(陰牟)의 집에서 품팔이를 하였는데, 음모는 을불이 어떤 사람인지를 알지 못하고 매우 고된 일을 시켰다. ④ 그 집 옆의 못에서 개구리가 울면, 음모는 을불을 시켜 개구리 소리가 나지 않도록 밤에 기와 조각이나 돌을 던지게 하였고, 낮에는 땔나무를 해오도록 독촉하여 잠시도 쉬지 못하게 했다.

⑤ 을불은 고생을 견디지 못하고 일 년 만에 그 집을 떠나서 동촌(東村) 사람 재모(再牟)와 함께 소금을 팔았다. ⑥ 배를 타고 압록에 이르러 소금을 내려놓고 강의 동쪽 사수촌(思收村) 사람의 집에 지냈다. ⑦ 그 집의 노파가 소금을 요구하여 한 말 정도 주었더니, 그 노파가 다시 요구하므로 주지 않았다. ⑧ 그러자 노파가 원한을 품어 몰래 자기의 신발을 소금 속에 넣어두었다. ⑨ 을불은 이를 알지 못하고 소금을 지고 길을 떠났는데, 노파가 쫓아와 신발을 찾고는 을불이 자기의 신발을 감추었다고 꾸며서 압록의 관리[鴨淥宰]에게 고발하였다. ⑩ 관리는 신발값으로 소금을 빼앗아 노파에게 주고, 을불의 볼기를 때린 후 풀어주었다. ⑪ 이리하여 을불은 얼굴이 여위고 복장이 남루하게 되어, 사람들이 그를 보고도 왕손임을 알지 못했다. ⑫ 이때 국상 창조리가 장차 왕을 폐위하고자 하여, 먼저 북부의 조불(祖弗)과 동부의 소우(蕭友) 등을 보내 산과 들로 을불을 찾게 하였다. …

⑬ 가을 9월에 임금이 후산(侯山) 북쪽에서 사냥할 때 국상 창조리가 따라가서 여러 사람들에게 말하였다. ⑭ "나와 같은 마음인 자는 내가 하는 대로 하라." ⑮ 창조리가 갈대 잎을 관에 꽂자, 여러 사람들도 모두 갈대 잎을 꽂았다. ⑯ 창조리는 여러 사람의 마음이 모두 같다는 것을 알고, 드디어 그들과 함께 왕을 폐위하여 별실에 가두고 병사들로 하여금 주변을 지키게 하였다. ⑰ 왕손을 맞아 옥새와 인끈을 바쳐 왕위에 오르게 하였다. …

⑱ 12년 가을 8월, 장수를 보내 요동의 서안평을 습격하여 빼앗았다.

⑲ 14년 겨울 10월, 낙랑군을 침범하여 남녀 2천여 명을 사로잡았다.

– 『삼국사기(三國史記)』

2. 사료 해설

봉상왕에 의해 고추가(高鄒加) 돌고(咄固)가 피살되자, 그 아들인 을불(乙弗)이 도망쳐 숨어 지냈다. 이 과정을 담은 『삼국사기』 기사에는 당시 고구려의 상황을 알 수 있는 사료가 많이 담겨 있다.

우선 농업에 발달에 따른 사회·경제적 분화를 알 수 있다. 음모(陰牟)는 직접적인 노동 지시를 행하는 것으로 보아 귀족 계급은 아닌 것으로 보인다. 그러나 을불과 같은 이들을 고용할 만큼의 여유가 있는 자영농이었던 것으로 보인다. 이는 당시 고구려의 일반 백성들이 자영농과 품팔이를 제공하는 용작농(傭作農) 등으로 나뉘었음을 보여준다.

또한 상업 활동의 과정과 업종별 분화도 드러나 있다. 먼저, 재모(再牟)는 소금 장수인데, 이는 소금의 공급이 소금 상인들에 의해 이루어졌음을 보여준다. 또한 압록강의 수운을 이용해 이동하는 모습 등을 통해 이를 이용한 상업 교통이 발달했음을 알 수 있다. 다음으로 사수촌(思收村)의 할멈은 상업 활동을 하는 이들에게 숙박을 제공하고, 소금과 같은 물품을 받았던 것으로 보인다.

그리고 '재(宰)'라는 지방관의 모습도 눈에 띄는데, 이들은 행정·사법·군사의 권한을 관할하였던 것으로 보인다. 이 사료에서는 압록재(鴨淥宰)라는 지방관이 보이는데, '재(宰)'라는 명칭은 이전의 봉상왕 대의 신성재(新城宰) 고노자(高奴子)의 기록에서도 찾을 수 있다. 이는 3세기 후반부터 고구려 주요 지역에 지방관이 파견되고 관리에 의한 지방 통치가 이루어졌음을 보여준다.

한편, 미천왕 시기는 중국의 진(晉)이 와해됨에 따라 나타난 국제적 격동기였다. 이를 이용해 미천왕은 현도군을 공격해 8,000여 명을 사로잡기도 하였고, 요동 서안평을 점령하기도 했다. 또한 낙랑군과 대방군을 각각 병합하는 등 서방과 남방으로 급속한 팽창을 도모하였다. 그러나 이러한 대외적 확장은 이후 선비족 일파인 모용부(慕容部)와의 갈등을 불러일으키는 원인이 되기도 하였다.

사료 Plus+

20년 겨울 12월, 진(晉)의 평주 자사 최비(崔毖)가 도망쳐 왔다. … 모용외가 아들 모용인(慕容仁)을 요동에 진수(鎮戍)하게 하니 관부(官府)와 저잣거리가 예전과 같이 평온해졌다. 우리의 장수 여노(如孥)는 하성(河城)에 웅거하고 있었는데, 모용외가 장군 장통(張統)을 보내 습격해서 그를 사로잡고, 그 무리 1천여 가를 포로로 잡아 극성으로 돌아갔다. 왕이 자주 병력을 보내 요동을 침략하였다. 모용외가 모용한(慕容翰)과 모용인(慕容仁)을 보내 이를 쳤다. 왕이 화해[盟]를 청하니 모용한과 모용인이 돌아갔다.

– 『삼국사기(三國史記)』 「고구려본기(高句麗本紀)」 미천왕(美川王)

사료 텍스트 완성하기

교과서 텍스트

1. 한 한의 군현은 토착민의 저항에 부딪혀 폐지되거나 쫓겨났고, 끝까지 있던 ( )은/는 고구려의 미천왕에 의해 축출되었다.
2. 역 4세기 초 ( ) 때에는 낙랑군을 멸망시키며 세력을 확대하였다.
3. 한 중국이 5호 16국 시대에 접어들어 혼란을 겪는 것을 이용해 미천왕은 낙랑군과 ( )을/를 몰아냈다.

기출 텍스트

1. 능 미천왕은 서천왕의 아들인 ( ) 돌고(咄固)의 아들이다.
2. 능 미천왕이 남쪽으로 세력을 넓혀 ( ) 유역을 차지하였다.
3. 능 미천왕은 ( )을/를 몰아내고 영토를 확장하였다.

빈칸 정답

	교과서 텍스트	기출 텍스트
1	낙랑군	고추가
2	미천왕	대동강
3	대방군	낙랑군

025 고국원왕 시기 전연과 백제의 공격

① 十二年十一月, 皝自將勁兵四萬, 出南道. ② 以慕容翰慕容覇爲前鋒, 別遣長史王寓等, 將兵萬五千, 出北道以來侵. ③ 王遣弟武, 帥精兵五萬, 拒北道, 自帥羸兵, 以備南道. ④ 慕容翰等先至戰, 皝以大衆繼之, 我兵大敗. ⑤ 左長史韓壽, 斬我將阿佛和度加, 諸軍乘勝, 遂入丸都. ⑥ 王單騎走入斷熊谷. ⑦ 將軍慕輿埿, 追獲王母周氏及王妃而歸. ⑧ 會, 王寓等戰於北道, 皆敗沒. ⑨ 由是, 皝不復窮追, 遣使招王. ⑩ 王不出. … ⑪ 皝從之, 發美川王廟墓, 載其尸, 收其府庫累世之寶, 虜男女五萬餘口, 燒其宮室, 毁丸都城而還.

—『三國史記』「高句麗本紀」

주요 어휘

皝 엄숙한 모양 **황** 自 몸소 **자** 勁 굳셀 **경** 鋒 칼날 **봉** 拒 막을 **거**
羸 여윌 **리** 備 갖출 **비** 繼 이을 **계** 敗 깨뜨릴 **패** 斬 벨 **참**
勝 이길 **승** 遂 이를 **수** 單 홑 **단** 騎 말탈 **기** 追 쫓을 **추**
獲 얻을 **획** 歸 돌아갈 **귀** 會 시기 / 때마침 **회** 沒 가라앉을 **몰** 招 부를 **초**
從 좇을 **종** 墓 무덤 **묘** 收 거둘 **수** 虜 포로 **로** 燒 사를 **소**
毁 헐 **훼** 還 돌아올 **환**

한자 독음

① 십이년십일월, 황자장경병사만, 출남도. ② 이모용한모용패위전봉, 별견장사왕우등, 장병만오천, 출북도이내침. ③ 왕견제무, 수정병오만, 거북도, 자수리병, 이비남도. ④ 모용한등선지전, 황이대중계지, 아병대패. ⑤ 좌장사한수, 참아장아불화도가, 제군승승, 수입환도. ⑥ 왕단기주입단웅곡. ⑦ 장군모여니, 추획왕모주씨급왕비이귀. ⑧ 회, 왕우등전어북도, 개패몰. ⑨ 유시, 황불부궁추, 견사초왕. ⑩ 왕불출. … ⑪ 황종지, 발미천왕묘묘, 재기시, 수기부고루세지보, 로남녀오만여구, 소기궁실, 훼환도성이환.

1. 국문 해석

① 12년 11월, 연나라의 왕 모용황이 굳세고 강한 4만 명의 병력을 몸소 거느리고 남쪽 길로 진군하였다. ② 모용한과 모용패(慕容霸)를 선봉으로 삼고, 별도로 장사(長史) 왕우(王寓) 등에게 병사 1만 5천 명을 거느리고 북쪽 길로 진군하여, 우리나라를 침범하게 하였다. ③ 임금은 아우 무(武)에게 정예부대 5만을 이끌고 북쪽 길을 방어하게 하고, 자신은 약한 병사를 거느리고 남쪽 길을 방어하였다.

④ 이때 모용한 등이 먼저 쳐들어와서 전투를 벌였고, 연이어 도착한 모용황의 대군에 맞서 싸우다가 우리 병사가 대패하였다. ⑤ 좌장사(左長史) 한수(韓壽)가 우리 장수 아불화도가(阿佛和度加)를 죽이자, 모든 적들이 그 기회를 타서 마침내 환도성으로 쳐들어왔다. ⑥ 임금은 가족을 버리고 단웅곡(斷熊谷)으로 도주하였다. ⑦ 연나라 장군 모여니(慕輿埿)가 추격하여 왕의 어머니 주(周)씨와 왕비를 잡아 돌아갔다. ⑧ 이때 연나라의 장군 왕우 등은 북쪽 길에서 우리 병사와 싸우다가 모두 전사하였다. ⑨ 이로 말미암아 모용황은 임금을 더 이상 추격하지 않고, 사람을 보내 임금이 자신에게 몸소 찾아오도록 하였다. ⑩ 하지만 임금은 이에 응하지 않았다. … ⑪ 모용황이 (한수의 말을) 좇아 미천왕의 무덤을 파서 그 시체를 싣고, 궁궐 창고에서 대대로 이어져 내려온 보물을 훔쳤으며, 남녀 5만여 명을 사로잡고 궁실을 불태운 뒤에 환도성을 무너뜨리고 돌아갔다.

－『삼국사기(三國史記)』「고구려본기(高句麗本紀)」

2. 사료 해설

고국원왕은 즉위 초반부터 선비족(鮮卑族)의 일파인 모용부(慕容部)와 대립 관계에 놓여 있었다. 이를 타개하기 위해 동진(東晉)에 외교 사절을 파견하기도 하였고, 모용황(慕容皝)의 즉위에 반대해 일어난 '모용인(慕容仁)의 난'에 가담하였던 동수(冬壽) 등을 받아들였다. 그러나 모용황은 즉위 후 체제를 정비하여 연왕(燕王)을 칭하였고[前燕], 이윽고 고구려를 공격함으로써 수도 환도성을 함락시켰다. 전연의 입장에서는 고구려의 정예병이 건재해 있는 상황 속에서의 승리였기 때문에 미천왕의 시신 및 왕모와 왕비 등을 인질로 잡고 철수할 수밖에 없었다.

고국천왕은 이러한 패배 이후 중국 방면으로는 유화적인 태도를 보였다. 전연에 대해서는 지속적으로 사절을 파견해 스스로를 신하라 칭하는 등 관계 개선에 주력하였다. 전연도 이후 등장한 전진과의 대결에 주력할 수밖에 없었기 때문에 고구려와의 관계는 다소나마 안정적인 모습을 보였다. 이후 고구려는 전연을 격파하고 대두한 전진(前秦)에 대해서도 우호적 관계 수립에 노력하였다. 이 과정에서 망명해 온 전연의 권신 모용평(慕容評)을 전진으로 압송하기도 하였다.

이러한 상황에서 고국천왕은 한반도 남부로의 진출을 도모하였다. 특히 이 시기는 백제 근초고왕이 황해도 일대에 대한 지배권을 노리던 시기였기 때문에 대결은 불가피하였다. 그러나 백제군에 의해 전사하는 결과가 초래되었다.

사료 텍스트 완성하기

교과서 텍스트

1. 역 고구려는 요동과 부여 방면으로 진출하였으나, 수도를 급습한 (　　　)에 의해 많은 백성이 포로로 잡혀가는 등의 위기를 맞았다.
2. 역 고국원왕은 전연과 우호 관계를 맺고 한반도 남쪽으로 진출하여 (　　　)을/를 압박하였다.
3. 역 (　　　)은/는 고국원왕을 격퇴하여 고구려 남하를 저지하였다.

기출 텍스트

1. 능 고국원왕과 근초고왕은 (　　　) 지역을 두고 대립하였다.
2. 능 근초고왕이 (　　　)을/를 공격하여 고국원왕을 전사시켰다.
3. 능 (　　　)와/과 백제의 침공으로 고구려의 세력이 크게 위축되었다.

빈칸 정답

	교과서 텍스트	기출 텍스트
1	전연	황해도
2	백제	평양성
3	근초고왕	전연

THEME

026 소수림왕 시기 체제 확립

역 동아 / 한 리베르, 한 지학사

① 二年, 夏六月, 秦王符堅, 遣使及浮屠順道, 送佛像經文. ② 王遣使迴謝, 以貢方物. ③ 立太學, 敎育子弟. ④ 三年, 始頒律令. ⑤ 四年, 僧阿道来. ⑥ 五年, 春二月, 始創肖門寺, 以置順道. ⑦ 又創伊弗蘭寺, 以置阿道, 此海東佛法之始.

—『三國史記』「高句麗本紀」

주요 어휘

夏 여름 **하**	秦 나라 이름 **진**	符 부호 **부**	堅 굳을 **견**	遣 보낼 **견**
使 사신 **사**	浮 뜰 **부**	屠 잡을 **도**	送 보낼 **송**	迴 돌다 **회**
謝 사례할 **사**	頒 나눌 **반**	創 만들다 **창**	此 이에 **차**	始 처음 **시**

한자 독음

① 이년, 하육월, 진왕부견, 견사급부도순도, 송불상경문. ② 왕견사회사, 이공방물. ③ 입태학, 교육자제. ④ 삼년, 시반율령. ⑤ 사년, 승아도래. ⑥ 오년, 춘이월, 시창초문사, 이치순도. ⑦ 우창이불란사, 이치아도, 차해동불법지시.

1. 국문 해석

① 2년 여름 6월, 진왕(秦王) 부견(苻堅)이 사신과 승려 순도(順道)를 보내 불상과 경전을 전하였다. ② 왕이 사신을 보내 회사(廻謝)하고 방물(方物)을 바쳤다. ③ 태학(太學)을 세우고 자제(子弟)를 교육시켰다. ④ 3년, 처음으로 율령(律令)을 반포하였다. ⑤ 4년, 승려 아도(阿道)가 왔다. ⑥ 5년 봄 2월, 처음으로 초문사(肖門寺)를 창건하고 순도(順道)를 두었다. ⑦ 또한 이불란사(伊弗蘭寺)를 창건하고 아도를 두니, 이것이 해동(海東) 불법(佛法)의 시초였다.

—『삼국사기(三國史記)』「고구려본기(高句麗本紀)」

2. 사료 해설

소수림왕 즉위 이전 고구려는 대내외적인 위기 상황에 놓여 있었다. 4세기 전반까지 지속적인 대외 팽창을 기반으로 국왕 중심의 중앙 집권적 국가 체제를 지향해 나갔지만, 여러 방면에서 한계를 드러내고 있었던 것이다. 특히 소수림왕 즉위 직전의 왕이었던 고국원왕은 전연과 백제의 공격으로 고전을 면치 못하다가 전사하였다. 이러한 상황 속에서 즉위한 소수림왕은 왕실의 권위 회복과 국가 체제정비를 통해 국가적 위기 상황을 타개해 나가고자 하였다.

먼저 국가적 차원에서 불교를 공인한 기사가 눈에 띈다. 동진의 승려 지둔도림(支遁道林)이 고구려의 한 도인(道人)에게 편지를 보냈다는 기록 등이 있는 것을 보았을 때 고구려는 이전부터 불교를 접했던 것으로 보인다. 다만 이 시기에 국가적 차원에서 공인된 것으로 보이는데, 이는 국왕 중심의 중앙 집권적 국가 체제를 구축하기 위해 공인한 것으로 보인다. 왜냐하면 이전의 천신 신앙 등은 지역적 특색 등이 강해 국가의 사상적 구심점으로 기능하기가 어려웠기 때문이다. 반면 전진을 통해 수용된 불교는 호국불교의 성격을 가지고 있었기 때문에 국왕 중심의 정치 이념과 부합한다는 특징을 가지고 있었다.

태학의 설립도 눈에 띈다. 태학은 귀족 자제를 대상으로 한 유교 교육 기관으로 보이는데, 유교의 사상은 충·효를 강조한다는 측면에서 국왕 중심의 정치 질서를 지향한다고 볼 수 있다. 즉 태학의 설립과 운영을 통해 인재를 배출함으로써 왕권을 뒷받침해주는 관료 집단을 확보할 수 있었다.

또한 율령의 반포는 국가 운영의 제도적 장치가 갖춰졌음을 의미한다. 이 무렵 중앙의 국가 권력을 중심으로 한 통치 질서가 어느 정도 완비되었음을 뜻하는 것이다. 이러한 국가 지배 체제의 완성은 이후 광개토대왕과 장수왕 시기 고구려의 대외 팽창으로 연결되었다.

사료 Plus+

- 유리왕 19년 가을 8월, 제사에 올릴 돼지가 달아나자 왕이 탁리(託利)와 사비(斯卑)에게 쫓게 하였다. 장옥의 늪 가운데에 이르러 돼지를 찾아내 칼로 그 다리의 힘줄을 끊었다. 왕이 듣고 크게 노하여 "하늘에 제사를 지낼 제물에 어찌 상처를 낼 수 있는가?"라고 꾸짖고 두 사람을 구덩이 속에 던져 넣어 죽였다. 9월, 임금이 병에 걸렸다. 무당이 말하였다. "탁리와 사비가 빌미가 되었다." 임금이 그를 시켜 귀신에게 사죄하게 하니 곧 병이 나았다.

  – 『삼국사기(三國史記)』「고구려본기(高句麗本紀)」

- 수도와 지방을 5부로 나누어 욕살을 두었다.

  – 『수서(隋書)』 고려전(高麗傳)

- 고구려는 지난날에 5부로 나뉘어져 176성, 69만 7천 호가 있었다.

  – 『구당서(舊唐書)』 고려전(高麗傳)

- (고구려) 큰 성에는 녹살(욕살)을 두었는데 (중국의) 도독에 해당한다. 여러 성에는 처려구(처려근지)를 두었는데 자사에 해당한다.

  – 『한원(翰苑)』

사료 텍스트 완성하기

교과서 텍스트

1. 역 소수림왕은 중국의 (   )에서 불교를 받아들이고, (   )을/를 세워 인재를 양성하였다.
2. 역 소수림왕은 (   )을/를 반포하여 통치 조직을 정비하였다.
3. 한 4세기 후반 (   )은/는 율령을 반포하여 백성을 다스리는 기준과 국가 기구·제도를 마련하였다.

기출 텍스트

1. 능 태학에서 귀족의 자제들에게 (   )을/를 가르쳤다.
2. 능 전진의 (   )을/를 통해 불교를 수용하였다.
3. 능 (   )을/를 반포하여 국가 체제를 정비하였다.

빈칸 정답

	교과서 텍스트	기출 텍스트
1	전진, 태학	유교 경전
2	율령	순도
3	소수림왕	율령

027 고구려 : 광개토대왕릉비

역금성, 역동아, 역리베르, 역미래엔, 역비상, 역지학사 / 한금성, 한동아, 한리베르, 한미래엔, 한비상

① 百殘 · 新羅, 舊是屬民由來朝貢. ② 而倭以辛卯年, 來渡□破百殘□□ 新羅以爲臣民. ③ 以六年丙申, 王躬率□軍, 討伐殘國. … ④ 殘不服義, 敢出百戰. ⑤ 王威赫怒, 渡阿利水, 遣刺迫城. ⑥ □□歸穴 □便圍城, 而殘主困逼, 獻出男女生口一千人, 細布千匹, 跪王自誓, 從今以後, 永爲奴客. ⑦ 太王恩赦□迷之愆, 錄其後順之誠. ⑧ 於是得五十八城村七百, 將殘主弟幷大臣十人, 旋師還都.

— 「廣開土大王陵碑」

주요 어휘

殘 해칠 **잔**	舊 옛 **구**	屬 엮을 **속**	倭 왜국 **왜**	渡 건널 **도**
破 깨뜨릴 **파**	躬 몸소 **궁**	率 거느릴 **솔**	討 칠 **토**	歸 돌아갈 **귀**
便 편할 **편**	圍 둘러싸다 **위**	困 괴로울 **곤**	逼 닥칠 **핍**	獻 바칠 **헌**
細 가늘 **세**	跪 꿇어앉을 **궤**	誓 맹세할 **서**	從 좇을 **종**	永 오래다 **영**
赦 용서할 **사**	迷 미혹할 **미**	愆 허물 **건**	錄 기록할 **록**	順 순할 **순**
誠 정성 **성**	旋 돌다 **선**	師 스승 / 군사 **사**	還 돌아올 **환**	都 도읍 **도**

한자 독음

① 백잔 · 신라, 구시속민유래조공. ② 이왜이신묘년, 래도□파백잔□□ 신라이위신민. ③ 이육년병신, 왕궁솔□군, 토벌잔국. … ④ 잔불복의, 감출백전. ⑤ 왕위혁노, 도아리수, 견자박성. ⑥ □□귀혈 □편위성, 이잔주곤핍, 헌출남녀생구일천인, 세포천필, 궤왕자서, 종금이후, 영위노객. ⑦ 태왕은사□미지건, 녹기후순지성. ⑧ 어시득오십팔성촌칠백, 장잔주제병대신십인, 선사환도.

1. 국문 해석

① 백잔(百殘)과 신라(新羅)는 예로부터 속민(屬民)으로 (고구려에) 조공(朝貢)하였다. ② 그런데 왜(倭)가 신묘년(辛卯年)에 건너와 백잔을 공파하고 … 신라 … 하여 신민(臣民)으로 삼았다. ③ 이에 6년 병신(丙申)에 왕이 몸소 군사를 이끌고 잔국을 토벌하였다. ④ 백잔이 의(義)에 복종하지 않고 감히 나와 여러 차례 전투하였다. ⑤ 왕위(王威)가 격노하여 아리수(阿利水)를 건너니, 창끝을 보내 성을 압박한 것과 같았다. ⑥ □□귀혈(歸穴) … 다시 성을 포위하니, 백잔의 군주가 곤경에 직면해 남녀 1천 인과 세포(細布) 1,000필을 바치며 왕에게 꿇어앉아 스스로 맹세하기를 지금 이후부터 영원히 노객(奴客)이 되겠다고 하였다. ⑦ 태왕께서는 은혜로 어리석은 허물을 용서하고, (항복한) 이후의 정성을 받았다. ⑧ 이에 58성 700촌을 획득하고 백제 군주의 아우 및 대신 10인을 데리고 군사를 돌려 도성으로 돌아왔다.

–「광개토대왕릉비(廣開土大王陵碑)」

2. 사료 해설

「광개토대왕릉비문」이 다시 주목받기 시작한 것은 1883년 일본군 중위 사코우 가게노부(酒匂景信)가 지안 지역에서 현지 조사 임무를 수행하다가 우연히 비문을 맞닥뜨리게 되면서부터였다. 이를 발견한 사코우는 「광개토대왕릉비문」의 전체 탁본을 구해 일본에 반입시켰다. 그리고 이렇게 반입된 「광개토대왕릉비문」의 내용은 수년간의 분석을 통해 1889년 기초적 연구 보고서가 발표되면서 세상에 널리 알려지게 되었다.

「광개토대왕릉비문」은 크게 고구려의 건국 신화와 왕실 계보, 광개토대왕의 업적, 수묘인(守墓人) 규정 등으로 구성되어 있다, 이 중 광개토대왕의 업적이 쓰여 있는 부분은 당시 고구려의 대외적인 군사 활동의 모습이 상세히 서술되어 있다.

그런데 이른바 신묘년조 부분은 예전부터 해석을 놓고 다양한 견해가 표출되어 왔다. 일반적으로 해석할 경우 왜가 신묘년에 백제와 신라 등을 격파하고 신민으로 삼았다고 보이기 때문이다. 또한 일본 육군참모본부가 임나일본부설을 합리화하고, 한반도 침략 여론을 조성하는 데 이를 이용하였기 때문이다.

하지만 5세기 무렵 일본은 통일 왕조조차 등장하지 않은 상황이었으므로 한반도에서 군사적 활동을 전개할만한 여력이 없었다. 그렇기에 일제 강점기에서부터 다양한 해석 방식이 등장하였다.

먼저 한문의 특성상 주어와 목적어가 생략될 수 있다는 점에 착안한 해석 방식이 등장하였다. 정인보는 신묘년의 행위 주체를 왜가 아닌 고구려로 보고 새로운 해석을 제시하였다. "백잔, 신라는 옛날부터 (고구려의) 속민으로서 조공해 왔다. 그런데 왜가 신묘년에 오니 (고구려가) 바다를 건너가 (왜를) 격파했다. 백잔이 (왜와 통해) 신라를 침략해 신민으로 삼았다." 이후 북한의 김석형도 새로운 해석안을 내놓았다. "백잔, 신라는 옛날부터 (고구려의) 속민으로서 조공해 왔다. (백제가) 왜를 동원해 신묘년에 (고구려에) 쳐들어왔으므로, (고구려는) 바다를 건너 백잔을 격파하고 □□, 신라를 신민으로 삼았다." 그러나 두 해석 모두 어느 정도의 결론을 정해놓고 주어와 목적어의 삽입을 통해 임의대로 해석했다는 비판에서 자유로울 수 없었다.

이후 1970년대 들어서 재일 역사학자인 이진희(李進熙)는 비문 변조설을 주장함에 따라 많은 관심을 받았다. 비문을 발견한 사코우가 석회를 발라 비문의 글자를 일부 변조했다는 것이었다. 그러자 비문의 일부 글자를 형태가 비슷한 다른 글자로 바꿔서 판독하는 방안이 제기됐다. 즉, 이른바 신묘년조의 글자 일부를 다른 글자로 바꿔서 고구려 주도의 상황으로 재해석하기 시작한 것이다.

그러나 중국의 역사학자 왕젠췬(王建群)은 장기간의 현지 조사를 통해 이진희의 주장을 반박했다. 사코우가 탁본을 제작하는 과정에서 조작이 이루어졌을 가능성은 현실성이 떨어진다고 지적하였다. 또한 석회를 바른 사람들은 현지의 전문 탁본업자인 초씨 부자였으며, 이들이 탁본 작업의 원활함과 글씨의 선명도를 위해 바른 것임을 밝혀낸 것이다. 이 무렵 일본학계의 조사 과정에서 석회를 바르기 이전에 제작한 탁본들도 차례로 확인됐는데, 석회를 바른 이후의 내용과 큰 차이가 없어졌음이 밝혀지기도 하였다.

그렇다면 '신묘년조'의 진실은 무엇일까? 비문의 내용 구성을 잘 살펴보아야 한다. 「광개토대왕릉비문」은 395년 패려(거란) 토벌, 396년 백제 공격, 398년 숙신 위무, 410년 동부여 복속 등 연대순으로 서술되어 있고, 각각의 정벌 이유도 밝혀 놓았다. 그런데 '신묘년조'(391년)의 내용은 395년 패려 토벌과 396년 백제 공격 사이에 놓여 있다. 이는 왜의 활동을 서술하기 위한 독립된 기사가 아니라, 396년 백제 정벌의 이유를 설명하기 위한 구절인 것에 주목해서 접근해야 한다.

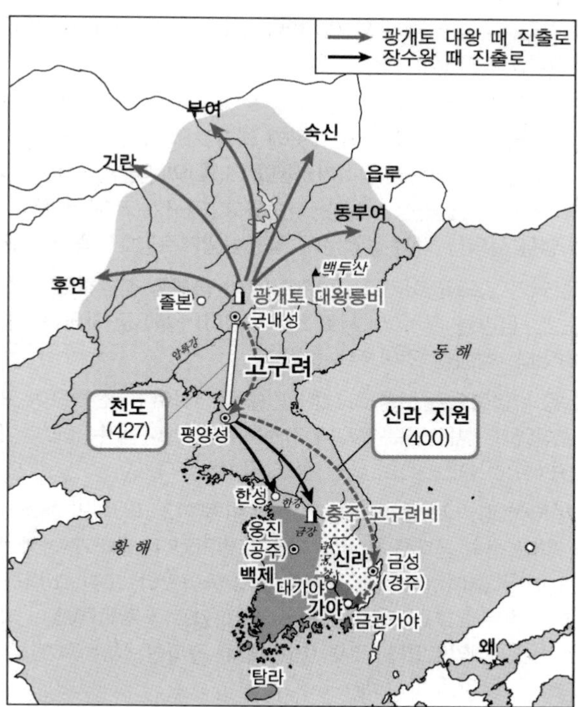

△ 고구려의 팽창

사료 Plus+

• (고구려의 왕위가) 17세손(世孫) 국강상광개토경평안호태왕(國岡上廣開土境平安好太王)에 이르렀는데, (태왕께서는) 18세에 왕위에 올라 영락대왕(永樂大王)이라고 하였다. (태왕의) 은택(恩澤)이 황천(皇天)까지 미쳤고 무위(武威)는 사해(四海)에 달하였다. … 쓸어서 없애니, 백성이 각기 그 생업에 힘쓰고 편안히 살게 되었다. 나라는 부강해지고 백성은 번성하였으며, 오곡이 풍성하게 익었다. (하지만) 하늘이 (이 나라를) 어여삐 여기지 아니하시어 (태왕께서는) 39세에 세상을 버리고 떠나시니, 갑인년(甲寅年) 9월 29일 을유(乙酉)에 산릉(山陵)으로 모시었다. 이에 비를 세우고 공훈을 기록하여 후세에 보이고자 한다. 그 말씀은 아래와 같다.

영락 5년(395) 을미인 해에 왕은 패려(稗麗)가 … 하지 않는다고 생각하고 친히 군사를 이끌고 가서 토벌하였다. 부산(富山)·부산(負山)을 지나 염수(鹽水) 가에 이르렀다. 그 3개의 부락 600~700영(營)을 격파하니, 노획한 소·말·양의 수가 헤아릴 수 없이 많았다. 이에 왕이 행차를 돌려 양평도(襄平道)의 동래성(東來城)·□성·역성(力城)·북풍(北豊)·오비(五備)□를 지나며 영토를 살펴보고, 수렵을 한 후에 돌아왔다.

－「광개토대왕릉비(廣開土大王陵碑)」

• 8년(398) 무술(戊戌)에 편사(偏師)를 파견하여 신(愼)의 영토와 산곡을 관찰하도록 하였는데, 막□라성(莫□羅城) 가태라곡(加太羅谷)의 남녀 300여 인이 잡혀갔기 때문이었다. 이후 (신은) 고구려 조정에 조공하는 일을 논의하였다.

9년(399) 기해(己亥)에 백잔이 맹세를 어기고 왜와 화통(和通)하였다. 왕이 평양으로 행차하여 내려갔다. 신라 왕이 사신을 보내어 아뢰기를, "왜인이 그 국경에 가득 차 성지(城池)를 부수고 노객(奴客)을 민으로 삼으려 하니, 이에 왕께 귀의하니 구원해 주시기를 바랍니다."라고 하였다. 태왕의 은혜와 자애로 그 충성을 아끼어 사신을 보내 돌아가 (고구려의) 계책을 알려 주도록 하였다.

10년(400년) 경자(庚子)에 왕이 보병과 기병 5만 명을 보내 신라를 구원하게 하였다. (고구려군이) 남거성(男居城)을 통해 신라성(新羅城)에 이르렀는데 그곳에 왜가 가득하였다. 관군(官軍)이 바야흐로 도착하자 왜적이 퇴각하였다. 그 뒤를 급히 추격하여 임나가라(任那加羅)의 종발성(從拔城)에 이르니 성이 곧 항복하였다. 안라인수병(安羅人戍兵) … 신라성·□성 … 하였고, 왜구가 크게 무너졌다. 예전에는 신라 매금(寐錦)이 몸소 고구려에 와 일을 논의한 적이 없었는데, 국강상광개토경호태왕 … 매금이 … 하여 조공하였다.

14년(404) 갑신(甲辰)에 왜가 법도를 어기고 대방(帶方)의 경계를 침범하였다. … 석성(石城), 배를 이어 … 왕이 몸소 … 이끌고 … 평양을 거쳐 … 서로 조우하였다. 왕의 군대[王幢]가 요로(要路)의 길을 끊고 공격하니 왜구가 궤멸하였다. 참살한 것이 무수하였다.

17년(407) 정미(丁未)에 왕의 명령으로 보병과 기병 5만을 파견하여 … 전투하여 모조리 살상하였다. 노획한 (적병의) 갑옷이 1만여 벌이었고, 얻은 군수 물자와 기계는 수를 헤아릴 수 없었다. 돌아가 사구성(沙溝城)·누성(婁城)·□주성(□住城) □성□□□□□□□성을 공파하였다.

20년(410) 경술(庚戌) 동부여(東夫餘)는 예로부터 추모왕(鄒牟王)의 속민(屬民)이었는데, 중간에 배반하여 조공을 하지 않았다. 왕이 친히 군대를 이끌고 가서 토벌하였다. 군대가 여성(餘城)에 도달하자, 부여의 나라가 놀라 … 왕의 은덕이 두루 미치자 이에 군사를 돌려 돌아왔다. 또한 그 나라에서 왕의 교화를 사모하여 관군을 따라온 자가 미구루(味仇婁)·압로(鴨盧)·비사마압로(卑斯麻鴨盧)·타사루압로(椯社婁鴨盧)·숙사사압로(肅斯舍鴨盧)·□□□압로였다. 무릇 (태왕께서) 공파한 성이 64개, 촌이 1,400개였다.

－「광개토대왕릉비(廣開土大王陵碑)」

PART 02

사료 텍스트 완성하기

교과서 텍스트

1. 한 5세기경에 건립된 고구려의 광개토대왕릉비에는 ( )의 건국 이야기와 함께 광개토대왕이 온 세상에 권위를 떨쳤다는 내용이 기록되어 있다.
2. 역 광개토대왕은 ( )을/를 격파하여 요동 지역을 확보하고, 거란과 ( ) 등을 굴복시켰다.
3. 한 광개토대왕이 '대왕', '태왕' 등으로 불렸고, 이 시기 ( )(이)라는 독자적인 연호를 사용하였다는 것을 확인할 수 있다.
4. 한 고구려는 ( )에 9개의 사찰을 건립하였다.

기출 텍스트

1. 능 광개토대왕은 ( )(이)라는 독자적인 연호를 사용하였다.
2. 능 ( )은/는 신라와 고구려의 긴밀한 관계를 보여준다.
3. 능 ( )(이)라 불리는 국왕 직속 부대가 대외 정복 활동에서 주요 군사력으로 활용되었다.
4. 능 광개토대왕 시기에는 해당 지역의 인민과 토지를 중앙 정부가 직접 장악하여 ( )을/를 단위로 하는 지방 통치체제를 갖추었다.

빈칸 정답

	교과서 텍스트	기출 텍스트
1	추모왕	영락
2	후연, 동부여	호우명그릇
3	'영락'	왕당(王幢)
4	평양	성(城)·곡(谷)

028 장수왕의 남진 정책과 충주고구려비

엠리베르, 엠미래엔

① 五月中, 高麗大王相王公□新羅寐錦, 世世爲願, 如兄如弟, 上下相和, 守天, 東來之. … ② 十二月廿三日甲寅, 東夷寐錦上下至于伐城敎來. ③ 前部大使者多亏桓奴, 主簿□□□□境□募人三百. ④ 新羅土內幢主下部拔位使者補奴□□奴□□□□盖盧, 共□募人新羅土內衆人拜動□.

— 「忠州高句麗碑」

주요 어휘

寐 잠잘 매	錦 비단 금	願 원할 원	守 지킬 수	廿 스물 입
甲 첫째 천간 갑	寅 셋째 지지 인	至 이를 지	敎 가르칠 교	來 올 래
桓 푯말 환	簿 장부 부	境 지경 경	募 모을 모	幢 기 당
拔 빼다 발	補 기울 보	盖 덮을 개	盧 목로 로	共 함께 공
拜 절 / 뽑다 배	動 움직일 동			

한자 독음

① 오월중, 고려대왕상왕공□신라매금, 세세위원, 여형여제, 상하상화, 수천, 동래지. … ② 십이월입삼일 갑인, 동이매금상하지우벌성교래. ③ 전부대사자다울환노, 주부□□□□경□모인삼백. ④ 신라토내당주하부 발위사자보노□□노□□□□개로, 공□모인신라토내중인배동□.

1. 국문 해석

① 5월에 고려 대왕(高麗大王)의 상왕공(相王公)과 신라 매금(寐錦)은 대대로 형제같이 지내고 상하(上下)가 화목하게 천도(天道)를 지키기를 원하여 동쪽으로 왔다. … ② 12월 23일 갑인(甲寅)에 동이매금(東夷寐錦)의 상하가 우벌성(于伐城)에 와서 교(敎)를 내렸다. ③ 전부(前部) 대사자(大使者) 다우환노(多亏桓奴)와 주부(主簿) □□□□이 국경 근처에서 300명을 모았다. ④ 신라토내당주(新羅土內幢主) 하부(下部) 발위사자(拔位使者) 보노(補奴)와 □□노(奴)와 □□□□개로(盖盧)가 함께 신라 영토 내의 여러 사람을 모아서 움직였다.

— 「충주고구려비(忠州高句麗碑)」

2. 사료 해설

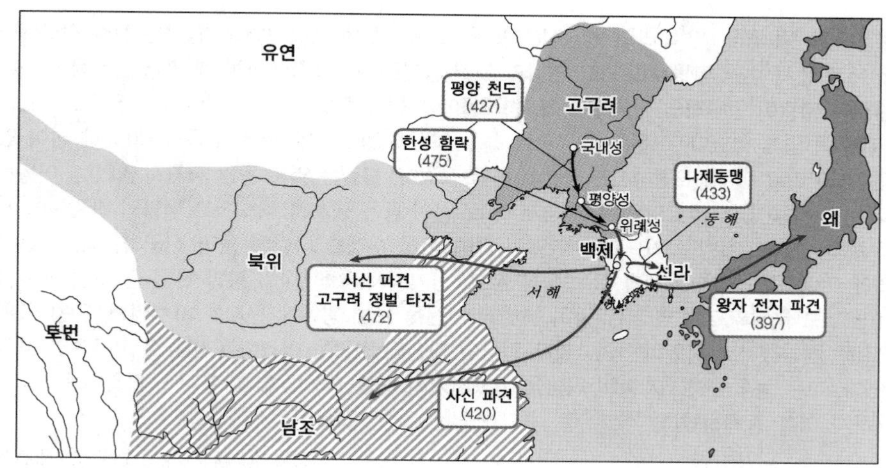

△ 장수왕 시기 국제 정세

장수왕 시기(413~491)는 중국의 화북 지역이 북위에 의해 재편되어 가는 시기였다. 이러한 상황 속에서 먼저 장수왕은 수도를 평양으로 천도함으로써 북위의 침공에 대비하고자 했다. 평양 지역은 대동강과 재령강 등을 따라 넓은 곡창 지대가 있고, 서해를 통해 쉽게 교역이나 물자 운송 등을 할 수 있다는 장점이 있었다. 또한 천도를 통해 국내성에 기반을 둔 귀족 세력을 약화시켜 왕권을 더욱 강화할 수도 있었다.

천도 이후 장수왕이 곧바로 남진 정책을 본격적으로 펼친 것은 아니었다. 왜냐하면 북위가 고구려 방면으로 군사 활동을 전개할 가능성이 있었기 때문이다. 일단 고구려는 북위와 고구려 사이에 놓인 북연을 지원했던 것으로 보인다. 이러한 상황 속에서 436년 북위가 북연에 대한 대대적인 군사적 행동을 개시하자, 장수왕은 군대를 보내 풍홍을 비롯한 북연의 왕족과 백성을 대거 이끌고 회군하였다. 북연의 경제적 부를 자연스럽게 흡수함으로써 고구려의 국력을 더욱 공고화하고자 한 것이었다.

이후 고구려는 북위와의 관계가 소강상태를 맞이함에 따라 한반도 남부 방면으로의 진출을 적극적으로 시도하였다. 이러한 과정 속에서 충주고구려비가 건립되었거나 혹은 해당 비문의 내용이 행해진 것으로 이해해왔는데, 449년(장수왕 37년), 480년(장수왕 68년), 506년(문자왕 15년) 등의 학설이 그것이었다.

그러나 2019년 동북아역사재단에서 '永樂七年歲在丁酉(영락7년세재정유)' 8글자를 새롭게 판독해냈다고 발표하였다. 이를 토대로 보면 광개토대왕 7년인 397년에 세워진 것으로 이해된다. 이와 관련해서 계속해서 논의가 이루어지고 있으며, 차후 교육과정에 입각한 교과서에서 이러한 내용이 반영될 가능성이 있다.

사료 Plus+

- 24년 여름 4월, 위나라가 연나라의 백낭성(白狼城)을 공격하여 승리하였다. 임금은 장수 갈로(葛盧)와 맹광(孟光)에게 병사 수만 명을 거느리고 연나라 사신 양이를 따라 화룡(和龍)에 가서 연왕을 맞이하도록 하였다. 갈로와 맹광이 연나라의 성에 들어가, 병사들에게 헌옷을 벗게 하고, 연나라의 무기고에 있는 정교한 의장을 내주어 입게 하였다. 그들은 대규모로 성을 약탈하였다. 5월, 연왕이 용성(龍城)에 남아 있는 주민들을 동쪽 고구려로 이주하도록 하고, 궁전에 불을 질렀다. 불길은 열흘 동안 꺼지지 않았다. 이동하는 부녀자들에게는 갑옷을 입혀 행렬의 안쪽에 서게 하고, 양이 등은 병사를 거느리고 행렬의 바깥쪽에 서게 하였으며, 갈로와 맹광은 기병을 거느리고 행렬의 끝에 서서 수레를 나란히 몰아 진군하였다. 행렬의 길이가 80여 리에 이어졌다. 북위 황제가 이 소문을 듣고, 산기상시(散騎常侍) 봉발(封撥)을 고구려에 보내 연왕을 위나라로 보내 달라고 하였다. 임금이 북위에 사신을 보내 왕에게 편지를 바치면서, 연왕 풍홍과 함께 위의 교화를 받들겠다고 하였다. 북위 황제 임금이 자신의 명령을 어겼다는 이유로 고구려를 공격할 것을 논의하였다. 그는 농우(隴右) 지방의 기병을 출동시키려 하였으나, 유혈(劉絜)·낙평왕(樂平王) 비(丕) 등이 반대하자 이를 중지하였다.

  -『삼국사기(三國史記)』「고구려본기(高句麗本紀)」

- 54년 봄 3월, 위나라에 사신을 보내 조공하였다. 위나라 문명(文明) 태후가 현조(顯祖)의 6궁(六宮)이 미비하다 하여, 우리 임금에게 지시하여 임금의 딸을 바치라고 하였다.

  -『삼국사기(三國史記)』「고구려본기(高句麗本紀)」

- 연(璉)이 파견하여 소도성(蕭道成)에게 가던 사신 여노(餘奴) 등을 해상에서 체포하여 대궐로 압송하여 왔다. 고조가 조서로 연(璉)을 다음과 같이 꾸짖었다. "소도성은 직접 자기의 군주를 죽이고 강좌(江左)에서 천자의 칭호를 참칭(僭稱)하므로, 짐이 바야흐로 망해버린 송나라를 옛 그 지역에 일으키어 끊어져 버린 유씨(劉氏)의 대(代)를 이으려고 하는데, 경은 월경외교(越境外交)하여 찬탈한 역적과 멀리서 통호(通好)하려 하니, 어찌 이것이 번신(藩臣)으로서 절의를 지키는 도리이겠느냐! 그러나 이제 한 가지의 허물을 가지고 옛날 정분을 묵살할 수 없어 잡혀 온 사람들을 곧장 그대 나라에 돌려보내니, 용서하여 주는 것을 감사하게 여기고 잘못을 생각하도록 하라. 공경히 나의 가르침을 받들어 그대가 거느린 땅을 평안히 안정시키고, 그대가 하는 일은 보고토록 하라."

  -『위서(魏書)』「열전(列傳)」 고구려(高句麗)

사료 텍스트 완성하기

교과서 텍스트

1. 한 장수왕은 광개토대왕의 위업을 기리는 (   )을/를 세웠다.
2. 역 장수왕은 수도를 (   )(으)로 옮긴 이후, 적극적으로 남진 정책을 펼쳐 백제의 수도인 한성을 함락하고 한강 유역 전체를 차지하였다.
3. 역 장수왕은 중국의 남북조나 몽골 초원의 강자인 (   ) 등과 대등한 외교를 펼쳐 중국이나 유목 세력과 구별되는 독자적인 세력권을 확립하였다.
4. 한 장수왕은 중국 (   )와/과 교류하여 국제 관계를 안정시켰다.

기출 텍스트

1. 전 평양으로 천도한 이유는 (   )을/를 적극 추진하여 백제와 신라를 압박하기 위해서였다.
2. 전 장수왕 시기 (   )의 멸망 과정에서 생긴 갈등으로 북위와 관계를 끊고, 남조 및 유연과 연계해 북위를 압박하기도 하였다.
3. 능 충주고구려비에는 고구려인의 (   )이/가 반영되어 있다.
4. 능 충주고구려비는 고구려가 (   )을/를 압박하여 그 영향권 내에 두려고 했던 사실을 보여준다.

빈칸 정답

	교과서 텍스트	기출 텍스트
1	광개토대왕릉비	남진
2	평양	북연
3	유연	독자적 천하관
4	남북조	신라

029 귀족 연립 정권의 성립

① 七年 是歲, 高麗大亂, 凡鬪死者二千餘. ② 百濟本記云. ③ 高麗以正月丙午, 立中夫人子爲王, 年八歲. ④ 狛王有三夫人, 正夫人無子, 中夫人生世子, 其舅氏麤群也. ⑤ 小夫人生子, 其舅氏細群也. ⑥ 及狛王疾篤, 細群・麤群, 各欲立其夫人之子, 故細群死者, 二千餘人也.

—『日本書紀』「欽明天皇」

⑦ 其大對盧, 則以彊弱相陵, 奪而自爲之, 不由王之署置也.

—『周書』「列傳」

⑧ 其國建官有九等. ⑨ 其一曰吐捽, 比一品, 舊名大對盧, 總知國事. ⑩ 三年一代, 若稱職者, 不拘年限. ⑪ 交替之日, 或不相服, 皆勒兵相攻, 勝者爲之. ⑫ 其王但閉宮門自守, 不能制御. ⑬ 次曰太大兄, 比二品, 一名莫何何羅支. ⑭ 次鬱折, 比從二品, 華言主薄. ⑮ 次太大使者, 比正三品, 亦名謁奢. ⑯ 次皂衣頭大兄, 比從三品, 一名中裏皂衣頭大兄. ⑰ 東夷相傳, 所謂皂衣先人者也. ⑱ 以前五官, 掌機密謀政事徵發兵, 選授官爵.

—『翰苑』蕃夷部 高句麗

주요 어휘

歲 해 **세**	亂 어지러울 **란**	凡 무릇 **범**	鬪 싸울 **투**	狛 짐승 이름 **박**
舅 시아비 **구**	麤 거칠 **추**	群 무리 **군**	疾 병 **질**	篤 도타울 **독**
細 가늘 **세**	彊 굳셀 **강**	弱 약할 **약**	陵 큰 언덕 **릉**	由 말미암을 **유**
吐 토할 **토**	捽 잡을 **졸**	拘 잡을 **구**	交 사귈 **교**	替 쇠퇴할 **체**
勒 굴레 **륵**	但 다만 **단**	閉 닫을 **폐**	鬱 막힐 **울**	折 꺾을 **절**
皂 하인 **조**	機 틀 **기**	密 빽빽할 **밀**	徵 부를 **징**	

한자 독음

① 칠년 시세, 고려대란, 범투사자이천여. ② 백제본기운. ③ 고려이정월병오, 입중부인자위왕, 연팔세. ④ 박왕유삼부인, 정부인무자, 중부인생세자, 기구씨추군야. ⑤ 소부인생자, 기구씨세군야. ⑥ 급박왕질독, 세군·추군, 각욕입기부인지자, 고세군사자, 이천여인야.

⑦ 기대대로, 즉이강약상릉, 탈이자위지, 불유왕지서치야.

⑧ 기국건관유구등. ⑨ 기일왈토졸, 비일품, 구명대대로, 총지국사. ⑩ 삼년일대, 약칭직자, 불구연한. ⑪ 교체지일, 혹불상복, 개륵병상공, 승자위지. ⑫ 기왕단폐궁문자수, 불능제어. ⑬ 차왈태대형, 비이품, 일명막하하라지. ⑭ 차울절, 비종이품, 화언주박. ⑮ 차태대사자, 비정삼품, 역명위알사. ⑯ 차조의두대형, 비종삼품, 일명중리조의두대형. ⑰ 동이상전, 소위조의선인자야. ⑱ 이전오관, 장기밀모정사징발병, 선수관작.

1. 국문 해석

① 이 해에 고구려에서 난리가 크게 일어나 싸우다 죽은 자가 2,000여 인이었다. ②『백제본기』에서는 다음과 같이 전한다. ③ 고구려에서는 정월 병오(丙午)에 중부인(中夫人)의 아들을 왕으로 삼았는데 나이가 8세였다. ④ 박왕(狛王)에게는 3명의 부인이 있었는데 정부인(正夫人)은 아들이 없었고, 중부인은 세자(世子)를 낳았는데 그 외가(外家)가 추군이었다. ⑤ 소부인(小夫人)도 아들을 낳았는데 그 외가가 세군이었다. ⑥ 박왕의 병이 심해지자 추군과 세군이 각자 그 부인의 아들을 왕위에 세우고자 하였으니, 그런 까닭에 세군에서 죽은 자가 2,000여 인이었다.

—『일본서기(日本書紀)』「흠명천황(欽明天皇)」

⑦ 그 대대로(大對盧)는 힘으로써 서로 싸우고 빼앗아 스스로 차지하니, 국왕의 임명을 받지 않는다.

—『주서(周書)』「열전(列傳)」

⑧ 그 나라에서는 관직을 설치했는데, 관직은 9등급이 있었다. ⑨ 그 첫 번째 관등은 토졸(吐捽)이라고 하는데, (당나라의) 1품에 비견되며, 옛 명칭은 대대로(大對盧)로 국사를 총괄한다. ⑩ 3년마다 1번 교대하였는데, 만약 직책을 잘 수행한 자는 연한에 구애되지 않는다. ⑪ 교체하는 날 만약 승복하지 않으면, 모두 군사를 이끌고 서로 공격해 이긴 자가 대대로가 된다. ⑫ 그 왕은 단지 궁문을 닫고 스스로 지킬 뿐이며 (서로 공격하는 것을) 제어할 수 없었다. ⑬ 그 다음은 태대형(太大兄)이라고 하는데, (당의) 2품에 비견되며, 일명 막하하리지(莫何何羅支)라고 한다. ⑭ 다음은 울절(鬱折)이라고 하는데, (당의) 종2품에 비견되며, 중국어로 주부(主簿)라고 한다. ⑮ 다음은 대부사자(大夫使者)라고 하는데, (당의) 정3품에 비견되며, 또한 알사(謁奢)라고 한다. ⑯ 다음은 조의두대형(皂衣頭大兄)이라고 하는데, (당나라의) 종3품에 비견되며, 일명 중리조의두대형(中裏皂衣頭大兄)이라고 한다. ⑰ 동이(東夷)에서 전해 오는 이른바 조의선인(皂衣先人)이다. ⑱ 이상 5개의 관등이 중요한 정무를 관장하고 정사(政事)와 군사의 징발(徵發)을 논의하며, 관작(官爵)을 선발해 수여한다.

—『한원(翰苑)』 번이부(蕃夷部) 고구려(高句麗)

2. 사료 해설

평양 천도 이후 고구려 귀족은 여러 세력 분파로 나뉜 것으로 보인다. 기존 국내성에 기반한 귀족들과 평양 천도 이후 등장한 귀족들, 그리고 4~5세기 군공을 통해 성장한 무인 세력 등의 다양한 집단이 나타난 것이다. 그리고 이러한 귀족 세력의 분립이 왕위 계승 분쟁으로 이어졌다고 보기도 한다.

545년 양원왕 즉위를 둘러싼 귀족 간 분쟁의 여파는 주변 국가들의 대외적 공세에도 효과적인 대처를 못하는 것으로 이어졌다. 당시 고구려는 북중국에서의 북제의 압력, 그리고 유연을 격파하고 등장한 돌궐의 적극적인 공세에 놓여 있었다.

이러한 상황 속에서 고구려 귀족들은 이러한 대내외적 위기를 타개하기 위해 노력하였다. 우선, 대내적으로는 그들 간의 분쟁을 수습하는 귀족 연립 정권을 취했던 것으로 보인다. 이는 각기 사병을 거느린 귀족들이 대대로직을 그들 사이에서 3년마다 선임하는 형태였다. 또한 대외적으로는 신라와의 밀약을 통해 한반도 방면의 국경선을 안정화하고자 하였다. 밀약의 내용은 한강 유역과 동해안의 함흥평야 일대의 영유권을 양도하는 대신 화평을 맺었던 것으로 보인다.

사료 Plus⁺

- 그 나라의 관직으로 높은 자를 대대로(大對盧)라고 부르는데, 이는 [당(唐)나라의] 1품(品)에 비견된다. 대대로는 국사(國事)를 총괄하며 3년에 한 번씩 바꾸는데, 만약 직을 잘 수행하는 자는 연한에 구애받지 않는다. 대대로를 교체하는 날, 만약 서로 승복하지 않으면 모두 군대를 이끌고 서로 공격하여 이기는 자가 그 자리를 차지한다. 그 나라의 국왕은 단지 궁문을 닫고 스스로 지킬 뿐 서로 공격하는 것을 제어할 수 없다

  -『구당서(舊唐書)』「열전(列傳)」

- 진흥왕 12년, 혜량법사(惠亮法師)가 거칠부에게 말하였다. "지금 우리나라는 정사가 어지러워 멸망할 날이 머지않았으니, 귀국으로 데려가 주기를 바라오."

  -『삼국사기(三國史記)』「열전(列傳)」

사료 텍스트 완성하기

교과서 텍스트

1. 역 고구려는 중앙에 수상의 역할을 맡은 (　　　)이/가 있었으며 관리들은 10여 등급으로 나뉘었다.
2. 역 고구려의 (　　　)은/는 정변을 일으켜 보장왕을 세우고 대막리지가 되었다. 대막리지는 행정권과 군사권을 장악한 최고관직이다.

기출 텍스트

1. 전 안원왕이 죽고 (　　　)이/가 즉위하는 과정에서 고구려 귀족 사회의 내분이 발생하였다.
2. 능 고구려의 내분을 틈타 백제가 신라가 고구려를 협공하여 (　　　)을/를 차지하였다.

빈칸 정답

	교과서 텍스트	기출 텍스트
1	대대로	양원왕
2	연개소문	한강 유역

THEME

030 고·수 전쟁의 발발

역 지학사

① 十七年, 上賜湯璽書曰. ② "朕受天命, 愛育率土, 委王海隅, 宣揚朝化, 欲使圓首方足, 各遂其心. ③ 王每遣使人, 歲常朝貢, 雖稱藩附, 誠節未盡. ④ 王旣人臣, 須同朕德, 而乃驅逼靺鞨, 固禁契丹. ⑤ 諸藩頓顙, 爲我臣妾, 忿善人之慕義, 何毒害之情深乎. … ⑥ 王謂遼水之廣何如長江, 高麗之人多少陳國? ⑦ 朕若不存含育, 責王前愆, 命一將軍, 何待多力! ⑧ 慇懃曉示, 許王自新耳, 宜得朕懷, 自求多福."

—『隋書』「東夷列傳」

주요 어휘

賜 줄 사	湯 넘어질 탕	璽 도장 새	朕 나 짐	愛 사랑 애
率 거느릴 솔	委 맡길 위	各 각각 각	遂 이를 수	藩 덮을 번
附 붙을 부	誠 정성 성	節 마디 절	驅 몰 구	逼 닥칠 핍
固 굳을 고	禁 금할 금	頓 조아릴 돈	顙 이마 상	慕 그리워할 모
毒 독 독	害 해칠 해	含 머금을 함	愆 허물 건	慇 괴로워할 은
懃 은근할 근	懷 품을 회			

한자 독음

① 십칠년, 상사탕새서왈. ② "짐수천명, 애육솔토, 위왕해우, 선양조화, 욕사원수방족, 각수기심. ③ 왕매견사인, 세상조공, 수칭번부, 성절미진. ④ 왕기인신, 수동짐덕, 이내구핍말갈, 고금글란. ⑤ 제번돈상, 위아신첩, 분선인지모의, 하독해지정심호. … ⑥ 왕위요수지광하여장강, 고려지인다소진국? ⑦ 짐약부존함육, 책왕전건, 명일장군, 하대다력! ⑧ 은근효시, 허왕자신이, 의득짐회, 자구다복."

1. 국문 해석

① 문제(文帝) 17년, 상(上)이 탕(湯)에게 새서(璽書)를 내려 말하였다. ② "짐은 천명을 받아 사랑으로 세상을 다스리는데, 왕에게 바다 한구석을 위임하고, 조정의 교화를 선양하여 모든 인간으로 하여금 각기 그 마음을 이루도록 하였소. ③ 왕은 매번 사신을 보내 해마다 조공하고 비록 번국(藩國)을 칭하지만, 성의를 다하지는 못하였소. ④ 왕은 남의 신하가 되었으면 모름지기 짐의 덕과 같이 베풀어야 하거늘 도리어 말갈(靺鞨)을 핍박하고 거란(契丹)을 통제하였소. ⑤ 여러 번국이 머리를 조아려 나의 신하가 되고자 하는데, 착한 사람이 의리를 사모하는 것을 분개하니 어찌 해로움이 크고 깊다고 하지 않겠소. … ⑥ 왕은 요수(遼水)의 폭이 장강(長江)과 어떠하며, 고구려의 인구가 진국(陳國)과 어떠하다고 보고 있소? ⑦ 짐(朕)이 만약 포용하여 길러 주려는 생각을 버리고 왕의 지난날의 허물을 문책하고자 하면 한 명의 장수로도 족하지 무슨 많은 힘이 필요하겠소! ⑧ 간절히 깨우쳐 주어 스스로 고칠 기회를 허락하노니, 마땅히 짐(朕)의 뜻을 알아서 스스로 많은 복을 구하기 바라오."

— 『수서(隋書)』 「동이열전(東夷列傳)」

2. 사료 해설

이 사료는 6세기 말 중국을 통일한 수 왕조가 고구려에 대해 복속을 요구하는 모습이 담겨 있다. 이전의 남북조 시대에는 북방의 돌궐에 대해서도 저자세를 표방하고 있었고, 고구려에 대해서도 독자성을 인정하였다. 그러나 통일 왕조인 수는 돌궐의 분열을 유도하며 대대적인 공격을 가하는 공세적인 입장이었기 때문에 고구려에 대해서도 일방적인 복속을 요구하는 것이었다. 이러한 새서를 보낸 시점은 『수서(隋書)』에는 597년(영양왕 8년)으로 되어 있으나, 『삼국사기』에는 590년(영양왕 1년)으로 되어 있다.

이 상황에서 영양왕은 말갈의 군사 1만여 명을 동원하여 요서 지방을 선제공격하는 것으로 대응하였다. 이로써 수와 고구려는 전면적인 전쟁 상태에 돌입하게 되었고, 특히 612~614년 수의 대규모 공격으로 이어지게 되었다. 고구려는 이러한 대결 구도 속에서 국민적 단결이 필요하였는데, 이것이 이문진(李文眞)의 『신집(新集)』 편찬을 이끌었다고 본다.

사료 Plus+

신책구천문(神策究天文) – 귀신 같은 책략은 하늘의 이치를 다하였고,
묘산궁지리(妙算窮地理) – 신묘한 계획은 땅의 이치를 다하였노라.
전승공기고(戰勝功旣高) – 싸움에 이겨서 그 공이 이미 높으니
지족원운지(知足願云止) – 만족함을 알고 그만두기를 바라노라.

— 『삼국사기(三國史記)』

사료 텍스트 완성하기

교과서 텍스트

1. 역 중국의 남북조 왕조들은 고구려의 독자성을 인정하였으나 수 문제는 고구려에 (   )을/를 강요하였다.
2. 역 (   )은/는 말갈족과 함께 요서 지역을 선제공격하였다.
3. 역 수 (   )은/는 30만의 군대를 보내 고구려를 침공하였으나, 장마와 전염병 탓에 곧 물러났다(598).
4. 역 수 (   )은/는 113만 대군으로 고구려를 침략하였는데, 요동성을 함락하는 데 실패하자 우중문에게 30만 별동대를 주어 평양성을 공격하도록 하였다.

기출 텍스트

1. 능 (   )이/가 요동성을 침공하였다.
2. 능 (   )은/는 수 양제가 보낸 군대를 살수에서 물리쳤다.
3. 능 수 (   )의 고구려 침공은 수를 멸망하게 만든 원인 중 하나가 되었다.

빈칸 정답

	교과서 텍스트	기출 텍스트
1	복종	요동성
2	영양왕	을지문덕
3	문제	양제
4	양제	

031 고구려 : 연개소문 정권의 성립

예천재

① 蓋蘇文, 姓泉氏. 自"云生氷中", 以惑衆. ② 儀表雄偉, 意氣豪逸. ③ 其父東部大人大對盧死, 蓋蘇文當嗣, 而國人以性忍暴, 惡之, 不得立. ④ 蘇文頓首謝衆, 請攝職, 如有不可, 雖廢無悔. ⑤ 衆哀之, 遂許嗣位, 而凶殘不道. ⑥ 諸大人與王, 密議欲誅, 事洩. ⑦ 蘇文悉集部兵, 若將校閱者. ⑧ 并盛陳酒饌於城南, 召諸大臣共臨視. ⑨ 賓至, 盡殺之, 凡百餘人. ⑩ 馳入宮, 弑王斷爲數段, 弃之溝中. ⑪ 立王弟之子臧爲王, 自爲莫離支. ⑫ 其官如唐兵部尚書兼中書令職也. ⑬ 於是號令遠近, 專制國事. ⑭ 甚有威嚴, 身佩五刀, 左右莫敢仰視. ⑮ 每上下馬, 常令貴人武將伏地, 而履之. ⑯ 出行, 必布隊伍, 前導者長呼, 則人皆奔迸, 不避坑谷, 國人甚苦之.

—『三國史記』「列傳」

주요 어휘

蓋 덮을 개	蘇 소생할 소	泉 샘 천	惑 미혹할 혹	雄 뛰어날 웅
偉 훌륭할 위	盧 목로 로	嗣 이을 사	忍 참을 인	暴 사나울 폭
謝 사죄할 사	攝 대신할 섭	悔 뉘우칠 회	哀 슬플 애	密 빽빽할 밀
誅 벨 주	洩 새다 설	集 모을 집	閱 검열할 열	盛 담을 성
陳 늘어놓을 진	召 부를 소	臨 임할 림	賓 손 빈	馳 달릴 치
弑 죽일 시	斷 끊을 단	段 구분 단	弃 버릴 기	溝 도랑 구
臧 착할 장	離 떼놓을 리	遠 멀 원	威 위엄 위	嚴 엄할 엄
佩 차다 패	莫 없을 막	敢 감히 감	仰 우러를 앙	伏 엎드릴 복
履 밟다 리	隊 대 대	導 이끌 도	奔 달릴 분	迸 흩어져 달아날 병
避 피할 피	坑 구덩이 갱	苦 쓸 고		

한자 독음

① 개소문, 성천씨. 자"운생빙중", 이혹중. ② 의표웅위, 의기호일. ③ 기부동부대인대대로사, 개소문당사, 이국인이성인폭, 악지, 부득립. ④ 소문돈수사중, 청섭직, 여유불가, 수폐무회. ⑤ 중애지, 수허사위, 이흉잔부도. ⑥ 제대인여왕, 밀의욕주, 사설. ⑦ 소문실집부병, 약장교열자. ⑧ 병성진주찬어성남, 소제대신공임시. ⑨ 빈지, 진살지, 범백여인. ⑩ 치입궁, 시왕단위수단, 기지구중. ⑪ 입왕제지자장위왕, 자위막리복. ⑫ 기관여당병부상서겸중서령직야. ⑬ 어시호령원근, 전제국사. ⑭ 심유위엄, 신패오도, 좌우막감앙시. ⑮ 매상하마, 상령귀인무장복지, 이리지. ⑯ 출행, 필포대오, 전도자장호, 즉인개분병, 불피갱곡, 국인심고지.

1. 국문 해석

① 개소문(蓋蘇文)의 성(姓)은 천씨(泉氏)이다. ② 스스로 "물속에서 태어났다."라고 하여 사람들을 현혹하였다. ③ 외모가 웅장하면서 기품이 있었고 적극적이고 호방하였다. ④ 그 아버지 동부(東部) 대인(大人) 대대로(大對盧)가 죽자 개소문은 마땅히 그의 지위를 계승하고자 하였지만, 국인(國人)은 개소문의 성격이 잔인하고 포악하다고 하여 그를 미워하였기 때문에 그 지위에 오를 수 없었다. ⑤ 개소문은 머리를 조아리며 여러 사람에게 사죄하고 관직에 나갈 수 있도록 부탁하였으며, 만일 잘못된 점이 있으면 비록 내쫓더라도 후회하지 않겠다고 하였다. ⑥ 여러 사람이 그를 애처롭게 여겨 마침내 지위를 계승할 수 있도록 허락하였으나, 개소문은 흉악하고 잔인하였으며 도리를 지키지 않았다. ⑦ 여러 대인(大人)과 왕은 몰래 개소문을 죽이고자 논의하였는데 일이 새어 나갔다. ⑧ 개소문은 부병(部兵)을 모두 모아 놓고 마치 군대를 사열할 것처럼 꾸몄다. ⑨ 그리고 성 남쪽에다 술과 안주를 성대히 차려 두고, 여러 대신(大臣)를 불러 함께 사열식을 보자고 하였다. ⑩ 손님들이 이르자 모두 살해하니 모두 100여 명이었다. ⑪ 말을 달려 궁궐로 들어가 왕을 시해하고, (왕의 시신을) 잘라 여러 토막으로 내고 도랑에 버렸다. ⑫ 왕의 동생의 아들 장(臧)을 왕으로 세우고 스스로 막리지(莫離支)가 되었다. ⑬ 그 관직은 당나라 병부상서(兵部尙書) 겸 중서령(中書令)의 관직과 같았다. 이에 전국을 호령하였고 나라의 일을 마음대로 하였다. ⑭ (연개소문이) 몸에 칼을 다섯 자루나 차고 다니니 주위에서 감히 쳐다보지도 못하였다. ⑮ 말에 오르내릴 때마다 항상 귀인(貴人), 무장(武將)을 땅에 엎드리게 하여 디디는 발판으로 삼았다. ⑯ 출행(出行)할 때에는 반드시 대오를 지어 앞에서 인도하는 사람이 길게 외치면 사람들이 모두 급히 흩어져 달아나는데 구덩이나 골짜기를 가리지 않으니, 나라 사람들이 이를 몹시 고통스럽게 여겼다.

— 『삼국사기(三國史記)』 「열전(列傳)」

2. 사료 해설

고구려는 대대로 선임을 통한 귀족 연립 정권의 운영를 통해 국가의 대내외적 위기 상황을 나름대로 잘 극복하였다. 그러나 이러한 운영도 점차 기능의 한계를 드러내었다. 예컨대 연개소문 가문이 강력한 군사력을 기반으로 당대 여러 귀족 가문 중에서 두각을 나타내기 시작한 것이다. 이러한 상황에 대해 우려를 표한 영류왕과 다른 귀족들은 연개소문 가문을 견제하고자 하였다. 더군다나 연개소문 가문은 평양 천도 이후 새롭게 대두한 귀족 가문으로 추정되는데, 이러한 것이 갈등을 더 부추겼을 가능성도 있다.

이에 642년 연개소문은 정변을 일으켜 영류왕과 다른 귀족들을 제거하고 정권을 장악하였다. 이후 연개소문이 장악한 관직에 대해서는 사료마다 다르게 표현된다. 『삼국사기』 등에 따르면 '막리지(莫離支)'를 역임했다고 나오지만, 「천남생묘지명(泉男生墓誌銘)」 등에서는 태대대로(太大對盧)를 역임했다고 나오기도 한다. 이로 인해 대대로와 막리지 관직의 관계, 나아가 연개소문이 역임한 이후 막리지 관직의 성격이 달라졌을 가능성 등 다양한 견해가 나타나 있는 상황이다.

연개소문은 권력 장악 직후 자신의 체제 안정을 위해 일단은 당에 대해서는 유화책을 구사하였다. 그러면서도 신라에 대해서는 강경한 태도를 보인 것으로 보인다. 642년 신라의 김춘추가 고구려 평양성을 방문하여 도움을 청하였으나, 집권자였던 연개소문이 이를 거부하였기 때문이다.

사료 Plus+

- 천개소문(泉蓋蘇文)은 막리지(莫離支)가 되어 국정(國政)을 마음대로 하였다. 막리지란 당(唐)의 병부상서(兵部尙書)나 중서령(中書令)에 해당하는 직위라고 한다.

— 『신당서(新唐書)』 「동이열전(東夷列傳)」

- 증조(曾祖)는 자유(子遊)이고, 조부는 태조(太祚)로 모두 막리지(莫離支)를 역임하였다. 부친은 개금(蓋金)으로 태대대로(太大對盧)를 역임하였으니, 조부나 부친이나 가업을 이어 모두 병권(兵鈐)을 잡고 나라의 권력을 독점하였다. … 공은 나이 15세에 중리소형(中裏小兄)을 수여받았고, 18세에 중리대형(中裏大兄)을 수여받았다. 나이 23세에 중리위두대형(中裏位頭大兄)에 전임되었다. 24세에 장군(將軍)을 겸하여 수여받았는데 다른 관직은 이전과 같았다. 28세에 막리지(莫離支)에 임명되었고, 삼군대장군(三軍大將軍)을 겸하여 수여받았다. 32세에 태막리지(太莫離支)를 더하여 받아 군사와 나라의 정치를 총괄하였으니, 최고위 재상이었다.

— 「천남생묘지명(泉男生墓誌銘)」

사료 텍스트 완성하기

교과서 텍스트

1. [한] 당 태종이 즉위하면서 고구려를 압박하자, 고구려는 요동에 (   )을/를 쌓아 당의 침략에 대비하였다.
2. [역] 천리장성의 축조 책임자였던 연개소문이 정변을 일으켜 권력을 장악하고 (   )에 강경하게 맞섰다.
3. [한] 신라는 김춘추를 (   )와/과 왜에 보내 도움을 요청하였으나, 모두 거절당하였다.

기출 텍스트

1. [능] 고구려는 당의 침략에 대비하여 (   )을/를 축조하였다.
2. [능] 연개소문은 보장왕을 왕으로 삼고 스스로 (   )이/가 되었다.
3. [능] 연개소문은 반대 세력을 견제하고자 (   )을/를 장려하였다.

빈칸 정답

	교과서 텍스트	기출 텍스트
1	천리장성	천리장성
2	당	막리지
3	고구려	도교

032 당 태종의 고구려 침입과 안시성 전투

① 諸將急攻安市. ② 帝聞城中雞彘聲, 謂世勣曰. ③ "圍城積久, 城中烟火日微, 今鷄彘甚喧, 此必饗士, 欲夜出襲我. ④ 宜嚴兵備之!" ⑤ 是夜, 我軍數百人, 縋城而下. ⑥ 帝聞之, 自至城下, 召兵急擊, 我軍死者數十人, 餘軍退走. ⑦ 江夏王道宗督衆, 築土山於城東南隅, 浸逼其城, 城中亦增高其城, 以拒之. ⑧ 士卒分番, 交戰日六七合. ⑨ 衝車·礮石壞其樓堞, 城中隨立木柵, 以塞其缺. ⑩ 道宗傷足, 帝親爲之針. ⑪ 築山晝夜不息, 九六旬, 用功五十萬, 山頂去城數丈, 下臨城中. ⑫ 道宗使果毅傳伏愛, 將兵屯山頂以備敵, 山頹壓城, 城崩. ⑬ 會伏愛私離所部, 我軍數百人從城缺出戰, 遂奪據土山, 塹而守之. ⑭ 帝怒斬伏愛以徇, 命諸將攻之, 三日不能克. … ⑮ 帝以遼左早寒, 草枯水凍, 士馬難久留, 且糧食將盡, 勑班師.

—『三國史記』

주요 어휘

將 장수 장	急 급할 급	聞 들을 문	雞 닭 계	彘 돼지 체
聲 소리 성	圍 포위하다 위	積 쌓을 적	久 오랠 구	烟 연기 연
微 작을 미	甚 심할 심	喧 지껄일 훤	饗 잔치할 향	襲 엄습할 습
嚴 엄할 엄	備 갖출 비	縋 매달 / 줄 추	退 물러날 퇴	走 달릴 주
夏 여름 하	築 쌓을 축	隅 모퉁이 우	浸 담글 침	逼 닥칠 핍
增 더할 증	拒 막을 거	礮 돌 쇠뇌 포	堞 성가퀴 첩	隨 따를 수
柵 목책 책	缺 이지러질 결	傷 상처 상	針 바늘 침	息 숨쉴 식
頂 정수리 정	毅 굳셀 의	愛 사랑 애	壓 누를 압	據 의지할 거
塹 구덩이 참	斬 벨 참	糧 양식 양	勑 위로할 래	

한자 독음

① 제장급공안시. ② 제문성중계체성, 위세적왈. ③ "위성적구, 성중연화일미, 금계체심훤, 차필향사, 욕야출습아. ④ 의엄병비지!" ⑤ 시야, 아군수백인, 추성이하. ⑥ 제문지, 자지성하, 소병급격, 아군사자수십인, 여군퇴주. ⑦ 강하왕도종독중, 축토산어성동남우, 침핍기성, 성중역증고기성, 이거지. ⑧ 사졸분번, 교전일육칠합. ⑨ 충차·포석괴기누첩, 성중수입목책, 이새기결. ⑩ 도종상족, 제친위지침. ⑪ 축산주야불식, 구육순, 용공오십만, 산정거성수장, 하임성중. ⑫ 도종사과의부복애, 장병둔산정이비적, 산퇴압성, 성붕. ⑬ 회복애사리소부, 아군수백인종성결출전, 수탈거토산, 참이수지. ⑭ 제로참복애이순, 명제장공지, 삼일불능극. … ⑮ 제이요좌조한, 초고수동, 사마난구유, 차양식장진, 래반사.

1. 국문 해석

① 여러 장수가 안시성(安市城)을 급히 공격하였다. ② 황제가 성안에서 닭과 돼지 소리를 듣고 이세적(李世勣)에게 말하였다. ③ "성을 포위한 지 오래되어 성안에서 밥 짓는 연기가 날마다 줄어들었는데, 오늘 닭과 돼지가 매우 심하게 우니 이는 반드시 군사를 먹이고 밤에 나와서 우리를 습격하고자 하는 것이다. ④ 마땅히 군사를 엄히 하여 그에 대비하도록 하라!" ⑤ 그날 밤에 우리 군사 수백 인이 줄을 타고 성을 내려갔다. ⑥ 황제가 이를 듣고 성 아래에 이르자 군사를 불러 갑자기 공격하니, 우리 군사 중 죽은 자가 수십 인이었고 남은 군사 역시 퇴각하였다. ⑦ 강하왕(江夏王) 도종(道宗)은 군사를 감독해 성의 동남쪽 모서리에서 토산(土山)을 쌓고 성을 위협하였는데, 성안에서도 또한 성벽을 높이 쌓고 그에 맞섰다. ⑧ 사졸(士卒)은 번(番)을 나누어 교대로 전투하였는데, 교전이 하루에 6~7회 있었다. ⑨ 충차(衝車)와 포석(礮石)으로 그 성첩(樓堞)을 무너뜨리면 성안에서는 목책(木柵)을 세워서 그 무너진 곳을 막았다. ⑩ 도종이 발을 다치자 황제가 친히 그에게 침을 놓아 주었다. ⑪ 토산을 쌓기를 밤낮으로 쉬지 않았으니, 60일 동안 인력을 들인 것이 50만 명이었고 토산의 정상은 성에서 몇 길 떨어져 아래로 성안을 내려다볼 수 있었다. ⑫ 도종은 과의(果毅) 부복애(傅伏愛)로 하여금 군사를 거느리고 토산의 정상에 주둔하며 적을 대비하도록 하였는데, 토산이 무너지며 성을 눌러서 성이 무너졌다. ⑬ 이때 부복애는 사사로이 인솔 부대를 떠나 있었는데, 우리 군사 수백 인은 성이 무너진 곳으로 나아가 싸워 토산을 빼앗고 점거하였으며 해자(垓字)를 파서 이를 지켰다. ⑭ 황제가 노하여 부복애를 참수하고 이를 두루 돌리고, 여러 장수에게 명하여 안시성을 공격하도록 하였지만 3일 동안 이길 수 없었다. … ⑮ 황제는 요동이 일찍 추워져서 풀이 마르고 물이 얼므로 군사와 군마가 오래 머물기 어렵고, 또한 군량이 떨어져 갔으므로 명하여 철군(撤軍)하도록 하였다.

— 『삼국사기(三國史記)』

2. 사료 해설

당시 당은 천가한(天可汗)의 칭호를 들을 만큼 북방과 서방의 국가들을 복속시키고 있었다. 이에 당은 고구려를 주목하고 있었지만, 표면적으로는 화친을 유지하였다. 연개소문이 도교 수용 요청에 응하면서도 뒤에서는 내정을 안정화시키고 전쟁 준비를 하고 있었던 것으로 보인다. 결국 당은 일련의 전쟁 준비가 끝나자 새삼스럽게 연개소문의 정변을 명분 삼아 군대를 일으켰다.

645년 1월 당의 군대는 요동성 주변의 성들을 공격함으로써 고구려 방어 전선의 중심 기능을 맡고 있던 요동성을 고립시키는 전략을 취했다. 즉, 이세적(李世勣)이 이끄는 당의 군대가 현도성을 공격하였으며, 강하왕 도종(道宗)은 신성(新城)을 공격하였다. 또한 당의 수군은 요동반도 남단에 자리잡은 비사성(卑奢城)을 공격하였다. 이러한 전략의 결과 요동성은 645년 5월 당에 의해 함락되었다. 이는 주변의 방어 전선을 붕괴시키는 것이었고, 이를 전후해 개모성, 백암성, 비사성 등이 차례로 함락당하거나 투항하였다.

이어 당의 군대는 안시성으로 몰려들었다. 이에 연개소문은 고연수(高延壽)·고혜진(高惠眞)에게 15만 대군을 주어 안시성을 구원하게 하였다. 그러나 이들 두 장수는 당 태종의 계책에 의해 많은 군사를 잃고 당에 투항하고 말았다. 결국 안시성은 당의 포위에 장기간 홀로 맞서 싸우는 수밖에 없었다. 당은 토산(土山)을 축조하고, 충차(衝車)와 포석(礮石) 같은 공성 무기 등을 동원하여 맹렬하게 공격하였다. 더군다나 당 태종이 직접 군대를 이끌고 있었기 때문에 명운을 걸고 파상공세를 계속할 수밖에 없었다.

그러나 안시성은 몇 개월간 이어진 일련의 포위 전투를 잘 이겨내었고, 이에 부담을 느낀 당 태종이 철군 명령을 내리면서 전쟁을 매듭지었다.

사료 Plus⁺

- 연개소문이 왕에게 아뢰었다. "삼교(三敎)는 솥의 발과 같아서 하나라도 없어서는 안 됩니다. 지금 유교와 불교는 모두 흥하는데 도교는 아직 성하지 않으니, 소위 천하의 도술(道術)을 갖추었다고 할 수 없습니다. 엎드려 청하오니 당에 사신을 보내 도교를 구해 와서 나라 사람들을 가르치게 하소서." 왕이 그러하다고 여겨 국서를 보내어 청하였다. 당 태종이 도사(道士) 숙달 등 여덟 명을 보내고 동시에 노자의 『도덕경』을 보내 주었다. 왕이 기뻐하고 절을 빼앗아 이들을 머물게 하였다.

  －『삼국사기(三國史記)』

- 황제는 직접 수백 명의 기병을 거느리고 요동성 밑에 가서, 군사들이 흙을 지고 참호를 쌓는 것을 보았다. 황제는 직접 제일 무거운 것을 자신의 말에 실었다. 이에 시종들이 다투어 흙을 운반하여 성 밑에 쌓았다. 이세적은 밤낮으로 쉬지 않고 12일 동안 요동성을 공격하였다. 황제가 정예 부대를 이끌고 이세적에게 와서 성을 수백 겹으로 포위하였다. 북소리와 함성이 천지를 진동시켰다. … 이세적이 포차를 일렬로 놓고 큰 돌을 3백 보 이상 날려 보내니, 돌이 맞는 곳마다 모두 허물어졌다. 우리는 나무를 쌓아 누대를 만들고 그물을 쳤으나 돌을 막을 수 없었다. 당나라의 군사는 성을 공격하는 수레로 성 위의 집을 부수었다. … 남풍이 세게 불자 황제가 민첩한 병사에게 전차 기둥의 꼭대기에 올라가서 성의 서남쪽 성루를 불사르게 하였다.

불이 성안으로 타들어 가자 황제는 곧 장병들을 지휘하여 성에 오르게 하였다. 우리 군대는 사력을 다하여 싸웠으나 승리하지 못했고, 1만여 명의 사망자가 발생하였다. 당나라는 1만여 명의 군사와 4만 명의 남녀 주민을 생포하고, 50만 섬의 양곡을 탈취하였으며, 요동성을 요주(遼州)로 개칭하였다. 이세적은 백암성(白巖城)의 서남쪽을 공격하고, 황제는 서북쪽으로 갔다. 백암성의 성주 손대음(孫代音)이 비밀리에 자신이 신뢰하는 사람을 보내어 항복하기를 청하였다. … 성안에 있던 남녀 1만여 명을 잡아 물가에 장막을 치고 그들의 항복을 받았다. … 백암성을 암주(巖州)로 개칭하고, 손대음을 자사(刺史)로 삼았다.

–『삼국사기(三國史記)』

사료 텍스트 완성하기

교과서 텍스트

1. 한 당 태종은 ( )의 정변을 빌미로 수십만 대군을 이끌고 고구려를 침략하였다.
2. 역 당 태종은 요동성과 백암성 등을 차례로 함락한 뒤 ( )을/를 포위하여 수십 일에 걸쳐 공격하였다.
3. 역 고구려의 산성 ( )은/는 침입해 오는 적을 정면과 양쪽 모두에서 공격할 수 있고, 성벽을 이중으로 쌓은 ( )은/는 적으로부터 성문을 보호할 수 있다.

기출 텍스트

1. 능 당 태종은 고구려의 ( )을/를 징벌한다는 명분으로 요동 지역을 침략하였다.
2. 전 위기에 몰린 고구려는 안시성을 지키기 위해 ( ) 등이 이끄는 구원군을 출전시켰다.
3. 능 안시성의 군사와 백성들이 ( )의 대군을 격파하였다.

빈칸 정답

	교과서 텍스트	기출 텍스트
1	연개소문	내란
2	안시성	고연수
3	치, 옹성	이세민(당 태종)

THEME

033 백제 : 고이왕의 체제 정비

한리베르, 한미래엔, 한비상, 한지학사, 한천재

① 二十七年春正月, 置内臣佐平掌宣納事, 内頭佐平掌庫藏事, 内法佐平掌禮儀事, 衛士佐平掌宿衛兵事, 朝廷佐平掌刑獄事, 兵官佐平掌外兵馬事. ② 又置達率・恩率・德率・扞率・奈率, 及將德・施德・固德・季德・對德・文督・武督・佐軍・振武・克虞. ③ 六佐平並一品, 達率二品, 恩率三品, 德率四品, 扞率五品, 奈率六品, 將德七品, 施德八品, 固德九品, 季德十品, 對德十一品, 文督十二品, 武督十三品, 佐軍十四品, 振武十五品, 克虞十六品. ④ 二月, 下令, 六品已上服紫, 以銀花飾冠, 十一品已上服緋, 十六品已上服青. ⑤ 三月, 以王弟優壽爲内臣佐平. … ⑥ 二十九年春正月, 下令, 凡官人受財及盜者, 三倍徵贓, 禁錮終身.

—『三國史記』「百濟本紀」

주요 어휘

掌 주관할 장	納 바칠 납	頭 머리 두	藏 창고 장	儀 의례 의
衛 지킬 위	宿 묵을 숙	刑 형벌 형	達 통달할 달	恩 은혜 은
扞 막을 한	奈 어찌 나	克 이길 극	虞 헤아릴 우	振 떨칠 진
服 옷 복	紫 자주빛 자	飾 꾸밀 희	冠 갓 관	緋 붉은빛 비
優 넉넉할 우	壽 목숨 수	財 재물 재	盜 훔칠 도	徵 징수할 징
贓 뇌물을 받다 장	錮 가로막을 고	終 끝날 종		

한자 독음

① 이십칠년춘정월, 치내신좌평장선납사, 내두좌평장고장사, 내법좌평장예의사, 위사좌평장숙위병사, 조정좌평장형옥사, 병관좌평장외병마사. ② 우치달솔・은솔・덕솔・한솔・나솔, 급장덕・시덕・고덕・계덕・대덕・문독・무독・좌군・진무・극우. ③ 육좌평병일품, 달솔이품, 은솔삼품, 덕솔사품, 한솔오품, 나솔육품, 장덕칠품, 시덕팔품, 고덕구품, 계덕십품, 대덕십일품, 문독십이품, 무독십삼품, 좌군십사품, 진무십오품, 극우십육품. ④ 이월, 하령, 육품이상복자, 이은화희관, 십일품이상복비, 십육품이상복청. ⑤ 삼월, 이왕제우수위내신좌평. … ⑥ 이십구년춘정월, 하령, 범관인수재급도자, 삼배징장, 금고종신.

1. 국문 해석

① 27년 봄 정월, 내신좌평(內臣佐平)을 두어 왕명의 출납 일을 맡도록 하고, 내두좌평(內頭佐平)을 두어 창고와 재정에 대한 일을 맡게 하고, 내법좌평(內法佐平)을 두어 예법과 의례에 대한 일을 맡게 하고, 위사좌평(衛士佐平)을 두어 숙위 군사에 대한 일을 맡게 하고, 조정좌평(朝廷佐平)을 두어 형벌과 감옥에 대한 일을 맡게 하고, 병관좌평(兵官佐平)을 두어 지방의 군사에 대한 일을 맡도록 하였다. ② 또한 달솔(達率)·은솔(恩率)·덕솔(德率)·한솔(扞率)·나솔(奈率)·장덕(將德)·시덕(施德)·고덕(固德)·계덕(季德)·대덕(對德)·문독(文督)·무독(武督)·좌군(佐軍)·진무(振武)·극우(剋虞)를 두었다. ③ 6좌평은 모두 1품, 달솔은 2품, 은솔은 3품, 덕솔은 4품, 한솔은 5품, 나솔은 6품, 장덕은 7품, 시덕은 8품, 고덕은 9품, 계덕은 10품, 대덕은 11품, 문독은 12품, 무독은 13품, 좌군은 14품, 진무는 15품, 극우는 16품이었다. ④ 2월에 6품 이상은 자줏빛 옷을 입고 은화(銀花)로 관(冠)을 장식하고, 11품 이상은 붉은 옷을 입으며, 16품 이상은 푸른 옷을 입도록 하라는 명령을 내렸다. ⑤ 3월, 왕의 동생 우수(優壽)를 내신좌평으로 삼았다. … ⑥ 29년 봄 정월, 명령을 내려 관리가 남의 재물을 받거나 도둑질한 자는 그 세 곱을 징수하고 평생 벼슬을 못하도록 하였다.

－『삼국사기(三國史記)』「백제본기(百濟本紀)」

2. 사료 해설

고이왕(古爾王)은 즉위 직후 왕권의 안정을 위한 일련의 조치를 취하고자 노력했다. 그 자신조차도 사반왕(沙伴王)을 폐위하고 즉위하는 등 지배 세력의 교체를 일궈냈기 때문이다. 먼저 고이왕 7년에 좌장(左將)을 설치했는데, 이는 종래 우보(右輔)에게 집중되었던 병권을 왕의 통제 아래 집중시키고자 한 것으로 보인다.

『삼국사기』에 따르면, 고이왕 27년에는 6좌평제와 16관등제, 관복제 등을 시행했다고 한다. 학계에서는 일반적으로 이를 사비 시대 이후 완비된 것을 고이왕대로 부회(府會)하여 기록한 것으로 본다. 다만, 고이왕대에 이와 관련한 기초적 작업이 이루어졌거나 혹은 그만큼 중요한 획기로 인식되었다는 점에 대해서는 대부분 인정하고 있다.

고이왕 시기는 백제가 마한의 맹주로 발돋움하는 시기였다. 목지국을 압도하였으며, 이 과정에서 고이왕의 장자가 대방태수의 딸과 혼인하는 등 대외적으로도 인정받고 있었다. 백제 초기의 도성으로 추정되는 풍납토성에서도 3세기 중후반 무렵에 대규모 토성(土城)을 축조한 흔적이 확인되는 등 고이왕 시기 백제는 주변 지역의 백성까지 동원할 만큼의 영향력을 행사하였다.

사료 Plus+

- (백제) 관리로서 뇌물을 받거나 도적질한 자는 그 세 배를 배상하고 평생 벼슬길에 나가지 못하게 하였다.

  —『구당서(舊唐書)』

- 부종사(部從事) 오림(吳林)은 낙랑(樂浪)이 본래 한국(韓國)을 통치했다는 이유로 진한(辰韓) 팔국(八國)을 분할하여 낙랑(樂浪)에 넣으려 하였다. 그때 통역하는 관리가 말을 옮기면서 틀리게 설명하는 부분이 있어, 신지(臣智)와 한인(韓人)들이 모두 격분하여 대방군(帶方郡)의 기리영(崎離營)을 공격하였다. 이때 대방태수(帶方太守) 궁준(弓遵)과 낙랑태수(樂浪太守) 유무(劉茂)가 군사를 일으켜 이들을 정벌하였는데, 궁준은 전사하였으나 이군(二郡)은 마침내 한(韓)을 멸(滅)하였다.

  —『삼국지(三國志)』「위서(魏書)」

- 13년 가을 8월, 위(魏)나라 유주자사(幽州刺史) 관구검(毌丘儉)이 낙랑태수(樂浪太守) 유무(劉茂)와 삭방태수(朔方太守) 왕준(王遵)과 함께 고구려를 쳤다. 임금이 그 틈을 타서 좌장 진충을 보내 낙랑 변경을 습격하여 백성을 잡아왔다. 유무가 소식을 듣고 분노하니, 임금이 침범당할까 두려워 백성들을 돌려보냈다.

  —『삼국사기(三國史記)』「백제본기(百濟本紀)」

- 28년 봄 정월 초하루, 임금이 소매 넓은 자주색 도포와 푸른색 비단 바지를 입고 금꽃으로 장식한 검정 비단 관을 쓰고 흰 가죽띠를 띠고 검정가죽신을 신고 남당(南堂)에 앉아서 정사를 처리하였다.

  —『삼국사기(三國史記)』「백제본기(百濟本紀)」

사료 텍스트 완성하기

교과서 텍스트

1. 한 백제는 3세기 중반 고이왕 때 (　　　) 관제를 마련하는 등 국가 조직을 정비하였다.
2. 역 3세기 중엽 고이왕은 관리의 등급에 따라 (　　　) 색깔을 달리 정하였다.
3. 역 고이왕은 (　　　)의 기초적인 틀을 마련하여 국가 체제를 정비하였다.
4. 역 고이왕은 (　　　)을/를 병합하여 한반도 중부 지방을 확보하였다.

기출 텍스트

1. 능 고이왕은 좌평과 (　　　)의 기본 골격을 마련하였다.
2. 능 고이왕은 (　　　)을/를 정비하고 관복제를 도입하였다.
3. 수 뇌물을 받은 관리는 (　　　)을/를 물게 하고 종신토록 금고형에 처하였다.
4. 전 (　　　)을/를 제정하고 등급에 따라 복색을 정하였다.

빈칸 정답

	교과서 텍스트	기출 텍스트
1	좌평	관등제
2	관복	관품제
3	율령	3배
4	목지국	16관등

034 근초고왕 시기 백제의 팽창

예금성, 예동아

① 二十四年秋九月, 高句麗王斯由, 帥步騎二萬來屯雉壤, 分兵侵奪民戶. ② 王遣太子以兵徑至雉壤. ③ 急擊破之獲五千餘級. ④ 其虜獲分賜將士. … ⑤ 二十六年, 高句麗擧兵來. ⑥ 王聞之伏兵於浿河上, 俟其至, 急擊之. ⑦ 高句麗兵敗北. ⑧ 冬王與太子帥精兵三萬, 侵高句麗攻平壤城. ⑨ 麗王斯由力戰拒之, 中流矢死. ⑩ 王引軍退.

－『三國史記』「百濟本紀」

주요 어휘

斯 이 / 천할 **사**	帥 거느릴 **솔**	屯 진 칠 **둔**	雉 꿩 **치**	壤 흙 **양**
侵 침노할 **침**	奪 빼앗을 **탈**	徑 지름길 **경**	急 급할 **급**	擊 부딪칠 **격**
破 깨뜨릴 **파**	獲 얻을 **획**	賜 줄 **사**	聞 들을 **문**	浿 강 이름 **패**
河 강 이름 **하**	俟 기다릴 **사**	敗 깨뜨릴 **패**	拒 막을 **거**	流 흐를 **류**
矢 화살 **시**	引 끌 **인**	退 물러날 **퇴**		

한자 독음

① 이십사년추구월, 고구려왕사유, 수보기이만래둔치양, 분병침탈민호. ② 왕견태자이병경지치양. ③ 급격파지획오천여급. ④ 기로획분사장사. … ⑤ 이십육년, 고구려거병래. ⑥ 왕문지복병어패하상, 사기지, 급격지. ⑦ 고구려병패배. ⑧ 동왕여태자수정병삼만, 침고구려공평양성. ⑨ 려왕사유역전거지, 중류시사. ⑩ 왕인군퇴.

1. 국문 해석

① 24년 가을 9월, 고구려왕 사유(斯由)가 보병과 기병 2만 명을 거느리고 치양(雉壤)에 와서 주둔하며 병사를 풀어 민가를 노략질하였다. ② 임금이 태자에게 병사를 주어, 지름길로 치양에 이르렀다. ③ 불시에 공격하여 그들을 격파하고 5천여 명을 사로잡았다. ④ 노획한 물품은 장병들에게 나누어 주었다. … ⑤ 26년, 고구려가 병사를 일으켜 쳐들어왔다. ⑥ 임금이 이를 듣고 패하(浿河) 강가에 복병을 배치하고 그들이 오기를 기다렸다가 불시에 공격하였다. ⑦ 고구려 병사가 패배하였다. ⑧ 겨울, 임금이 태자와 함께 정예군 3만 명을 거느리고 고구려를 침범하여 평양성(平壤城)을 공격하였다. ⑨ 고구려왕 사유가 필사적으로 항전하다가 화살에 맞아 죽었다. ⑩ 임금이 병사를 이끌고 물러났다.

－『삼국사기(三國史記)』「백제본기(百濟本紀)」

2. 사료 해설

근초고왕 시기 백제는 371년 고구려의 침공을 물리친 다음, 같은 해 12월에 평양성까지 진격해 고국원왕을 전사시키는 등의 대승을 거두었다. 이러한 상황에서 근초고왕은 이듬해 1월 동진에 사신을 파견해 '진동장군 영낙랑태수'라는 책봉호를 받았다. 이는 백제가 마한 전체를 아우르고, 이전의 낙랑군 중심의 해상 교역권을 인정받은 것이라 할 수 있다. 근초고왕은 이를 기반 삼아 가야 및 왜와의 관계도 더욱 강화하고자 노력하였다.

사료 Plus⁺

- 근구수왕은 근초고왕의 아들이다. … 침류왕은 근구수왕의 맏아들이다. … 아신왕은 침류왕의 맏아들이다.

  — 『삼국사기(三國史記)』

- 목라근자(木羅斤資)와 사사노궤(沙沙奴跪)에게 정병을 이끌고 사백(沙白), 개로(蓋盧)와 함께 가도록 명하였다. 함께 탁순(卓淳)에 모여 신라를 격파하고, 비자화본(比自火本)·남가라(南加羅)·녹국(鹿國)·아라(安羅)·다라(多羅)·탁순(卓淳)·가라(加羅) 7국을 평정하였다. 또 군대를 옮겨 서쪽으로 돌아 고해진에 이르러 남만(南蠻) 침미다례(忱彌多禮)를 무찔러 백제에게 주었다. 이에 백제왕 초고와 왕자 귀수가 군대를 이끌고 와서 만났다. 이때 비리(比利)·벽중·포미지(布彌支)·반고(半古)의 4읍이 스스로 항복하였다.

  — 『일본서기(日本書紀)』「신공황후기(神功皇后紀)」 49년(249) 3월조

- 태화(泰和) 4년 5월 16일 병오(丙午)의 한낮에 백련철(百練鐵)로 된 칠지도(七支刀)를 만들었다. (이 칼은) 백병(白兵)을 피하게 하니 후왕(侯王)에게 주기에 알맞다. □□□□가 만든 것이다. 선세(先世) 이래 아직까지 이런 칼이 없었는데, 백제 왕세자(百濟王世子)가 갑자기 성음(聖音)이 생기니, 그런 때문에 왜왕(倭王)을 위하여 정교하게 만들었으므로 후세(後世)에 전하여 보이도록 할 것이다.

  — 「칠지도명문(七支刀銘文)」

- 백제국은 본래 고려(高驪)와 더불어 요동(遼東)의 동쪽 1,000여 리 밖에 있었다. 그 후 고려는 요동을, 백제는 요서(遼西)를 경략하여 차지하였다. 백제가 통치한 곳은 진평군(晋平郡) 진평현(晋平縣)이라 한다.

  — 『송서(宋書)』「열전(列傳)」

- 그 나라는 본래 구려(句驪)와 더불어 요동(遼東)의 동쪽에 있었다. 진(晉)나라 때에 이르러 고구려가 이미 요동을 경략하자, 백제 역시 요서(遼西)·진평(晉平) 두 군(郡)의 땅을 점거하여 스스로 백제군(百濟郡)을 설치하였다.

  — 『양서(梁書)』「열전(列傳)」

사료 텍스트 완성하기

교과서 텍스트

1. 역 근초고왕 때 북쪽으로는 고구려를 공격하여 황해도의 일부를 차지하였고, 남쪽으로는 ( )의 남은 세력을 정복하여 남해안까지 진출하였다. 또한 ( )의 여러 나라에 영향력을 행사하였다.
2. 한 근초고왕 시기는 ( )와/과 외교 관계를 맺어 왜로 가는 교통로를 확보하였고, 이를 토대로 중국의 동진, 왜의 규슈 지방과 교류하면서 중국 – 백제 – 왜를 잇는 ( )을/를 확보하였다.
3. 한 백제도 나름의 독자적 천하관을 가지고 있었다. '대왕'이라는 군주 칭호를 사용하고 마한의 소국 일부를 남쪽 오랑캐라는 뜻의 ( )(으)로 불렀으며, ( )(으)로부터 조공을 받았다.
4. 역 그 뒤 침류왕은 중국의 동진에서 ( )을/를 받아들여 중앙 집권 체제를 사상적으로 뒷받침하였다.

기출 텍스트

1. 전 근초고왕은 박사 ( )을/를 등용하여 역사서인 『서기』를 편찬하게 하였다.
2. 능 근초고왕은 영산강 유역에 남아 있던 ( ) 세력을 정벌하여 남해안까지 영역을 넓혔다.
3. 능 근초고왕은 ( )와/과 정식 외교관계를 수립하였고, 중국과의 직접 교류를 확대하였다.
4. 능 근초고왕은 중국 계통의 선진 문물을 ( ) 소국들에 전해주면서 정치적 영향력을 확대해 나갔다.

빈칸 정답

	교과서 텍스트	기출 텍스트
1	마한, 가야	고흥
2	가야, 해상교역망	마한
3	남만, 탐라	동진
4	불교	가야

035 백제 : 개로왕 국서 사건

① 延興二年, 其王餘慶, 始遣使, 上表曰. ②“… 臣與高句麗源出夫餘, 先世之時, 篤崇舊款. ③ 其祖釗輕廢隣好, 親率士衆, 陵踐臣境. ④ 臣祖須整旅電邁, 應機馳擊, 矢石暫交, 梟斬釗首, 自爾已來. ⑤ 莫敢南顧. ⑥ 自馮氏數終, 餘燼奔竄, 醜類漸盛, 遂見陵逼, 構怨連禍, 三十餘載. ⑦ 財殫力竭, 轉自孱踧. … ⑧ 今璉有罪, 國自魚肉, 大臣强族, 戮殺無已, 罪盈惡積, 民庶崩離. ⑨ 是滅亡之期, 假手之秋也. ⑩ 且馮族士馬, 有鳥畜之戀, 樂浪諸郡, 懷首丘之心. ⑪ 天威一擧, 有征無戰. ⑫ 臣雖不敏, 志效畢力, 當率所統, 承風響應. ⑬ 且高麗不義, 逆詐非一. ⑭ 外慕隗囂藩卑之辭, 內懷兇禍豕突之行. ⑮ 或南通劉氏, 或北約蠕蠕, 共相脣齒, 謀陵王略. …”

— 『魏書』「列傳」

주요 어휘

慶 경사 **경**	遣 보낼 **견**	使 사신 **사**	源 근원 **원**	篤 도타울 **독**
崇 높을 **숭**	舊 예 **구**	款 정성 **관**	釗 쇠 **쇠**	隣 이웃 **린**
陵 언덕 **릉**	踐 밟을 **천**	須 모름지기 **수**	整 가지런할 **정**	旅 군사 **려**
電 번개 **전**	邁 갈 **매**	應 응할 **응**	機 틀 **기**	馳 달릴 **치**
擊 칠 **격**	暫 잠시 **잠**	梟 목매달 **교**	斬 벨 **참**	爾 너 **이**
莫 없을 **막**	敢 감히 **감**	自 스스로 **자**	馮 성씨 **풍**	數 셀 **수**
終 끝날 **종**	餘 남을 **여**	燼 유민 **신**	奔 달릴 **분**	竄 숨을 **찬**
醜 추할 **추**	類 무리 **류**	漸 점점 **점**	盛 담을 **성**	遂 이를 **수**
見 볼 **견**	陵 큰 언덕 **릉**	逼 닥칠 **핍**	構 얽을 **구**	怨 원망할 **원**
連 잇닿을 **연**	禍 재앙 **화**	財 재물 **재**	殫 다할 **탄**	竭 다할 **갈**
孱 잔약할 **잔**	踧 삼갈 **축**	戮 죽일 **륙**	盈 찰 **영**	離 떼놓을 **리**
戀 사모할 **련**	懷 품을 **회**	敏 재빠를 **민**	效 본받을 **효**	響 울림 **향**
應 응할 **응**	逆 거스를 **역**	慕 그리워할 **모**	隗 험할 **외**	囂 시끄러울 **효**
藩 덮을 **번**	蠕 꿈틀거릴 **연**	謀 꾀할 **모**		

한자 독음

① 연흥이년, 기왕여경, 시견사, 상표왈. ② "… 신여고구려원출부여, 선세지시, 독숭구관. ③ 기조쇠경폐린호, 친솔사중, 능천신경. ④ 신조수정려전매, 응기치격, 시석잠교, 교참쇠수, 자이이래. ⑤ 막감남고. ⑥ 자풍씨수종, 여신분찬, 추류점성, 수견능핍, 구원연화, 삼십여재. ⑦ 재탄역갈, 전자잔축. … ⑧ 금연유죄, 국자어육, 대신강족, 육살무이, 죄영악적, 민서붕리. ⑨ 시멸망지기, 가수지추야. ⑩ 차풍족사마, 유조축지연, 요랑제군, 회수구지심. ⑪ 천위일거, 유정무전. ⑫ 신수불민, 지효필역, 당솔소통, 승풍향응. ⑬ 차고려불의, 역사비일. ⑭ 외모외효번비지사, 내회흉화시돌지행. ⑮ 혹남통유씨, 혹북약연연, 공상순치, 모릉왕략. …"

1. 국문 해석

① 연흥(延興) 2년에 백제왕 여경(餘慶)이 처음으로 사신을 보내 표를 올려 다음과 같이 말하였다. ② "… 신은 고구려(高句麗)와 함께 부여(夫餘)에서 나왔으므로 선대(先代)에는 우의를 매우 돈독히 하였습니다. ③ 그런데 그들의 선조인 쇠(釗)가 이웃 간의 우호를 가볍게 깨뜨리고 몸소 군사를 거느리고 신의 국경을 짓밟았습니다. ④ 그리하여 신의 선조인 수(須)가 군사를 정돈하고 번개처럼 달려가서 기회를 타 돌풍처럼 공격하여, 화살과 돌이 오고 간지 잠시동안에 쇠(釗)의 머리를 베어 높이 매달았습니다. ⑤ 그 이후 감히 남쪽을 엿보지 못하였습니다. ⑥ 그런데 풍씨(馮氏)의 국운이 다하여 그 유민이 (고구려로) 도망하여 온 후로부터 추악한 무리가 점점 강성해져 끝내 침략과 위협을 당하여 원한이 얽히고 전화(戰禍)가 연이은 것이 30여 년입니다. ⑦ 물자도 다되고 힘도 떨어져서 자꾸만 쇠잔해지고 있습니다. … ⑧ 지금 연(璉)의 죄로 나라는 어육(魚肉)이 되었고, 대신(大臣)과 강족(强族)들의 살육됨이 끝이 없어 죄악이 가득히 쌓였으며, 백성들은 이리저리 흩어지고 있습니다. ⑨ 이는 멸망의 시기이며 도움을 받아야 할 때입니다. ⑩ 또 풍씨 일족의 사람과 말에게는 조축지련(鳥畜之戀)이 있고, 낙랑(樂浪) 등 여러 군(郡)은 수구지심(首丘之心)을 품고 있습니다. ⑪ 폐하의 위엄을 한번 발동하면 정벌만이 있고 전쟁은 없을 것입니다. ⑫ 신은 비록 명민하지 못하더라도 몸과 마음을 다 바쳐 당연히 휘하의 군사를 거느리고 가르침을 받아 움직일 것입니다. ⑬ 또한 고구려의 불의와 잘못은 하나뿐이 아닙니다. ⑭ 겉으로는 외효(隗囂)처럼 번병(藩屛)의 겸손한 말을 지껄이면서도 속으로는 흉악한 짐승의 저돌적인 행위를 품고 있습니다. ⑮ 남쪽으로는 유씨(劉氏)와 통호하기도 하고, 북쪽으로는 연연(蠕蠕)과 맹약하기도 하여 서로 순치(脣齒)의 관계를 이루면서 왕략(王略)을 짓밟으려 하고 있습니다. …"

— 『위서(魏書)』 「열전(列傳)」

2. 사료 해설

개로왕이 즉위할 당시 백제는 대내외적으로 위기 상황이었다. 대외적으로는 고구려의 군사적 압박이 날이 갈수록 증대되어 가고 있었고, 대내적으로는 해씨(解氏)·목씨(木氏) 등의 권력 분쟁으로 왕권이 추락하고 있는 상황이었다.

이 상황에서 개로왕은 왕족을 중용하는 방식으로 왕권 강화를 시도하였다. 이들을 주요 관직에 임명함으로써 자신의 친정 체제를 강화하고자 한 것이다. 특히 458년 남조의 송에게 11명에 대한 작호 요청을 하는데, 이 가운데 8명이 왕족일 만큼 국왕 중심의 지배 질서를 강화하고자 노력하였다[私假制].

또한 대외적으로는 고구려에 대항하는 외교 전선 구축을 위해 노력하였다. 즉 선대 때부터 이어져 온 신라 – 왜와의 관계를 안정화시키는 속에서 북위까지 끌어들임으로써 고구려에 대한 공동 전선 구축을 위해 노력한 것이다. 이 과정에서 개로왕은 북위에 국서를 보내 고구려의 잘못을 지적하면서 도움을 요청한 것이다.

그러나 이러한 개로왕의 전략은 모두 장애에 부딪히게 되었다. 먼저 당시 북위는 고구려와의 관계가 안정화 단계에 접어들었기 때문에 여기에 응할 생각이 없었다. 게다가 당시 백제의 지배 계층은 개로왕이 중심이 된 왕권 강화 정책에 반발하였다. 이러한 대내외적 정책의 실패는 결국 고구려 장수왕의 백제 공격에 불과 7일 만에 도성이 함락당하는 참화로 이어지게 되었다.

사료 Plus+

- 행관군장군(行冠軍將軍) 우현왕(右賢王) 여기(餘紀)를 관군장군으로 삼았다. 이에 행정로장군(行征虜將軍) 좌현왕(左賢王) 여곤(餘昆)과 행정로장군(行征虜將軍) 여훈(餘暈)을 모두 정로장군으로 삼았다. 행보국장군(行輔國將軍) 여도(餘都)와 여예(餘乂)를 모두 보국장군으로 삼았다. 행용양장군(行龍驤將軍) 목금(沐衿)과 여작(餘爵)을 모두 용양장군으로 삼았다. 행영삭장군(行寧朔將軍) 여류(餘流)와 미귀(糜貴)를 모두 영삭장군으로 삼았다. 행건무장군(行建武將軍) 우서(于西)와 여루(餘婁)를 모두 건무장군으로 삼았다.

  – 『송서(宋書)』「열전(列傳)」

- 도미(都彌)는 백제 사람이다. 비록 편호소민(編戶小民)이었지만 자못 의리를 알았다. 그의 아내는 아름답고 예뻤으며 또한 절개 있는 행실이 있어 당시 사람들로부터 칭찬을 받았다. 개루왕(蓋婁王)이 이를 듣고 도미를 불러 말하기를, "무릇 부인의 덕은 비록 지조가 굳고 행실이 깨끗함을 우선으로 하지만, 만약 그윽하고 어두우며 사람이 없는 곳에서 교묘한 말로써 유혹하면 마음을 움직이지 않을 수 있는 사람이 드물 것이다."라고 하였다. 도미가 답하기를 "사람의 마음이란 헤아릴 수 없으나 저의 아내와 같은 사람은 비록 죽더라도 변함이 없을 것입니다."라고 하였다.

  – 『삼국사기(三國史記)』「열전(列傳)」 도미(都彌)

사료 텍스트 완성하기

교과서 텍스트

1. 역 백제는 고구려의 남진 정책으로 큰 위기를 맞이하여 신라와 동맹을 맺고, (   )에 도움을 요청하였다.
2. 역 한강 유역을 상실한 백제는 차령산맥과 금강으로 둘러싸여 있어 외적을 방어하기에 유리한 지형 조건을 갖춘 (   )(으)로 수도를 옮겼다.

기출 텍스트

1. 능 개로왕은 (   )에 표를 올려 고구려를 협공할 것을 요청하였다.
2. 능 (   )은/는 백제의 한성을 공격하여 개로왕을 전사시켰다.

빈칸 정답

	교과서 텍스트	기출 텍스트
1	북위	북위
2	웅진	장수왕

THEME

036 동성왕 시기 왕후제의 실시

① 是歲, 魏虜又發騎數十萬攻百濟, 入其界. ② 牟大遣將沙法名・贊首流・解禮昆・木干那率衆襲擊虜軍, 大破之. ③ 建武二年, 牟大遣使上表曰. ④ “臣自昔受封, 世被朝榮, 忝荷節鉞, 剋攘列辟. ⑤ 往姐瑾等竝蒙光除, 臣庶咸泰. ⑥ 去庚午年, 獫狁弗悛, 擧兵深逼. ⑦ 臣遣沙法名等領軍逆討, 宵襲霆擊, 匈梨張惶, 崩若海蕩. ⑧ 乘奔追斬, 僵尸丹野. ⑨ 由是摧其銳氣, 鯨暴韜凶. ⑩ 今邦宇謐靜, 實名等之略, 尋其功勳, 宜在褒顯. ⑪ 今假沙法名行征虜將軍邁羅王, 贊首流爲行安國將軍辟中王, 解禮昆爲行武威將軍弗中侯, 木干那前有軍功, 又拔臺舫, 爲行廣威將軍面中侯. ⑫ 伏願天恩特愍聽除.”

—『南齊書』「列傳」

주요 어휘

虜 오랑캐 **로** | 遣 보낼 **견** | 襲 엄습할 **습** | 擊 칠 **격** | 破 깨뜨릴 **파**
被 이불 **피** | 忝 황송할 **첨** | 荷 은혜 입을 **하** | 節 절개 **절** | 鉞 큰도끼 **월**
剋 이길 **극** | 攘 물리칠 **양** | 列 늘어설 **열** | 辟 임금 / 물리칠 **벽** | 姐 누이 **저**
瑾 아름다운 옥 **근** | 蒙 어두울 **몽** | 獫 오랑캐 이름 **험** | 狁 오랑캐 이름 **윤** | 悛 고칠 **전**
擧 일으킬 **거** | 深 깊을 **심** | 逼 닥칠 **핍** | 逆 거스를 **역** | 宵 밤 **소**
霆 천둥소리 **정** | 匈 오랑캐 **흉** | 梨 배나무 **리** | 惶 두려워할 **황** | 崩 무너질 **붕**
海 바다 **해** | 蕩 쓸어버릴 **탕** | 僵 쓰러질 **강** | 摧 꺾을 **최** | 銳 날카로울 **예**
鯨 고래 **경** | 暴 사나울 **폭** | 韜 감출 **도** | 謐 고요할 **밀** | 靜 고요할 **정**
尋 찾을 **심** | 褒 기릴 **포** | 顯 나타날 **현** | 假 거짓 / 임시 **가** | 愍 근심할 **민**
聽 들을 **청** | 除 덜다 / 숙청하다 / 벼슬을 주다 **제**

한자 독음

① 시세, 위로우발기수십만공백제, 입기계. ② 모대견장사법명・찬수류・해례곤・목간나솔중습격로군, 대파지. ③ 건무이년, 모대견사상표왈. ④ "신자석수봉, 세피조영, 첨하절월, 극양열벽. ⑤ 왕저근등병몽광제, 신서함태. ⑥ 거경오년, 험윤불전, 거병심핍. ⑦ 신견사법명등영군역토, 소습정격, 흉리장황, 붕약해탕. ⑧ 승분추참, 강시란야. ⑨ 유시최기예기, 경폭도흉. ⑩ 금방우밀정, 실명등지략, 심기공훈, 의재포현. ⑪ 금가사법명행정로장군매라왕, 찬수류위행안국장군벽중왕, 해례곤위행무위장군불중후, 목간나전유군공, 우발대방, 위행광위장군면중후. ⑫ 복원천은특민청제."

1. 국문 해석

① 이 해에 위(魏) 오랑캐가 또다시 기병(騎兵) 수십만을 동원하여 백제를 공격하여 그 경계에 들어갔다. ② 모대(牟大)가 장군 사법명(沙法名)・찬수류(贊首流)・해례곤(解禮昆)・목간나(木干那)를 파견하여 무리를 거느리고 오랑캐군을 기습 공격하여 그들을 크게 무찔렀다. ③ 건무(建武) 2년에 모대가 사신을 보내 표문을 올려 다음과 같이 말하였다. ④ "신(臣)은 봉작(封爵)을 받은 이래 대대로 조정의 영예를 입었고, 더욱이 절부(節符)와 부월(斧鉞)을 받아 모든 변방을 평정하였습니다. ⑤ 앞서 저근(姐瑾) 등이 모두 영광스러운 관작을 제수받아 신민이 함께 기뻐하였습니다. ⑥ 지난 경오년(庚午年)에는 험윤(獫狁)이 잘못을 뉘우치지 않고 군사를 일으켜 깊숙이 쳐들어 왔습니다. ⑦ 신이 사법명 등을 파견하여 군사를 거느리고 역습하게 하여 밤에 번개처럼 기습 공격하니, 흉리(匈梨)가 당황하여 마치 바닷물이 들끓듯 붕괴되었습니다. ⑧ 이 기회를 타서 쫓아가 베니 시체가 들을 붉게 했습니다. ⑨ 이로 말미암아 그 예기(銳氣)가 꺾여 고래처럼 사납던 것이 그 흉포함을 감추었습니다. ⑩ 지금 천하가 조용해진 것은 실상 사법명 등의 꾀이오니 그 공훈을 찾아 마땅히 표창해 주어야 할 것입니다. ⑪ 이제 사법명을 가행정로장군(假行征虜將軍) 매라왕(邁羅王)으로, 찬수류를 가행안국장군(假行安國將軍) 벽중왕(辟中王)으로, 해례곤을 가행무위장군(假行武威將軍) 불중후(弗中侯)로 삼고, 목간나는 과거에 군공(軍功)이 있는 데다 또 성문과 선박을 때려 부수었으므로 행광위장군(行廣威將軍) 면중후(面中侯)로 삼았습니다. ⑫ 엎드려 바라옵건대 천은(天恩)을 베푸시어 특별히 관작을 제수하여 주십시오."라고 하였다.

—『남제서(南齊書)』「열전(列傳)」

2. 사료 해설

동성왕의 이름은 모대(牟大) 혹은 여대(餘大)라고도 한다. 동성왕은 병관좌평(兵官佐平) 해구(解仇)의 반란을 평정하고 실권을 장악한 진로(眞老) 등의 세력에 의해 옹립되었다고 한다.

동성왕은 고구려의 공격으로 인해 수도 한성을 빼앗기는 등의 혼란을 극복하고 실추된 왕권을 회복하기 위한 여러 조처를 취했다. 우선 금강 유역을 기반으로 한 신진세력을 중앙 귀족으로 등용해 자신의 세력 기반을 구축하였고, 한성(漢城)에서 온 남래귀족(南來貴族)과의 세력균형을 꾀해 정치적 안정을 도모하였다. 이 과정에서 동성왕은 왕족과 더불어 신진 귀족을 왕·후에 봉하기도 하였다. 또한 고구려의 지속적인 침입을 격퇴하였다. 『남제서』에는 당시 동성왕이 위(魏)의 침공을 격퇴하였다고 하는데, 학계에서는 일반적으로 고구려군 격퇴를 묘사한 것으로 본다.

동성왕은 웅진 천도 이후 영산강 유역에 대한 지배권을 확립하기 위해 노력하였는데, 동성왕 20년(498년)에는 탐라 정벌을 위해 무진주(광주)까지 진격하기도 하였다. 그 결과 영산강 유역에서는 5세기 중반 무렵부터 점차 백제 중앙의 금공품(金工品)이 증대하고, 중앙의 무덤 양식인 굴식 돌방무덤이 등장한다.

그러나 동성왕이 재위 내내 추진하였던 왕권 강화는 비극으로 끝나게 되었다. 비대해진 신진 귀족 세력에 대한 견제를 시도하다가 오히려 백가(苩加)에게 피살당한 것이다.

△ 백제의 수도 변천

사료 텍스트 완성하기

교과서 텍스트

1. 역 백제는 천도 이후 왕이 신하에게 (   )되는 등 왕권이 크게 약화되었고 내분이 끊이지 않았다.
2. 역 5세기 후반 동성왕은 중국 (   )와/과 외교 관계를 회복하고, 새로운 세력을 등용하여 왕권을 강화하려고 하였다.
3. 한 동성왕은 신라와 동맹을 강화하고 중국 남조와 (   )을/를 재개하였다.
4. 역 동성왕은 고구려에 대항하기 위해 신라와 (   ) 관계를 맺어 나제 동맹을 견고히 하였다.

기출 텍스트

1. 전 백제 동성왕은 남제에 보낸 국서에서 (   )의 침공을 막아낸 사실을 적고 있다.
2. 수 백제는 왕족인 부여씨와 (   )의 귀족이 지배층을 이루었다.
3. 능 신라와 혼인 동맹을 맺어 이찬 (   )의 딸을 왕비로 맞이하였다.
4. 능 동성왕은 고구려에 대항하기 위해 신라와 (   ) 동맹을 맺었다.

PART 02

빈칸 정답

	교과서 텍스트	기출 텍스트
1	피살	고구려
2	남조(양)	8성
3	국교	비지
4	혼인	결혼

037 무령왕 시기 통치체제 정비

한 씨마스

① 百濟舊來夷, 馬韓之屬. ② 晉末駒麗畧有遼東, 樂浪亦有遼西晉平縣. ③ 自晉已來常修蕃貢, 義熙中其王餘腆, 宋元嘉中其王餘毗, 齊永明中其王餘太, 皆受中國官爵. ④ 梁初以太, 爲征東將軍, 尋爲高句麗所破. ⑤ 普通二年, 其王餘隆遣使奉表云. ⑥ "累破高麗."

⑦ 所治城曰固麻, 謂邑曰檐魯, 如中國郡縣. ⑧ 有二十二檐魯, 分子弟宗族爲之. ⑨ 旁小國有叛波 · 卓 · 多羅 · 前羅 · 斯羅 · 止迷 · 麻連 · 上己文 · 下枕羅等附之. ⑩ 言語衣服畧同高麗, 行不張拱拜不申足. ⑪ 以帽爲冠, 襦曰複衫, 袴曰褌. ⑫ 其言參諸夏, 亦秦韓之遺俗.

—「梁職貢圖」 百濟國使條

주요 어휘

舊 예 구 | 屬 엮을 속 | 畧 다스릴 략 | 亦 또 역 | 常 항상 상
修 닦을 수 | 蕃 번성할 번 | 貢 바칠 공 | 腆 두터울 전 | 毗 도울 비
太 클 태 | 尋 찾을 심 | 所 바 소 | 破 깨뜨릴 파 | 隆 클 륭
奉 받들 봉 | 累 묶을 루 | 檐 지다 담 | 魯 노둔할 로 | 宗 마루 종
族 겨레 족 | 叛 배반할 반 | 波 물결 파 | 迷 미혹할 미 | 枕 베개 침
帽 모자 모 | 冠 갓 관 | 襦 저고리 유 | 複 겹옷 복 | 衫 적삼 삼
袴 바지 고 | 褌 잠방이 곤 | 參 참여할 / 섞일 참 | 夏 여름 하
遺 끼칠 유 | 俗 풍속 속

한자 독음

① 백제구래이, 마한지속. ② 진말구려략유요동, 낙랑역유요서진평현. ③ 자진이래상수번공, 의희중기왕여전, 송원가중기왕여비, 제영명중기왕여태, 개수중국관작. ④ 양초이태, 위정동장군, 심위고구려소파. ⑤ 보통이년, 기왕여륭견사봉표운. ⑥ "누파고려."

⑦ 소치성왈고마, 위읍왈첨노, 여중국군현. ⑧ 유이십이첨노, 분자제종족위지. ⑨ 방소국유반파 · 탁 · 다라 · 전라 · 사라 · 지미 · 마련 · 상기문 · 하침라등부지. ⑩ 언어의복략동고려, 행부장공배불신족. ⑪ 이모위관, 유왈복삼, 고왈곤. ⑫ 기언참제하, 역진한지유속.

1. 국문 해석

① 백제는 예로부터 왔던 오랑캐로 마한의 족속이다. ② 진(晉)나라 말에 구려(駒麗)가 요동을 침략해 점유하자 낙랑 또한 요서 진평현(晋平縣)을 가졌다. ③ 진(晉) 이래로 항상 번공(蕃貢)을 닦아 왔으니, 의희(義熙) 연간에는 그 왕 여전(餘腆)이, 송나라 원가(元嘉) 연간에는 그 왕 여비(餘毗)가, 제나라 영명(永明) 연간에는 그 왕 여태(餘太)가 모두 중국의 관작을 받았다. ④ 양나라 초에 여태를 정동장군(征東將軍)에 제수하였으나 자주 고구려에게 격파되었다. ⑤ 보통(普通) 2년 그 왕 여융(餘隆)이 사신을 보내 표문을 올려 말하였다. ⑥ "여러 차례 고구려를 물리쳤습니다."

⑦ 도성(都城)을 고마(固麻)라 하였고, 읍(邑)을 이르러 담로(檐魯)라 하였는데, 중국의 군현에 해당한다. ⑧ 22개의 담로가 있어 자제 종족(子弟宗族)을 나누어 그곳에 두었다. ⑨ 주변에 소국인 반파(叛波)・탁(卓)・다라(多羅)・전라(前羅)・사라(斯羅)・지미(止迷)・마련(麻連)・상기문(上己文)・하침라(下枕羅) 등이 그에 부속되어 있었다. ⑩ 언어와 의복은 고(구)려와 거의 같지만, 걸을 때 두 팔을 벌리지 않으며, 절할 때 한쪽 다리를 펴지 않는다. ⑪ 모자를 관이라 부르고, 저고리를 복삼, 바지를 곤이라 한다. ⑫ 그 나라 말에는 중국의 말이 뒤섞여 있으니, 이것 또한 진한의 습속이 남은 때문이라고 한다.

–「양직공도(梁職貢圖)」 백제국사조(百濟國使條)

2. 사료 해설

무령왕의 이름은 사마(斯摩, 斯麻) 또는 융(隆)이다. 무령왕의 부계에 대해서는 『삼국사기』나 『일본서기』 등 사서마다 다르게 기록하고 있어 이견이 많은 상황이다. 다만 「무령왕릉지석」에 나타난 무령왕의 생몰연대를 토대로 보면, 『일본서기』의 웅략천황 5년조에 나타난 기록이 좀 더 정확할 가능성이 크다. 해당 기록에 따르면 무령왕은 개로왕의 아들이라고 한다.

무령왕은 먼저 국가의 경제적 안정을 도모하였다. 기근으로 백성들이 굶주리자 창고를 풀어 구제하기도 하였고, 제방을 축조하고 떠도는 백성을 귀농(歸農)시키기도 하였다. 이를 토대로 금강 유역권을 개발하고 농업 생산의 증대를 모색하여 안정적으로 세수를 확보하고자 했던 것으로 보인다.

또한 고구려에 대한 그동안의 수세적 태도를 공세적 태도로 전환하였다. 무령왕 2년(502) 고구려 수곡성(水谷城) 공격부터 시작된 대 고구려 공세는 점차 한강 유역으로의 진출로 이어졌다. 그리하여 무령왕 21년(521)에 남조 양(梁)에 보낸 국서(國書)에는 당시 무령왕의 자신감이 상징적으로 드러나 있다.

사료 Plus+

21년 겨울 11월, 사신을 양(梁)나라에 보내 조공하였다. 이보다 앞서 고구려에게 격파당하여 쇠약해진 지가 여러 해였다. 이때 이르러 표를 올렸다. "여러 차례 고구려를 깨뜨려 비로소 우호를 통하였으며 다시 강한 나라가 되었다." 12월에 양나라 고조(高祖)가 조서(詔書)를 보내 왕을 책봉하여 다음과 같이 말하였다. "행(行) 도독(都督) 백제제군사(百濟諸軍事) 진동대장군(鎭東大將軍) 백제 왕 여융(餘隆)은 해외에서 번병(藩屛)을 지키며 멀리 와서 조공을 바치니 그의 정성이 지극하여 짐은 이를 가상히 여긴다. 마땅히 옛법에 따라 이 영광스러운 책명을 보내는데, 사지절(使持節) 도독(都督) 백제제군사(百濟諸軍事) 영동대장군(寧東大將軍)으로 봉함이 가하다."

－『삼국사기(三國史記)』「백제본기(百濟本紀)」

사료 텍스트 완성하기

교과서 텍스트

1. 역 『삼국사기』에는 동성왕의 아들로 기록되었지만, 무령왕릉에서 발견된 묘지명과 『일본서기』의 기록 등을 통해 (　　　)의 아들로 추정되고 있다.
2. 역 무령왕은 22담로에 (　　　)을/를 파견함으로써 지방에 대한 통제를 강화하였다.
3. 역 무령왕은 흩어진 유민을 호적에 올리고 굶주린 백성을 구휼하였으며, 제방을 쌓는 등 (　　　) 생산의 기반을 다졌다.
4. 역 무령왕릉은 중국 남조 양의 (　　　) 양식으로 만들어졌다. 이곳에서 출토된 중국 청자나 일본산 금속으로 만든 관 등은 백제가 남조 및 왜와 활발히 교류하였음을 보여준다.

기출 텍스트

1. 능 무령왕은 지방의 22담로에 (　　　)을/를 파견하였다.
2. 전 무령왕은 오경박사 (　　　)와/과 고안무를 왜(倭)에 파견하였다.
3. 능 (　　　)에 사신을 보내 '고구려를 깨드려 다시 동이의 강국이 되었다.'라고 천명하였다.
4. 능 웅진에는 중국 남조의 영향을 받은 무덤인 (　　　)이/가 있다.

빈칸 정답

	교과서 텍스트	기출 텍스트
1	개로왕	왕족
2	왕족	단양이
3	농업	양나라
4	벽돌무덤	무령왕릉

038 성왕 시기 백제의 중흥

예 천재

① 二年, 梁高祖詔冊王爲持節都督百濟諸軍事綏東將軍百濟王. … ② 十六年春, 移都於泗沘, 國號南扶餘. … ③ 二十六年春正月, 高句麗王平成與濊謀, 攻漢北獨山城. ④ 王遣使請救於新羅, 羅王命将軍朱珍, 領甲卒三千發之. ⑤ 朱珍日夜兼程至獨山城下, 與麗兵一戰大破之. … ⑥ 二十七年冬十月, 王不知梁京師有寇賊, 遣使朝貢. ⑦ 使人旣至, 見城闕荒毁, 並號泣於端門外. ⑧ 行路見者, 莫不灑淚. ⑨ 侯景聞之, 大怒, 執囚之. ⑩ 及景平, 方得還國. … ⑪ 三十一年秋七月, 新羅取東北鄙, 置新州. ⑫ 冬十月, 王女歸于新羅. ⑬ 三十二年秋七月, 王欲襲新羅, 親帥步騎五十, 夜至狗川. ⑭ 新羅伏兵發與戰, 爲亂兵所害薨. ⑮ 謚曰聖.

—『三國史記』「百濟本紀」

주요 어휘

詔 고할 조	冊 칙서 책	移 옮길 이	濊 깊을 예	将 거느리다 장
程 길 정	破 깨뜨릴 파	寇 도둑 구	賊 도둑 적	旣 이미 기
闕 대궐 궐	荒 거칠 황	毁 헐 훼	泣 울 읍	端 끝 / 시초 단
灑 뿌릴 쇄	淚 눈물 루	執 잡을 집	囚 가둘 수	還 돌아올 환
取 취할 취	歸 돌아갈 귀	襲 엄습할 습	狗 개 구	伏 엎드릴 복
害 해칠 해	薨 죽을 훙	謚 시호 시		

한자 독음

① 이년, 양고조조책왕위지절도독백제제군사수동장군백제왕. … ② 십육년춘, 이도어사비, 국호남부여. … ③ 이십육년춘정월, 고구려왕평성여예모, 공한북독산성. ④ 왕견사청구어신라, 라왕명장군주진, 영갑졸삼천발지. ⑤ 주진일야겸정지독산성하, 여려병일전대파지. … ⑥ 이십칠년동십월, 왕부지양경사유구적, 견사조공. ⑦ 사인기지, 견성궐황훼, 병호읍어단문외. ⑧ 행로견자, 막불쇄루. ⑨ 후경문지, 대노, 집수지. ⑩ 급경평, 방득환국. … ⑪ 삼십일년추칠월, 신라취동북비, 치신주. ⑫ 동십월, 왕녀귀우신라. ⑬ 삼십이년추칠월, 왕욕습신라, 친수보기오십, 야지구천. ⑭ 신라복병발여전, 위란병소해훙. ⑮ 시왈성.

1. 국문 해석

① 2년에 양(梁)나라 고조(高祖)가 조서를 보내 왕을 지절(持節) 도독 백제제군사(百濟諸軍事) 수동장군(綏東將軍) 백제 왕으로 책봉하였다. … ② 16년 봄에 도읍을 사비(泗沘)로 옮기고, 국호를 남부여라고 하였다. … ③ 26년 봄 정월에 고구려 왕 평성(平成)이 예(濊)와 공모하여 한수(漢水) 이북의 독산성(獨山城)을 공격해 왔다. ④ 왕이 신라에 사신을 보내 구원을 요청하니 신라 왕이 장군 주진(朱珍)을 시켜 병사 3,000명을 거느리고 떠나게 하였다. ⑤ 주진은 밤낮으로 행군하여 독산성 아래에 이르러, 그곳에서 고구려 군사들과 일전(一戰)을 벌려 크게 이겼다. … ⑥ 27년 겨울 10월, 임금이 양나라 도읍에 반란이 일어난 것을 알지 못하고 사신을 보내 조공하였다. ⑦ 사신이 그곳에 이르러 성과 궁궐이 황폐하고 허물어진 것을 보고, 모두 대궐 문밖에서 소리내어 울었다. ⑧ 지나가던 사람들이 이를 보고 눈물을 흘리지 않는 자가 없었다. ⑨ 후경(侯景)이 이 소식을 듣고 크게 노하여 그들을 잡아 가두었다. ⑩ 그들은 후경의 난이 평정된 뒤에야 귀국할 수 있었다. … ⑪ 31년 가을 7월, 신라가 동북쪽 변경을 빼앗아 신주(新州)를 설치하였다. ⑫ 겨울 10월, 임금의 딸이 신라로 시집갔다. ⑬ 32년 가을 7월, 임금이 신라를 습격하고자 몸소 보병과 기병 50명을 거느리고 밤에 구천(狗川)에 이르렀다. ⑭ 신라의 복병이 나타나 그들과 싸우다가 혼전 중에 임금이 병사들에게 살해되었다. ⑮ 시호를 성(聖)이라 하였다.

–『삼국사기(三國史記)』「백제본기(百濟本紀)」

2. 사료 해설

성왕은 대내외적인 안정을 토대로 체제를 정비하고자 하였다. 우선 22부사(部司)를 토대로 중앙 관제를 정비하고자 하였다. 22부는 전내부(前內部) 등의 왕궁과 왕실 관련 업무를 수행하는 내관(內官) 12부와 사군부(司軍部) 등의 일반 행정 업무를 담당하는 외관(外官) 10부로 구성되었다.

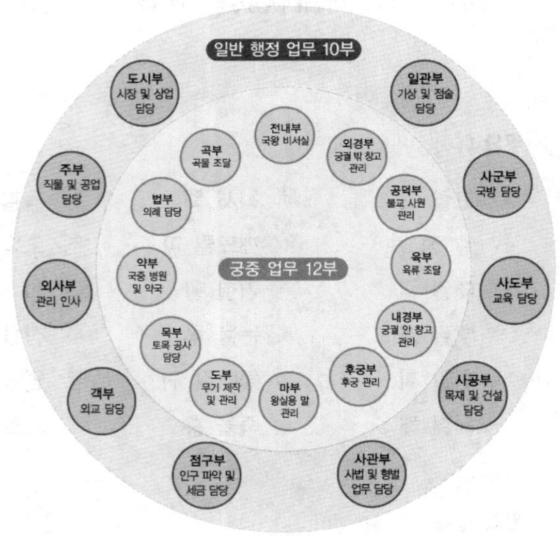

△ 백제 22부

또한 성왕은 장기간의 준비 과정을 통해 사비(泗沘) 지역으로의 천도를 단행하였다. 사비 지역은 넓은 평야지대를 마주하고 있고, 한강 유역 회복을 위한 교통로상의 이점도 지니고 있었다. 이러한 천도의 배경에는 무령왕 이래 축적된 경제적 기반과 남조의 양(梁)을 통해 도입한 선진 기술의 축적을 통해 가능했을 것으로 보인다. 또한 이 지역의 토착 신진 세력이었던 사씨(沙氏, 沙宅氏)의 정치적 지지도 강하게 작용하였을 것으로 보인다.

성왕은 수도를 5부(部)제로 정비하였다. 이렇게 각 부에 귀족을 분거시킴으로써 귀족에 대한 통제를 용이하게 할 수 있었을 것으로 보인다. 지방의 경우에는 종래의 담로제(檐魯制)를 개편해 전국을 동방・서방・남방・북방・중방의 5방(方)으로 나누고, 그 밑에 7~10개의 군을 두는 5방・군・성(현)제로 정비하였다.

사료 Plus+

- 32년 7월, 성왕이 가야와 함께 관산성(충북 옥천)을 공격해 왔다. 군주인 이벌찬 우덕과 이찬 탐지가 맞서 싸웠으나 전세가 불리하였다. 신주의 군주인 김무력이 자기 휘하의 군사를 이끌고 나아가 교전할 때, 비장인 삼년산군의 도도가 습격하여 성왕을 죽였다. 이에 전군이 승세를 타고 진격하여 대승을 거두니, 좌평 4명과 군사 2만 9천6백 명을 목 베었으며, 한 마리의 말도 돌아간 것이 없었다.

— 『삼국사기(三國史記)』

- 여창(餘昌)이 신라를 치려고 하였다. 아버지 성왕이 아들을 위로하고자 나아갔는데, 신라는 그가 왔다는 것을 듣고 나라 안의 군사들을 모두 일으키고 길을 막고 백제군을 격파하였다. 신라는 좌지촌 사람 고도를 시켜 성왕을 죽이게 하였다.

— 『일본서기(日本書紀)』

사료 텍스트 완성하기

교과서 텍스트

1. 역 백제는 성왕 시기 넓은 평야가 펼쳐져 있으며, 금강이 흘러 대외 진출에 유리한 (　　　) (으)로 다시 수도를 옮겼다.
2. 한 성왕은 중앙에 (　　　)의 관청을 두고 수도는 5부, 지방은 (　　　)(으)로 나누었다.
3. 역 성왕은 행정 조직과 문물을 정비하고, 중국 남조 및 (　　　)와/과 교류하며 왕권을 강화하였다.
4. 한 성왕은 신라의 (　　　)와/과 연합하여 한강 하류 지역을 되찾았다. 그러나 신라는 동맹을 깨고 한강 하류 지역을 탈취하였다.

기출 텍스트

1. 능 성왕은 신라에게 패하여 (　　　) 유역을 상실하였다.
2. 능 성왕은 국호를 (　　　)(으)로 고치고 중흥을 꾀하였다.
3. 능 성왕은 중앙 관청을 (　　　)(으)로 정비하였다.
4. 전 성왕은 양(梁)으로부터 (　　　)와/과 공장(工匠)・화사(畵師) 등을 제공받았다.

빈칸 정답

	교과서 텍스트	기출 텍스트
1	사비(부여)	한강
2	22부, 5방	남부여
3	왜	22부
4	진흥왕	모시박사(毛詩博士)

039 의자왕의 對신라 대공세

역 천재

① 二年秋七月, 王親帥兵, 侵新羅, 下獼猴等四十餘城. ② 八月, 遣將軍允忠, 領兵一萬, 攻新羅大耶城. ③ 城主品釋與妻子出降, 允忠盡殺之, 斬其首, 傳之王都. ④ 生獲男女一千餘人, 分居國西州縣, 留兵守其城. … ⑤ 三年冬十一月, 王與高句麗和親, 謀欲取新羅党項城, 以塞入朝之路. ⑥ 遂發兵攻之, 羅王德曼遣使, 請救於唐. ⑦ 王聞之罷兵. … ⑧ 五年夏五月, 王聞太宗親征高句麗, 徵兵新羅, 乘其間, 襲取新羅七城, 新羅遣將軍庾信, 來侵. … ⑨ 十七年春正月, 拜王庶子四十一人爲佐平, 各賜食邑.

– 『三國史記』 「百濟本紀」

주요 어휘

親 친히 **친**	帥 거느릴 **솔**	侵 침입할 **침**	獼 원숭이 **미**	猴 원숭이 **후**
領 거느릴 **령**	釋 풀다 **석**	降 항복할 **항**	盡 다할 **진**	獲 얻을 **획**
留 머무를 **류**	謀 꾀할 **모**	党 무리 **당**	項 항목 **항**	塞 막을 **색**
遂 이를 **수**	發 일어날 **발**	聞 들을 **문**	徵 부를 **징**	乘 탈 **승**
襲 엄습할 **습**	拜 벼슬을 줄 **배**	賜 하사할 **사**		

한자 독음

① 이년추칠월, 왕친솔병, 침신라, 하미후등사십여성. ② 팔월, 견장군윤충, 영병일만, 공신라대야성. ③ 성주품석여처자출항, 윤충진살지, 참기수, 전지왕도. ④ 생획남녀일천여인, 분거국서주현, 유병수기성. … ⑤ 삼년동십일월, 왕여고구려화친, 모욕취신라당항성, 이색입조지로. ⑥ 수발병공지, 라왕덕만견사, 청구어당. ⑦ 왕문지파병. … ⑧ 오년하오월, 왕문태종친정고구려, 징병신라, 승기간, 습취신라칠성, 신라견장군유신, 내침. … ⑨ 십칠년춘정월, 배왕서자사십일인위좌평, 각사식읍.

1. 국문 해석

① 2년 가을 7월, 임금이 직접 병사를 거느리고 신라를 침공하여 미후(獼猴) 등 40여 성을 함락하였다. ② 8월, 장군 윤충(允忠)을 보내 병사 1만 명을 거느리고 신라의 대야성(大耶城)을 공격하게 하였다. ③ 성주인 품석(品釋)이 처자를 데리고 나와 항복하였는데, 윤충이 그들을 모두 죽이고 품석의 목을 베어 왕도에 보냈다. ④ 남녀 1천여 명을 사로잡아 서쪽 지방의 주와 현에 나누어 살게 하고 병사를 남겨 그 성을 지키게 하였다. … ⑤ 3년 겨울 11월, 임금이 고구려와 화친을 맺었는데, 신라의 당항성(党項城)을 빼앗아 신라가 당나라로 조공하러 가는 길을 막기 위해서였다. ⑥ 임금이 마침내 병사를 일으켜 신라를 공격하였다. ⑦ 신라왕 덕만(德曼)이 당나라에 사신을 보내 구원을 요청하였다. 임금이 이 소식을 듣고 병사를 철수하였다. … ⑧ 5년 여름 5월, 임금이 당 태종이 직접 고구려를 치면서 신라에서 병사를 징발하였다는 소식을 듣고, 그 틈을 타서 신라를 습격하여 7개 성을 빼앗으니, 신라에서 장군 유신을 보내 침범하였다. … ⑨ 17년 봄 정월, 임금의 서자(庶子) 41명을 좌평으로 삼고, 각각 식읍을 주었다.

－『삼국사기(三國史記)』「백제본기(百濟本紀)」

2. 사료 해설

의자왕(義慈王)은 즉위 초부터 왕권 강화를 위해 부단히 노력하였다. 귀족 세력을 대규모로 숙청하였고, 지방을 순시하여 민심을 다독이기도 한 것이다.

또한 의자왕은 신라 방면으로 군대를 집중시켰다. 특히 642년 신라 서변의 요충지 대야성을 함락한 것은 옛 가야 지역을 차지함을 의미했다. 신라가 당에 호응하여 고구려에 군대를 파견하자, 그 틈을 이용하여 신라를 공격하기도 하였다. 그리고 고구려와의 연합을 통해 한강 유역으로 추정되는 신라 북쪽의 30여 성을 공취하는 등 신라를 고립시키고자 노력하였다.

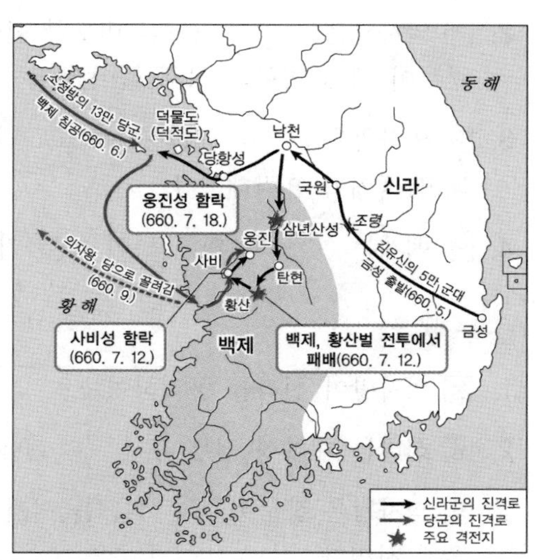

△ 백제의 멸망

그러나 의자왕은 자신의 권력에 취하기 시작하였다. 653년, 657년 등 대규모 가뭄 등으로 백성들이 굶주리는 속에서도 주색에 빠졌다는 기록만 보이기 때문이다. 또한 이러한 상황에서 자신의 서자 41명을 좌평에 임명하는 등 자신의 통치 권력 확립에만 몰두하였다.

의자왕의 권력 강화 정책은 나당 연합군의 공격 속에서 종말을 맞이하게 된다. 나당 연합군의 공격에 백제가 제대로 된 대응을 하지 못한 것으로 보이기 때문이다. 계백이 이끄는 결사대가 나서긴 하였지만, 병력의 숫자 등에서 역부족이었다. 결국 나당 연합군의 공격 속에서 백제는 멸망하게 되었다.

사료 Plus+

16년 봄 3월, 임금이 궁녀들을 데리고 음란과 향락에 빠져서 술 마시기를 그치지 않았다. 좌평 성충(成忠)이 적극적으로 말리자, 임금이 노하여 그를 옥에 가두었다. 이로 말미암아 감히 간언하는 자가 없어졌다. 성충은 옥에서 야위어 죽게 되었는데, 죽을 때 임금에게 글을 올려 말하였다. "충신은 죽어도 임금을 잊지 않는 것이니 한 말씀 아뢰고 죽겠습니다. 신이 항상 형세의 변화를 관찰하였는데 반드시 전쟁은 일어날 것입니다. 무릇 전쟁에서는 반드시 지형을 잘 살펴 선택해야 하는데 상류에서 적을 맞아야만 나라를 보전할 수 있을 것입니다. 만일 다른 나라 병사가 오거든 육로로는 침현(沈峴, 혹은 탄현)을 지나지 못하게 하고, 수군은 기벌포(伎伐浦)의 언덕에 들어오지 못하게 하여, 험준한 곳에 의거하여야만 막을 수 있을 것입니다." 그러나 임금은 이 말을 살피지 않았다.

─『삼국사기(三國史記)』「백제본기(百濟本紀)」

사료 텍스트 완성하기

교과서 텍스트

1. 한 무왕은 불교의 ( )을/를 이용해 왕권을 안정시키려 하였고, 이를 위해 미륵사를 창건하였다.
2. 역 의자왕은 ( )을/를 비롯한 신라의 40여 성을 빼앗았고, 이로써 낙동강 서쪽 지역 대부분이 백제 영향력 아래 들어갔다.
3. 한 의자왕은 ( )을/를 누르고 개혁을 단행하였으나, 잦은 전쟁 등으로 지배 세력이 분열되고 정치가 혼란해졌다.
4. 역 백제는 ( )의 권력이 너무 커진 것이 멸망으로 이어졌다.

기출 텍스트

1. 능 의자왕이 신라를 공격하여 ( )을/를 함락하였다.
2. 능 신라는 대야성 전투 후 ( )에 동맹을 요청하러 갔다.
3. 능 의자왕은 장군 ( )을/를 시켜 결사대 5천을 거느리고 황산으로 나가 신라 군사와 싸우게 하였다.
4. 수 나·당 연합군이 ( )을/를 함락하자, 피신하였던 의자왕이 항복하였다.

빈칸 정답

	교과서 텍스트	기출 텍스트
1	미륵 신앙	대야성
2	대야성	고구려
3	귀족세력	계백
4	의자왕	사비성

THEME

040 백제의 멸망과 부흥 운동

예 비상

① 百濟僧道琛・舊將福信率衆據周留城以叛. ② 遣使往倭國, 迎故王子扶餘豐立爲王. ③ 其西部・北部並翻城應之. … ④ 於是道琛自稱領軍將軍, 福信自稱霜岑將軍, 招誘叛亡, 其勢益張. … ⑤ 時福信旣專其兵權, 與扶餘豐漸相猜貳. ⑥ 福信稱疾, 臥於窟室, 將候扶餘豐問疾, 謀襲殺之. ⑦ 扶餘豐覺而率其親信, 掩殺福信.

—『舊唐書』「列傳」

주요 어휘

僧 중 **승**	琛 보배 **침**	據 의거할 **거**	叛 배반할 **반**	迎 맞이할 **영**
翻 날다 **번**	應 응할 **응**	招 부를 **초**	誘 꾈 **유**	勢 기세 **세**
益 더할 **익**	張 기세가 오를 **장**	旣 이미 **기**	漸 점점 **점**	猜 샘할 **시**
貳 두 **이**	疾 병 **질**	臥 엎드릴 **와**	窟 굴 **굴**	問 물을 **문**
襲 엄습할 **습**	掩 가릴 **엄**			

한자 독음

① 백제승도침・구장복신솔중거주류성이반. ② 견사왕왜국, 영고왕자부여풍립위왕. ③ 기서부・북부병번성응지. … ④ 어시도침자칭영군장군, 복신자칭상잠장군, 초유반망, 기세익장. … ⑤ 시복신기전기병권, 여부여풍점상시이. ⑥ 복신칭질, 와어굴실, 장후부여풍문질, 모습살지. ⑦ 부여풍각이솔기친신, 엄살복신.

1. 국문 해석

① 백제 승려 도침(道琛)과 옛 장수 복신(福信)이 무리를 이끌고 주류성(周留城)에 웅거(雄據)하며 반란을 일으켰다. ② 도침과 복신은 사신을 보내 왜국(倭國)에 가서 옛 왕자(王子) 부여풍(扶餘豐)을 맞이하고 그를 세워 왕으로 하였다. ③ 그 서부・북부의 모든 성이 여기에 호응하였다. … ④ 이에 도침은 스스로 영군장군(領軍將軍)이라고 부르고, 복신은 스스로 상잠장군(霜岑將軍)이라고 부르며, 배반하고 도망간 무리를 불러 꾀어 들이니 그 기세가 더욱 커졌다. …

⑤ 이때 복신은 일찍부터 그 병권(兵權)을 장악하였는데 부여풍과 더불어 점차 서로 시기하고 의심하였다. ⑥ 복신이 병이 있다고 핑계를 대고, 굴실(窟室)에 누워 있으며, 장차 부여풍이 문병 오는 것을 기다렸다가 그를 습격해 죽이기를 도모하였다. ⑦ 부여풍이 이 사실을 알아차리고는 그의 심복을 거느리고 가서 복신을 덮쳐 죽였다.

– 『구당서(舊唐書)』 「열전(列傳)」

2. 사료 해설

백제의 저항은 사비성의 항복 이후 각 지역에서 일어난 부흥군에 의해 더욱 치열하게 전개되었다. 임존성을 근거지로 하는 흑치상지(黑齒常之) 세력, 그리고 주류성의 도침(道琛)과 복신(福信) 세력 등이 대표적이었다. 또한 일본에 파견되어 있던 부여풍(扶餘豐)은 왜군 5,000여 명을 이끌고 귀국하여 복신과 도침에 의해 백제왕으로 추대되었다.

백제의 부흥 운동은 660년 9월 무렵 사비성 탈환을 위한 공격이 시도되는 등 무섭게 번졌다. 그러나 661년 무렵 복신이 도침을 살해하였고, 이후 복신이 권력을 장악하자 부여풍과의 갈등이 표면화되었다. 결국 663년 부여풍이 복신을 제거하면서 부흥 운동의 기세는 추락하게 되었다. 게다가 부흥 운동을 지원하기 위해 온 왜군이 663년 8월 백강(白江) 전투에서 대패함에 따라 부흥 운동은 사실상 종말을 맞이하였다.

사료 Plus+

- 신라와 당 연합군이 백강 어귀에서 왜국 군사를 만나 네 번 싸워서 모두 이기고, 그들의 배 4백 척을 불사르니, 연기와 불꽃이 하늘로 오르고 바닷물도 붉은빛을 띠었다. 이때 부여풍은 탈출하여 도주하였으므로 거처를 알지 못하게 되었다.

  – 『삼국사기(三國史記)』

- 백제(부흥군)는 적이 계획한 바를 알고 여러 장수에게 "지금 일본에서 우리를 구원하러 장수 여원군신이 용사 1만여 명을 거느리고 바다를 건너오고 있다. 여러 장군은 미리 계획을 세우기 바란다."라고 하였다. … 당의 장군이 함선 170척을 이끌고 백강에 진을 쳤다. 일본의 수군 중 처음 도착한 배들이 당의 수군과 싸웠지만 불리하여 후퇴하였다. 당군은 좌우에서 수군을 충동시켜 협공하였다. 눈 깜짝할 사이에 일본군이 패하였다.

  – 『일본서기(日本書紀)』

- (671년 1월) 대금하(大錦下)를 백제에서 건너온 사택소명(沙宅紹明)에게 제수하고, 소금하(小錦下)를 복신의 아들 귀실집사(鬼室集斯)에게 제수하고, 대산하(大山下)를 달솔 곡나진수(谷那晋首)에게 제수하였다.

  – 『일본서기(日本書紀)』

사료 텍스트 완성하기

교과서 텍스트

1. 한 흑치상지는 (   )에서, 복신과 도침은 (   )에서 왜에 있던 왕자 풍을 왕으로 추대하고 부흥 운동을 일으켰다.
2. 역 백제 부흥을 돕기 위해 파견된 왜의 군대마저 (   )에서 나당 연합군에 크게 패하면서, 백제 부흥 운동은 결국 실패로 돌아갔다.
3. 역 백강 전투의 패배 이후 본토로 돌아간 왜는 곳곳에 성을 쌓아 (   )의 공격에 대비하였다.

기출 텍스트

1. 능 백제 부흥 운동은 (   )의 군사적 지원을 받았다.
2. 능 복신과 도침이 (   )을/를 왕으로 추대하였다.
3. 능 (   )이/가 임존성에서 백제 부흥 운동을 이끌었다.

PART 02

빈칸 정답

	교과서 텍스트	기출 텍스트
1	임존성, 주류성	왜
2	백강	부여풍
3	나당 동맹	흑치상지

041 신라 왕호의 변천

예 천재

① 初南解薨, 儒理當立, 以大輔脫解素有德望, 推讓其位, 脫解曰. ② "神器大寶, 非庸人所堪. ③ 吾聞聖智人多齒, 試以餠噬之." ④ 儒理齒理多, 乃與左右奉立之, 號尼師今. ⑤ 古傳如此, 金大問則云. ⑥ "尼師今方言也, 謂齒理. ⑦ 昔南解將死, 謂男儒理·壻脫解曰, '吾死後, 汝朴·昔二姓, 以年長而嗣位焉.' ⑧ 其後金姓亦興, 三姓以齒長相嗣, 故稱尼師今."

－『三國史記』「新羅本紀」儒理尼師今

⑨ 論曰. ⑩ 新羅王稱居西干者一, 次次雄者一, 尼師今者十六, 麻立干者四. ⑪ 羅末名儒崔致遠作帝王年代曆, 皆稱某王, 不言居西干等, 豈以其言鄙野, 不足稱也. ⑫ 曰左·漢中國史書也, 猶存楚語'穀於菟', 匈奴語'撑犁孤塗'等. ⑬ 今記新羅事, 其存方言亦宜矣.

－『三國史記』「新羅本紀」智證麻立干

주요 어휘

薨 죽을 **훙**	當 당할 **당**	輔 도울 **보**	脫 벗을 **탈**	解 풀 **해**
素 본디 / 바탕 **소**	推 추천할 **추**	讓 사양할 **양**	堪 견딜 **감**	聞 들을 **문**
試 시험할 **시**	餠 떡 **병**	噬 씹을 **서**	壻 사위 **서**	嗣 이을 **사**
鄙 더러울 **비**	野 들 **야**	猶 오히려 **유**	穀 곡식 **곡**	菟 새삼 **토**
撑 버팀목 **탱**	犁 얼룩소 **리**	孤 외로울 **고**	塗 진흙 **도**	宜 마땅할 **의**

한자 독음

① 초남해훙, 유리당립, 이대보탈해소유덕망, 추양기위, 탈해왈. ② "신기대보, 비용인소감. ③ 오문성지인다치, 시이병서지." ④ 유리치리다, 내여좌우봉립지, 호니사금. ⑤ 고전여차, 김대문즉운. ⑥ "이사금방언야, 위치리. ⑦ 석남해장사, 위남유리·서탈해왈, '오사후, 여박·석이성, 이연장이사위언.' ⑧ 기후김성역흥, 삼성이치장상사, 고칭이사금."

⑨ 논왈. ⑩ 신라왕칭거서간자일, 차차웅자일, 이사금자십육, 마립간자사. ⑪ 라말명유최치원작제왕연대력, 개칭모왕, 불언거서간등, 기이기언비야, 불족칭야. ⑫ 왈좌·한중국사서야, 유존초어'곡어토', 흉노어'탱리고도'등. ⑬ 금기신라사, 기존방언역의의.

1. 국문 해석

① 처음 남해왕(南解王)이 세상을 떠나자 유리(儒理)가 당연히 왕이 되어야 했는데, 대보(大輔)인 탈해(脫解)가 평소 덕망이 있어서 왕위를 그에게 양보하고자 다음과 같이 말하였다. ② "신성한 기물은 큰 보배라서 보통 사람은 감당할 수 없는 것입니다. ③ 제가 듣기에 성스럽고 지혜로운 사람은 이빨이 많다고 하니 떡을 깨물어서 누가 이빨이 많은지를 알아봅시다." ④ 유리의 잇금[齒理]이 많은 것으로 나타나니, 이에 좌우 신하들과 더불어 왕으로 받들었고, 이사금(尼師今)이라고 불렀다. ⑤ 옛 전승이 이와 같은데, 김대문(金大問)은 다음과 같이 서술하였다. ⑥ "이사금은 방언으로 잇금[齒理]을 일컫는 말이다. ⑦ 옛날 남해왕이 죽음을 앞두고 아들인 유리와 사위인 탈해에게 '내가 죽은 후에 너희 박, 석 두 성씨는 나이가 많은 자가 왕위를 잇도록 하라.'라고 말하였다. ⑧ 그 후 김씨 성이 일어나서 세 성씨가 이빨이 많은 것으로써 서로 왕위를 이어갔으므로, 이사금이라고 칭한 것이다."

–『삼국사기(三國史記)』「신라본기(新羅本紀)」 유리이사금(儒理尼師今)

⑨ 논하여 말한다. ⑩ 신라왕을 거서간(居西干)이라고 부른 것이 하나이고, 차차웅(次次雄)이라고 부른 것도 하나이며, 이사금(尼師今)이라고 부른 것이 열여섯이고, 마립간(麻立干)이라고 부른 것이 넷이다. ⑪ 신라 말의 이름난 유학자 최치원(崔致遠)이 지은 『제왕연대력(帝王年代曆)』에는 모두 아무 왕[某王]이라고 부르고, 거서간 등을 언급하지 않았으니, 아마도 그 말이 천박하고 촌스러워서 부를 만한 것이 못 된다고 여겨서일 것이다. ⑫ 『좌전(左傳)』과 『한서(漢書)』는 중국 역사책인데도 오히려 초(楚)나라 말인 '곡오도(穀於菟)'와 흉노(匈奴) 말인 '탱리고도(撑犁孤塗)' 등을 그대로 남겨 두었다. ⑬ 지금 신라의 일을 기록함에 그 방언(方言)을 그대로 남겨두는 것이 또한 마땅하다.

–『삼국사기(三國史記)』「신라본기(新羅本紀)」 지증마립간(智證麻立干)

2. 사료 해설

신라에서는 시기별로 거서간(居西干)·차차웅(次次雄)·이사금(尼師今)·마립간(麻立干)·왕(王) 등의 다양한 왕호(王號)가 사용되었다. 거서간은 6촌을 비롯한 여러 간을 대표하는 간, 즉 여러 간이 대표로 받드는 수장, 혹은 군장이란 의미를 담고 있다. 『삼국유사(三國遺事)』에 따르면 남해 차차웅을 거서간으로 부르기도 하였다고 하는데, 이는 거서간과 차차웅의 성격이 크게 다르지 않았음을 보여준다. 또한 김대문은 차차웅을 무당을 일컫는 방언이라고도 하였는데, 이는 당시 지도자가 제사장적인 성격을 지니고 있음을 보여주기도 한다.

이사금은 김대문에 의하면 연장자를 의미한다고 한다. 이는 씨족 사회 이래로 지혜와 경험이 많은 연장자를 지도자로 선출하였던 전통이 반영된 것으로 이해한다. 이러한 이사금이란 칭호의 사용은 신라가 유리 이사금 무렵부터 초보적인 관제가 나타나기 시작하는 등 보다 더 성장한 모습을 담고 있다고 여겨진다.

사료 텍스트 완성하기

교과서 텍스트

1. 역 신라는 초기에 왕권이 확립되지 못하여 (　　　)의 3성이 돌아가며 왕위에 올랐다.
2. 역 차차웅은 무당이라는 뜻으로 지도자에게 (　　　)(으)로 해야 할 역할이 요구되었음을 보여 준다.
3. 한 신라에서는 4세기 전반까지 박·석·김씨가 왕위를 배출하였고 왕호도 거서간, 차차웅에 이어 (　　　)을/를 칭하는 등 왕의 위상이 그다지 높지 않았다.

기출 텍스트

1. 수 (　　　)이/가 왕호였던 시기에 신라 왕위는 박, 석, 김의 3성이 교대로 차지하였다.
2. 수 (　　　) 시기에는 거서간, 차차웅, 이사금, 마립간 등의 왕호가 사용되었다.
3. 능 (　　　) 시기에 관등 조직이 마련되었다.

빈칸 정답

	교과서 텍스트	기출 텍스트
1	박씨, 석씨, 김씨	이사금
2	제사장	상고(上古)
3	이사금	마립간

042 마립간 시대의 개막

역 동아

① 二十六年, 遣衛頭入苻秦, 貢方物. ② 苻堅問衛頭曰. ③ "卿言海東之事, 與古不同, 何耶." ④ 答曰, "亦猶中國. ⑤ 時代變革, 名號改易, 今焉得同." … ⑥ 三十七年春正月, 高句麗遣使. ⑦ 王以高句麗強盛, 送伊湌大西知子實聖爲質.

—『三國史記』「新羅本紀」奈勿尼師今

⑧ 訥祇麻立干立. ⑨ 奈勿王子也. … ⑩ 二年春正月, 王弟卜好, 自高句麗, 與堤上奈麻還來. ⑪ 秋, 王弟未斯欣, 自倭國逃還. … ⑫ 十七年秋七月, 百濟遣使請和, 從之.

—『三國史記』「新羅本紀」訥祇麻立干

⑬ 十五年春三月, 百濟王牟大遣使請婚. ⑭ 王以伊伐湌比智女, 送之.

—『三國史記』「新羅本紀」炤知麻立干

주요 어휘

遣 보낼 견	衛 지킬 위	問 물을 문	卿 벼슬 경	答 대답할 답
猶 오히려 유	變 변할 변	革 가죽 혁	易 바꿀 역	同 한가지 동
強 굳셀 강	盛 담을 성	實 열매 실	聖 성스러울 성	質 바탕 질
訥 말 더듬을 눌	祇 공경할 지	奈 어찌 나	勿 말 물	堤 둑 제
逃 달아날 도	還 돌아올 환			

한자 독음

① 이십육년, 견위두입부진, 공방물. ② 부견문위두왈. ③ "경언해동지사, 여고부동, 하야." ④ 답왈, "역유중국. ⑤ 시대변혁, 명호개역, 금언득동." … ⑥ 삼십칠년춘정월, 고구려견사. ⑦ 왕이고구려강성, 송이찬대서지자실성위질.

⑧ 눌지마립간립. ⑨ 내물왕자야. … ⑩ 이년춘정월, 왕제복호, 자고구려, 여제상나마환래. ⑪ 추, 왕제미사흔, 자왜국도환. … ⑫ 십칠년추칠월, 백제견사청화, 종지.

⑬ 십오년춘삼월, 백제왕모대견사청혼. ⑭ 왕이이벌찬비지녀, 송지.

1. 국문 해석

① 26년, 위두(衛頭)를 부(苻)씨 진(秦)나라에 보내 토산물을 바쳤다. ② 부견(苻堅)이 위두에게 물었다. ③ "경(卿)이 말하는 해동(海東)의 일이 옛날과 같지 않으니 어찌된 것인가?" ④ 위두가 대답하길, "또한 중국과 같은 경우입니다. ⑤ 시대가 바뀌고 명칭과 이름도 고쳐졌으니, 지금과 예전이 어찌 같을 수 있겠습니까?"라고 하였다. … ⑥ 37년 봄 정월, 고구려에서 사신을 보내왔다. ⑦ 고구려가 강성하였으므로 임금은 이찬 대서지(大西知)의 아들 실성(實聖)을 볼모로 보냈다.

–『삼국사기(三國史記)』「신라본기(新羅本紀)」 내물이사금(奈勿尼師今)

⑧ 눌지 마립간(訥祇麻立干)이 왕위에 올랐다. ⑨ 그는 내물왕(奈勿王)의 아들이다. … ⑩ 2년 봄 정월, 임금의 동생 복호(卜好)가 고구려에서 나마 제상(堤上)과 함께 돌아왔다. ⑪ 가을, 임금의 동생 미사흔(美斯欣)이 왜에서 도망쳐 돌아왔다. … ⑫ 17년 가을 7월, 백제가 사신을 보내 화친하기를 요청하였으므로 이에 따랐다.

–『삼국사기(三國史記)』「신라본기(新羅本紀)」 눌지마립간(訥祇麻立干)

⑬ 15년 봄 3월, 백제왕 모대가 사신을 보내 혼인을 청하였다. ⑭ 임금은 이벌찬 비지(比智)의 딸을 그에게 보냈다.

–『삼국사기(三國史記)』「신라본기(新羅本紀)」 소지마립간(炤知麻立干)

2. 사료 해설

마립간은 우두머리, 즉 회의를 이끄는 지도자를 의미하는데, 이전의 이사금보다 정치적 지배력이 강화된 대군장의 뜻을 지닌다. 이는 신라 왕권이 신장됨에 따라 왕이 화백회의의 사회자로 군림하게 되고, 왕위의 세습화가 이루어진 5세기의 사회상을 반영한 것으로 보인다.

사료 Plus+

- 땅이 매우 비옥하여 논농사와 밭농사를 지을 수 있다. 오곡(五穀)·과일·채소·새·짐승 등의 물산(物産)은 대략 중국과 같다.

  –『수서(隋書)』「동이열전(東夷列傳)」 신라(新羅)

- 21년 처음으로 벽골지(碧骨池)를 만들었는데, 둑의 길이가 1,800보였다.

  –『삼국사기(三國史記)』「신라본기(新羅本紀)」 흘해이사금(訖解尼師今)

- 13년 시제(矢堤)를 새로 쌓았는데 둑의 길이가 2,170보였다.

  –『삼국사기(三國史記)』「신라본기(新羅本紀)」 눌지마립간(訥祇麻立干)

사료 텍스트 완성하기

교과서 텍스트

1. 역 내물왕은 낙동강 동쪽의 진한 지역을 거의 차지하고, (　　　)의 왕위 세습을 확립하였으며, 왕의 칭호도 마립간으로 바꾸었다.
2. 한 내물왕 때에는 김씨의 왕위 계승이 확립되면서 왕을 가리키는 칭호도 (　　　)을/를 뜻하는 마립간으로 바꾸었다.
3. 역 신라는 고구려 광개토대왕의 도움으로 (　　　)의 침입을 격퇴하였고, 이후 고구려의 정치적 영향력 아래 놓이게 되었지만 고구려를 통해 중국의 문물을 받아들이면서 성장하였다.

기출 텍스트

1. 수 마립간은 대군장의 뜻을 지니며, (　　　)의 성장이 그 이름에 반영되었다.
2. 수 마립간이 왕호였던 시기에 신라는 고구려의 간섭에서 벗어나려고 (　　　)와/과 동맹을 맺었다.
3. 수 마립간이 왕호였던 시기 말에 이르러, 독자적 세력을 유지해오던 6부가 (　　　) 구역으로 재편되었다.

빈칸 정답

	교과서 텍스트	기출 텍스트
1	김씨	왕권
2	대군장	백제
3	왜	행정

THEME

043 지증왕 시기 통치체제 정비

① 智證麻立干立. ② 姓金氏, 諱智大路, 奈勿王之曾孫. … ③ 三年春三月, 下令禁殉葬. ④ 前國王薨, 則殉以男女各五人, 至是禁焉. ⑤ 親祀神宮. ⑥ 三月, 分命州郡主勸農, 始用牛耕. … ⑦ 四年冬十月, 群臣上言. ⑧ "始祖創業已來, 國名未定, 或稱斯羅, 或稱斯盧, 或言新羅. ⑨ '臣'等以爲新者'德業日新', '羅'者'網羅四方'之義, 則其爲國號, 宜矣. ⑩ 又觀自古有國家者, 皆稱'帝'稱'王', 自我始祖立國, 至今二十二世, 但稱方言, 未正尊號. ⑪ 今群臣一意, 謹上號'新羅國王'." ⑫ 王從之. … ⑬ 六年春二月, 王親定國內州郡縣. ⑭ 置悉直州, 以異斯夫爲軍主. ⑮ 軍主之名, 始於此.

— 『三國史記』「新羅本紀」

주요 어휘

證 증거 **증**	諱 꺼릴 **휘**	殉 따라 죽을 **순**	葬 장사지낼 **장**	薨 죽을 **훙**
祀 제사 **사**	群 무리 **군**	宜 마땅할 **의**	稱 일컬을 **칭**	謹 삼갈 **근**
親 친할 **친**	定 정할 **정**	悉 다 **실**		

한자 독음

① 지증마립간립. ② 성김씨, 휘지대로, 내물왕지증손. … ③ 삼년춘삼월, 하령금순장. ④ 전국왕훙, 즉순이남녀각오인, 지시금언. ⑤ 친사신궁. ⑥ 삼월, 분명주군주권농, 시용우경. … ⑦ 사년동십월, 군신상언. ⑧ "시조창업이래, 국명미정, 혹칭사라, 혹칭사로, 혹언신라. ⑨ '신'등이위신자'덕업일신', '라'자'망라사방'지의, 즉기위국호, 의의. ⑩ 우관자고유국가자, 개칭'제'칭'왕', 자아시조립국, 지금이십이세, 단칭방언, 미정존호. ⑪ 금군신일의, 근상호'신라국왕'." ⑫ 왕종지. … ⑬ 육년춘이월, 왕친정국내주군현. ⑭ 치실직주, 이이사부위군주. ⑮ 군주지명, 시어차.

1. 국문 해석

① 지증 마립간(智證麻立干)이 왕위에 올랐다. ② 성은 김씨이고 이름은 지대로(智大路)이고, 내물왕(奈勿王)의 증손이다. … ③ 3년 봄 2월, 명령을 내려 순장(殉葬)을 금하였다. ④ 전에는 국왕이 죽으면 남녀 각 다섯 명씩을 순장했는데, 이때에 이르러 금하게 된 것이다. ⑤ 임금이 몸소 신궁(神宮)에 제사지냈다. ⑥ 3월, 주주(州主)와 군주(郡主)에게 각각 명하여 농사를 권장케 하였고, 처음으로 소를 몰아서 밭갈이를 하였다. ⑦ 4년 겨울 10월, 여러 신하들이 아뢰었다. ⑧ "시조께서 나라를 세우신 이래 나라 이름을 정하지 않아 사라(斯羅)라고도 하고 혹은 사로(斯盧) 또는 신라(新羅)라고도 칭하였습니다. ⑨ 저희들은 '신(新)'은 '덕업이 날로 새로워진다.'라는 뜻이고 '라(羅)'는 '사방을 덮는다.'라는 뜻이므로, '신라'를 나라 이름으로 삼는 것이 마땅하다고 생각합니다. ⑩ 또 예부터 나라를 가진 이는 모두 '제(帝)'나 '왕(王)'을 칭하였는데, 우리 시조께서 나라를 세운 지 지금 22대에 이르기까지 단지 방언으로 칭하였고 존엄한 호칭을 정하지 못하였습니다. ⑪ 지금 여러 신하가 한마음으로 삼가 '신라국왕(新羅國王)'이라는 칭호를 올리고자 합니다." ⑫ 임금이 이 말에 따랐다. … ⑬ 6년 봄 2월, 임금이 몸소 나라 안의 주(州)·군(郡)·현(縣)을 정하였다. ⑭ 실직주(悉直州)를 설치하고 이사부(異斯夫)를 군주(軍主)로 삼았다. ⑮ 군주(軍主)의 명칭이 이로부터 시작되었다.

－『삼국사기(三國史記)』「신라본기(新羅本紀)」

2. 사료 해설

지증왕 시기는 신라의 국가 체제 정비가 이루어진 시기라고 할 수 있다. 먼저 농업 생산을 증진하기 위해 여러 조치를 취하였다. 이를 위해 순장(殉葬)을 금지하고, 주주(州主)와 군주(郡主)에게 농업을 권장하였으며, 우경을 실시하도록 하였다. 특히 우경의 실시는 이때 최초로 시작되었다기보다는 이전부터 이용되어 오던 우경을 국가적 차원에서 장려한 조치로 보인다. 이 무렵 대형화된 철제 농기구가 확산되어 사용되었고, 이를 우경과 결합하여 농업 생산력을 증진시키려고 한 것으로 보인다.

또한 지증왕 시기는 국왕 중심의 정치 제도를 수립하고자 노력하였다. 이 과정에서 중국식 국호와 왕호를 채택하게 되었으며, 지방에 대한 통제력을 높이고자 하는 조치도 실시되었다. 즉, 주(州)와 군(郡)을 설치하고, 아시촌(阿尸村)에 소경(小京)을 설치하였다. 특히 주·군 등의 설치는 주요 거점을 중심으로 한 군사적 성격의 기구를 설치한 것인데, 이는 지방에 대한 직접적인 지배가 이루어지기 시작한 것을 의미한다고 볼 수 있다.

사료 Plus+

- 사훼부의 지도로 갈문왕 · 사덕지 아간지 · 자숙지 거벌간지와 훼부의 이부지 일간지 · 지심지 거벌간지와 본피부의 두복지 간지와 사피부의 모사지 간지, 이 7왕들이 함께 의논하여 명을 내린 일

—「포항 냉수리 신라비(浦項 冷水里 新羅碑)」

- 지증왕 13년 6월에 우산국이 항복하여 해마다 토산물을 공물로 바치기로 하였다. 우산국은 명주(溟州)의 정동 쪽 바다에 있는 섬으로 울릉도라고 부르기도 한다.

—『삼국사기(三國史記)』

사료 텍스트 완성하기

교과서 텍스트

1. 한 지증왕은 신라를 공식 국호로 정하고 왕호도 마립간에서 (　　　)(으)로 바꾸었다.
2. 역 지증왕은 (　　　)을/를 금지하고 (　　　)을/를 직접 파견하였다.
3. 한 지증왕은 우경과 (　　　) 사업을 장려하여 농업 생산력을 크게 늘렸다.
4. 역 지증왕은 (　　　)을/를 복속시켰다.

기출 텍스트

1. 능 (　　　)은/는 왕과 여러 귀족의 합의 처결에 바탕을 둔 6부 체제의 모습을 보여준다.
2. 능 지증왕은 (　　　)을/를 금지하고, 우경을 장려하였다
3. 능 지증왕은 국호를 (　　　)(으)로 정하고 지방 제도를 정비하였다.
4. 능 지증왕은 (　　　)을/를 보내 우산국을 복속시켰다.

빈칸 정답

	교과서 텍스트	기출 텍스트
1	왕	냉수리비
2	순장, 지방관	순장
3	수리	신라
4	우산국	이사부

044 법흥왕 시기 통치체제 확립

역동아 / 한금성, 한미래엔, 한비상, 한씨마스, 한지학사

① 四年夏四月, 始置兵部. … ② 七年春正月, 頒示律令. ③ 始制百官公服, 朱紫之秩. … ④ 九年春三月, 加耶國王遣使請婚, 王以伊湌比助夫之妹送之. … ⑤ 十五年, 肇行佛法. … ⑥ 十八年夏四月, 拜伊湌哲夫爲上大等, 摠知國事. ⑦ 上大等官, 始於此, 如今之宰相. ⑧ 二十三年, 始稱年號, 云建元元年.

—『三國史記』「新羅本紀」

주요 어휘

頒 나눌 **반**	示 보일 **시**	朱 붉을 **주**	紫 자줏빛 **자**	秩 차례 **질**
請 청할 **청**	婚 혼인할 **혼**	湌 먹을 **찬**	妹 누이 **매**	送 보낼 **송**
肇 치다 **조**	拜 벼슬 내릴 **배**	哲 밝을 **철**	妃 왕비 **비**	

한자 독음

① 사년하사월, 시치병부. … ② 칠년춘정월, 반시율령. ③ 시제백관공복, 주자지질. … ④ 구년춘삼월, 가야국왕견사청혼, 왕이이찬비조부지매송지. … ⑤ 십오년, 조행불법. … ⑥ 십팔년하사월, 배이찬철부위상대등, 총지국사. ⑦ 상대등관, 시어차, 여금지재상. ⑧ 이십삼년, 시칭연호, 운건원원년.

1. 국문 해석

① 4년 여름 4월, 처음으로 병부(兵部)를 설치하였다. … ② 7년 봄 정월, 율령을 반포하고, 처음으로 모든 관리의 공복(公服)을 제정하였다. ③ 붉은색과 자주색으로 등급을 정하였다. … ④ 9년 봄 3월, 가야국 왕이 사신을 보내 혼인을 청하였기에, 임금이 이찬 비조부(比助夫)의 여동생을 보냈다. … ⑤ 15년 불교를 처음으로 시행하였다. … ⑥ 18년 여름 4월, 이찬 철부(哲夫)를 상대등(上大等)으로 삼아 나라의 일을 총괄하게 하였다. ⑦ 상대등이라는 관직은 이때 처음 생겼으니, 지금의 재상(宰相)과 같다. ⑧ 23년, 처음으로 연호를 칭하여 건원(建元) 원년이라 하였다.

— 『삼국사기(三國史記)』 「신라본기(新羅本紀)」

2. 사료 해설

법흥왕 시기는 이전의 지증왕 시기에 확립되기 시작한 국왕 중심의 통치체제를 더욱 정비한 시기라고 할 수 있다. 먼저 병부의 설치는 각 부의 군사권을 국왕을 중심으로 결집시킨 것인데, 이는 전국적인 군사력의 동원을 가능하게 한 조치로 보인다. 또한 율령의 반포와 더불어 공복이 제정되었다고 전하는데, 이는 이 골품제와 관등제도 완비가 된 것임을 추정케 하는 요소이다. 이러한 골품제와 관등제 정비를 통해 6부의 세력은 국왕 아래 귀족으로 편제될 수 있었다.

특히 527년 불교의 공인은 다양한 신앙을 하나로 묶어 왕권을 초월자적 신분으로 높일 수 있는 이념 기반을 마련한 것이었다. 이후 법흥왕에 대해 '태왕(太王)' 등의 칭호가 나타난 것은 이와 무관하지 않다.

이러한 왕권 강화 속에서 설치된 것이 바로 상대등이다. 상대등의 설치는 왕이 귀족회의 주재자로서의 성격을 탈피하게 된 것을 의미한다.

사료 Plus+

법흥왕(法興王) 시기 제도에서는 태대각간부터 대아찬까지는 자색 옷을 입었고, 아찬부터 급찬까지는 비색(緋色) 옷인데 모두 아홀(牙笏)을 들었고, 대나마와 나마는 청색 옷을, 대사(大舍)부터 선저지(先沮知)까지는 황색 옷을 입었다.

— 『삼국사기(三國史記)』 「잡지(雜志)」

사료 텍스트 완성하기

교과서 텍스트

1. 한 법흥왕은 (　　　)을/를 설치하여 군사권을 왕에게 집중하고, 율령을 반포하였다.
2. 한 법흥왕은 율령을 반포하고 (　　　)와/과 공복제를 마련하여 중앙집권적인 통치 조직을 갖추어 나갔고, 지배층의 신분제인 (　　　)을/를 정비하였다.
3. 역 법흥왕은 이차돈의 순교를 계기로 (　　　)을/를 공인하였고, (　　　)(이)라는 독자적 연호를 사용하였다.
4. 역 신라는 법흥왕 시기 낙동강 유역으로 진출하여 (　　　)을/를 병합하였다.

기출 텍스트

1. 수 법흥왕은 (　　　)을/를 설치하여 군사 통수 체계를 정비하였다.
2. 능 법흥왕은 (　　　)을/를 반포하여 통치 질서를 확립하였다.
3 능 법흥왕 대에 건립된 비석인 (　　　)은/는 율령의 집행과 관련된 내용을 담고 있다.
4. 능 법흥왕은 (　　　)의 순교를 계기로 불교를 공인하였다.

빈칸 정답

	교과서 텍스트	기출 텍스트
1	병부	병부
2	17관등제, 골품제	율령
3	불교, '건원'	울진 봉평비
4	금관가야	이차돈

045 신라 : 진흥왕 시기 영토 팽창

동동아 / 한비상

① 太昌元年歲次戊子□□卄一日, □□□興太王, 巡狩管境, 刊石銘記也. … ② 因斯四方託, 境廣獲民土, 隣國誓信, 和使交通. ③ 府自惟忖, 撫育新舊黎庶, 猶謂道化未有. ④ 於是歲次戊子, 秋八月, 巡狩管境, 訪採民心, 以欲勞賚. ⑤ 如有忠信精誠, 才超察厲勇敵强戰, 爲國盡節有功之徒, 可加賞爵□以章勳勞. … ⑥ 于是隨駕沙門道人法藏慧忍.

— 「磨雲嶺新羅眞興王巡狩碑」

주요 어휘

次 버금 차	巡 순행할 순	狩 사냥할 수	管 다스릴 관	境 지경 경
刊 새길 간	斯 이 사	託 부탁할 탁	獲 얻을 획	隣 이웃 린
誓 맹세할 서	交 주고받을 교	惟 생각할 유	忖 헤아릴 촌	撫 어루만질 무
黎 검을 여	猶 오히려 유	訪 찾을 방	採 캘 채	勞 일할 로
賚 줄 뢰	精 정성스럽다 정	誠 정성 성	才 재주 재	超 넘을 초
勇 날쌜 용	敵 원수 적	盡 다할 진	徒 무리 도	賞 상 줄 상
爵 잔 작	勳 힘쓸 훈	隨 따를 수	駕 멍에 가	藏 감출 장
慧 슬기로울 혜	忍 참을 인			

한자 독음

① 태창원년세차무자□□입일일, □□□흥태왕, 순수관경, 간석명기야. … ② 인사사방탁, 경광획민토, 린국서신, 화사교통. ③ 부자유촌, 무육신구려서, 유위도화미유. ④ 어시세차무자, 추팔월, 순수관경, 방채민심, 이욕로뢰. ⑤ 여유충신정성, 재초찰려용적강전, 위국진절유공지도, 가가상작□이장훈로. … ⑥ 우시수가사문도인법장혜인.

1. 국문 해석

① 태창원년(太昌元年) 세차(歲次) 무자(戊子) □□ 21일 □□ □흥대왕(□興大王)이 관경을 순수하여 돌에 새겨 기록하였다. … ② 이로 말미암아 사방으로 영토를 개척하여 널리 백성과 토지를 획득하니, 이웃나라가 신의를 맹세하고 화사(和使)가 서로 통하여 오도다. ③ 아래로 스스로 헤아려 신구민(新舊民)을 무육(撫育)하였으나 오히려 말하기를 왕도의 덕화(德化)가 고루 미치지 아니하고 은혜가 베풀어짐이 있지 않다고 한다. ④ 이에 무자년(戊子年) 가을 8월에 관경(管境)을 순수(巡狩)하여 민심을 살펴서 위로하고 물건을 내려주고자 한다. ⑤ 만약 충성과 신의와 정성이 있거나, 재주가 뛰어나고 재난의 기미(機微)를 살피고, 적에게 용감하고 싸움에 강하며, 나라를 위해 충절을 다한 공(功)이 있는 무리에게는 벼슬과 □을 상(賞)으로 더하여 주고 공훈(功勳)을 표창하고자 한다. … ⑥ 이때 수레를 따른 자로 사문(沙門) 도인(道人)은 법장(法藏)과 혜인(慧忍)이다.

– 「마운령신라진흥왕순수비(磨雲嶺新羅眞興王巡狩碑)」

2. 사료 해설

진흥왕 시기는 548년(진흥왕 9년)부터 568년(진흥왕 29년)까지 지속된 정복 사업으로 말미암아 영토와 주민이 급속하게 늘어난 시기였다. 이 과정에서 진흥왕은 새롭게 편입된 주민들을 위로하고, 이들의 민심 동향을 살피고자 순수(巡狩)를 행하게 된 것이다.

진흥왕은 아소카왕을 모델로 한 전륜성왕(轉輪聖王)을 내세웠기 때문에 불교의 힘을 통한 대민 교화를 추진했던 것으로 보인다. 특히 비문에 나오는 법장과 혜인이라는 법호를 가진 사문도인(沙門道人)이 바로 승려들로 보이는데, 이들은 새롭게 정복한 지역의 주민들에게 진흥왕이 전륜성왕의 신성한 권위를 갖고 있음을 알리는 종교적 교화의 임무를 맡았을 것으로 보인다. 이는 승려가 국정의 자문에 참여하고 순무(巡撫)의 기능을 수행한 것을 보여주는 것으로 불교와 정치의 관계가 확대된 것을 보여준다고 할 수 있다.

사료 Plus+

- 16년 봄 정월, 완산주(完山州)를 비사벌(比斯伐)에 설치하였다. 겨울 10월에 왕이 북한산(北漢山)에 순행하여 강역을 확장하고 국경을 정하였다. 11월에 (왕이) 북한산에서 돌아왔는데, 지나온 주군(州郡)에 교(敎)를 내려 1년간의 조세를 면제해 주고 (해당 지역의) 죄수 중 두 가지 죄(二罪)를 제외하고는 모두 풀어 주었다.

  – 『삼국사기(三國史記)』

- 신라 제24대 진흥왕 때 … 바다 남쪽에서 커다란 배 한 척이 나타났는데, 하곡현 사포에 정박하였다. 이 배를 조사해 보니 이러한 내용의 공문이 있었다. "서축(인도) 아육왕(아소카왕)이 황철 5만 7천 근과 황금 3만분을 모아 석가 삼존상을 만들려고 하였지만 이루지 못하였다. 그래서 배에 실어 바다에 띄우면서 축원하기를, '부디 인연 있는 나라에 가서 장륙존상을 이루기를 바랍니다.'라고 하였다." … 금과 쇠를 수도로 운반하여 장륙존상을 주조하였다. 이 장륙존상을 황룡사에 모셨는데, 이듬해 불상의 눈에서 눈물이 흘러 발꿈치까지 이르렀으니 땅을 한 자나 적셨다.

  – 『삼국유사(三國遺事)』

사료 텍스트 완성하기

교과서 텍스트

1. 역 진흥왕은 (   )을/를 국가적인 조직으로 정비하여 인재를 양성하였다.
2. 한 진흥왕은 한강 유역을 모두 장악하고, 고령의 (   )을/를 병합하였으며, 북쪽으로 (   )까지 진출하였다.
3. 한 신라는 한강 유역을 장악함으로써 (   )을/를 통해 중국과 직접 교류할 수 있게 되었다.
4. 한 신라도 나름의 독자적 천하관을 가지고 있었다. 신라는 주변 세계를 평정하겠다는 염원에서 (   )에 목탑을 만들었고, 울주 천전리 각석과 마운령비에서 각각 '태왕', '제왕'이라는 칭호를 사용하였다.

기출 텍스트

1. 능 진흥왕은 (   )을/를 국가적인 조직으로 개편하였다.
2. 능 진흥왕은 지금의 (   ) 남부 일원까지 세력을 확장하였다.
3. 수 진흥왕은 국가적 지원을 받는 불교 사찰로 (   )을/를 건립하였다.
4. 능 조선 후기 (   )은/는 북한산비를 진흥왕이 세운 순수비임을 고증하였다.

빈칸 정답

	교과서 텍스트	기출 텍스트
1	화랑도	화랑도
2	대가야, 함흥평야	함경도
3	당항성	황룡사
4	황룡사	김정희

THEME

046 신라 : 진평왕 시기 왕권의 확립

① 三年春正月, 始置位和府. ② 如今吏部. … ③ 五年春正月, 始置船府署, 大監·弟監各一員. … ④ 六年三月, 置調府令一員, 掌貢賦, 乘府令一員, 掌車乘. … ⑤ 八年春正月, 置禮部令二員. … ⑥ 十三年春二月, 置領客府令二員. … ⑦ 四十四年二月, 以伊湌龍樹爲內省私臣. ⑧ 初, 王七年, 大宮·梁宮·沙梁宮三所, 各置私臣, 至是置內省私臣一人, 兼掌三宮. ⑨ 四十五年春正月, 置兵部大監二員. … ⑩ 四十六年春正月, 置侍衛府大監六員, 賞賜署大正一員, 大道署大正一員.

—『三國史記』「新羅本紀」

주요 어휘

如 같을 **여**	船 배 **선**	調 고를 **조**	掌 주관할 **장**	乘 타다 **승**
車 수레 **차 / 거**	領 거느릴 **영**	客 손님 **객**	賞 상줄 **상**	賜 줄 **사**
署 관청 **서**				

한자 독음

① 삼년춘정월, 시치위화부. ② 여금이부. … ③ 오년춘정월, 시치선부서, 대감·제감각일원. … ④ 육년삼월, 치조부령일원, 장공부, 승부령일원, 장차승. … ⑤ 팔년춘정월, 치예부령이원. … ⑥ 십삼년춘이월, 치영객부령이원. … ⑦ 사십사년이월, 이이찬용수위내성사신. ⑧ 초, 왕칠년, 대궁·양궁·사양궁삼소, 각치사신, 지시치내성사신일인, 겸장삼궁. ⑨ 사십오년춘정월, 치병부대감이원. … ⑩ 사십육년춘정월, 치시위부대감육원, 상사서대정일원, 대도서대정일원.

1. 국문 해석

① 3년 봄 정월, 처음으로 위화부(位和府)를 설치하였다. ② 이는 지금의 이부(吏部)와 같다. … ③ 5년 봄 정월, 처음으로 선부(船府)의 관서(官署)를 설치하고, 대감(大監)·제감(弟監) 각 1명을 두었다. … ④ 6년 3월, 조부(調府)에 영(令) 1명을 두어 공부(貢賦)를 관장하도록 하였고, 승부(乘府)에 영(令) 1명을 두어 수레[車乘]에 대한 일을 관장하도록 하였다. … ⑤ 8년 봄 정월, 예부(禮部)에 영(令) 2명을 두었다. ⑥ 13년 봄, 2월에 영객부(領客府)에 영(令) 2명을 두었다. … ⑦ 44년 2월, 이찬(伊湌) 용수(龍樹)를 내성 사신(內省私臣)으로 삼았다. ⑧ 처음 진평왕 7년에 대궁(大宮)·양궁(梁宮)·사량궁(沙梁宮) 3곳에 각각 사신(私臣)을 두었는데, 이때 이르러 내성 사신 1명을 두고, 3궁의 일을 아울러 관장하도록 하였다. ⑨ 45년 봄 정월에 병부(兵部)에 대감(大監) 2명을 두었다. … ⑩ 46년 봄 정월, 시위부(侍衛府)에 대감(大監) 6명을 두고, 상사서(賞賜署)에 대정(大正) 1명, 대도서(大道署)에 대정(大正) 1명을 두었다.

–『삼국사기(三國史記)』「신라본기(新羅本紀)」

2. 사료 해설

진평왕은 중앙 관부의 설치를 통해 국왕 중심의 통치 질서를 완성해 나가고자 노력하였다. 먼저 관리의 인사를 담당하는 위화부(位和府)와 국가의 공부(貢賦)를 관장하는 조부(調府)를 설치하였다. 또한 종전까지 궁궐마다 나누어 담당하던 왕실 업무를 내성(內省)을 통해 총괄하도록 하였는데, 이는 왕실 업무가 국왕을 중심으로 개편되었음을 의미한다고 할 수 있다.

사료 Plus+

- 진평왕은 왕위에 오른 첫해에 하늘에서 사신이 궁전 뜰로 내려와 왕에게 말하였다. "상제께서 저에게 명하시어 이 옥대를 전해 주라고 하셨습니다." 왕이 친히 꿇어앉아 그것을 받자, 사신이 하늘로 올라갔다. 무릇 교외와 종묘에서 큰 제사를 지낼 때면 모두 이 옥대를 사용하였다.

  –『삼국유사(三國遺事)』

- 30년, 임금이 고구려가 자주 영토를 침범하는 것을 염려하여 수나라에 병사를 청하여 고구려를 치려 하였다. 원광에게 명하여 군사를 청하는 글을 짓게 하니, 원광이 말하였다. "자기가 살기 위하여 다른 이를 멸하는 것은 승려에 걸맞은 행동이 아닙니다만, 저는 대왕의 땅에서 살고 대왕의 물과 곡식을 먹고 있으니 어찌 감히 명을 따르지 않겠습니까?" 곧 글을 지어서 올렸다. … 33년, 임금이 수나라에 사신을 보내 병사를 청하는 글을 올리니, 수 양제(煬帝)가 그것을 허락하였다.

  –『삼국사기(三國史記)』「신라본기(新羅本紀)」

• 이때 원광이 수에서 돌아와 가슬갑에 머문다는 것을 듣고 두 사람은 문에 나아가 고하여 말하였다. "… 원컨대 한 말씀 내리셔서 평생 동안의 교훈으로 삼게 해 주십시오." 원광이 말하였다. "불교에는 보살계가 있으니 그것은 열 가지로 구별되어 있다. 너희들은 다른 이들의 신하와 자식된 자이니 능히 감당할 수 없을 것이다. 지금 세속의 다섯 개의 계율이 있으니 첫째는 충성으로 임금을 섬긴다, 둘째는 효로 부모를 섬긴다, 셋째는 친구와 사귐에 믿음이 있게 한다, 넷째는 전투에 임하여 물러섬이 없다, 다섯째는 살생을 함에 가림이 있게 하는 것이다. 너희들은 그것을 행함에 소홀함이 없게 하라."

－『삼국유사(三國遺事)』

사료 텍스트 완성하기

교과서 텍스트

1. 역 진평왕과 그 왕비의 이름은 백정과 마야 부인이었는데, 이는 (　　　　)의 부모 이름에서 따온 것이다.

2. 한 (　　　　)은/는 부처의 가르침에 따라 세계를 통일하고 지배하는 이상적인 통치자를 말한다. 금륜·은륜·동륜·철륜의 네 성왕이 있다.

기출 텍스트

1. 능 진평왕 시기 (　　　　)은/는 수나라에 군사를 청하는 걸사표를 지었다.

2. 능 (　　　　)은/는 성골 출신으로 왕이 된 마지막 인물이다.

빈칸 정답

	교과서 텍스트	기출 텍스트
1	석가모니	원광
2	전륜성왕	진덕여왕

THEME

047 신라 : 골품제의 성립과 분화

역 동아, 역 천재 / 한 리베르, 한 씨마스

① 薛罽頭, 亦新羅衣冠子孫也. ② 嘗與親友四人, 同會燕飮, 各言其志. ③ 罽頭曰, "新羅用人論骨品. ④ 苟非其族, 雖有鴻才傑功, 不能踰越. ⑤ 我願西遊中華國, 奮不世之略, 立非常之功, 自致榮路, 備簪紳劒佩, 出入天子之側, 足矣." ⑥ 武德四年辛巳, 潛隨海舶入唐. ⑦ 會太宗文皇帝親征高句麗, 自薦爲左武衛果毅. ⑧ 至遼東, 與麗人戰駐蹕山下, 深入疾鬪而死, 功一等. ⑨ 皇帝問, "是何許人", 左右奏新羅人薛罽頭也. ⑩ 皇帝泫然曰, "吾人尙畏死, 顧望不前, 而外國人, 爲吾死事, 何以報其功乎." ⑪ 問從者, 聞其平生之願, 脫御衣覆之, 授職爲大將軍, 以禮葬之.

—『三國史記』「列傳」

주요 어휘

薛 성씨 **설**	罽 어망 **계**	頭 머리 **두**	嘗 맛볼 / 일찍이 **상**	骨 뼈 **골**
品 물건 **품**	鴻 번성할 **홍**	才 재주 **재**	傑 뛰어날 **걸**	功 공 **공**
踰 넘을 **유**	越 넘을 **월**	備 갖출 **비**	簪 비녀 **잠**	紳 큰 띠 **신**
劒 칼 **검**	佩 찰 **패**	潛 숨길 **잠**	隨 따를 **수**	果 열매 **과**
毅 굳셀 **의**	駐 머무를 **주**	蹕 벽제할 **필**	深 깊을 **심**	疾 병 **질**
鬪 싸울 **투**	泫 빛날 **현**	尙 오히려 **상**	畏 두려워할 **외**	顧 돌아볼 **고**
報 갚을 **보**	問 물을 **문**	從 좇을 **종**	脫 벗을 **탈**	御 어거할 **어**
覆 덮을 **부**	授 줄 **수**	葬 장사지낼 **장**		

한자 독음

① 설계두, 역신라의관자손야. ② 상여친우사인, 동회연음, 각언기지. ③ 계두왈, "신라용인논골품. ④ 구비기족, 수유홍재걸공, 불능유월. ⑤ 아원서유중화국, 분불세지략, 입비상지공, 자치영로, 비잠신검패, 출입천자지측, 족의." ⑥ 무덕사년신사, 잠수해박입당. ⑦ 회태종문황제친정고구려, 자천위좌무위과의. ⑧ 지요동, 여려인전주필산하, 심입질투이사, 공일등. ⑨ 황제문, "시하허인", 좌우주신라인설계두야. ⑩ 황제현연왈, "오인상외사, 고망부전, 이외국인, 위오사사, 하이보기공호." ⑪ 문종자, 문기평생지원, 탈어의부지, 수직위대장군, 이예장지.

1. 국문 해석

① 설계두(薛罽頭) 또한 신라 귀족 가문의 자손이다. ② 일찍이 가까운 친구 4명과 함께 모여 술을 마시면서 각자 자신의 뜻을 말하였다. ③ 설계두가 말하길, "신라에서는 사람을 등용하는 데 골품을 따진다. ④ 진실로 그 족속이 아니면 비록 큰 재주와 뛰어난 공이 있더라도 넘을 수가 없다. ⑤ 나는 원컨대, 서쪽의 중국으로 가서 세상에서 보기 드문 지략을 떨쳐서 특별한 공을 세워 스스로 영광스러운 관직에 올라 고관대작의 옷을 갖추어 입고 칼을 차고서 천자의 곁에 출입하면 만족하겠다."라고 하였다. ⑥ 무덕(武德) 4년 신사(辛巳)에 몰래 상선을 따라 당나라에 들어갔다. ⑦ 때마침 태종 문황제(文皇帝)가 고구려를 친히 정벌하였으므로, 스스로 천거하여 좌무위(左武衛) 과의(果毅)가 되었다. ⑧ 요동에 이르러 고구려인과 주필산(駐蹕山) 아래에서 싸웠는데 적진 깊숙이 들어가 민첩하게 싸우다가 죽으니 공(功)이 1등이었다. ⑨ 황제가 "이 자는 어떤 사람인가."라고 물으니 좌우에서 신라인 설계두라고 아뢰었다. ⑩ 황제가 눈물을 흘리며 말하길, "우리나라 사람도 오히려 죽음을 두려워하여 형세를 관망하고 앞으로 나가지 못하는데, 외국인이 우리를 위해 목숨을 바쳤으니 어떻게 그 공을 갚겠는가."라고 하였다. ⑪ 시종하는 사람에게 물어 그의 평생의 소원을 듣고는 어의를 벗어 덮어 주고, 대장군(大將軍)의 관직을 주고 예를 갖춰 장사를 지냈다.

— 『삼국사기(三國史記)』 「열전(列傳)」

2. 사료 해설

골품제는 법흥왕 시기 율령의 반포 무렵 정비된 것으로 보인다. 이를 주도한 것은 진골 세력들로 이들은 주로 훼부(탁부)와 사훼부(사탁부) 소속의 왕족들과 모량부(잠훼부) 소속 박씨왕의 후손들이었다. 이러한 골품제는 진골들이 정치적·사회적 특권을 명확하게 하기 위해 나머지 왕경 6부의 지배 세력들을 여러 신분 계층으로 편제한 것이다. 그렇다 보니 진골 신분만이 대아찬 이상에 승진할 수 있다는 규정 등이 생겨나게 된 것이다.

그러나 이러한 골품 신분에 편제되는 것은 왕경 6부의 지배 세력에 한하는 것이었고, 지방의 지배 세력들은 외위(外位)를 별도로 받는 것이었다. 그러다가 674년(문무왕 14)에 외위를 폐지하고 경위로 관등을 통일했는데, 이는 왕경인과 지방민을 차별 대우하던 것을 철폐한 것으로 볼 수 있다.

또한 신라는 삼국 통일 무렵 중위제(重位制)를 설정한 것으로 보인다. 이는 6두품에게는 상한선인 아찬에 중위를 설정해 4중(四重) 아찬까지, 5두품에게는 제10관등인 대나마의 경우 9중 대나마까지, 제11관등인 나마(奈麻)의 경우 7중 나마까지 승진할 수 있도록 한 것이었다. 그 세부적인 내용에 대해서는 다양한 의견이 표출된 상황이지만, 골품제로 인한 갈등 완화라는 목적에 대해서는 의견이 모아지고 있다.

사료 Plus+

- 그 관직을 임명하는 데는 왕의 친족을 우선으로 하였다. 그 족(族)은 제1골과 제2골이라 이름하여 스스로 구별하였으며, 형제의 딸이나 고모·이모·종자매(從姊妹)를 다 아내로 맞아들일 수 있다. 왕족은 제1골이며, 아내도 역시 그 족으로 자식을 낳으면 모두 제1골이 된다. (이들은) 제2골의 여자에게 장가가지 않으며, 비록 간다 하더라도 언제나 첩으로 삼았다. 관직으로는 재상(宰相)·시중(侍中)·사농경(司農卿)·태부령(太府令) 등 무릇 17등급이 있는데, 제2골이 그것을 맡았다.

  – 『신당서(新唐書)』「열전(列傳)」

- 진골의 집은 길이와 너비가 24척을 넘을 수 없고 6두품의 집은 21척을 넘을 수 없고 … 4두품에서 백성에 이르기까지는 집의 길이와 너비가 15척을 넘지 말아야 한다.

  – 『삼국사기(三國史記)』

사료 텍스트 완성하기

교과서 텍스트

1. 한 신라에서는 지방의 부족장 세력이 중앙 귀족으로 포섭되는 과정에서 자신이 속한 (   )의 세력에 따라 지위를 받으면서 골품제가 형성되었다.
2. 한 골품제가 관등제와 결합하면서 골품에 따라 (   )할 수 있는 등급이 정해졌다.
3. 한 고구려와 백제에도 (   )와/과 유사한 신분 제도가 있었다.
4. 한 통일 이후에도 골품은 귀족들의 관등, 관직 등 정치적·사회적 지위를 규정하였고 골품에 따라 가옥의 규모와 장식물, 수레를 제한하는 등 (   )에서 차별이 이루어졌다.

기출 텍스트

1. 능 신라는 (   )에 따라 관직 승진에 제한이 있었다.
2. 능 진덕여왕이 죽음으로써 (   ) 골품은 소멸하였다.
3. 능 신라 하대는 (   )계 진골 귀족들에 의해 왕위 계승이 시작되었다.
4. 능 신라 말기에는 (   )이/가 중심이 되어 골품제를 비판하였다.

빈칸 정답

	교과서 텍스트	기출 텍스트
1	부(部)	골품
2	승진	성골
3	골품제	내물왕
4	일상생활	6두품

THEME

048 비담과 염종의 반란

① 十四年三月, 創造皇龍寺塔, 從慈藏之請也. ② 夏五月, 太宗親征高句麗. ③ 王發兵三萬以助之, 百濟乘虛, 襲取國西七城. ④ 冬十一月, 拜伊飡毗曇爲上大等. ⑤ 十六年春正月, 毗曇廉宗等, "謂女主不能善理", 因謀叛擧兵, 不克. ⑥ 八月, 王薨. ⑦ 諡曰善德, 葬于狼山.

―『三國史記』「新羅本紀」

주요 어휘

創 만들다 **창** 造 지을 **조** 塔 탑 **탑** 從 좇을 **종** 親 친히 **친**
征 칠 **정** 助 도울 **조** 虛 빌 **허** 襲 엄습할 **습** 拜 벼슬을 내릴 **배**
毗 도울 **비** 曇 흐릴 **담** 善 착할 **선** 理 다스릴 **리** 謀 꾀할 **모**
叛 배반할 **반** 克 이길 **극** 薨 죽을 **훙** 諡 시호 **시** 葬 장사지낼 **장**
狼 이리 **낭**

한자 독음

① 십사년삼월, 창조황룡사탑, 종자장지청야. ② 하오월, 태종친정고구려. ③ 왕발병삼만이조지, 백제승허, 습취국서칠성. ④ 동십일월, 배이찬비담위상대등. ⑤ 십육년춘정월, 비담염종등, "위녀주불능선리", 인모반거병, 불극. ⑥ 팔월, 왕훙. ⑦ 시왈선덕, 장우낭산.

1. 국문 해석

① 14년 3월, 황룡사탑을 세웠는데, 이는 자장의 요청을 받아들인 것이다. ② 여름 5월, 당 태종이 몸소 고구려를 정벌하였다. ③ 임금이 병사 3만 명을 내어 도왔는데, 백제가 그 빈틈을 타고 나라 서쪽의 일곱 성을 기습하여 빼앗았다. ④ 겨울 11월, 이찬 비담(毗曇)을 상대등으로 삼았다. ⑤ 16년 봄 정월, 비담과 염종(廉宗) 등이 "여왕은 나라를 잘 다스릴 수 없다."라고 하며 반역을 꾀하여 병사를 일으켰으나 승리하지 못하였다. ⑥ 8월, 임금이 돌아가셨다. ⑦ 시호를 선덕(善德)이라 하고 낭산(狼山)에 장사 지냈다.

―『삼국사기(三國史記)』「신라본기(新羅本紀)」

2. 사료 해설

진평왕 시기 왕의 직계는 다른 왕족과 구별되는 특별한 존재로 여겨졌다. 그렇기에 진평왕은 아들이 없었지만, 사후 딸인 선덕여왕(善德女王)이 다른 왕족들을 제치고 왕위에 오를 수 있었다.

그러나 이러한 여왕의 즉위는 대내외적인 반발에 부딪혔던 것으로 보인다. 우선 당 태종은 이러한 여왕의 통치를 문제 삼으며 '자신의 종친 중 한 사람을 보내 공동으로 신라를 다스리면 좋을 것'이라고 제안을 하기도 하였다. 이러한 당의 압력과 태도가 신라 내부에서 발생한 비담의 난을 촉발한 것으로 보인다.

김춘추와 김유신은 이러한 비담의 난을 진압하면서 최고 권력자로 발돋움하였다. 비담의 난 과정에서 선덕여왕이 죽었지만, 김춘추와 김유신의 조력에 힘입어 진덕여왕이 왕위를 계승할 수 있었다. 특히 김춘추는 진덕여왕 시기 나당 동맹을 이끌어내는 등 여러 가지 활약에 힘입어 정국을 주도하였다. 또한 왕명을 집행하는 집사부(執事部) 등을 만든 것도 바로 김춘추였다. 이러한 김춘추의 권력 장악은 진덕여왕 사후 상대등 알천(閼川) 등을 제치고 그가 왕위를 계승 받을 수 있는 요인이 되었다.

사료 Plus+

- 자장이 말하였다. "… 고구려, 백제가 번갈아 국경을 침범하여 마음대로 돌아다닙니다. 이것이 백성들의 걱정입니다." 신인(神人)이 말하였다. "황룡사의 호법룡이 나의 맏아들이다. … 귀국하여 절 안에 9층 탑을 조성하면 이웃 아홉 나라가 항복하고 조공하여 나라가 영원히 평안할 것이다. 탑을 건립한 후 팔관회를 베풀고 죄인을 사면하면 곧 외적이 해를 가할 수 없을 것이다."

  -『삼국유사(三國遺事)』

- 5년 3월, 임금이 병이 들었는데 의약과 기도가 효과가 없었으므로, 황룡사에서 백고좌회(百高座會)를 열어 승려를 모아 인왕경(仁王經)을 강론케 하고 1백 명에게 승려가 되는 것을 허락하였다. 여름 5월, 개구리가 궁궐의 서쪽 옥문지(玉門池)에 많이 모였다. 임금이 이를 듣고 가까운 신하들에게 말하였다. "개구리의 성난 듯한 눈은 병사의 모습이다. 내가 일찍이 서남쪽 변경에 지명이 옥문곡(玉門谷)이라는 곳이 있다고 들었는데, 혹시 이웃나라 병사가 그 안에 숨어들어 온 것은 아닐까 의심스럽다." 그리고 장군 알천(閼川)과 필탄(弼呑)에게 명하여 병사를 이끌고 가서 찾아보게 하였다. 과연 백제 장군 우소(于召)가 독산성(獨山城)을 기습하려고 무장한 병사 5백 명을 이끌고 와서 그곳에 숨어 있었다. 알천이 습격하여 그들을 모두 죽였다.

  -『삼국사기(三國史記)』「신라본기(新羅本紀)」 선덕왕(善德王)

사료 텍스트 완성하기

교과서 텍스트

1. 한 선덕여왕은 불교를 통해 국가의 위기를 극복하고자 (　　　)을/를 세웠다.
2. 역 선덕여왕은 (　　　)을/를 고구려로 보내 연개소문에게 도움을 요청하였다.

기출 텍스트

1. 능 선덕여왕은 (　　　)을/를 세워 천문 현상을 관측하였다.
2. 능 선덕여왕은 김춘추를 (　　　)에 파견하여 군사를 청하였다.

빈칸 정답

	교과서 텍스트	기출 텍스트
1	황룡사 9층 목탑	첨성대
2	김춘추	고구려

049 나·당 동맹의 체결

한 미래엔, 한 지학사

① 二年冬, 遣伊湌金春秋及其子文王朝唐. … ② 嘗召燕見, 賜以金帛尤厚, 問曰. ③ "卿有所懷乎." ④ 春秋跪奏曰. ⑤ "臣之本國, 僻在海隅, 伏事天朝, 積有歲年. ⑥ 而百濟强猾, 屢肆侵凌, 況往年大擧深入, 攻陷數十城, 以塞朝宗之路. ⑦ 若陛下不借天兵, 翦除凶惡, 則敝邑人民, 盡爲所虜, 則梯航述職, 無復望矣." ⑧ 太宗深然之, 許以出師.

—『三國史記』「新羅本紀」眞德王

주요 어휘

嘗 이전에 **상**	召 부를 **소**	燕 잔치 **연**	賜 줄 **사**	尤 더욱 **우**
厚 두터울 **후**	懷 품을 **회**	跪 꿇어앉을 **궤**	僻 후미질 **벽**	隅 모퉁이 **우**
積 쌓을 **적**	强 굳셀 **강**	猾 교활할 **활**	屢 창 **루**	肆 방자할 **사**
侵 침노할 **침**	凌 능가할 **능**	況 하물며 **황**	擧 들 **거**	深 깊을 **심**
陷 빠질 **함**	塞 막힐 **색**	若 같을 **약**	陛 섬돌 **폐**	翦 자를 **전**
敝 해질 **폐**	盡 다할 **진**	梯 사다리 **제**	航 배 **항**	許 허락할 **허**
師 군사 **사**				

한자 독음

① 이년동, 견이찬김춘추급기자문왕조당. … ② 상소연견, 사이금백우후, 문왈. ③ "경유소회호." ④ 춘추궤주왈. ⑤ "신지본국, 벽재해우, 복사천조, 적유세년. ⑥ 이백제강활, 누사침릉, 황왕년대거심입, 공함수십성, 이새조종지로. ⑦ 약폐하불차천병, 전제흉악, 즉폐읍인민, 진위소로, 즉제항술직, 무부망의." ⑧ 태종심연지, 허이출사.

1. 국문 해석

① 2년 겨울, 이찬 김춘추(金春秋)와 그의 아들 문왕(文王)을 보내 당나라에 조공하였다. … ② 어느 날 춘추를 연회에 불러 황금과 비단을 후하게 주며 물었다. ③ "경(卿)이 가슴에 품고 있는 말을 해보겠는가?" ④ 춘추가 꿇어앉아 아뢰었다. ⑤ "신(臣)의 나라는 멀리 바다 모퉁이에 치우쳐 있으면서도 천자의 조정을 섬긴 지 이미 여러 해 되었습니다. ⑥ 그런데 백제는 강하고 교활하여 여러 차례 침략을 마음대로 하고 있으며, 더욱이 지난해에는 병사를 크게 일으켜 깊숙이 쳐들어와 수십 개의 성을 함락시켜 대국에 조회할 길을 막았습니다. ⑦ 만약 폐하께서 대국의 병사를 빌려주어 흉악한 적들을 없애지 않는다면, 우리나라 백성은 모두 포로가 될 것이며 산과 바다를 거쳐서 조공을 드리는 일도 다시는 바랄 수 없을 것입니다." ⑧ 태종이 매우 옳다고 여겨 병사의 파견을 허락하였다.

– 『삼국사기(三國史記)』 「신라본기(新羅本紀)」 진덕왕(眞德王)

2. 사료 해설

이 시기 신라는 당과의 동맹에 명운을 걸 수밖에 없었다. 당시 백제의 파상 공격 속에서 신라는 국제적 고립을 탈피하기 위해 고구려와 왜와의 화친을 도모하였으나 모두 실패로 돌아갔기 때문이다. 그리하여 김춘추는 당으로 건너가 백제 정벌을 위한 당의 군사적 지원을 요청하여 나당 동맹을 이끌어 내었다. 이 무렵 신라는 독자적 연호였던 태화(太和)를 대신해서 당의 연호인 영휘(永徽)를 사용하는 등 적극적인 친당 정책을 통해 국왕 중심의 정치 질서를 구축하고자 노력하였다.

나당 동맹은 양국의 이해관계가 일치하는 것이었다. 당은 독자적으로 고구려를 침공하는 데 대한 부담을 느끼고 있었기 때문이다. 당 태종과 김춘추는 백제와 고구려를 멸망시킨 이후 대동강 이남 지역은 신라가 차지한다는 약속을 체결하였다. 그러나 이 동맹은 백제와 고구려의 멸망 이후 양국 간의 대결로 깨어지게 되었다.

사료 Plus+

김춘추(金春秋)가 고구려에 들어가 도움을 요청하자, 고구려 보장왕(寶藏王)은 "본래 고구려가 차지하였던 죽령 이북의 땅을 돌려달라."라고 하였다. 김춘추가 이를 거절하자 옥에 가두었다. 김춘추는 고구려 귀족 선도해(先道解)에게 뇌물을 주고 풀려날 방법을 물었다. 선도해는 '토끼의 간' 이야기를 해 주었다. 이 말을 들은 김춘추는 보장왕에게 편지를 보내, 결국 풀려날 수 있었다. 김춘추는 고구려 국경을 벗어나자 전송하러 나온 자에게 "고구려왕에게 보낸 편지는 단지 죽음을 피하기 위한 것이었다."라고 말하였다.

– 『삼국사기(三國史記)』

사료 텍스트 완성하기

교과서 텍스트

1. 역 김춘추는 당 태종에게 가서 당이 백제를 멸망시키면 신라가 당을 도와 (   )을/를 공격하겠다고 제안하였다.
2. 역 당 태종은 고구려에 대한 침략이 실패한 상황 속에서 (   )의 동맹 제의를 받아들였다(648).

기출 텍스트

1. 능 김춘추는 (   )의 설치를 건의하고 친당 외교를 주도하였다.
2. 수 진덕여왕이 (   )을/를 당에 보내 군대를 보내 줄 것을 요청하니 당 태종이 이를 허락하였다.

빈칸 정답

	교과서 텍스트	기출 텍스트
1	고구려	집사부
2	신라	김춘추

050 전기 가야 연맹과 포상팔국의 난

① 十四年秋七月, 浦上八國謀侵加羅, 加羅王子來請救. ② 王命太子于老與伊伐飡利音, 將六部兵往救之. ③ 擊殺八國將軍, 奪所虜六千人, 還之. … ④ 十七年春三月, 加耶送王子爲質.

—『三國史記』「新羅本紀」

주요 어휘

浦 물가 **포** 謀 꾀할 **모** 侵 침노할 **침** 救 구원할 **구** 將 거느릴 **장**
奪 빼앗을 **탈** 還 돌아올 **환** 送 보낼 **송** 質 바탕 / 저당 **질**

한자 독음

① 십사년추칠월, 포상팔국모침가라, 가라왕자래청구. ② 왕명태자우로여이벌찬이음, 장육부병왕구지. ③ 격살팔국장군, 탈소로육천인, 환지. … ④ 십칠년춘삼월, 가야송왕자위질.

1. 국문 해석

① 14년 가을 7월, 포상(浦上)의 여덟 나라가 모의하여 가라(加羅)를 침범하자, 가라의 왕자가 와서 구원을 청하였다. ② 임금은 태자 우로(于老)와 이벌찬 이음에게 명하여 6부의 병사를 이끌고 가서 구원하게 하였다. ③ 여덟 나라의 장군을 공격하여 죽이고 포로가 되었던 6천 명을 빼앗아 돌려주었다. … ④ 17년 봄 3월, 가야(加耶)에서 왕자를 보내와서 볼모로 삼았다.

—『삼국사기(三國史記)』「신라본기(新羅本紀)」

2. 사료 해설

포상팔국의 난은 시기와 공격 주체, 그리고 그 대상 모두 이견이 많은 사건에 속한다. 먼저 포상팔국은 낙동강 하류 및 경상남도 남해안 일대에 있었다고 전해지는 8개의 소국을 말한다. 이들 팔국의 이름이 모두 전해지지는 않지만, 골포국(骨浦國)·칠포국(柒浦國) 등은 이에 속하는 것으로 보인다. 포상팔국의 공격을 받은 나라는 『삼국사기』 신라본기에서는 '가라국'이라고만 표현했지만, 『삼국사기』 열전의 물계자전에서는 아라국(阿羅國)이라고 표현하고 있다. 하지만 학계에서는 당시의 정황과 고고학적 증거를 토대로 포상팔국의 공격 대상을 금관가야로 보기도 하고, 아라가야로 보기도 한다.

또한 『삼국사기』에서는 포상팔국의 시기를 3세기 초인 209년으로 서술하고 있지만, 학계에서는 4세기 무렵의 사건으로 이해하는 경우가 많다. 209년 무렵은 현실적으로 가야가 신라에게 도움을 청할만한 상황이 되느냐는 점, 그리고 고고학적 증거품의 동태와 『일본서기』에서의 등장인물과의 교차 검증 등을 토대로 보았을 때 4세기가 더 부합한다는 것이다.

포상팔국의 난을 4세기로 볼 경우 낙랑군의 멸망(313)과 대방군의 멸망(314) 등과 연계해서 보는 경우가 일반적이다. 중국 군현의 멸망으로 철을 기반으로 하는 교역망 체계가 붕괴되었고, 이것이 가야 연맹체 내부에 큰 타격으로 이어짐에 따라 난이 발생한 것으로 보는 것이다.

사료 Plus+

- 당시에 포상(浦上)의 여덟 나라가 함께 모의하여 아라국(阿羅國)을 치니, 아라의 사신이 와서 구원을 요청하였다. 이사금이 왕손 내음을 시켜 인근의 군 및 6부의 군대를 거느리고 가서 돕게 하여 마침내 여덟 나라의 병사를 물리쳤다. 이 전쟁에서 물계자(勿稽子)는 큰 공이 있었으나 왕손에게 미움을 샀기 때문에 그 공이 기록되지 않았다. … 그 뒤 3년이 지나 골포(骨浦)·칠포(柒浦)·고사포(古史浦) 등 세 나라 사람들이 갈화성(竭火城)을 공격하자, 왕이 병사를 거느리고 나가 구원하여 세 나라의 군대를 대파하였다.

  -『삼국사기(三國史記)』「열전(列傳)」 물계자(勿稽子)

- 조선 반도 남부에는 4세기 무렵부터 다수의 소국가가 분립한 지역이 있다. 『일본서기(日本書紀)』에서는 임나, 조선에서는 가야라 불리고 있다. 이 지역은 백제와 함께 일본열도의 사람들과 깊은 교류가 있었다. … 왜왕은 조선 반도 남부의 군사적 지배를 인정하는 칭호를 송 황제에 요청해 승인받았다. … 한편, 신라는 562년에 임나를 병합하였다. 신라는 이 문제에 일본이 개입하는 것을 피하기 위해 일본에 임나의 산물을 보내고 우호적 자세를 취하였다.

  -『새로운 역사 교과서』(2016)

사료 텍스트 완성하기

교과서 텍스트

1. 한 변한 지역에서는 여러 소국이 가야 연맹을 이루었고 3세기경에는 김해의 (　　　)이/가 연맹을 주도하였다.
2. 역 금관가야는 (　　　)의 멸망으로 철 수출이 어려워지면서 흔들리기 시작하였다.
3. 한 4세기 후반 신라가 가야 방면으로 세력을 확대하자, 가야는 백제 및 (　　　)와/과 긴밀한 관계를 맺는 것으로 대응하였다.
4. 한 금관가야는 5세기경 신라를 지원한 고구려군의 공격으로 쇠퇴하였고, 이후 고령의 (　　　)이/가 연맹을 이끌었다.

기출 텍스트

1. 능 구지봉에 내려온 금합에 여섯 개의 알이 들어 있었는데, 가장 먼저 알에서 나온 (　　　)이/가 금관가야를 세웠다.
2. 수 금관가야는 낙랑군과 (　　　)을/를 연결하는 해상 교역을 주도하였다.
3. 수 금관가야는 4세기 말에 (　　　)의 공격을 받고 국력이 약화되었다.
4. 수 고구려군의 공격을 받은 후 연맹의 중심이 금관가야에서 (　　　)(으)로 바뀌었다.

빈칸 정답

	교과서 텍스트	기출 텍스트
1	금관가야	수로(首露)
2	낙랑군	왜
3	왜	고구려군(광개토대왕)
4	대가야	대가야

051 대가야의 건국 이야기

① 本大伽倻國. ② 自始祖伊珍阿豉王, 至道設智王, 凡十六世五百二十年. ③ 按崔致遠, 釋利貞傳云. ④ '伽倻山神正見母主, 乃爲天神夷毗訶之所感, 生大伽倻王惱窒朱日·金官國王惱窒靑裔二人.' ⑤ 則惱窒朱日爲伊珍阿豉王之別稱, 靑裔爲首露王之別稱. ⑥ 然與駕洛國古記六卵之說, 俱荒誕不可信. ⑦ 又釋順應傳, 大伽倻國月光太子, 乃正見之十世孫, 父曰異腦王, 求婚于新羅, 迎夷粲比枝輩之女, 而生太子. ⑧ 則異腦王乃惱窒朱日之八世孫也.

— 『新增東國輿地勝覽』「慶尙道」高靈縣 建置沿革

주요 어휘

自 ~로부터 **자** 至 이를 **지** 凡 무릇 **범** 按 생각할 **안** 釋 풀다 **석**
乃 이에 **내** 毗 도울 **비** 惱 괴로워할 **뇌** 裔 후손 **예** 窒 막을 **질**
駕 멍에 **가** 洛 강 이름 **낙** 俱 함께 **구** 荒 거칠 **황** 誕 태어날 **탄**
迎 맞이할 **영** 枝 가지 **지** 輩 무리 **배** 腦 뇌 **뇌**

한자 독음

① 본대가야국. ② 자시조이진아시왕, 지도설지왕, 범십육세오백이십년. ③ 안최치원, 석이정전운. ④ '가야산신정견모주, 내위천신이비가지소감, 생대가야왕뇌질주일·금관국왕뇌질청예이인.' ⑤ 즉뇌질주일위이진아시왕지별칭, 청예위수로왕지별칭. ⑥ 연여가락국고기육란지설, 구황탄불가신. ⑦ 우석순응전, 대가야국월광태자, 내정견지십세손, 부왈이뇌왕, 구혼우신라, 영이찬비지배지녀, 이생태자. ⑧ 즉이뇌왕내뇌질주일지팔세손야.

1. 국문 해석

① 본래 대가야국(大伽倻國)이다. ② 시조 이진아시왕(伊珍阿豉王)부터 도설지왕(道設智王)까지 무릇 16세 520년이다. ③ 최치원(崔致遠)의 『석이정전(釋利貞傳)』을 살펴보면 다음과 같다. ④ '가야산신(伽倻山神) 정견모주(正見母主)는 곧 천신(天神)인 이비가지(夷毗訶之)에게 감응되어 대가야(大伽倻)의 왕 뇌질주일(惱窒朱日)과 금관국(金官國)의 왕 뇌질청예(惱窒青裔) 두 사람을 낳았다.' ⑤ 즉, 뇌질주일은 이진아시왕의 별칭이고 뇌질청예는 수로왕(首露王)의 별칭이 된다. ⑥ 그러나 이는 가락국(駕洛國) 고기(古記)의 여섯 알 전설과 더불어 모두 근거가 없고 허황되어 믿을 수 없다. ⑦ 또한 『석순응전(釋順應傳)』에 대가야국의 월광태자(月光太子)는 곧 정견(正見)의 10세손이요, 그의 아버지는 이뇌왕(異腦王)이라고 하며, 신라에 결혼을 청하여 이찬(夷粲) 비지배(比枝輩)의 딸을 맞아 태자를 낳았다고 되어 있다. ⑧ 이뇌왕은 곧 뇌질주일의 8세손이다.

— 『신증동국여지승람(新增東國輿地勝覽)』 「경상도(慶尚道)」 고령현 건치연혁(高靈縣 建置沿革)

2. 사료 해설

대가야는 기존의 가야 연맹을 이끌던 금관가야가 쇠약해진 상황에서 내륙 평야의 농업 생산력을 기반으로 5세기 중반 무렵부터 두각을 나타냈다. 또한 백제가 한성 함락 이후 내분에 휩싸이는 등 국력이 쇠약해지자 섬진강 유역까지 세력권을 확대해 나갔다. 이러한 성장을 바탕으로 대가야는 남제(南齊)에 사신을 파견해 '보국장군 가라국왕(輔國將軍 加羅國王)'이라는 책봉을 받았고, 고구려의 침공을 받은 신라에 군대를 파견하는 등 국제무대에서도 활동하기 시작하였다.

이러한 상황 속에서 대가야의 건국 이야기도 나름대로 정립되었던 것으로 보인다. 대가야의 시조 이진아시왕(伊珍阿豉王)의 별칭은 뇌질주일(惱窒朱日)인데, 그는 산신(山神)인 정견모주(正見母主)와 천신(天神)인 이비가지(夷毗訶之)의 결합으로 태어났다고 한다. 그런데 최치원(崔致遠)의 『석이정전(釋利貞傳)』과 『석순응전(釋順應傳)』에 의하면 천신(天神)인 이비가지보다 가야산의 산신인 정견모주의 권위가 더 앞서는 것으로 나타나 있다. 이는 대가야의 중심 세력은 외부 세력이 아닌 고령 지방의 토착 세력임을 나타내는 것이라 할 수 있다.

또한 『석이정전』에는 대가야의 왕 뇌질주일과 금관가야의 왕 뇌질청예(惱窒青裔)가 형제 관계로 나타나 있다. 뇌질청예는 금관가야의 시조 수로왕의 별칭인데, 이는 새롭게 성장한 대가야가 이전의 맹주였던 금관가야와의 혈연적 유대 관계를 내세워 지배를 합리화하고자 한 것으로 보인다.

그러나 대가야도 가야 연맹체의 정치적·지리적 한계를 극복하지는 못하였다. 대가야에서 멀리 떨어진 함안의 아라가야 등과 갈등이 벌어지기도 하였고, 다시 국력을 회복한 백제에게 남원 등 전라도 동부 지역을 빼앗기기도 하였다.

사료 텍스트 완성하기

교과서 텍스트

1. 역 대가야는 삼국이 경쟁하는 틈을 타 (   ) 서쪽과 섬진강 방면으로 세력을 확대하였다.
2. 역 대가야는 (   )에 사신을 보내 교류하였고, 백제와 함께 고구려의 침입을 받은 (   )에 도움을 주기도 하였다.
3. 한 후기 가야 연맹은 신라와 백제의 세력 다툼 속에 분열하면서 금관가야와 (   )이/가 차례로 신라에 흡수되었다.
4. 한 대가야는 (   )을/를 통한 교역로를 개척하는 등의 활로를 모색하였다.

기출 텍스트

1. 등 대가야는 시조 설화에서 (   )의 맹주적 위상을 부정하지 않고, 오히려 이를 활용하여 자신들의 위상을 높이고자 하였다.
2. 등 대가야는 5세기 이후에 (   )에 유리한 입지 조건과 제철 기술을 바탕으로 중심지로 떠올랐다.
3. 수 대가야는 6세기 초에 신라와 (   ) 동맹을 맺어 국제적 고립에서 벗어나려 하였다.
4. 수 대가야는 백제와 신라의 팽창으로 고전하다가 (   )이/가 보낸 신라군의 공격을 받아 멸망하였다.

빈칸 정답

	교과서 텍스트	기출 텍스트
1	소백산맥	금관가야
2	남조(제), 신라	농업
3	대가야	결혼
4	섬진강	진흥왕

052 삼국의 통치체제 확립

한 미래엔

① 國小, 迫于大國之間, 遂臣屬句麗. ② 句麗復置其中大人爲使者, 使相主領. ③ 又使大加, 統責其租稅. ④ 貊布・魚・鹽・海中食物, 千里擔負致之. ⑤ 又送其美女, 以爲婢妾, 遇之如奴僕.

—『三國志』「魏書」

⑥ 人稅布五匹・穀五石. ⑦ 遊人則三年一稅, 十人共細布一匹. ⑧ 租戶一石, 次七斗, 下五斗.

—『隋書』「東夷列傳」百濟傳

⑨ 賦稅以布・絹絲・麻及米等, 量歲豊儉, 差等輸之.

—『周書』「異域列傳」百濟傳

⑩ 十九年, 金官國主金仇亥與妃及三子, 長曰奴宗, 仲曰武德, 季曰武力, 以國帑寶物來降. ⑪ 王禮待之, 授位上等, 以本國爲食邑. ⑫ 子武力仕至角干.

—『三國史記』「新羅本紀」法興王

주요 어휘

迫 닥칠 **박** 間 사이 **간** 屬 무리 / 복종하다 **속** 領 거느릴 **령** 統 거느릴 **통**
責 요구할 **책** 擔 멜 **담** 負 질 / 떠맡다 **부** 婢 여자종 **비** 妾 첩 **첩**
遇 대우하다 **우** 匹 필 **필** 遊 유람하다 **유** 絹 명주 **견** 絲 실 **사**
輸 나를 **수** 帑 금고 **탕** 降 항복할 **항** 授 줄 **수**

한자 독음

① 국소, 박우대국지간, 수신속구려. ② 구려부치기중대인위사자, 사상주령. ③ 우사대가, 통책기조세. ④ 맥포 · 어 · 염 · 해중식물, 천리담부치지. ⑤ 우송기미녀, 이위비첩, 우지여노복.

⑥ 인세포오필 · 곡오석. ⑦ 유인즉삼년일세, 십인공세포일필. ⑧ 조호일석, 차칠두, 하오두.

⑨ 부세이포 · 견사 · 마급미등, 양세풍검, 차등수지.

⑩ 십구년, 금관국주김구해여비급삼자, 장왈노종, 중왈무덕, 계왈무력, 이국탕보물래항. ⑪ 왕예대지, 수위상등, 이본국위식읍. ⑫ 자무력사지각간.

1. 국문 해석

① (옥저는) 나라가 작아 큰 나라 사이에서 압박을 받다가 마침내 고구려에 예속되었다. ② 고구려는 다시 그 나라의 대인(大人)으로 하여금 사자(使者)로 삼아 일을 이끌어 가도록 했다. ③ 또한 고구려의 대가(大加)로 하여금 조세를 책임지도록 하였다. ④ (옥저의) 맥포(貊布) · 어염(魚鹽) 및 해중 식물(海中食物) 등을 천리 길을 지어 날랐다. ⑤ 또한 동옥저의 미녀를 보내도록 하여 고구려인의 종이나 첩으로 삼았는데, 그들을 노복(奴僕)과 같이 대우하였다.

— 『삼국지(三國志)』 「위서(魏書)」

⑥ 인세(人稅)는 포(布) 5필과 곡(穀) 5석(石)이다. ⑦ 유인(遊人)은 3년마다 한 번 세를 내는데, 10인이 함께 세포(細布) 1필을 낸다. ⑧ 조(租)는 상등호(上等戶)가 1석이고, 차등호(次等戶)가 7두(斗)이며 하등호(下等戶)가 5두이다.

— 『수서(隋書)』 「동이열전(東夷列傳)」 고려전(百濟傳)

⑨ 부세(賦稅)는 베(布) · 견사(絹絲) · 삼베[麻] 및 쌀 등으로 그해의 풍흉을 헤아려 차등 있게 바치게 하였다.

— 『주서(周書)』 「이역열전(異域列傳)」 백제전(百濟傳)

⑩ 19년, 금관국(金官國)의 왕 김구해(金仇亥)가 왕비와 세 명의 아들, 즉 큰아들 노종(奴宗), 둘째 아들 무덕(武德), 막내아들 무력(武力)을 데리고 나라의 창고에 있던 보물을 가지고 와서 항복하였다. ⑪ 왕이 예(禮)로써 대접하고 상등(上等)의 벼슬을 주었으며, 본국을 식읍(食邑)으로 삼게 하였다. ⑫ 아들인 무력은 벼슬이 각간(角干)에 이르렀다.

— 『삼국사기(三國史記)』 「신라본기(新羅本紀)」 법흥왕(法興王)

2. 사료 해설

초기에 삼국은 주변 국가나 부족 세력을 복속시키는 과정에서 기존의 재지 세력을 활용한 간접 지배의 형태를 취했다. 그리고 이들 재지세력 등에게 주기적인 공납 등을 수취하였던 것으로 보인다.

이후 삼국의 통치체제가 정비되어 감에 따라 조세 수취 방식 또한 정비되어 갔다. 중앙에서 조세 수취를 관장하는 기구를 설치하고, 지방관이 차츰 파견되기 시작함에 따라 조세 수취 역시 정비되어 간 것이다. 6세기 중반에서 7세기 초의 사실을 전하고 있는 『주서(周書)』와 『수서(隋書)』에서는 이와 같이 인두세를 중심으로 호등이나 풍흉의 구분에 따라 세금을 차등적으로 수취한 흔적이 보인다.

또한 삼국은 요역과 군역으로 이루어진 역역(力役)도 부과하였다. 일반적으로 요역의 경우 농한기에 15세 이상의 남성들을 동원하여 천리장성 등 성벽이나 저수지 등을 쌓게 했던 것으로 보인다. 군역의 경우 신라의 설씨녀 설화에서 볼 수 있는 것처럼 3년이 기본적이었던 것으로 보이지만, 전쟁의 격화에 따라 더 늘어났을 것으로 보인다.

한편 삼국에서는 식읍이나 녹읍을 하사한 기사들이 전한다. 식읍의 경우 국왕과 특별한 관계에 놓여있거나 특별한 공적이 있는 사람 등에게 지급한 것으로 보인다. 반면 녹읍의 경우 관직 복무 등을 대가로 지급한 것으로 보이는데, 지급 범위에 대해서는 아직까지 다양한 이견이 있는 상황이다.

사료 Plus+

- 신해년 2월 26일, 남산 신성(南山新城)을 만들 때 법에 따라 만든 지 3년 이내에 무너져 파괴되면 죄로 다스릴 것이라는 사실을 널리 알려 서약하게 하였다. 아량나두(阿良邏頭)인 사훼(부)의 음내고(音乃古) 대사(大舍). 노함도사(奴含道使)인 사훼(부)의 합친(合親) 대사(大舍). 영고도사(營沽道使)인 사훼(부)의 요□□지(夭□□知) 대사(大舍). 군상촌주(郡上村主)인 아량촌(阿良村)의 금지(今知) 찬간(撰干)(과) 칠토□□지이리(柒吐□□知尒利) 상간(上干). … 11보(步) 3척(尺) 8촌(寸)을 받았다.

  —「경주 남산 신성비(慶州 南山 新城碑)」

- 건장한 남자를 뽑아 모두 군대에 편입시켜 봉수(烽燧)·변수(邊戍)·순라(巡邏)로 삼았으며, 둔영(屯營)마다 부오(部伍)가 조직되어 있다.

  —『수서(隋書)』「동이열전(東夷列傳)」 신라전(新羅傳)

- 설씨녀는 … 비록 가난하고 보잘것없는 집안의 사람이었으나, 용모가 단정하고, 뜻과 행실이 발랐다. 보는 사람들은 아름다움에 감탄하지 않음이 없었으나 감히 가까이하지 못하였다. 진평왕 때에 설씨녀의 아버지는 나이가 많았으나, 정곡에 외적을 막으러 갈 순서가 되었다. … (가실은) 설씨를 좋아하였으나 감히 말을 하지 못하였는데, 아버지가 늙은 나이에 전쟁터에 나가야 함을 걱정한다는 소식을 듣고 드디어 설씨에게 가서 말하였다. "저는 비록 나약한 사람이지만 일찍부터 뜻과 기개를 자부하여 왔습니다. 이 몸이 아버님의 군역을 대신하기를 원합니다." … 마침 나라에 변고가 있어 다른 사람으로 하여금 교대하도록 하지 못하여 6년을 머물고도 돌아오지 못하였다. … 가실이 교대하여 왔다. 몸과 뼈가 야위어서 파리하였고 옷이 남루하여 가족들도 알아보지 못하고 다른 사람이라고 여겼다.

  —『삼국사기(三國史記)』「열전(列傳)」

사료 텍스트 완성하기

교과서 텍스트

1. 한 고구려는 지방을 (　　　)(으)로 나누고 (　　　)(이)라는 지방관을 파견하였다.
2. 한 백제는 무령왕 때 지방의 22담로에 (　　　)을/를 파견하였고, 성왕 때에는 전국을 5개의 방으로 나누고 (　　　)을/를 파견하였다.
3. 한 신라는 6세기경 전국을 주·군으로 나누고 그 아래에 (　　　)을/를 두는 지방 행정 제도를 실시하였다.
4. 한 통일을 전후하여 지방 제도를 정비하여 여러 개의 촌을 (　　　)(으)로 삼고 향, (　　　) 등 특수 행정 구역을 두었다.

기출 텍스트

1. 능 고구려는 지방 장관으로 욕살, (　　　) 등을 두었다.
2. 수 고구려 후기의 조세 수취 중심을 이룬 것은 (　　　)였다.
3. 수 삼국 초기 정사암회의와 같은 회의 기구는 여러 부의 힘을 통합하여 (　　　)을/를 강화시켜 주는 기능을 하였다.
4. 능 신라는 귀족 합의제인 (　　　) 제도를 운영하였다.

빈칸 정답

	교과서 텍스트	기출 텍스트
1	5부, 욕살	처려근지
2	왕족, 방령	인세(人稅)
3	촌	국가의 동원력
4	군현, 부곡	화백

THEME

053 삼국의 불교 수용과 발달

한금성, 한동아, 한리베르, 한해냄

① 王亦欲興佛教, 群臣不信, 喋喋騰騰口舌, 王難之. ② 近臣異次頓奏曰. ③ "請斬小臣, 以定衆議." ④ 王曰, "本欲興道, 而殺不辜, 非也." ⑤ 答曰, "若道之得行, 臣雖死, 無憾." ⑥ 王於是召群臣問之. ⑦ 僉曰, "今見僧徒, 童頭異服, 議論奇詭, 而非常道. ⑧ 今若縱之, 恐有後悔. ⑨ 臣等雖卽重罪, 不敢奉詔." ⑩ 異次頓獨曰. ⑪ "今群臣之言, 非也. ⑫ 夫有非常之人, 然後有非常之事. ⑬ 今聞佛教淵奧, 恐不可不信." ⑭ 王曰. "衆人之言, 牢不可破. ⑮ 汝獨異言, 不能兩從." ⑯ 遂下吏將誅之. ⑰ 異次頓臨死曰. ⑱ "我爲法就刑, 佛若有神, 吾死必有異事." ⑲ 及斬之, 血從斷處湧, 色白如乳. ⑳ 衆怪之, 不復非毁佛事.

—『三國史記』「新羅本紀」法興王

주요 어휘

亦 또 역	欲 하고자 할 욕	群 무리 군	喋 재잘거릴 첩	騰 오를 등
難 어려울 난	斬 벨 참	辜 허물 고	憾 근심할 감	童 아이 동
頭 머리 두	奇 기이할 기	詭 속일 궤	縱 내버려둘 종	悔 뉘우칠 회
敢 감히 감	詔 고할 조	聞 들을 문	淵 근원 / 깊을 연	奧 깊을 오
牢 우리 뇌	汝 너 여	獨 홀로 독	誅 벨 주	就 이를 취
血 피 혈	怪 기이할 괴	毁 헐 훼		

한자 독음

① 왕역욕흥불교, 군신불신, 첩첩등등구설, 왕난지. ② 근신이차돈주왈. ③ "청참소신, 이정중의." ④ 왕왈, "본욕흥도, 이살불고, 비야." ⑤ 답왈, "약도지득행, 신수사, 무감." ⑥ 왕어시소군신문지. ⑦ 첨왈, "금견승도, 동두이복, 의론기궤, 이비상도. ⑧ 금약종지, 공유후회. ⑨ 신등수즉중죄, 불감봉조." ⑩ 이차돈독왈. ⑪ "금군신지언, 비야. ⑫ 부유비상지인, 연후유비상지사. ⑬ 금문불교연오, 공불가불신." ⑭ 왕왈. "중인지언, 뇌불가파. ⑮ 여독이언, 불능양종." ⑯ 수하리장주지. ⑰ 이차돈임사왈. ⑱ "아위법취형, 불약유신, 오사필유이사." ⑲ 급참지, 혈종단처용, 색백여유. ⑳ 중괴지, 불부비훼불사.

1. 국문 해석

① 임금 또한 불교를 일으키고자 하였으나 뭇 신하들이 믿지 않고 이런저런 말들을 많이 하였으므로 임금이 난감해하였다. ② 가까운 신하인 이차돈(異次頓)이 아뢰었다. ③ "바라건대 저의 목을 베어 뭇 사람들의 분분한 논의를 진정시키십시오." ④ 임금이 말하길, "본래 불도를 일으키고자 함인데, 죄 없는 사람을 죽이는 것은 옳지 않다."라고 하였다. ⑤ 이차돈이 대답하길, "만약 도가 행해질 수 있다면 저는 비록 죽어도 여한이 없을 것입니다."라고 하였다. ⑥ 이에 임금이 여러 신하들을 불러 의견을 물었다. ⑦ 모두들 말하길, "지금 중들을 보니 머리를 깎고 이상한 옷을 입었으며, 말하는 논리가 괴상하여 정상적인 도(道)가 아닙니다. ⑧ 만약 이를 그대로 놓아두면 후회가 있을까 걱정스럽습니다. ⑨ 저희들은 비록 무거운 벌을 받더라도 감히 명을 받들지 못하겠습니다."라고 하였다.

⑩ 그러나 이차돈 홀로 말하였다. ⑪ "지금 뭇 신하들의 말은 잘못된 것입니다. ⑫ 비상(非常)한 사람이 있은 후에야 비상한 일이 있을 수 있습니다. ⑬ 지금 불교의 심오함을 들어보니, 믿지 않을 수 없습니다."

⑭ 임금이 말하길, "여러 사람들의 말이 단단하여 이를 깨뜨릴 수가 없구나. ⑮ 너만 홀로 다른 말을 하니, 양쪽 모두를 따를 수는 없다."라고 하였다.

⑯ 마침내 형리에게 이차돈의 목을 베게 하였다. ⑰ 이차돈이 죽음에 임하여 말하였다. ⑱ "나는 불법을 위하여 형벌을 당하는 것이니, 부처의 신령스러움이 있다면 내가 죽고서 반드시 이상한 일이 있을 것이다."

⑲ 목을 베자, 잘린 곳에서 피가 솟았는데 그 빛깔이 우유처럼 희었다. ⑳ 사람들이 이를 괴이하게 여겨 다시는 불사를 헐뜯지 않았다.

— 『삼국사기(三國史記)』 「신라본기(新羅本紀)」 법흥왕(法興王)

2. 사료 해설

삼국은 천신 신앙을 기반으로 왕실을 신성화하였다. 그러나 일부 귀족들도 스스로를 천신의 후예라고 생각하였기 때문에 천신 신앙만으로 왕실을 신성화하기에는 한계가 따랐다.

그래서 삼국은 왕실을 중심으로 종래의 천신 신앙을 대체할 고등 종교로서 불교를 수용하였다. 이러한 불교의 수용에 대해 삼국 내부에서 제각각 나름대로의 반발이 있었을 것으로 보인다. 특히 신라의 경우 그러한 반발이 구체적으로 잘 전해지고 있다. 신하들은 천신 신앙 혹은 토착 신앙을 기반으로 법흥왕을 견제하고자 했던 것으로 보이고, 법흥왕은 불교를 통해 통치 질서를 새로이 확립해 나가고자 했던 것이다.

법흥왕은 신하들의 반발에 맞서 왕실의 일원으로 보이는 이차돈에 대한 순교를 강행하였다. 이 과정에서 발생한 신이한 현상은 불교의 공인으로 이어졌다. 이차돈에 대한 순교 장면은 후대에 윤색이 가미된 것으로 보이는데, 이는 불교가 성행함에 따라 이차돈의 순교 사실을 더욱 신성하게 각인하는 과정에서 나타난 것으로 보인다. 9세기 초 「이차돈순교비」가 만들어진 것도 이와 연관된 것으로 보인다.

사료 Plus+

- 진지왕이 왕위에 올랐다. 이름은 사륜 혹은 금륜이라고도 하였다. 진흥왕의 둘째 아들이다. 어머니는 사도 부인이고, 왕비는 지도 부인이다. …

  — 『삼국사기(三國史記)』

- 진평왕이 왕위에 올랐다. 이름은 백정(석가모니의 아버지 이름)이고 진흥왕의 태자 동륜의 아들이다. … 왕비는 김씨 마야 부인으로 갈문왕 복승의 딸이다. 왕은 태어날 때부터 기이한 용모였고, 신체가 장대하고 뜻이 깊고 굳세었으며, 지혜가 밝아서 사리에 통달하였다.

  — 『삼국사기(三國史記)』

사료 텍스트 완성하기

교과서 텍스트

1. 한 삼국의 왕실은 자신들이 (　　　)의 후예임을 내세우며 지배를 합리화하였다. 그러나 귀족들 중 일부도 스스로 그렇게 생각하였기에 왕권을 높이는 데는 한계가 있었다.
2. 한 삼국은 불교를 이용해 왕을 중심으로 한 (　　　)을/를 합리화하였다. 또한 삼국 시대의 불교는 국가의 안녕과 발전을 비는 (　　　)의 성격을 띠었다.
3. 한 삼국의 왕실은 국가적인 차원에서 불교 행사를 열어 (　　　)을/를 꾀하였다.
4. 한 삼국은 불교의 (　　　)을/를 왕과 연결시켰고, 신라에서는 (　　　)을/를 사용하여 왕실과 부처의 집안을 동일시하였다.

기출 텍스트

1. 수 불교와 관련된 유물로 (　　　)의 순교 사실을 새긴 돌기둥이 있다.
2. 수 불교의 영향으로 통일 신라 시대에는 (　　　)이/가 유행하였다.
3. 능 불교는 (　　　)을/를 희구하는 세계관을 가지고 있다.
4. 능 자장은 호국 불교에 바탕을 둔 (　　　) 건립을 건의하였다.

빈칸 정답

	교과서 텍스트	기출 텍스트
1	천신	이차돈
2	위계질서, 호국불교	화장
3	사회 통합	윤회전생
4	전륜성왕, 불교식 왕명	황룡사 9층 목탑

054 삼국의 교육 제도

한 해냄에듀

① 三十七年春, 始奉源花. ② 初君臣病無以知人, 欲使類聚遊, 以觀其行義, 然後擧而用之. ③ 遂簡美女二人, 一曰南毛, 一曰俊貞, 聚徒三百餘人. ④ 二女爭娟相妬, 俊貞引南毛於私第, 强勸酒, 至醉, 曳而投河水以殺之. ⑤ 俊貞伏誅, 徒人失和罷散. ⑥ 其後更取美貌男子, 粧飾之, 名花郎以奉之, 徒衆雲集. ⑦ 或相磨以道義, 或相悅以歌樂, 遊娛山水, 無遠不至. ⑧ 因此知其人邪正, 擇其善者, 薦之於朝. ⑨ 故金大問花郎世記曰, "賢佐忠臣, 從此而秀, 良將勇卒, 由是而生." ⑩ 崔致遠鸞郎碑序曰. ⑪ "國有玄妙之道, 曰風流. ⑫ 設教之源, 備詳仙史, 實乃包含三教, 接化羣生. ⑬ 且如入則孝於家, 出則忠於國, 魯司寇之旨也. ⑭ 處無爲之事, 行不言之教, 周柱史之宗也. ⑮ 諸惡莫作, 諸善奉行, 竺乾太子之化也."

—『三國史記』「新羅本紀」眞興王 37年

주요 어휘

始 처음 **시**	奉 받들 **봉**	源 근원 **원**	病 질병 **병**	聚 모일 **취**
遊 놀다 **유**	遂 드디어 / 이를 **수**	簡 쪽 / 가릴 **간**	徒 무리 **도**	勸 권할 **권**
酒 술 **주**	醉 취할 **취**	曳 끌 **예**	投 던질 **투**	伏 엎드릴 **복**
誅 벨 **주**	罷 방면할 **파**	散 흩을 **산**	更 다시 **갱**	貌 얼굴 **모**
粧 단장할 **장**	飾 꾸밀 **식**	集 모일 **집**	磨 갈다 **마**	鸞 난새 **난**
備 갖출 **비**	詳 자세할 **상**	寇 도둑 **구**	旨 맛있을 **지**	

한자 독음

① 삼십칠년춘, 시봉원화. ② 초군신병무이지인, 욕사류취유, 이관기행의, 연후거이용지. ③ 수간미녀이인, 일왈남모, 일왈준정, 취도삼백여인. ④ 이녀쟁연상투, 준정인남모어사제, 강권주, 지취, 예이투하수이살지. ⑤ 준정복주, 도인실화파산. ⑥ 기후갱취미모남자, 장식지, 명화랑이봉지, 도중운집. ⑦ 혹상마이도의, 혹상열이가락, 유오산수, 무원부지. ⑧ 인차지기인사정, 택기선자, 천지어조. ⑨ 고김대문화랑세기왈, "현좌충신, 종차이수, 양장용졸, 유시이생." ⑩ 최치원난랑비서왈. ⑪ "국유현묘지도, 왈풍류. ⑫ 설교지원, 비상선사, 실내포함삼교, 접화군생. ⑬ 차여입즉효어가, 출즉충어국, 노사구지지야. ⑭ 처무위지사, 행불언지교, 주주사지종야. ⑮ 제악막작, 제선봉행, 축건태자지화야."

1. 국문 해석

① 37년 봄에 비로소 원화(源花)를 받들었다. ② 처음에는 임금과 신하들이 인물을 알아볼 방법이 없어 걱정하다 무리를 함께 모여 놀게 하고 그 행동을 살펴본 후 발탁해 기용하려고 하였다. ③ 마침내 남모(南毛)와 준정(俊貞)이라는 미녀 2명을 뽑았는데 무리 300여 명을 모았다. ④ 두 여자가 아름다움을 서로 시기하여 다투었는데, 준정이 남모를 자기 집에 유인하여 억지로 술을 권하여 취하게 하여 끌고 가 강물에 던져 죽였다. ⑤ 준정이 사형에 처해지자 무리들은 화목을 잃고 흩어지고 말았다. ⑥ 그 후 다시 미모의 남자를 뽑아 단장하고 꾸며 화랑(花郎)이라 이름하고 그들을 받들었는데, 무리가 구름처럼 몰려들었다. ⑦ 혹 도의(道義)로 서로 연마하고 혹은 노래와 음악으로 서로 기뻐하였는데, 산과 물을 찾아 노닐고 즐기니 멀리 이르지 않은 곳이 없었다. ⑧ 이로 인해 그 사람의 사악함과 정직함을 알게 되어 그중 착한 사람을 뽑아 조정에 천거하였다. ⑨ 그러므로 김대문(金大問)이 『화랑세기(花郎世記)』에서 말하기를, "현명한 보좌진과 충신은 이로부터 나왔고 어진 장수와 용감한 병졸은 이로 말미암아 생겨났다."라고 하였다. ⑩ 최치원(崔致遠)은 「난랑비(鸞郎碑)」 서문에서 다음과 같이 말하였다. ⑪ "나라에 현묘(玄妙)한 도(道)가 있으니, 이를 풍류(風流)라고 한다. ⑫ 가르침의 근원은 선사(仙史)에 자세히 실려 있는데, 실로 곧 삼교(三敎)를 포함하여 많은 백성을 교화하는 것이다. ⑬ 장차 집에 들어와서는 효를 행하고 나가서는 나라에 충성을 하는 것이 노(魯)나라 사구(司寇)의 가르침이다. ⑭ 자연 그대로 일을 하면서도 말없이 가르침을 실천하는 것이 주나라 주사(柱史)의 근본이다. ⑮ 모든 악을 만들지 말고 모든 선을 받들어 행하는 것이 축건태자(竺乾太子)의 가르침이다."

–『삼국사기(三國史記)』「신라본기(新羅本紀)」 진흥왕(眞興王) 37년

2. 사료 해설

원화제(源花制)와 화랑도(花郞徒)가 정확히 언제 시행되었는지는 명확하지 않다. 다만 원화제의 경우 2명의 원화가 서로 시기하여 급기야 살인까지 이르자 원화제는 폐지되었다. 이후 화랑도가 시행된 것으로 보이는데, 진흥왕 23년(562년) 가야 정벌을 위해 활약한 사다함이 화랑이었다는 사실이 기록되어 있기 때문이다. 그리고 이 사료에서 전하는 대로 진흥왕 37년(576년)에 화랑도가 공식적으로 제정된 것으로 보인다. 진흥왕 37년에 기록된 이 사실에 대해 이전까지의 화랑도를 국가 공식적인 제도로 발돋움했다고 보기도 하고, 혹은 『삼국사기(三國史記)』의 저자들이 화랑도 제정의 정확한 시기를 알지 못해 진흥왕 재위 마지막 해에 기술하였다고 보기도 한다.

화랑도는 인재를 선발하고, 인재 천거의 기능을 담당했던 것으로 보인다. 이 시기에는 국가의 공식적인 교육기관이 없었기 때문이다. 화랑도는 대개 15~18세 청소년들로 수백 명에서 천여 명 규모로 이루어졌다. 그 가운데 신망이 높은 진골 출신 소년이 화랑이 되고, 그 나머지는 화랑을 따르는 낭도가 되었다. 또한 전국을 돌아다니며 도의를 연마하는 과정에서 서로의 됨됨이를 알고, 그중 착한 사람을 뽑아 조정에 천거하였다고 한다. 화랑도가 되기 위해서는 신분적인 제약이 있었을 것으로 보이지만, 정확한 추정은 어려운 상황이다.

사료 Plus+

- 서적을 좋아하는 풍속이 있어 미천한 집안에까지 이르렀다. 거리마다 큰 집을 지어 경당이라 부른다. 결혼 전의 자제들이 밤낮으로 이곳에서 책을 읽고 활쏘기를 익힌다. 그 책은 오경 및 『사기』, 『한서』 … 등이 있다.

  – 『구당서(舊唐書)』

- 고구려 사람들은 학문을 좋아하였다. 외딴 마을의 허름한 집에 사는 사람에 이르기까지 부지런히 (학문에) 힘썼다. 거리마다 모두 건물을 짓고, 이를 경당이라고 부른다. 아직 혼인하지 않은 자제들이 (여기에) 함께 모여 경전을 읽고 활쏘기를 익혔다.

  – 『신당서(新唐書)』

사료 텍스트 완성하기

교과서 텍스트

1. 한 고구려는 소수림왕 때 수도에 (   )을/를 세워 유교 경전과 역사서를 가르쳤으며, 지방에는 (   )을/를 두어 한학과 무술을 가르쳤다.
2. 역 백제는 유학 지식에 밝은 (   )을/를 두어 교육을 담당하게 하였다.
3. 한 진평왕 대의 승려 원광은 화랑에게 (   )을/를 가르쳤다.

기출 텍스트

1. 능 신라는 세속 5계를 규범으로 삼는 (   )을/를 운영하였다.
2. 능 화랑도는 (   )을/를 돌아다니며 도의를 연마하였다.
3. 능 경당에서 한학과 (   )을/를 배웠다.

빈칸 정답

	교과서 텍스트	기출 텍스트
1	태학, 경당	화랑도
2	오경박사	명산대천
3	세속 5계	무술(활쏘기)

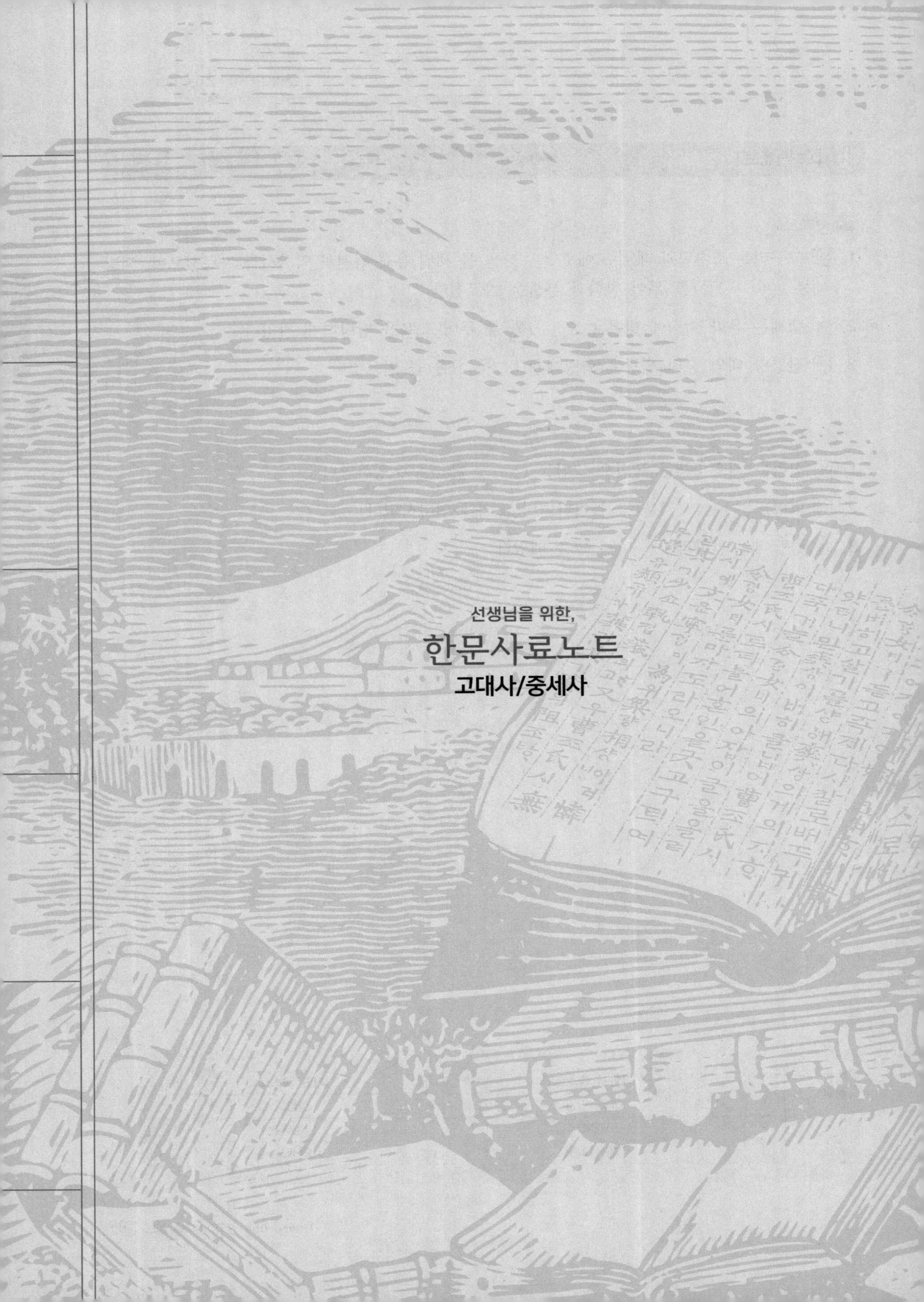

선생님을 위한,

한문사료노트

고대사/중세사

PART 03

남북국 시대의
성립과 발전

055 무열왕의 즉위와 신라 중대

① 及眞德薨. ② 群臣淸閼川伊湌攝政, 閼川固讓曰. ③ "臣老矣無德行可稱. ④ 今之德望崇重, 莫若春秋公, 實可謂濟世英傑矣." ⑤ 遂奉爲王, 春秋三讓不得已而就位. … ⑥ 元年五月, 命理方府令良首等, 詳酌律令, 修定理方府格六十餘條. … ⑦ 二年三月, 立元子法敏爲太子, 庶子文王爲伊湌, 老且爲海湌, 仁泰爲角湌, 智鏡愷元各爲伊湌.

－『三國史記』「新羅本紀」

주요 어휘

薨 죽을 **훙**	閼 가로막을 **알**	攝 다스릴 **섭**	固 굳을 **고**	讓 사양할 **양**
崇 높을 **숭**	重 무거울 **중**	英 뛰어날 **영**	傑 뛰어날 **걸**	奉 받들 **봉**
就 이룰 **취**	詳 자세할 **상**	酌 헤아릴 **작**	格 바로잡을 **격**	敏 재빠를 **민**
智 슬기 **지**	鏡 거울 **경**	愷 즐거울 **개**		

한자 독음

① 급진덕훙. ② 군신청알천이찬섭정, 알천고양왈. ③ "신노의무덕행가칭. ④ 금지덕망숭중, 막약춘추공, 실가위제세영걸의." ⑤ 수봉위왕, 춘추삼양부득이이취위. … ⑥ 원년오월, 명이방부령양수등, 상작율령, 수정이방부격육십여조. … ⑦ 이년삼월, 입원자법민위태자, 서자문왕위이찬, 노차위해찬, 인태위각찬, 지경개원각위이찬.

1. 국문 해석

① 진덕(眞德)이 돌아가셨다. ② 여러 신하들이 이찬 알천(閼川)에게 섭정을 청하였으나, 알천이 굳이 사양하며 말하였다. ③ "저는 늙고 이렇다 할 덕행이 없습니다. ④ 지금 덕망이 높고 묵직하기는 춘추공 만한 이가 없으니, 실로 세상을 다스릴만한 뛰어난 인물이라 할 만합니다." ⑤ 마침내 그를 받들어 왕으로 삼으려 하니, 춘추는 세 번 사양하다가 마지못해 왕위에 올랐다. … ⑥ 원년 5월, 양수(良首) 등에게 명하여 율령을 자세히 살펴 이방부의 율령 60여 조를 가다듬어 정하게 하였다. … ⑦ 2년 3월, 맏아들 법민(法敏)을 태자로 삼고, 나머지 여러 아들 중에 문왕(文王)을 이찬으로, 노차(老且)를 해찬으로, 인태(仁泰)를 각찬으로, 지경(智鏡)과 개원(愷元)을 각각 이찬으로 삼았다.

－『삼국사기(三國史記)』「신라본기(新羅本紀)」

2. 사료 해설

김춘추(金春秋)는 김유신 가문과의 혼인 관계를 통해 정치 군사적 실권을 가진 유력 가문으로서 대두하였다. 이들의 대두에 구귀족세력들은 탐탁치 않아 했던 것으로 보인다. 비담・염종의 난 발생의 배후에는 이들 구귀족세력의 신진귀족세력에 대한 반발 심리 등이 내재된 것으로 본다. 김춘추는 선덕여왕 사망 직후 진덕여왕 옹립 등에 공을 세웠으며, 진덕여왕 시기 신라의 통치체제 개편에 주요한 역할을 담당하였다. 또한 642년 대야성 전투의 패배로 인해 성주 김품석(金品釋)이 죽은 이후 김춘추는 직접 적극적인 외교 활동을 전개해왔는데, 이 과정에서 고구려와 당나라 등에 사신으로 직접 파견되면서 국제무대에서도 그 이름이 더욱 알려지기 시작하였다. 그리고 당과의 동맹 관계를 이끌어내고, 그 이후에는 적극적인 친당 정책을 통해 왕권의 확립에 더욱 기여하였다.

진덕여왕 사후 구귀족세력은 상대등 알천(閼川)을 다음 왕위 계승자로 추천했던 것으로 보인다. 그러나 알천은 현실적인 세력의 힘을 인정하여 사양하였고, 결국 김춘추가 왕위를 계승하게 된다. 무열왕은 즉위하던 해에 우선 자신의 아버지 용춘을 문흥대왕(文興大王)으로, 어머니 천명부인을 문정태후(文貞太后)로 추증하여 왕권의 정통성을 확립하였다. 그리고 이방부격(理方府格) 60여 조를 개정하는 등의 전제왕권을 확립하는 율령정치를 강화하고자 하였다. 또한 최측근인 김유신을 상대등이 임명해 왕권을 더욱 전제화할 수 있는 계기로 만들었다.

이러한 왕권 확립을 바탕으로 무열왕은 신라 내부의 동력을 끌어내어 백제를 멸망시킬 수 있었다. 또한 이는 이후 즉위하는 신라 중대 무열왕계 왕들의 전제 권력 확립에 밑바탕을 확립한 것이었다.

사료 Plus⁺

- 선왕 춘추는 매우 어진 덕이 있었고, 더욱이 생전에 어진 신하 김유신을 얻어 한마음으로 정치를 하여 삼한을 통일하였으니[一統三韓] 그 공업(功業)이 많지 않다고 할 수 없다.

  – 『삼국사기(三國史記)』

- 삼국이 대치하고 있을 때에 서로 침범하여 물고 뜯고 함이 하루도 거르는 날이 없었다. 인심이 난리를 싫어하니 하늘이 무열왕(김춘추)을 내어 백성을 구제하였다. … 김유신은 충성된 마음과 뛰어난 지략으로 통일의 공을 이루었다고 한다.

  – 『동사강목(東史綱目)』

사료 텍스트 완성하기

교과서 텍스트

1. 역 김춘추는 왕의 비서 기구인 (   )을/를 독립시켜 그 장관인 시중의 역할을 강화하고, 귀족 회의의 기능을 축소하여 상대등의 권한을 약화하였다.
2. 한 신라의 삼국 통일 과정에서 진골 출신인 (   )이/가 즉위하였고, 이후 그의 직계 자손이 왕위를 계승하였다.
3. 역 7세기 중반 김춘추가 김유신의 도움을 받아 (   ) 출신으로는 처음으로 왕위에 올랐다.

기출 텍스트

1. 능 上古 시기에는 신라 (   )의 왕 호칭을 사용하였다.
2. 능 中古 시기에는 (   ) 왕명을 사용하였다.
3. 능 中代에는 태종 무열왕의 (   ) 후손들이 왕위에 올랐다.

빈칸 정답

	교과서 텍스트	기출 텍스트
1	집사부	고유
2	태종 무열왕	불교식
3	진골	직계

056 나당 전쟁과 통치체제 확립 과정

한 리베르

① 十三年, 始置外司正, 州二人郡一人. ② 初, 太宗王滅百濟, 罷戍兵, 至是復置. … ③ 十四年, 王納高句麗叛衆, 又據百濟故地, 使人守之, 唐高宗大怒, 詔削王官爵. ④ 王弟右驍衛員外大將軍臨海郡公仁問在京師, 立以爲新羅王, 使歸國, 以左庶子同中書門下三品劉仁軌爲雞林道大摠管, 衛尉卿李弼右領軍大將軍李謹行副之, 發兵來討. … ⑤ 九月, 封安勝爲報德王. … ⑥ 二十年三月, 以金銀器及雜綵百段, 賜報德王安勝, 遂以王妹妻之.

－『三國史記』「新羅本紀」文武王

주요 어휘

滅 멸망할 **멸**	罷 방면할 **파**	戍 지킬 / 병사 **수**	納 들일 **납**	叛 배반할 **반**
據 의거할 **거**	詔 조서 / 말할 **조**	削 깎을 **삭**	使 하여금 / 시키다 **사**	歸 돌아갈 **귀**
討 칠 **토**	封 봉할 **봉**	雜 섞을 **잡**	綵 비단 **채**	段 단 / 포 **단**
遂 이를 **수**	妹 누이 **매**	妻 아내 **처**		

한자 독음

① 십삼년, 시치외사정, 주이인군일인. ② 초, 태종왕멸백제, 파수병, 지시부치. … ③ 십사년, 왕납고구려반중, 우거백제고지, 사인수지, 당고종대노, 조삭왕관작. ④ 왕제우효위원외대장군임해군공인문재경사, 입이위신라왕, 사귀국, 이좌서자동중서문하삼품유인궤위계림도대총관, 위위경이필우령군대장군이근행부지, 발병내토. … ⑤ 구월, 봉안승위보덕왕. … ⑥ 이십년삼월, 이금은기급잡채백단, 사보덕왕안승, 수이왕매처지.

1. 국문 해석

① 13년, 처음으로 외사정(外司正)을 두었는데, 주(州)에는 두 사람, 군(郡)에는 한 사람을 두었다. ② 일찍이 태종왕이 백제를 멸망시키고 파수병들을 없앴는데, 이때에 이르러 다시 둔 것이다. … ③ 14년, 임금이 당에 반란을 일으킨 고구려의 무리를 받아들이고, 또한 백제의 옛 땅을 차지하고서 사람을 시켜 지키게 하니, 당 고종이 크게 화를 내어 조서를 내려 임금의 관작을 깎아 없앴다. ④ 그리고 당의 서울에 있던 임금의 동생 우효위원외대장군(右驍衛員外大將軍) 임해군공(臨海郡公) 김인문을 신라왕으로 삼아 귀국하게 하고 좌서자동중서문하삼품(左庶子同中書門下三品) 유인궤를 계림도대총관(雞林道大摠管)으로 삼고, 위위경(衛尉卿) 이필(李弼)과 우령군대장군(右領軍大將軍) 이근행에게 보좌하도록 하여 병사를 일으켜 토벌해왔다. … ⑤ 9월, 안승(安勝)을 보덕왕(報德王)에 책봉하였다. … ⑥ 20년 봄 3월, 금은으로 만든 그릇과 여러 가지 채색 비단 100단을 보덕왕 안승에게 내려주고 임금의 여동생을 아내로 삼게 하였다.

— 『삼국사기(三國史記)』 「신라본기(新羅本紀)」 문무왕(文武王)

2. 사료 해설

문무왕은 태종무열왕 시기부터 진행되어 왔던 삼국 통일 전쟁의 과업을 완수한 왕이다. 다만 그러한 관계로 재위 기간 내내 백제 부흥군, 고구려, 그리고 당과의 전쟁을 수행할 수 밖에 없었다.

신라와 당의 사이에서 670년 무렵부터 본격적으로 전투가 발생하였다. 문무왕은 백제 지역에 주둔하고 있는 당나라 군대를 격퇴한 이후 이 지역에 소부리주(所夫里州)를 설치하여 지배권을 확립하기 위해 노력하였다. 또한 문무왕은 고구려 부흥 운동을 지원하면서 보장왕의 서자인 안승(安勝)을 고구려왕으로 봉하기도 하였다. 이후 귀부한 안승을 금마저(金馬渚)에 머무르게 하고 보덕왕에 임명하였는데, 이를 통해 고구려 부흥 운동과 백제 지역에 대한 지배권 확립 등에 영향을 미치고자 한 것이었다. 또한 장창당(長槍幢)과 5주서(州誓) 등의 군사 조직 설치를 통해 군사력 강화에도 초점을 맞추었다. 결국 신라는 이러한 여러 조치에 힘입어 675년 매소성 전투와 676년 기벌포 전투에서 승리를 거둠으로써 명실상부한 삼국 통일을 달성하게 되었다.

한편 문무왕은 이러한 과정 속에서도 국왕 중심의 통치체제 확립에 신경을 많이 썼다. 먼저 문왕(文王)・지경(智鏡)・예원(禮元) 등의 자기 형제들을 중시에 임명함으로써 왕권의 안정을 꾀했고, 지방에 대한 행정통제와 관리 감찰을 위해 외사정을 설치하여 파견하였다. 또한 680년에는 자신의 여동생을 보덕국왕 안승의 아내로 삼게 하기도 하였다. 이러한 모든 조치들은 국왕을 중심으로 중앙과 지방에 대한 통치력 확립을 위해 노력한 것이었다.

문무왕은 자신이 죽으면 불교 법식에 따라 화장을 하고 동해에 장사를 지내 달라고 유언을 남겼다. 이는 죽은 뒤에도 나라를 지키는 큰 용이 되어 동해로 침입하는 왜구(倭寇) 등을 막겠다는 것이었다. 이러한 이야기는 신라인들에게 문무왕이 호국신이 되어 국가의 안녕과 평화를 지켜준다는 관념을 심어주게 되었다.

사료 Plus+

- 10년 6월, 고구려 수임성(水臨城) 사람인 대형 검모잠(劍牟岑)이 유민들을 모아 궁모성(窮牟城)으로부터 패강(浿江) 남쪽에 이르러 당나라 관리와 승려 법안(法安) 등을 죽였다. 그들은 신라로 향하던 중에 서해의 사야도(史冶島)에 이르러 고구려 대신 연정토(淵淨土)의 아들 안승(安勝)을 만나 한성 안으로 맞아들여 왕으로 삼았다. 소형 다식(多式) 등을 신라에 보내 슬프게 고하였다. "망한 나라를 일으키고 끊어진 대를 잇게 해주는 것은 천하의 공평한 도리이니 오직 대국이 그렇게 해주기를 바랄 뿐입니다. 우리나라의 선왕은 도의를 잃어 멸망당하였으나, 지금 저희들은 우리나라의 귀족인 안승을 받들어 군주로 삼았습니다. 바라옵건대 신라의 울타리가 되어 영원히 충성을 다하고자 합니다." 임금은 그들을 서쪽 지방인 금마저(金馬渚)에 살게 하였다.

  – 『삼국사기(三國史記)』 「신라본기(新羅本紀)」 문무왕(文武王)

- 신라의 군신들은 통일 과정에서 고구려의 영토를 당에 넘겨주고 말았다. 고구려 영토의 상실로 국력이 약해졌고, 이후 고려, 조선에 이르기까지 끊임없이 외적의 침입을 받게 되었으니 탄식할 일이다.

  – 『동국지리지(東國地理志)』

- 다른 종족을 불러들여 같은 종족을 없애는 것은 도적을 끌어들여 형제를 죽이는 것과 다를 바 없다. 이 뜻이 매우 명백하여 비록 삼척동자도 가히 깨달을 수 있는데, 애석하다, 우리나라 역사가들이여, 이러한 뜻을 아는 자가 적구나.

  – 『독사신론(讀史新論)』

- 대왕이 여러 신하를 모아놓고 교서를 내렸다. "… 왕께서는 백성들의 참혹함을 불쌍히 여겨 천승(千乘)의 귀중한 신분도 잊으시고, 바다를 건너 조회하고 병사를 요청하셨다. 이는 본래 두 나라를 평정하여 영원히 전쟁을 없게 하고, 몇 대에 걸쳐 쌓인 깊은 원한을 갚고, 백성들의 남은 목숨을 보전하고자 하심이었다. 선왕께서 비록 백제를 평정하였으나 고구려는 미처 멸망시키지 못하였는데, 과인이 평정을 이루는 유업을 이어받아 마침내 선왕의 뜻을 이루게 되었다. 지금 두 적국은 이미 평정되어 사방이 안정되고 편안해졌다. … 나라 안의 죄수들을 사면하는 것이 좋을 듯하다. 총장(總章) 2년 2월 21일 새벽 이전에 5역(五逆)의 죄를 범하여 사형에 해당하는 죄목의 이하로써 지금 감옥에 갇혀 있는 사람은 죄의 크고 작음을 따지지 않고 모두 석방하고, 이전에 사면을 받은 이후에 또 죄를 범하여 벼슬을 빼앗긴 사람도 모두 그 전과 같게 하라. 도적질한 자는 다만 그 몸을 풀어주되, 훔친 물건을 돌려줄 재물이 없는 자에게는 징수의 기한을 두지 말라. 백성들 중 가난하여 다른 사람에게 곡식을 빌려 쓴 사람으로서 흉년이 든 지방에 사는 이들은 이자와 원금을 반드시 갚지 않아도 되게 하고, 풍년이 든 지방에 사는 이들은 곡식이 익을 때에 단지 빌린 만큼만 갚고 그 이자는 갚지 않아도 되도록 하리라. 이달 30일을 기한으로 하여 담당 관청에서는 받들어 행하라."

  – 『삼국사기(三國史記)』 「신라본기(新羅本紀)」 문무왕(文武王)

사료 텍스트 완성하기

교과서 텍스트

1. 한 통일 전쟁을 성공적으로 수행한 무열왕과 문무왕은 내부적으로 왕권을 강화하면서 (　　　)의 정당성을 확보하기 위해 노력하였다.
2. 역 무열왕의 아들인 문무왕은 (　　　) 전쟁을 승리로 이끌고 삼국 통일의 과업을 달성하면서 왕권을 크게 강화하였다.
3. 한 신라는 사정부, (　　　) 등 감찰 기구를 두어 관리의 부정과 비리를 단속하였다.
4. 한 신라는 삼국 통일을 앞두고 왕의 직속 기구로 (　　　)을/를 두었고, 이를 중심으로 위화부, 병부 등을 두어 행정 업무를 담당하게 하였다.

기출 텍스트

1. 능 안승을 (　　　)의 왕으로 세웠다.
2. 능 (　　　) 전투에서 당의 수군을 물리쳤다.
3. 능 문무왕은 지방관을 감찰하기 위하여 (　　　)을/를 설치하였다.
4. 능 (　　　) 제도는 지방 세력을 견제하기 위한 수단으로 활용되었다.

빈칸 정답

	교과서 텍스트	기출 텍스트
1	왕실	보덕국
2	나당	기벌포
3	외사정	외사정
4	집사부	상수리

THEME

057 신문왕의 전제 권력 강화

한 지학사

① 元年八月二十八日, 誅伊飡軍官, 敎書曰. ② "事上之規, 盡忠爲本, 居官之義, 不二爲宗. ③ 兵部令伊飡軍官, 因緣班序, 遂升上位, 不能拾遺補闕, 效素節於朝廷, 授命忘軀, 表丹誠於社稷. ④ 乃與賊臣欽突等交涉, 知其逆事, 曾不告言. ⑤ 旣無憂國之心, 更絶徇公之志. ⑥ 何以重居宰輔, 濫濁憲章. ⑦ 宜與衆棄, 以懲後進. ⑧ 軍官及嫡子一人, 可令自盡, 布告遠近, 使共知之."

—『三國史記』「新羅本紀」神文王

주요 어휘

誅 벨 주 規 법 규 因 인할 인 緣 인연 연 班 나눌 / 차례 반
遂 마침내 수 升 오를 승 拾 주울 습 遺 남길 / 빠뜨리다 유 補 기울 보
闕 대궐 궐 效 본받을 / 밝힐 효 素 성질 / 바탕 소 節 절개 절 忘 잊을 망
軀 몸 구 誠 정성 성 賊 도둑 적 欽 공경할 흠 突 갑자기 돌
交 사귈 교 涉 건너다 / 관계하다 섭 逆 거스를 역 曾 일찍 증 旣 이미 기
絶 끊을 절 居 있을 거 宰 재상 재 輔 도울 보 濫 넘칠 람
濁 흐릴 탁 憲 법 헌 章 글 장 棄 버릴 기 懲 징계할 징
嫡 정실 적 盡 다할 / 사망할 진 遠 멀 원 近 가까울 근

한자 독음

① 원연팔월이십팔일, 주이찬군관, 교서왈. ② "사상지규, 진충위본, 거관지의, 불이위종. ③ 병부령이찬군관, 인연반서, 수승상위, 불능습유보궐, 효소절어조정, 수명망구, 표난성어사직. ④ 내여적신흠돌등교섭, 지기역사, 증불고언. ⑤ 기무우국지심, 경절순공지지. ⑥ 하이중거재보, 남탁헌장. ⑦ 의여중기, 이징후진. ⑧ 군관급적자일인, 가령자진, 포고원근, 사공지지."

1. 국문 해석

① 원년 8월 28일, 이찬 군관(軍官)의 목을 베고 교서(敎書)를 내려 말하였다. ② "임금을 섬기는 법은 충성을 다하는 것이 근본이며, 벼슬살이하는 의리는 두 마음을 품지 않는 것이 으뜸이다. ③ 병부령 이찬 군관은 반열의 순서에 따라 마침내 높은 지위에 올랐으나, 임금의 실수와 결점을 보좌하여 결백한 절개를 조정에 바치지 못했고, 명령을 받으면 제 몸을 잊어가며 사직(社稷)에 충성을 표하지도 않았다. ④ 그리하여 역적인 흠돌 등과 사귀면서 그들이 반역을 꾀한다는 사실을 알고서도 미리 고하지 않았다. ⑤ 이는 이미 나라를 걱정하는 생각이 없을 뿐 아니라 공적인 일을 위하여 몸 바칠 뜻도 없는 것이다. ⑥ 어찌 재상 자리에 두어 나라의 헌장(憲章)을 함부로 흐리게 할 것인가? ⑦ 무리들과 함께 처형함으로써 뒷사람들을 경계로 삼는 것이 마땅하리라. ⑧ 군관과 그의 친아들 한 명은 스스로 목숨을 끊도록 하고, 멀고 가까운 곳에 포고하여 모두가 이것을 알게 하라."

– 『삼국사기(三國史記)』「신라본기(新羅本紀)」 신문왕(神文王)

2. 사료 해설

문무왕 시기 이래 진행된 국왕 중심의 통치 권력 확립 시도는 필연적으로 진골 귀족들과 부딪힐 수밖에 없었다. 문무왕을 이어 왕위에 오른 신문왕은 상대등 군관을 교체하고, 김흠돌의 딸인 왕비를 아들이 없다는 이유로 궁에서 쫓아내는 등 진골 귀족 세력을 계속해서 견제하고자 하였다. 이에 진골 귀족들은 김흠돌을 중심으로 신문왕에게 반란을 일으킨 것으로 보인다.

신문왕은 김흠돌의 반란 사건을 계기로 국왕 중심의 통치 질서에 반항적인 진골 귀족 세력 숙청에 힘썼다. 이로 인해 신문왕 시기에는 전제 정치를 강화하기 위한 여러 가지 조치들이 별다른 저항 없이 확립될 수 있었다. 그로 말미암아 당의 6전(典) 조직에 비견될 수 있을 정도로 중앙 통치 기구가 분화되고 조직화가 이루어질 수 있었다. 다만 골품제 자체가 영향을 받은 것은 아니었기 때문에 진골 귀족의 특권과 우월한 지위는 계속해서 유지되어 갔다.

또한, 신문왕은 김흠돌의 반란 진압 직후 국왕에게 충성할 집단을 양성하기 위해 노력하였다. 시위부(侍衛府)를 개편하여 왕권 보호에 힘을 기울였고, 국왕의 직속부대라고 할 수 있는 9서당(誓幢)을 정립해 나갔다. 또한 국학(國學)의 설치를 통해 국왕에 충성하는 관료집단을 양성하고자 하였다. 이를 통해 신문왕 시기에는 국왕과 가까운 신진 귀족 세력이 성장해나갈 수 있었고, 또한 강수(强首), 설총(薛聰) 등과 같은 6두품 출신의 관료들이 등장할 수 있었다.

사료 Plus+

"저는 서울 밖 큰길 옆에 사는 백두옹(白頭翁)입니다. 아래로 넓은 들판을 내려다보고 위로 우뚝 솟은 산을 보며 살고 있지요. 살펴보니 어떤 신하는 저 장미처럼 향기로운 차와 술로 진수성찬을 차려서 임금님의 입을 즐겁게 하고 정신을 맑게 해 드리고 있사옵니다. 하지만 좋은 약으로 임금님의 원기 회복을 돕고, 아픈 침으로 임금님 몸속에 있는 독을 제거해 줄 신하도 있어야겠지요."

– 『삼국사기(三國史記)』「열전(列傳)」 설총(薛聰)

사료 텍스트 완성하기

교과서 텍스트

1. 한 신문왕은 ( )의 반란 사건을 계기로 귀족 세력을 숙청하고 국왕 중심의 정치 운영을 확립하였다.
2. 한 신문왕은 유교 정치 이념을 내세우며 유학 교육을 위한 ( )을/를 설립하였다.
3. 역 신문왕 시기에는 ( ) 관료들이 행정 실무를 담당하고, 국왕의 정치적 조언자로 성장하였다.

기출 텍스트

1. 전 신문왕 시기에는 왕의 장인인 ( )의 무리가 반란을 꾀하다가 붙잡혀 처형되었다.
2. 능 신문왕은 관료전을 지급하고 ( )을/를 폐지하였다.
3. 능 신문왕 시기에는 ( )을/를 나라의 보물로 삼았다.

빈칸 정답

	교과서 텍스트	기출 텍스트
1	김흠돌	김흠돌
2	국학	녹읍
3	6두품	만파식적(萬波息笛)

058 국학의 설립과 운영

한금성, 한리베르, 한비상, 한씨마스, 한지학사, 한천재

① 二年六月, 立國學, 置卿一人.

-『三國史記』「新羅本紀」神文王

② 六年春正月, 置國學諸業博士助敎.

-『三國史記』「新羅本紀」景德王

③ 四年春, 始定讀書三品以出身. ④ 讀春秋左氏傳若禮記若文選, 而能通其義, 兼明論語孝經者爲上, 讀曲禮論語孝經者爲中, 讀曲禮孝經者爲下. ⑤ 若博通五經三史諸子百家書者, 超擢用之. ⑥ 前祇以弓箭選人, 至是改之.

-『三國史記』「新羅本紀」元聖王

주요 어휘

立 설 립	卿 벼슬 경	始 처음 시	定 정할 정	讀 읽을 독
書 쓸 서	讀 읽을 독	若 같을 / 및 약	通 통할 통	義 옳을 의
超 넘을 초	擢 뽑을 탁	祇 다만 지	弓 활 궁	箭 화살 전
選 가릴 선	改 고칠 개			

한자 독음

① 이년육월, 입국학, 치경일인.

② 육년춘정월, 치국학제업박사조교.

③ 사년춘, 시정독서삼품이출신. ④ 독춘추좌씨전약예기약문선, 이능통기의, 겸명논어효경자위상, 독곡례논어효경자위중, 독곡례효경자위하. ⑤ 약박통오경삼사제자백가서자, 초탁용지. ⑥ 전지이궁전선인, 지시개지.

1. 국문 해석

① 2년 6월, 국학(國學)을 세우고 경(卿) 1인을 두었다.

–『삼국사기(三國史記)』「신라본기(新羅本紀)」 신문왕(神文王)

② 6년 봄 정월, 국학에 제업박사(諸業博士)와 조교(助教)를 설치하였다.

–『삼국사기(三國史記)』「신라본기(新羅本紀)」 경덕왕(景德王)

③ 4년 봄, 처음으로 독서삼품(讀書三品)을 제정하여 관직을 주었다. ④『춘추좌씨전(春秋左氏傳)』·『예기(禮記)』·『문선(文選)』을 읽어서 그 뜻에 능통하고, 이와 동시에『논어(論語)』·『효경(孝經)』에 밝은 자를 상품으로 하고,『곡례(曲禮)』·『논어』·『효경』을 읽은 자를 중품으로 하고,『곡례』·『효경』을 읽은 자를 하품으로 하였다. ⑤ 5경(五經)·3사(三史)·제자백가서(諸子百家書)에 모두 능통한 자는 절차를 뛰어넘어 발탁하였다. ⑥ 예전에는 활쏘기만으로 인물을 선발하던 것을 지금에 이르러 개정한 것이다.

–『삼국사기(三國史記)』「신라본기(新羅本紀)」 원성왕(元聖王)

2. 사료 해설

국학의 설치는 진덕여왕 시기부터 준비되어 왔다. 진덕여왕 5년 국학에 서무직에 해당하는 대사(大舍)가 설치되었는데, 이는 진덕여왕 2년 당의 국학을 참관하고 돌아온 김춘추의 건의에 따른 것이었다. 이러한 준비 끝에 신문왕 시기부터 국학이 제도적으로 완비되어 정식으로 운영된 것으로 보인다.

신문왕 시기는 신라의 정치 체제 정비가 완성되고, 이에 따른 지배 이념 확립이 필요한 시기였다. 그러한 시대적인 요구에 발맞춰 국학이 설립된 것이다. 또한, 이러한 시대적 분위기에 맞춰 설총(薛聰)이 화왕(花王)의 우화를 빌려 "국왕은 아첨하는 자를 멀리하고 정직한 자를 가까이해야 한다."라고 건의한 것을 신문왕이 받아들였다는 일화[花王戒] 역시 전해져 온다.

경덕왕 시기에는 국학에 각 분야의 전문적인 박사와 조교를 두었다고 한다. 이 시기는 경덕왕이 한화 정책을 추진하고 있던 시기로 중국의 제도를 수용하여 국학을 크게 강화하고자 노력했던 것으로 보인다.

원성왕 시기 확립된 독서삼품과는 관리 임명의 기준을 유학에 대한 학문적 능력에 두었다. 또한 이들의 관직 진출로를 마련하기 위해 지방의 수령직이나 중앙 관부의 특정 관직 등은 독서삼품과를 통해 임용되는 것을 원칙으로 했던 것으로 보인다. 그러나 독서삼품과를 통한 임용은 골품제의 한계와 도당 유학생들의 존재 등으로 말미암아 큰 실효를 거두기는 어려웠던 것으로 보인다.

사료 Plus⁺

- 학생은 관등이 대사 이하에서 관등이 없는 자에 이르기까지 15세에서 30세까지인 자를 입학시켰다. 재학 연한은 9년으로 하되, 만약 어리석고 둔하여 인재가 될 가능성이 없는 자는 그만두게 하였다. 만약 재주와 기량은 뛰어난데 아직 미숙한 자는 비록 9년이 넘더라도 국학에 남아 있는 것을 허락하였다. 그리고 관등이 대나마 · 나마에 이른 후에 국학을 나가도록 하였다.

  – 『삼국사기(三國史記)』

- 임금은 아버지요, 신하는 사랑스러운 어머니요, 백성은 어리석은 아이라 하실지면 백성이 그 사랑을 알리라. 꾸물거리며 살던 백성에게 이를 먹여 다스려서 백성들이 '이 땅을 버리고 어디를 가겠느냐.'라고 말할 때 나라가 유지될 줄 알 것이로다. 아아, 임금답게, 신하답게, 백성답게 한다면 나라 안이 태평하리라.

  – 『삼국유사(三國遺事)』

사료 텍스트 완성하기

교과서 텍스트

1. 역 국학은 '충'과 '효'를 강조하는 (　　　) 사상을 보급하였다.
2. 한 원성왕 때에는 (　　　)을/를 실시하여 국학 학생들을 대상으로 유교 경전의 이해 수준을 시험하여 관리 선발에 활용하고자 하였다.
3. 한 통일 이후 신라에서 당으로 많은 유학생이 건너갔고, (　　　)에 급제하는 경우도 많았다.

기출 텍스트

1. 능 신문왕은 (　　　)을/를 세워 유학 교육을 장려하였다.
2. 능 국학은 박사와 (　　　)을/를 두고 유교 경전을 가르쳤다.
3. 전 (　　　) 시기 독서삼품과를 설치해 관리를 선발하였다.

빈칸 정답

	교과서 텍스트	기출 텍스트
1	유학	국학
2	독서삼품과	조교
3	빈공과	원성왕

059 6두품의 활동

역천재 / 한동아

① 臣竊, 以東人西學, 惟禮與樂. ② 至使攻文以餘力, 變語以正音, 文則俾之修表章, 陳海外之臣節, 語則之達情禮, 奉天上之使車. ③ 職曰翰林, 終身從事.

—『遣宿衛學生首領等入朝狀』

④ 致遠自以西學多所得, 及來將行己志. ⑤ 而衰季多疑忌, 不能容, 出爲大山郡太守.

—『三國史記』「列傳」崔致遠

⑥ 唐十九帝, 中興之際, 兵凶二災, 西歇東來, 惡中惡者, 無處無也.

—「海印寺 妙吉祥塔記」

주요 어휘

竊 훔칠 / 마음속으로 **절** 西學(서학) 서쪽으로 가서 배움 惟 생각할 **유** 俾 더할 / 도울 **비**
陳 늘어놓을 **진** 節 절의 / 절개 **절** 達 통달할 **달** 使車(사거) 사신이 탄 수레
終 끝날 **종** 從 좇을 **종** 己 자기 **기** 志 뜻 **지** 衰 쇠할 **쇠**
季 끝 / 말년 **계** 疑 의심할 **의** 忌 꺼릴 **기** 能 능할 **능** 容 얼굴 **용**
際 즈음 **제** 災 재앙 **재** 歇 쉬다 / 그치다 **헐** 處 살 **처**

한자 독음

① 신절, 이동인서학, 유예여악. ② 지사공문이여력, 변어이정음, 문즉비지수표장, 진해외지신절, 어즉지달정예, 봉천상지사거. ③ 직왈한림, 종신종사.

④ 치원자이서학다소득, 급래장행기지. ⑤ 이쇠계다의기, 불능용, 출위대산군태수.

⑥ 당십구제, 중흥지제, 병흉이재, 서헐동래, 악중악자, 무처무야.

1. 국문 해석

① 신이 삼가 생각하건대 동쪽 사람이 서쪽에서 배우려 하는 것은 오직 예(禮)와 악(樂)입니다. ② 남은 힘이 있으면 문장을 공부하는 데 이르고 말소리를 정음(正音)으로 변화시켜, 문장은 표장(表章)을 지어 해외의 신절(臣節)을 진술할 수 있게 하려 함이요, 언어는 정례(情禮)를 펼쳐서 천상(天上)의 사거(使車)를 받들게 하려 함입니다. ③ 이 직책은 한림(翰林)이라고 해서 종신토록 종사하게 하고 있습니다.

—『견숙위학생수령등입조장(遣宿衛學生首領等入朝狀)』

④ (최)치원은 중국으로 유학한 이래 얻은 바가 많다고 생각하여 돌아온 뒤에는 자기의 뜻을 펼치고자 했다. ⑤ 그러나 왕조 말기여서 의심과 시기가 많아, 이러한 생각이 용납되지 못하고 외직으로 나가 대산군(大山郡) 태수가 되었다.

—『삼국사기(三國史記)』「열전(列傳)」 최치원(崔致遠)

⑥ 당나라 19대 황제가 중흥(中興)을 이루었을 때 전쟁과 흉년의 두 재앙이 서쪽에서 멈추어 동쪽에 와서, 가장 나쁜 것이 없는 곳이 없었다.

—「해인사묘길상탑기(海印寺妙吉祥塔記)」

2. 사료 해설

신라는 당과의 국교가 재개된 이후 숙위(宿衛)학생을 당에 보내 국학에서 수학하게 하는 등 당과의 학문적·문화적 교류를 적극적으로 추진하였다. 또한 이렇게 활약한 도당 유학생들은 귀국해 국왕의 측근에서 전문 행정 관료로 활약하였다다. 특히 상문사(詳文師)와 그 후신인 한림대(翰林臺)는 국왕·외교 문서의 작성을 담당한 문한 기구였는데, 그 소속 관료 가운데는 도당 유학생 출신의 관료들이 많았다.

신라 하대에는 '귀족 연립 체제'가 운영되는 속에서 국왕 근시 기구가 강화되는 모습을 보였다. 중사성(中事省), 선교성(宣教省) 등의 기구가 바로 그것인데, 이러한 관서에는 6두품 출신의 도당 유학생들이 속해 국왕을 측근에서 보좌하는 역할을 하였다.

한편, 최치원은 6두품 출신으로 어린 나이에 당에 유학하여 빈공과(賓貢科)에 급제하였다. 이후 황소 토벌군의 지휘관인 회남절도사(淮南節度使) 고변(高駢)의 종사관이 되어 그 유명한 「토황소격문(討黃巢檄文)」을 쓰기도 하였다. 그리고 최치원이 황소의 난 진압 직후 신라로 귀국하자, 신라 조정에서는 곧바로 최치원에게 시독 겸 한림학사 수병부시랑지서서감사(侍讀 兼 翰林學士 守兵部侍郎知瑞書監事)를 제수하였다.

이후 최치원은 유이민들의 발생과 지방 호족 세력의 대두라는 통치체제 이완을 목도하고, 진성여왕에게 시무책 10여 조를 올렸다. 그 내용은 현재 전하지 않으나 당시 사회 모순을 해결하기 위한 구체적인 방안, 즉 골품제의 개혁 등을 주장하였을 것으로 보인다. 하지만 그러한 최치원의 주장은 받아들여지기 힘들었고, 이후 최치원은 전국을 돌아다니며 유랑 생활을 하였다고 한다.

사료 Plus+

- 가을바람에 괴로워 읊조리나니 / 세상에 날 알아주는 이 적구나 / 삼경 깊은 밤 창밖에 비는 내리는데 / 등불 앞 마음은 만 리 밖으로 향하네.

  – 최치원, 「추야우중(秋夜雨中)」

- 황소에게 고하노라. 무릇 바른 것을 지키고 떳떳한 것을 행하는 것을 도(道)라 하고, 위험한 때를 당하여 변통할 줄을 아는 것을 권(權)이라 한다. … 너는 모름지기 나아갈 것인가 물러날 것인가를 잘 헤아리고, 잘된 일인가 못된 일인가 분별하라. 배반하여 멸망당하는 것보다는 차라리 귀순하여 영화를 얻는 것이 낫다.

  – 최치원, 「토황소격문(討黃巢檄文)」

- 최치원은 당을 섬기다가 고국에 돌아온 후까지 모두 혼란한 세상을 만나 운수가 꽉 막히고, 움직이면 매번 비난을 받으니 스스로 불우함을 한탄하여 다시 관직에 나갈 뜻이 없었다. 산림의 기슭과 강이나 바닷가에서 자유롭게 이리저리 돌아다니며 스스로 구속되지 않았다.

  – 『삼국사기(三國史記)』

사료 텍스트 완성하기

교과서 텍스트

1. 한 신라 말 '3최'로 불린 이들 중 (　　　)은/는 가야산에 은거하여 저술에 몰두하였고, 최승우와 최언위는 각각 (　　　)와/과 고려의 신하가 되어 새로운 세상을 만들고자 하였다.

기출 텍스트

1. 능 최치원은 신라 말에 (　　　)을/를 비판하며 새로운 정치 이념을 제시하였다.

빈칸 정답

	교과서 텍스트	기출 텍스트
1	최치원, 후백제	골품제

THEME 2006 기출

060 신라의 서북 변경 지역 영역화

① 三十五年, 遣使入唐賀正, 仍附表陳謝曰. ②"伏奉恩勅, 賜浿江以南地境. ③ 臣生居海裔, 沐化聖朝. ④ 雖丹素爲心, 而功無可効, 以忠貞爲事, 而勞不足賞. ⑤ 陛下降雨露之恩, 發日月之詔, 錫臣土境. ⑥ 廣臣邑居, 遂使墾闢有期, 農桑得所."

—『三國史記』「新羅本紀」聖德王

⑦ 七年, 遣阿飡貞節等, 檢察北邊. ⑧ 始置大谷城等十四郡縣. … ⑨ 二十一年, 築五谷·鵂巖·漢城·獐塞·池城·德谷六城, 各置太守. …

—『三國史記』「新羅本紀」景德王

주요 어휘

賀 하례 **하**	仍 인할 **잉**	附 붙을 **부**	陳 늘어놓을 **진**	謝 사례할 **사**
伏 엎드릴 **복**	勅 위로할 **래**	賜 하사할 **사**	境 지경 **경**	裔 후손 **예**
沐 적실 **목**	雖 비록 **수**	効 본받을 **효**	貞 곧을 **정**	賞 상 줄 **상**
降 내릴 **강**	露 이슬 **로**	詔 고할 **조**	錫 하사할 **사**	居 있을 **거**
墾 개간할 **간**	闢 개간할 **벽**	桑 뽕나무 **상**	檢 검사할 **검**	察 살필 **찰**

한자 독음

① 삼십오년, 견사입당하정, 잉부표진사왈. ② "복봉은래, 사패강이남지경. ③ 신생거해예, 목화성조. ④ 수란소위심, 이공무가효, 이충정위사, 이로부족상. ⑤ 폐하강우로지은, 발일월지조, 사신토경. ⑥ 광신읍거, 수사간벽유기, 농상득소."

⑦ 칠년, 견아찬정절등, 검찰북변. ⑧ 시치대곡성등십사군현. … ⑨ 이십일년, 축오곡·휴암·한성·장새·지성·덕곡육성, 각치태수. …

1. 국문 해석

① 35년, 당나라에 사신을 보내 새해 인사를 올리고, 덧붙여 표(表)를 올려 사례하였다. ② "삼가 패강(浿江) 이남의 땅을 준다는 은혜로운 칙서를 받았습니다. ③ 저는 바다의 먼 귀퉁이에 태어나 살면서 성스러운 황제의 교화를 입었습니다. ④ 비록 충성된 마음을 먹기는 하였으나 나타낼 만한 공적은 없었으며, 충성과 정절로 일을 삼았으나 노력은 상을 받기에 부족하였습니다. ⑤ 폐하께서 비와 이슬 같은 은덕을 베풀고, 해와 달처럼 밝은 조서를 내려, 저에게 땅을 주시어 고을이 넓어졌습니다. ⑥ 드디어 땅을 개간할 기대를 갖게 되었고, 농사짓고 누에 칠 장소를 얻게 되었습니다."

—『삼국사기(三國史記)』「신라본기(新羅本紀)」 성덕왕(聖德王)

⑦ 7년, 아찬 정절(貞節) 등을 파견하여 북쪽 변경을 시찰하게 하였다. ⑧ 처음으로 대곡성(大谷城) 등 14개의 군현을 설치하였다. … ⑨ 21년, 오곡(五谷)·휴암(鵂巖)·한성(漢城)·장새(獐塞)·지성(池城)·덕곡(德谷) 여섯 성을 쌓고 각각 태수를 두었다. …

—『삼국사기(三國史記)』「신라본기(新羅本紀)」 경덕왕(景德王)

2. 사료 해설

신라는 당과의 국교가 재개되고, 당의 발해 공격 요청에 응함으로써 패강 지역(예성강~대동강 사이) 지역에 대한 영유권을 인정받았다. 이는 당이 발해와 신라 사이의 군사적 긴장 관계를 유발하기 위한 조치였다. 이러한 상황에서 신라는 이 지역을 차츰 개발해 나가고자 노력했다. 경덕왕 7년(748)에는 예성강(禮成江) 이북에 대곡성(大谷城) 이하 14군현(郡縣)을 두었고, 경덕왕 21년(762)에는 오곡성(五谷城) 이하 6성을 수축하여 태수(太守)를 두었다.

그러나 당과 발해의 관계가 차츰 안정됨에 따라 신라와 발해의 긴장 관계도 점차 완화되었다. 경덕왕 16년(757) 신라는 동북쪽의 정천군(井泉郡)에 교섭 창구의 기능을 하는 탄항관문(炭項關門)을 설치하였고, 이를 전후하여 신라와 발해 사이에는 '신라도(新羅道)'라는 교통로가 개설된 것으로 보인다.

신라는 선덕왕 3년(782) 대곡성을 승격시켜 패강진(浿江鎭)으로 삼고 백성을 이주시켰다. 이는 성덕왕 대에 확보한 패강 지역을 본격적으로 개발하고, 군정(軍政) 방식의 통치를 통해 10~26개의 군현을 관할하는 광역의 군사적 거점을 확립하기 위함이었다. 이러한 패강진의 특성은 헌덕왕 14년(822) 김헌창의 난이 발생했을 때 거병자수(擧兵自守)하였다는 기록에서도 드러난다. 이후 신라는 헌덕왕 18년(826) 패강 지역에 300리에 이르는 장성을 쌓았다. 이는 발해 선왕이 점차 남쪽으로 세력을 확장하는 것에 대응하기 위함이었다.

패강진은 이처럼 군사적 이점을 기반으로 수운 및 해상 교통의 요충지로 성장해 나갔다. 그리하여 이 지역의 군진 세력은 신라 말 각지에서 호족들이 도래하는 상황에서도 나름대로의 세력을 유지해 나갈 수 있었다.

사료 Plus+

12년, 당나라에 사신을 보내 조공하였는데, 당 현종이 문루(門樓)에 나와 사신을 접견하였다. … 13년 2월, 상문사(詳文師)를 통문박사(通文博士)로 고쳐 표문을 쓰는 일을 맡게 하였다.

— 『삼국사기(三國史記)』 「신라본기(新羅本紀)」 성덕왕(聖德王)

사료 텍스트 완성하기

교과서 텍스트

1. 한 신라는 통일을 전후하여 지방 제도를 정비하여 여러 개의 촌을 (　　　)(으)로 삼고 향, 부곡 등 특수 행정 구역을 두었다.
2. 역 발해와 신라는 (　　　)와/과 원산만을 경계로 국경을 맞대었다.

기출 텍스트

1. 능 당과 신라의 발해 협공을 계기로 당은 (　　　) 이남 지역에 대한 신라의 통치를 인정하였다.
2. 능 당시 당은 신라를 이용하여 (　　　)을/를 견제하려는 이이제이(以夷制夷)의 계책을 썼다.

빈칸 정답

	교과서 텍스트	기출 텍스트
1	군현	대동강
2	대동강	발해

061 신라 하대의 시작

역동아, 역리베르 / 한동아

① 十五年春二月, 上大等金思仁, 以比年災異屢見. ② 上疏極論時政得失. ③ 王嘉納之.

—『三國史記』「新羅本紀」景德王

④ 十二年春正月, 下教, 百官之號, 盡合復舊. … ⑤ 十六年夏四月, 上大等金良相與伊飡敬信, 擧兵誅志貞等. ⑥ 王與后妃爲亂兵所害. ⑦ 良相等謚王爲惠恭王.

—『三國史記』「新羅本紀」惠恭王

주요 어휘

災 재앙 재　屢 창 루　見 볼 견　極 다할 극　失 잃을 실
嘉 아름다울 가　納 바칠 납　盡 다할 진　復 다시 부　舊 옛 구
敬 공경할 경　誅 벨 주　害 해칠 해　謚 시호 시

한자 독음

① 십오년춘이월, 상대등김사인, 이비년재이누현. ② 상소극론시정득실. ③ 왕가납지.

④ 십이년춘정월, 하교, 백관지호, 진합부구. … ⑤ 십육년하사월, 상대등김양상여이찬경신, 거병주지정등. ⑥ 왕여후비위란병소해. ⑦ 양상등시왕위혜공왕.

1. 국문 해석

① 상대등(上大等) 김사인(金思仁)이 해마다 천재지변이 자주 일어난 사실을 들어 임금에게 상소를 올렸다. ② 그 상소는 시국 정치의 옳고 그름을 극렬하게 비평한 것이었다. ③ 임금이 이를 가상히 여겨 받아 들였다.

–『삼국사기(三國史記)』「신라본기(新羅本紀)」 경덕왕(景德王)

④ 12년 봄 정월, 임금이 교서를 내려 백관들의 관직 이름을 모두 이전대로 복구하였다. … ⑤ 16년 여름 4월, 상대등 김양상(金良相)이 이찬 경신(敬信)과 함께 병사를 일으켜 지정(志貞) 등을 죽였다. ⑥ 임금과 왕비는 난리 중에 살해되었다. ⑦ 양상 등이 임금의 시호를 혜공왕(惠恭王)이라 하였다.

–『삼국사기(三國史記)』「신라본기(新羅本紀)」 혜공왕(惠恭王)

2. 사료 해설

경덕왕 시기 추구한 국왕 중심의 전제 권력 강화와 이에 따른 한화 정책의 실시는 진골 귀족들의 강력한 반발에 부딪혔다. 이러한 갈등은 상대등 김사인(金思仁)의 시정 비판과 녹읍의 부활이라는 형태로 표면화되기 시작하였으며, 결국 혜공왕이 8세에 즉위하게 되면서 갈등은 폭발하게 되었다.

767년 일길찬 대공(大恭)이 반란을 일으킨 것을 시작으로 전국적인 반란으로 비화되었다. 이러한 반란은 이찬 김은거(金隱居)를 비롯한 왕실의 군대에 의해 진압되었는데, 이러한 치열한 반란군과 진압군의 싸움이 96각간의 다툼으로 기록되었다고 보기도 한다. 그러나 이러한 반란 직후에도 왕실에 대한 반란은 지속적으로 유지되었다. 특히 김유신의 후손으로 알려진 대아찬 김융(金融)도 반란을 일으켰는데, 이는 신라 중대 이래 김유신 계열에 대한 홀대가 영향을 미쳤다고 본다. 이러한 반란들은 모두 진압되기는 하였으나, 그 과정에서 상대등 김양상(金良相)과 이찬 김경신(金敬信)이 실권자로 대두하게 되었다. 그리고 혜공왕 16년(780) 이찬 김지정(金志貞)이 반란을 일으켰을 때 이 반란을 진압하던 도중 혜공왕과 왕비가 피살되었다. 혜공왕의 살해의 주체가 사료에는 명확하게 드러나 있지는 않으나, 일반적으로 김양상과 김경신이 피살했을 것으로 보는 편이다.

이로써 신라 중대는 막을 내리고 신라 하대가 시작되었다. 즉, 혜공왕의 피살로 인해 무열왕계에 의한 왕위 계승은 종결되었고, 김양상 등의 범내물왕계가 왕위를 계승하게 된 것이다. 신라 하대 시기는 사병을 거느린 귀족 간의 합의와 세력 균형 속에서 정권이 유지되는 귀족 연립 체제로 보기도 한다.

사료 Plus+

애장왕 10년 7월, 왕의 작은아버지 언승이 아우 이찬 제옹과 더불어 군사를 이끌고 궁에 들어와 난을 일으켜 왕을 시해하였다.

－『삼국사기(三國史記)』

사료 텍스트 완성하기

교과서 텍스트

1. 역 (   )이/가 진골 귀족들의 반란으로 피살됨에 따라 무열왕계 왕위 세습이 끊어졌다.
2. 한 신라 말에는 정치적 혼란이 지속되면서 (   )의 권력이 다시 강화되었고, 귀족들의 (   )에 의해 국가 정치가 운영되었다.
3. 한 골품제에 기초한 신라 사회가 흔들리자 (   ) 때에는 사치 풍조를 금지하고 골품에 따라 차등을 둔 생활 양식을 지키도록 규제하였다.
4. 한 (   ) 세력 중 일부는 진골 귀족의 권력 독점과 골품에 따른 관직 승진의 한계로 인해 점차 반신라적 성향을 띠게 되었다.

기출 텍스트

1. 전 (   )은/는 주·군·현의 고유 지명을 중국식 이름으로 바꾸었다.
2. 능 (   )에는 진골 귀족들의 왕위 쟁탈전이 전개되었다.
3. 전 혜공왕 시기에는 일길찬 (   )와/과 대아찬 김융이 차례로 반란을 일으켰으나 실패하였다.
4. 전 이찬 김지정이 일으킨 반란을 상대등 (   ) 등이 진압하였다.

빈칸 정답

	교과서 텍스트	기출 텍스트
1	혜공왕	경덕왕
2	상대등, 연립	하대
3	흥덕왕	대공
4	6두품	김양상

062 김헌창의 난

역동아 / 한동아, 한비상, 한천재

① 十四年三月, 熊川州都督憲昌, 以父周元不得爲王, 反叛, 國號長安, 建元慶雲元年. ② 脅武珍·完山·菁·沙伐四州都督, 國原·西原·金官仕臣及諸郡縣守令, 以爲己屬. ③ 菁州都督向榮, 脫身走推火郡, 漢山·牛頭·歃良·浿江·北原等, 先知憲昌逆謀, 擧兵自守. … ④ 及城陷得其身於古塚, 誅之, 戮宗族黨與凡二百三十九人, 縱其民. ⑤ 後論功爵賞有差, 阿湌祿眞授位大阿湌, 辭不受. … ⑥ 十七年春正月, 憲昌子梵文, 與高達山賊壽神等百餘人, 同謀叛, 欲立都於平壤, 攻北漢山州. ⑦ 都督聰明率兵, 捕殺之.

—『三國史記』「新羅本紀」憲德王

주요 어휘

叛 배반할 **반**	慶 경사 **경**	雲 구름 **운**	脅 옆구리 **협**	屬 엮을 **속**
脫 벗을 **탈**	誅 벨 **주**	戮 죽일 **육**	縱 세로 **종**	授 줄 **수**
辭 말 **사**	梵 범어 **범**	督 살펴볼 **독**	聰 귀 밝을 **총**	捕 사로잡을 **포**

한자 독음

① 십사년삼월, 웅천주도독헌창, 이부주원부득위왕, 반반, 국호장안, 건원경운원년. ② 협무진·완산·청·사벌사주도독, 국원·서원·금관사신급제군현수령, 이위기속. ③ 청주도독향영, 탈신주추화군, 한산·우두·삽량·패강·북원등, 선지헌창역모, 거병자수. … ④ 급성함득기신어고총, 주지, 육종족당여범이백삼십구인, 종기민. ⑤ 후논공작상유차, 아찬록진수위대아찬, 사불수. … ⑥ 십칠년춘정월, 헌창자범문, 여고달산적수신등백여인, 동모반, 욕입도어평양, 공북한산주. ⑦ 도독총명솔병, 포살지.

1. 국문 해석

① 14년 3월, 웅천주(熊川州) 도독 헌창(憲昌)이 그의 아버지 주원(周元)이 임금이 되지 못했다는 이유로, 반역을 일으켜 국호를 장안(長安)이라 하고, 연호를 경운(慶雲) 원년이라 하였다. ② 무진·완산·청주·사벌 네 주의 도독과 국원경·서원경·금관경의 사신들과 여러 군과 현의 수령들을 위협하여 자기 부하로 삼았다. ③ 청주 도독 향영(向榮)이 추화군(推火郡)으로 도망가고, 한산주·우두주·삽량주·패강진·북원경 등의 여러 성은 헌창의 역모를 미리 알아 군사를 일으켜 스스로 지켰다. … ④ 성이 점령되자 그의 몸을 옛 무덤에서 찾아내어 다시 베고, 그의 친족과 도당 239명을 죽이고 그 백성들은 풀어주었다. ⑤ 후에 전공을 논하여 관직과 상을 차등있게 주었는데, 아찬 녹진(祿眞)에게는 대아찬의 직위를 주었으나, 사양하며 받지 않았다. … ⑥ 17년 봄 정월, 헌창의 아들 범문(梵文)이 고달산(高達山)의 도적 수신(壽神) 등 백여 명과 함께 모반하여 평양(平壤)에 도읍을 세우고자, 북한산주(北漢山州)를 공격하였다. ⑦ 도독 총명(聰明)이 병사를 거느리고 가서 그를 잡아 죽였다.

– 『삼국사기(三國史記)』 「신라본기(新羅本紀)」 헌덕왕(憲德王)

2. 사료 해설

김헌창은 태종무열왕(太宗武烈王)의 후손인 김주원(金周元)의 아들이다. 김주원은 785년 선덕왕(宣德王)이 죽었을 때 가장 유력한 왕위 계승 후보였다. 그러나 김경신(金敬信)이 기민하게 움직여 원성왕(元聖王)으로 즉위함에 따라 김주원은 명주(溟州) 지방으로 물러날 수밖에 없었다. 이후 그는 '명주군왕'으로 불리는 등 독자적 세력을 구축하였는데, 이후 등장하는 지방 세력의 선구적 예가 되었다.

김주원이 명주로 물러난 뒤에도 그의 자손들은 원성왕계의 조정에 참여하여 중앙에서 활동을 계속하였다. 그의 아들 김헌창은 애장왕 8년(807)에 시중(侍中)이 되어 당시 원성왕의 후손인 상대등 김언승(金彦昇)에 버금가는 실력자로 활동하기도 하였다. 그러나 김언승이 애장왕(哀莊王)을 살해하고 헌덕왕(憲德王)으로 즉위하면서 김헌창의 지위는 흔들리기 시작하였다. 김헌창은 헌덕왕 2년(810) 시중직에서 밀려났는데, 헌덕왕 5년(813)이 되어서야 지방관인 무진주(武珍州) 도독에 제수받을 수 있었다. 그리고 잠시 헌덕왕 6년(814) 시중으로 복귀하였으나, 다시 헌덕왕 8년(816) 청주(菁州) 도독, 헌덕왕 13년(821) 웅천주 도독으로 계속 외직을 떠돌았다.

이에 불만을 품은 김헌창은 약 40여 년 전 자신의 아버지 김주원이 왕위에 오르지 못한 것을 명분으로 삼아 반란을 일으켰다. 이를 통해 과거 김주원을 지지했던 귀족 세력의 힘을 모으고, 당시 흉흉했던 인심을 선동해 세력을 확대하고자 하였다. 이를 위해 김헌창은 국호는 장안(長安), 연호를 경운(慶雲)이라고 하였다. 김헌창의 세력은 순식간에 충청·전라·경상도 일부 지역을 장악하였고, 이를 기반으로 국원경·서원경·금관경의 3소경을 비롯한 여러 군·현의 수령을 협박하여 반란 세력으로 끌어들이고자 노력하였다. 그러나 조정에서 온 진압군에 의해 반란이 점차 진압됨에 따라 김헌창은 자결하게 되었다.

김헌창의 난이 진압된 이후 반란 세력에 대한 대규모 처형이 행해졌다. 그의 친족과 도당 239명이 죽었다는 기록은 김헌창을 지지했던 귀족에 대한 대규모 숙청이 가해졌음을 추정케 한다.

한편, 3년 뒤인 헌덕왕 17년(825) 김헌창의 아들 범문(梵文)이 또다시 반란을 일으켰으나, 곧장 진압되었다. 이러한 김헌창 부자의 연이은 반란은 이후 원성왕계 내부의 왕위 계승전의 촉발에 영향을 미쳤고, 지방에서 호족 세력의 성장을 촉진하는 계기가 되었다.

사료 Plus+

- 헌덕왕 8년(816) 흉년과 기근으로 당의 절강성 동쪽 지역에 건너가 먹을 것을 구하는 이가 170명이었다.

  —『삼국사기(三國史記)』

- 흥덕왕 9년(834)에 교지를 내려 말하였다. … 백성이 다투어 사치와 호화를 일삼고, 진기한 외래품만을 좋아한 나머지 도리어 순박한 우리의 것을 싫어한다. … 옛 법전에 따라 법령을 선포하노니, 만일 일부러 이를 어기면 진실로 그에 맞는 형벌을 내릴 것이다.

  —『삼국사기(三國史記)』

사료 텍스트 완성하기

교과서 텍스트

1. 역 9세기 전반에는 ( ) 도독 김헌창이 자신의 아버지가 왕이 되지 못한 것에 불만을 품고 반란을 일으켰다.
2. 역 ( )(이)라는 새로운 국호를 내걸었던 김헌창의 난에는 여러 지역 세력이 가담하였다.
3. 역 김헌창은 '장안'이라는 국호와 ( )(이)라는 연호를 칭하는 등 신라를 전면적으로 부정하였다.
4. 역 김헌창의 반란이 발생한 지역들은 옛 백제와 가야권에 속하는 지역으로, 이후 ( )의 분열 조짐을 이미 이 반란에서 발견할 수 있다.

기출 텍스트

1. 능 웅천주 도독 ( )이/가 반란을 일으켰다.
2. 전 김헌창은 ( )이/가 부당하게 왕이 되지 못한 것을 명분으로 삼았다.
3. 전 김헌창이 ( )계의 왕위 계승에 불만을 품고 지방에서 반란을 일으켰다.
4. 전 김헌창은 국호를 ( )(으)로 정했다.

빈칸 정답

	교과서 텍스트	기출 텍스트
1	웅주(공주)	김헌창
2	'장안'	자기 아버지
3	'경운'	원성왕
4	'후삼국 시대'	장안(長安)

063 장보고의 청해진과 반란

① 保皐還國, 謁大王曰. ②“遍中國, 以吾人爲奴婢. ③ 願得鎭淸海, 使賊不得掠人西去.” ④ 淸海新羅海路之要, 今謂之莞島. ⑤ 大王與保皐萬人. ⑥ 此後海上無鬻鄕人者. … ⑦ 飮未卒, 聞王弑國亂無主. ⑧ 保皐分兵五千人與年, 持年手泣曰. ⑨“非子不能平禍難.” ⑩ 年入國誅叛者立王. ⑪ 王召保皐爲相, 以年代守淸海.

— 『三國史記』「列傳」

주요 어휘

保 지킬 **보** 皐 언덕 **고** 還 돌아올 **환** 謁 아뢸 **알** 遍 두루 **편**
鎭 진압할 **진** 賊 도둑 **적** 掠 노략질할 **략** 去 갈 **거** 要 구할 **요**
謂 이를 **위** 莞 빙그레 웃을 **완** 鬻 팔다 **육** 飮 마실 **음** 未 아닐 **미**
卒 군사 **졸** 弑 죽일 **시** 泣 울 **읍** 禍 재화 **화** 難 어려울 **난**
誅 벨 **주** 叛 배반할 **반**

한자 독음

① 보고환국, 알대왕왈. ②“편중국, 이오인위노비. ③ 원득진청해, 사적부득략인서거.” ④ 청해신라해로지요, 금위지완도. ⑤ 대왕여보고만인. ⑥ 차후해상무육향인자. … ⑦ 음미졸, 문왕시국난무주. ⑧ 보고분병오천인여년, 지년수읍왈. ⑨“비자불능평화난.” ⑩ 년입국주반자입왕. ⑪ 왕소보고위상, 이년대수청해.

1. 국문 해석

① 장보고가 귀국하여 대왕을 뵙고 아뢰었다. ② "중국을 두루 돌아보니 우리나라 사람들을 노비로 삼고 있습니다. ③ 청해(淸海)에 진영(鎭營)을 설치하여 도적들이 사람을 붙잡아 서쪽으로 데려가지 못하게 하기 바랍니다." ④ 청해는 신라 해로(海路)의 요충지로서 지금의 완도(莞島)라 부르는 곳이다. ⑤ 대왕이 장보고에게 1만 명을 주었다. ⑥ 그 후 해상에서 우리나라 사람[鄕人]을 파는 자가 없었다. … ⑦ 술자리가 끝나기도 전에 왕이 시해되어 나라가 어지럽고 임금의 자리가 비었다는 소식이 들어왔다. ⑧ 장보고가 군사 5,000명을 정년에게 주며, 정년의 손을 잡고 눈물을 흘리면서 말하였다. ⑨ "그대가 아니면 환난을 평정할 수 없다." ⑩ 정년이 왕경(王京)에 들어가 반역자를 죽이고 왕을 세웠다. ⑪ 왕이 장보고를 불러 재상으로 삼고 정년으로 대신 청해를 지키게 하였다.

－『삼국사기(三國史記)』「열전(列傳)」

2. 사료 해설

장보고는 당으로 건너가 뛰어난 무예를 바탕으로 무령군에서 활동하였다. 819년 무령군은 산둥반도를 거점으로 당 조정에 반기를 든 이사도(李師道) 세력을 진압하였는데, 장보고는 이 과정에서 군공을 세워 무령군 소장의 자리에까지 오른 것으로 보인다. 823년 장보고는 산둥반도 적산촌(赤山村)에 적산법화원(赤山法華院)을 세웠는데, 이를 기반으로 나름대로의 무역활동 등을 행한 것으로 보인다.

그러던 그가 828년 갑자기 신라에 귀국하여 흥덕왕에게 해적 소탕을 위한 청해진 설치를 주장하였다. 당시 신라는 김헌창, 그리고 김범문의 난으로 지방에 대한 통제력이 약화되어 있었다. 이러한 상황에서 흥덕왕은 장보고의 요청을 받아들여 대사(大使)의 직함과 함께 군사 1만 명을 모집할 것을 허락해주었고, 이를 기반으로 장보고는 청해진을 설치하였다.

장보고는 서남해 지역에서 활동하던 해적을 소탕하여 이 지역의 해상권을 장악하였다. 그는 당에 견당매물사(遣唐買物使)와 함께 교역선을 보냈으며, 대규모 사찰인 적산법화원을 통해 재당 신라인 사회를 결집하여 활용하였다. 또한, 당시 인기가 있었던 '월주요(越州窯)'의 청자 찻잔 제작기법을 배워 청해진에서 직접 생산하여 수출하기도 하였다. 그리고 일본에는 회역사(廻易使)와 함께 상선을 보내 중계무역을 행하였다. 게다가 이슬람 상인들이 당에서 가져온 서역의 물품들을 신라와 일본에 전하기도 하였다.

836년 신라 왕위 계승에서 패배한 김우징이 장보고에 의지함에 따라 장보고는 진골 귀족의 정치분쟁에 관여하게 되었다. 그는 막강한 해상력을 기반으로 민애왕을 살해하고 김우징을 신무왕으로 즉위시켰다. 이후 약조받은 대로 자신의 딸을 문성왕과 혼인시키고자 하였으나 중앙 귀족들이 섬사람[海島人]의 딸이라는 이유로 반발하여 실패하였다. 『삼국사기(三國史記)』 등에 따르면, 문성왕 8년(846) 장보고는 청해진에 웅거하여 왕에게 반기를 들었으나 중앙에서 보낸 염장(閻長)에 의해 살해되었다고 한다.

그런데 일본의 『쇼쿠니혼코우키(續日本後紀)』에는 842년 정월에 신라사람 이소정(李少貞) 등이 일본으로 건너와서 "장보고가 죽고 그의 부장인 이창진(李昌珍)이 반란을 일으키려 하자 염장이 병사들을 이끌고 와서 이들을 토벌했다."라고 한 사실이 기록되어 있다. 이를 토대로 학계에서는 장보고가 죽은 연대를 둘러싸고 다양한 해석을 하기도 한다.

사료 텍스트 완성하기

교과서 텍스트

1. 역 통일 신라 시기 당항성과 ( )은/는 국제 무역항으로 크게 번성하였다.
2. 역 9세기 이후 장보고는 완도에 ( )을/를 설치하여 해적을 소탕하고 당과 신라, 일본을 연결하는 해상 무역을 장악하였다.
3. 역 산둥반도를 비롯한 당의 해안 지역에 신라인의 집단 거주지인 ( )이/가 세워졌다.
4. 역 청해진을 배경으로 군사력을 키운 장보고도 신라의 ( )에 개입하였다.

기출 텍스트

1. 수 장보고는 ( )에 청해진을 설치하였다.
2. 능 장보고는 당, 신라, 일본을 잇는 남해와 황해의 ( )을/를 장악하였다.
3. 능 장보고가 자신의 딸이 ( )이/가 되지 못한 것을 원망하여 반기를 들었다.
4. 능 장보고는 ( ) 즉위에 공을 세웠으나 귀족의 견제를 받아 살해당하였다.

빈칸 정답

	교과서 텍스트	기출 텍스트
1	울산항	완도
2	청해진	해상 무역권
3	신라방	왕비
4	왕위 계승 분쟁	신무왕

THEME

064 신라 말기의 모습

역금성, 역동아, 역비상, 역지학사 / 한동아, 한미래엔, 한천재

① 三年, 國內諸州郡不輸貢賦, 府庫虛竭, 國用窮乏, 王發使督促. ② 由是所在盜賊蜂起. ③ 於是元宗·哀奴等據沙伐州叛, 王命奈麻令奇捕捉. ④ 令奇望賊壘, 畏不能進, 村主祐連力戰死之. ⑤ 王下勑斬令奇, 祐連子年十餘歲, 嗣爲村主.

－『三國史記』「新羅本紀」眞聖王

주요 어휘

諸 모든 제	輸 나를 수	貢 바칠 공	賦 조세 부	府 곳집 부
庫 곳집 고	虛 빌 허	竭 다할 갈	窮 다할 궁	督 살펴볼 독
促 재촉할 촉	盜 훔칠 도	賊 도둑 적	蜂 벌 봉	起 일어날 기
據 의지할 거	叛 배반할 반	捕 사로잡을 포	捉 잡을 착	壘 진 루
進 나아갈 진	勑 위로할 래	斬 벨 참	嗣 이을 사	

한자 독음

① 삼년, 국내제주군불수공부, 부고허갈, 국용궁핍, 왕발사독촉. ② 유시소재도적봉기. ③ 어시원종·애노등거사벌주반, 왕명나마영기포착. ④ 영기망적루, 외불능진, 촌주우련역전사지. ⑤ 왕하래참영기, 우련자년십여세, 사위촌주.

1. 국문 해석

① 3년 나라 안의 여러 주(州)·군(郡)에서 공물과 조세를 보내지 않아 나라의 창고가 텅 비어 나라의 씀씀이가 궁핍하게 되었으므로 왕이 사자를 보내 독촉하였다. ② 이로 말미암아 도적들이 곳곳에서 벌떼처럼 일어났다. ③ 이에 원종(元宗)과 애노(哀奴) 등이 사벌주(沙伐州)를 근거지로 반란을 일으키자 왕이 나마(奈麻) 영기(令奇)에게 명하여 (이들을) 붙잡아 오도록 하였다. ④ 영기가 적의 보루를 멀리서 바라보고는 두려워 앞으로 나아가지 못하였으나 촌주(村主) 우련(祐連)은 힘껏 싸우다가 죽었다. ⑤ 왕이 칙명을 내려 영기의 목을 베고 나이 10여 세 된 우련의 아들에게 촌주의 직을 잇게 하였다.

－『삼국사기(三國史記)』「신라본기(新羅本紀)」 진성왕(眞聖王)

2. 사료 해설

정강왕이 죽기 직전 남긴 유언에 따라 그의 누이동생인 진성여왕이 왕위에 올랐다. 유언에 따르면, 진성여왕은 천성이 명민하고 체격이 장부 같았다고 한다. 왕위에 오른 진성여왕은 모든 주(州)와 군(郡)의 조세를 1년 동안 면제해주고, 황룡사(皇龍寺)에서 백고좌(百高座)를 열어 불경의 강론을 들었다. 이듬해에는 각간 위홍으로 하여금 대구화상(大矩和尙)과 함께 향가(鄕歌)를 수집해 『삼대목(三代目)』을 편찬케 하였다.

그러나 진성여왕이 즉위할 무렵 신라는 귀족과 호족에 대한 통제가 제대로 이루어지지 못했고, 그들에 의한 농민층에 대한 수탈이 극대화됨에 따라 몰락한 농민들이 크게 늘어나 있었다. 이러한 상황에서 진성여왕 3년(889) 중앙에서 지방에게 조세 납부를 독촉하자 농민들은 더이상 참지 못하고 중앙 정부에 대항하기 시작하였다. 사벌주(沙伐州) 지역에서 발생한 원종(元宗)과 애노(哀奴)의 난은 당시 그러한 사정을 잘 보여준다. 삼국 시대부터 신라의 영역이었던 이곳은 토지가 비옥하고 수리 시설도 잘 갖추어진 풍요로운 지역이었다. 그럼에도 이 지역은 과거 김헌창(金憲昌)의 난에도 동조했을 만큼 반신라적 성향이 다분했는데, 이는 그만큼 신라 정부와 귀족들의 침탈이 심각했음을 보여준다. 이러한 반란을 진압하고자 정부는 나마(奈麻) 영기(令奇)를 파견하였으나, 영기가 두려워 앞으로 나아가지 못할 만큼 반란군의 세력은 급속히 커져갔다.

이후 신라는 지방 세력이 각지에서 자립하고 수도까지 봉기 세력이 침입하는 등의 혼란에 빠지게 된다. 지방 곳곳에서 기훤(箕萱), 양길(梁吉) 등이 자립했고, 이어 등장한 견훤(甄萱), 궁예(弓裔) 등이 세력을 넓혀가기 시작했다. 그리고 진성여왕 10년(896)에는 적고적(赤袴賊)이 일어나 금성 서부의 모량리(牟梁里)까지 침범하였다.

이러한 상황에서 신라 조정 내부에서는 개혁안이 제기되기도 했다. 진성여왕 8년(894) 최치원(崔致遠)이 시무(時務)에 관한 10여 개의 조목을 올렸으나, 신라 조정은 이를 적극적으로 시행할만한 역량과 의지가 부족했다. 신라 조정은 빈민의 구휼과 피지배층의 효행에 대한 국가의 보상을 반복적으로 시행하였는데, 이는 민심 이반을 억제하려는 소극적인 시도였다.

사료 Plus+

- 진성여왕 10년, 도적들이 나라의 서남쪽에서 일어났는데, 그들은 바지를 붉은색으로 하여서 (다른 이들과) 다르게 하였으므로 사람들은 그들을 '적고적'이라고 불렀다. 여러 주현을 공격하여 해를 끼치고, 수도 서부의 모량리까지 이르러 민가를 약탈하여 갔다.

  — 『삼국사기(三國史記)』

- 봄에는 동야택(東野宅), 여름에는 곡량택(谷良宅), 가을에는 구지택(仇知宅), 겨울에는 가이택(加伊宅)에서 놀았다. 제49대 헌강대왕 때에는 성안에 초가집이 단 한 채도 없었고 … 노래와 피리 소리가 길거리에 가득하였으며 밤낮으로 끊이지 않았다.

  — 『삼국유사(三國遺事)』

- 전쟁과 흉년의 두 재앙이 … 동쪽에 와서 나쁜 중에 더욱 나쁘지 않은 곳이 없다. 굶어 죽고 싸우다 죽은 시체가 들에 즐비하였다.

– 최치원, 「합천 해인사 묘길상탑기(陜川 海印寺 妙吉祥塔記)」

- 지은은 한기부 백성인 연권의 딸이었다. 어렸을 때 아버지를 여의고 혼자서 어머니를 봉양하였다. 나이 32세가 되도록 시집을 가지 않고 어머니를 보살피며 곁을 떠나지 않았다. 품팔이도 하고, 구걸도 하여 봉양을 오랫동안 하니 피곤함을 이길 수 없었다. 그리하여 부잣집에 자청하여 몸을 팔아 노비가 되고 쌀 10석을 받았다.

– 『삼국유사(三國遺事)』

사료 텍스트 완성하기

교과서 텍스트

1. 한 889년에는 원종과 (   )의 봉기를 계기로 전국 곳곳에서 농민 봉기가 일어났다.
2. 한 이 시기 지방에서는 (   )들이 스스로 성주, 장군이라 칭하고 행정권과 군사권을 장악하여 실질적인 지배력을 행사하였다.
3. 한 신라 말에는 산세나 지형적 요인이 인간의 길흉화복에 영향을 끼친다는 (   )이/가 유행하였다.

기출 텍스트

1. 능 진성여왕은 각간 위홍으로 하여금 (   )을/를 편찬하게 하였다.
2. 능 원종과 애노 등이 (   )을/를 근거지로 반란을 일으켰다.
3. 능 이 무렵 최치원 등 (   ) 세력이 사회 개혁을 주장하였다.

빈칸 정답

	교과서 텍스트	기출 텍스트
1	애노	삼대목
2	호족	사벌주
3	풍수지리설	6두품

065 신라의 토지 제도

한금성, 한동아

① 七年五月, 教賜文虎(武)官僚田有差. … ② 九年春正月, 下教罷內外官祿邑, 逐年賜租有差, 以爲恒式.

—『三國史記』「新羅本紀」神文王

③ 二十一年秋八月, 始給百姓丁田.

—『三國史記』「新羅本紀」聖德王

④ 當縣沙害漸村, … 合畓百二結二負四束. ⑤ 以其村官謨畓四結, 內視令畓四結, 烟受有畓九十四結二負四束.

—「新羅村落文書」

⑥ 十六年三月, 除內外羣官月俸, 復賜祿邑.

—『三國史記』「新羅本紀」景德王

주요 어휘

教 본받을 / 교령(敎令) 교
賜 하사할 사
差 어긋날 차
罷 방면할 파
逐 쫓을 축
恒 항상 항
始 처음 시
給 공급할 급
害 해칠 해
漸 점점 점
謨 꾀할 모
畓 논 답
視 볼 시
烟 연기 연
除 덜다 제
羣 무리 군
俸 녹 봉
復 돌아올 복 / 다시 부
祿 녹 록

한자 독음

① 칠년오월, 교사문호(무)관료전유차. … ② 구년춘정월, 하교파내외관록읍, 축년사조유차, 이위항식.

③ 이십일년추팔월, 시급백성정전.

④ 당현사해점촌, … 합답백이결이부사속. ⑤ 이기촌관모답사결, 내시령답사결, 연수유답구십사결이부사속.

⑥ 십육년삼월, 제내외군관월봉, 부사녹읍.

1. 국문 해석

① 7년 5월, 교서를 내려 문무(文武) 관료들에게 토지를 차등 있게 주었다. ② 9년 봄 정월, 중앙과 지방 관리들의 녹읍(祿邑)을 폐지하고 해마다 조(租)를 차등 있게 주고 이를 일정한 법으로 삼았다.

– 『삼국사기(三國史記)』「신라본기(新羅本紀)」 신문왕(神文王)

③ 21년 가을 8월, 처음으로 백성들에게 정전(丁田)을 지급하였다.

– 『삼국사기(三國史記)』「신라본기(新羅本紀)」 성덕왕(聖德王)

④ 이 현(縣)의 사해점촌(沙害漸村)을 조사해 보니 … 논[畓]은 전부 102결(結) 2부(負) 4속(束)이다. ⑤ 관모전(官謨田)이 4결, 내시령답(內視令畓)이 4결, 연수유답(烟受有畓)이 94결 2부 4속이다.

– 「신라촌락문서(新羅村落文書)」

⑥ 16년 3월, 중앙과 지방의 여러 관리에게 매달 주던 녹봉(祿俸)을 없애고 다시 녹읍(祿邑)을 주었다.

– 『삼국사기(三國史記)』「신라본기(新羅本紀)」 경덕왕(景德王)

2. 사료 해설

신라는 삼국 통일 직후인 687년(신문왕 7년)에 문무 관료들에게 직전(職田)인 관료전을 지급하였다. 689년(신문왕 9년)에는 중앙과 지방의 관리들이 보유하던 녹읍을 폐지하고, 해마다 '조(租)'를 차등 있게 주도록 정하였다, 여기서 '조(租)'는 녹봉과 같은 의미로 보이는데, 녹봉은 처음에는 연봉(年俸)으로 1년마다 지급되다가 나중에는 월봉(月俸)으로 지급된 것으로 보인다.

한편, 「신라촌락문서」는 신라가 촌락의 경제적 상황 등을 조사해 3년마다 기록한 문서이다. 일본 도다이사 쇼소인(정창원)에서 발견된 촌락문서는 서원경(지금의 청주) 소속의 촌을 비롯한 4개 촌을 조사한 문서이다. 작성 시기에 대해서는 문서에 언급된 을미년(乙未年)을 토대로 695년(효소왕 4년), 755년(경덕왕 14년), 815년(헌덕왕 7년) 등의 주장이 있었으나, 근래에는 695년으로 보는 견해가 힘을 얻고 있다. 이 문서에는 촌락의 이름과 소속 현, 각 촌락의 둘레, 호구(인구) 수, 말과 소의 수, 토지의 종류와 면적, 뽕나무 등의 수 등이 상세하게 기록되어 있다. 사람은 남녀별로 구분하고 나이에 따라 6등급으로 파악하여 기록하였으며, 가호는 9등급으로 나누어 기록하였다.

사료 Plus⁺

왕릉 만들 땅을 구하기 힘들어 사찰 자리에 능을 만들기로 하였다. … 사찰은 … 재앙의 땅을 변화시켜 복된 곳으로 만듦으로 오랫동안 세상의 어려움을 구제할 수 있고, 무덤은 능역에 사상(四象)을 갖추어야 만대에 걸쳐 경사가 있게 된다. … 왕릉을 조성할 때 그 땅이 비록 왕토(王土)이지만 공전(公田)이 아니었으므로 근처 지역을 아울러 좋은 가격을 치렀는데, 언덕을 포함한 2백 결 토지에 좋은 곡식 2천 섬을 주었다.

— 「숭복사비(崇福寺碑)」

사료 텍스트 완성하기

교과서 텍스트

1. 한 신문왕 때에는 문무 관리에게 관직 복무의 대가로 (　　　)을/를 지급하였다.
2. 한 신문왕은 (　　　)은/는 없애고 녹봉을 주었다.
3. 한 녹읍은 지급받은 토지에 대한 수조권이 있고 (　　　)도 가능하였다
4. 한 관료전은 (　　　)만을 인정하였기 때문에 이러한 조치는 귀족 세력을 약화하는 결과를 가져왔다.

기출 텍스트

1. 수 (　　　)은/는 나라에 큰 공을 세운 사람에게 주는 것이다.
2. 능 (　　　)은/는 왕권 강화 정책의 일환으로 지급되었다.
3. 능 (　　　)은/는 조세 수취와 노동력 징발의 권리가 주어졌다.
4. 전 녹읍을 없애고 매년 조(租)를 주되 (　　　)을/를 두었다.

빈칸 정답

	교과서 텍스트	기출 텍스트
1	관료전	식읍
2	녹읍	관료전
3	노동력 징발	녹읍
4	수조권	차등

066 원효의 활동

역 천재 / 한 동아, 한 미래엔, 한 비상

① 伏以理由教現, 道藉人弘. ② 逮俗薄而時澆, 乃人離而道喪. ③ 師旣各封其宗習, 資亦互執其見聞. ④ 至如慈恩百本之談, 唯拘名相. ⑤ 台嶺九句之說, 但尚理觀. ⑥ 雖云取則之文, 未曰通方之訓. ⑦ 唯我海東菩薩, 融明性相, 隱括古今, 和百家異諍之端, 得一代至公之論, 而況神通不測, 妙用難思. ⑧ 塵雖同而不汚其眞, 光雖和而不渝其體. ⑨ 令名所以振華梵. 慈化所以被幽明, 其在贊揚, 固難擬議.

—『大覺國師文集』

⑩ 曉旣失戒生聰, 已後易俗服, 自号小姓居士. ⑪ 偶得優人舞弄大瓠, 其狀瑰奇. ⑫ 因其形製爲道具, '以華嚴経一切無㝵人, 一道出生死,' 命名曰 '無㝵', 仍作歌流于世. ⑬ 嘗持此, 千村萬落且歌且舞, 化詠而歸, 使桑樞瓮牖玃猴之輩, 皆識佛陁之号, 咸作'南無'之稱, 曉之化大矣哉.

—『三國遺事』「義解」

주요 어휘

理 다스릴 **리**	現 나타날 **현**	藉 자리 **자**	弘 넓을 **홍**	逮 미칠 **체**
澆 경박할 **요**	離 떼놓을 **리**	喪 죽을 **상**	旣 이미 **기**	習 익힐 **습**
資 재물 **자**	執 잡을 **집**	聞 들을 **문**	慈 사랑할 **자**	恩 은혜 **은**
談 말씀 **담**	唯 오직 **유**	拘 잡을 **구**	觀 볼 **관**	唯 오직 **유**
菩 보살 **보**	薩 보살 **살**	融 화할 **융**	性 성품 **성**	隱 숨길 **은**
括 묶을 **괄**	諍 간할 **쟁**	端 갈래 / 실마리 **단**	況 하물며 **황**	測 잴 **측**
妙 묘할 **묘**	難 어려울 **난**	思 생각할 **사**	塵 티끌 **진**	汚 더러울 **오**
雖 비록 **수**	渝 변할 **투**	振 떨칠 **진**	梵 불경 **범**	慈 사랑할 **자**
被 입을 / 미칠 **피**	幽 내세 **유**	贊 도울 **찬**	揚 오를 **양**	固 굳을 / 진실로 **고**
難 어려울 **난**	擬 헤아릴 **의**	議 의논할 **의**	曉 새벽 **효**	旣 이미 **기**
聰 총명할 **총**	易 바꿀 **역**	俗 풍속 / 속인 **속**	服 옷 **복**	号 부를 **호**

優 넉넉할 **우** 弄 희롱할 **롱** 瓠 표주박 **호** 状 형상 **상** 瑰 구슬 이름 **괴**
製 지을 **제** 嚴 엄할 **엄** 経 지날 **경** 切 온통 **체** 仍 인할 **잉**
歌 노래 **가** 流 흐를 **류** 嘗 일찍이 **상** 萬 매우 많은 **만** 落 떨어질 **락**
舞 춤출 **무** 詠 읊을 **영** 歸 돌아갈 **귀** 樞 지도리 **추** 瓮 독 **옹**
牖 들창 **유** 玃 원숭이 **확** 猴 원숭이 **후** 輩 무리 **배** 識 알 **식**
陁 비탈질 **타** 咸 모두 **함**

한자 독음

① 복이이유교현, 도자인홍. ② 체속박이시요, 내인리이도상. ③ 사기각봉기종습, 자역호집기견문. ④ 지여자은백본지담, 유구명상. ⑤ 태령구순지설, 단상리관. ⑥ 수운취즉지문, 미왈통방지훈. ⑦ 유아해동보살, 융명성상, 은괄고금, 화백가이쟁지단, 득일대지공지론, 이황신통불측, 묘용난사. ⑧ 진수동이불오기진, 광수화이불투기체. ⑨ 영명소이진화범. 자화소이피유명, 기재찬양, 고난의의.

⑩ 효기실계생총, 이후역속복, 자호소성거사. ⑪ 우득우인무농대호, 기상괴기. ⑫ 인기형제위도구, '이화엄경일체무애인, 일도출생사', 명명왈'무애', 잉작가유우세. ⑬ 상지차, 천촌만낙차가차무, 화영이귀, 사상추옹유확후지배, 개식불타지호, 함작'남무'지칭, 효지화대의재.

1. 국문 해석

① 삼가 생각하건대, 이치는 가르침으로 말미암아 드러나고, 도는 사람에 의해서 넓어집니다. ② 풍속이 천박해지고 시대가 혼탁해져서 사람이 떠나고 도가 상실되었습니다. ③ 스승된 이는 이미 각기 자기 종파의 가르침을 익히는데 국한되었고, 제자 또한 서로들 자기들이 보고 들을 것을 고집하게 되었습니다. ④ 자은(慈恩) 대사가 많은 경과 논을 주석하였다고 하지만 그 논의는 상대경계의 표상인 이름과 모양에 얽매였습니다. ⑤ 천태산(天台山)에서의 구순(九旬)의 설법[지의(智顗) 대사가 천태산에서 베푼 90일 설법]은 다만 이치로만 관하는 법(理觀)만 숭상하였습니다. ⑥ 비록 그것이 취할 만한 법의 글이라 할 수는 있겠지만, 모든 방면에 통하는 교훈이라고는 할 수 없습니다. ⑦ 오직 우리 해동보살께서 본성(性)과 현상(相)의 진리를 융통해 밝혔고, 고금을 은밀히 감싸면서 백가(百家)의 서로 다름을 다투는 실마리를 풀어 화합시켰으며, 일대의 지극히 공정한 논을 얻으셨으니, 하물며 신통은 측량할 수 없는데, 묘용은 생각하기도 어렵습니다. ⑧ 티끌 같은 속세에 비록 함께하셨지만 참면목은 더렵혀지지 않으셨고, 광채를 비록 중생과 함께하셨지만 그 바탕을 잃지 않으셨습니다. ⑨ 그 이름은 중국과 서역에까지 떨치시었고, 그 자애로운 교화는 이승과 저승까지 두루 미치셨으니, 불법의 교화를 도와서 드날리신 업적은 진실로 어디에 비겨서도 논할 수 없습니다.

– 『대각국사문집(大覺國師文集)』

⑩ 원효가 이미 계율을 잃어버려 설총(薛聰)을 낳은 이후 속인의 옷으로 바꾸어 입고 스스로 소성거사(小姓居士)라고 하였다. ⑪ 우연히 광대들이 놀리는 큰 박을 얻었는데 그 모양이 괴이하였다. ⑫ 그 모양대로 도구를 만들어 『화엄경(華嚴經)』의 '일체 무애인(無㝵人)은 한 길로 생사를 벗어난다.'라는 문구에서 이름을 '무애(無㝵)'라고 하고 이에 노래를 지어 세상에 퍼뜨렸다. ⑬ 일찍이 이것을 가지고 온 마을에서 노래하고 춤추며 교화하고 음영하여 돌아오니 가난하고 무지몽매한 무리까지도 모두 부처의 호를 알게 되었고, 모두 '나무[南無]'를 칭하게 되었으니, 원효의 법화(法化)가 이토록 컸던 것이다.

– 『삼국유사(三國遺事)』 「의해(義解)」

2. 사료 해설

원효는 다양한 경전에 대한 이해를 바탕으로 화쟁 사상을 제시하였다. 이는 어느 하나의 경론(經論)에 치우치지 않고 많은 경론을 두루 연구하여 여러 경론이 모순 대립하는 것 같이 보이는 점을 융합시키려고 한 것이었다. 특히 이것은 중관학파(中觀學派)와 유식학파(唯識學派) 사이의 교리적 대립인 공(空)・유(有)의 대립을 극복할 수 있는 새로운 사상, 즉 "세상은 오직 한마음[一心]이다."라고 하는 일심 사상의 태동을 가지고 왔다.

원효는 『대승기신론소(大乘起信論疏)』에서 하나의 마음을 놓고 두 가지 측면으로 설명한다. 바로 해맑고 청정한 모습의 진여문(眞如門)과 때묻고 물든 모습인 생멸문(生滅門) 두 가지로 이야기하는데, 이는 마음이 더럽다거나 깨끗하다는 상대적인 구분을 벗어난 것이라고 설명하였다.

또한 원효는 '나무아미타불'만 염불하면 누구나 쉽게 깨달음에 이를 수 있다고 설파하였다. 이러한 주장은 당시 귀족화되어 있던 불교가 대중화되는 데 크게 기여하였다.

사료 Plus+

- 어젯밤 잠자리는 흙구덩이라 생각하여 또한 편안하였는데[眞如門], 오늘밤 잠자리는 무덤 속에 의탁하니 매우 뒤숭숭하구나[生滅門]. 알겠다! 마음이 생겨나므로 갖가지 현상이 생겨나고, 마음이 사라지니 흙구덩이와 무덤이 둘이 아님을!

– 「열반경종요(涅槃經宗要)」

- 쟁론(諍論)은 집착에서 생긴다. 불도(佛道)는 매우 넓어서 장애나 방향도 없다. … 견문이 적은 사람은 좁은 소견으로 자기의 견해에 찬동하는 자는 옳고 견해를 달리하는 자는 그르다 하니 이것은 마치 갈대 구멍으로 하늘을 보지 않은 사람들을 보고 모두 하늘을 보지 못한 자라 함과 같다.

– 「십문화쟁론(十門和諍論)」

- 일심(一心)이란 사람의 마음, 즉 사람의 주관적인 의식을 가리키지 않는다. 그것은 세계의 원을 이루면서 자연과 사회와 사람을 뛰어넘는 절대적인 정신 실체를 가리킨다.

– 「십문화쟁론(十門和諍論)」

- (중관파의) 『중관론(中觀論)』이나 『십이문론(十二門論)』 등은 여러 학설들의 그릇된 이론을 모두 비판하고 부정하였으나, 부정의 한 면에만 치우치고 긍정할 줄 모르니, 이것은 파괴할 줄만 알고 건설할 줄을 모르는 편협한 이론이다. (유식파의) 유가론(瑜伽論)이나 섭대승(攝大乘) 등은 깊고 얕은 여러 가지의 주장을 비판 분석하기는 하였으나, 긍정과 부정을 서로 결합하지 못하였으니, 이것은 긍정의 한 면에만 치우치고 그릇된 것을 부정할 줄 모르는 이론이다.

  – 『대승기신론별기(大乘起信論別記)』

- 모든 경계가 무한하지만, 다 일심 안에 들어가는 것이다. 부처의 지혜는 모양을 떠나 마음의 원천으로 돌아가고, 지혜와 일심은 완전히 같아서 둘이 아니다.

  – 『무량수경종요(無量壽經宗要)』

사료 텍스트 완성하기

교과서 텍스트

1. 한 원효는 모든 것이 한마음에서 나온다는 (　　　) 사상을 내세웠다.
2. 한 원효는 여러 종파의 대립을 없애고자 (　　　) 사상을 주장하였다.
3. 한 원효는 극락에 가고자 하는 (　　　) 신앙을 직접 전도하여 불교 대중화의 길을 열었다.
4. 한 원효는 누구나 부지런히 (　　　)을/를 외면 내세에는 서방 정토에 태어날 수 있다고 설법하였다.

기출 텍스트

1. 능 원효는 (　　　)(으)로 유학을 가던 중 '일체유심조(一切唯心造)'라는 깨달음을 얻었다.
2. 수 원효는 (　　　) 사상을 바탕으로 불교 종파들의 사상적 대립을 조화시키고자 하였다.
3. 수 원효는 (　　　)에서 일심 사상을 바탕으로 종파 간의 사상적 대립을 조화시켰다.
4. 능 원효는 (　　　) 신앙을 전도하며 불교의 대중화에 힘썼다.

빈칸 정답

	교과서 텍스트	기출 텍스트
1	일심	당나라
2	화쟁	일심
3	아미타	분황사
4	'나무아미타불(아미타불에게 귀의합니다.)'	아미타

067 의상의 활동

한비상

① 法師義湘, 考曰韓信, 金氏, 年二十九依京師皇福寺落髮. ② 未幾, 西啚觀化. ③ 遂與元曉道出遼東, 邊戍邏之爲諜者, 囚閉者累旬, 僅免而遝. ④ 永徽初, 會唐使舡有西還者, 寓載入中國. … ⑤ 終南門人賢首撰搜玄疏, 送副本於湘處. … ⑥ 湘乃令十刹傳敎, 太伯山浮石寺, 原州毗摩羅, 伽耶之海印, 毗瑟之玉泉, 金井之梵魚, 南嶽華嚴寺等, 是也. ⑦ 又著法界啚書印并略疏, 括盡一乘樞要, 千載龜鏡, 競所珎佩. … ⑧ 啚成總章元年戊辰.

—『三國遺事』「義解」

주요 어휘

湘 강 이름 **상** 落 떨어질 **락** 髮 터럭 **발** 未 아닐 **미** 幾 얼마 **기**
啚 더러울 **비** / 그림 **도** 觀 볼 **관** 曉 새벽 **효** 邊 가 **변**
諜 염탐할 **첩** 閉 닫을 **폐** 累 묶을 **루** 僅 겨우 **근** 免 면할 **면**
遝 뒤섞일 **답** 徽 아름다울 **휘** 撰 지을 **찬** 搜 찾을 **수** 玄 검을 **현**
疏 성길 **소** 送 보낼 **송** 刹 절 **찰** 毗 도울 **비** 瑟 큰 거문고 **슬**
著 분명할 **저** 略 다스릴 **략** 括 묶을 **괄** 盡 다할 **진** 龜 나라 이름 **구**
鏡 거울 **경** 珎 보배 **진** 佩 찰 **패** 成 이룰 **성**

한자 독음

① 법사의상, 고왈한신, 김씨, 년이십구의경사황복사낙발. ② 미기, 서비관화. ③ 수여원효도출요동, 변수라지위첩자, 수폐자누순, 근면이답. ④ 영휘초, 회당사강유서환자, 우재입중국. … ⑤ 종남문인현수찬수현소, 송부본어상처. … ⑥ 상내령십찰전교, 태백산부석사, 원주비마라, 가야지해인, 비슬지옥천, 금정지범어, 남악화엄사등, 시야. ⑦ 우저법계비서인병략소, 괄진일승추요, 천재구경, 경소진패. … ⑧ 비성총장원년무진.

1. 국문 해석

① 법사(法師) 의상(義湘)은 아버지가 한신(韓信)으로 김씨(金氏)인데, 나이 29세에 경주 황복사(皇福寺)에서 머리를 깎고 중이 되었다. ② 얼마 있지 않아 서방으로 가서 불교의 교화를 보고자 하였다. ③ 드디어 원효(元曉)와 함께 요동으로 갔다가 변방의 순라군(戍邏軍)에게 첩자로 오인 받아 수십 일 동안 갇혔다가 간신히 면하여 돌아왔다. ④ 영휘(永徽) 초에 마침 당나라 사신의 배가 서방으로 돌아가려고 하자 편승하여 중국으로 들어갔다. … ⑤ 종남산(終南山) (지엄의) 문인 현수(賢首)가 『수현소(搜玄疏)』를 찬술하여 의상에게 부본(副本)을 보냈다. … ⑥ 의상은 이에 열 곳의 절에 교(敎)를 전하게 하니 태백산(太伯山)의 부석사, 원주(原州)의 비마라사(毗摩羅寺), 가야산의 해인사, 비슬산의 옥천사, 금정산의 범어사, 남악의 화엄사 등이 그것이다. ⑦ 또 『법계도서인(法界圖書印)』을 저술하고 아울러 간략한 주석을 붙여 일승(一乘)의 요긴한 알맹이(樞要)를 모두 포괄하였으니 1,000년을 두고 볼 귀감이 되어 저마다 다투어 보배로 여겨 지니고자 하였다. … ⑧ 「법계도」는 총장(總章) 원년 무진(戊辰)에 이루어졌다.

– 『삼국유사(三國遺事)』 「의해(義解)」

2. 사료 해설

의상(義湘)은 당 유학을 마치고 귀국한 뒤, 낙산사와 부석사 등을 건립하여 화엄종(華嚴宗)을 신라에 본격적으로 전하였다. 이 과정에서 의상은 「화엄일승법계도(華嚴一乘法界圖)」 등을 통해 조직화된 화엄 교학의 체계를 널리 전수하였다. 7언(言) 30구(句)의 게송(偈頌)의 형태를 갖춘 「화엄일승법계도」는 하나와 여럿이 서로 포함되고 서로 동일시되는 논리를 진리의 세계의 핵심으로 보고, 모든 현상이 붙어 있지도 않고 떨어져 있지도 않으며 하나도 아니고 다르지도 않아서 항상 중도에 있음을 강조하였다.

의상의 화엄 사상은 하나를 중시하면서, 이를 통해 전체를 아우르려는 관점을 갖고 있다. 이러한 일즉다다즉일의 화엄 사상이 여럿을 하나로 모으는 중앙집권적 왕권의 확립에 기여했다고 평가하기도 한다. 반면 의상의 화엄 사상을 전제 왕권과 직결시켜 이해하는 것은 논리적 비약이라는 견해도 있다.

한편, 의상은 화엄을 이론으로만 이해하는 데 그치지 않고 옷 세 벌과 바리 하나 외에는 아무것도 소유하지 않는 청정 계율의 실천에 앞장서기도 하였다. 또한 현세에서 겪는 고난을 구제받고자 하는 관음 신앙을 전파하기도 하였다.

사료 Plus+

하나 가운데 일체의 만물이 다 들어 있고, 만물 속에는 하나가 자리 잡고 있으니, 하나가 곧 일체의 만물이고, 만물은 곧 하나에 귀속되어 있는 것이다(一中一切多中一, 一卽一切 多卽一). 한 작은 티끌 속에서 시방(十方)이 있는 것이요, 한 찰나가 곧 영원이다. 양에 있어서 셀 수 없이 많은 것이 있지만 그것은 실은 하나이며, 공간은 시방으로 너르게 되어 있지만 그것이 한 작은 티끌 속에 포함되어 있으며, 시간에 있어서 영원한 것도 한 찰나이다.

–「화엄일승법계도(華嚴一乘法界圖)」

사료 텍스트 완성하기

교과서 텍스트

1. 한 의상은 ( )에서 불교를 공부하고 돌아왔다.
2. 역 의상은 '모든 존재는 상호 의존적 관계에 있으면서 조화를 이루고 있다.'라는 ( ) 사상을 정립하였다
3. 한 의상은 질병이나 재해 등 현세의 고난에서 벗어나고자 하는 이들에게 ( ) 신앙을 제시하였다.
4. 한 관음 신앙은 ( )을/를 일심으로 염불하면 현세의 고난에서 벗어날 수 있다고 믿는 신앙이다.

기출 텍스트

1. 전 의상은 ( )의 문하에서 체득한 사상의 요체를 도형화하여 펴냈다.
2. 수 의상은 ( )을/를 건립하고 화엄종을 개창하였다.
3. 수 의상은 ( )을/를 창시하여 많은 제자들을 양성하였다.
4. 능 의상은 ( )을/를 지어 모든 존재의 상호 의존적인 관계를 설명하였다.

빈칸 정답

	교과서 텍스트	기출 텍스트
1	당	지엄
2	화엄	부석사
3	관음	(해동) 화엄종
4	관세음보살	「화엄일승법계도」

THEME 068 | 2000 기출

발해의 건국

역금성, 역리베르, 역미래엔, 역비상 / 한리베르

① 渤海靺鞨大祚榮者, 本高麗別種也. ② 高麗旣滅, 祚榮率家屬徙居營州. ③ 萬歲通天年, 契丹李盡忠反叛, 祚榮與靺鞨乞四比羽各領亡命東奔, 保阻以自固. ④ 盡忠旣死, 則天命右玉鈐衛大將軍李楷固率兵討其餘黨, 先破斬乞四比羽, 又度天門嶺以迫祚榮. ⑤ 祚榮合高麗·靺鞨之衆, 以拒楷固, 王師大敗, 楷固脫身而還. ⑥ 屬契丹及奚盡降突厥, 道路阻絶, 則天不能討. ⑦ 祚榮遂率其衆東保桂婁之故地, 據東牟山, 築城以居之. ⑧ 祚榮驍勇善用兵, 靺鞨之衆及高麗餘燼, 稍稍歸之. ⑨ 聖曆中, 自立爲振國王, 遣使通于突厥. ⑩ 其地在營州之東二千里, 南與新羅相接. ⑪ 越憙靺鞨東北至黑水靺鞨, 地方二千里, 編戶十餘萬, 勝兵數萬人. ⑫ 風俗與高麗及契丹同, 頗有文字及書記.

— 『舊唐書』 「北狄列傳」 渤海靺鞨

⑬ 渤海, 本粟末靺鞨附高麗者, 姓大氏. ⑭ 高麗滅, 率衆保挹婁之東牟山.

— 『新唐書』 「北狄列傳」 渤海靺鞨

주요 어휘

靺 말갈 **말**	鞨 말갈 **갈**	旣 이미 **기**	滅 멸망할 **멸**	率 거느릴 **솔**
屬 엮을 **속**	徙 옮길 **사**	叛 배반할 **반**	奔 달릴 **분**	阻 험할 **조**
自 스스로 **자**	固 굳힐 / 수비 **고**	鈐 자물쇠 **검**	討 칠 **토**	破 깨뜨릴 **파**
度 건널 **도**	迫 닥칠 **박**	拒 막을 **거**	脫 벗을 **탈**	突 갑자기 **돌**
厥 오랑캐 **궐**	據 의거할 **거**	驍 날랠 **효**	燼 유민 **신**	接 이을 **접**
越 넘을 **월**	憙 기뻐할 **희**	編 엮을 **편**	勝 이길 **승**	頗 자못 **파**
附 붙을 **부**				

한자 독음

① 발해말갈대조영자, 본고려별종야. ② 고려기멸, 조영솔가속사거영주. ③ 만세통천년, 글란이진충반반, 조영여말갈걸사비우각령망명동분, 보조이자고. ④ 진충기사, 칙천명우옥검위대장군이해고솔병토기여당, 선파참걸사비우, 우도천문령이박조영. ⑤ 조영합고려·말갈지중, 이거해고, 왕사대패, 해고탈신이환. ⑥ 속글란급해진항돌궐, 도로조절, 칙천불능토. ⑦ 조영수솔기중동보계루지고지, 거동모산, 축성이거지. ⑧ 조영효용선용병, 말갈지중급고려여신, 초초귀지. ⑨ 성력중, 자립위진국왕, 견사통우돌궐. ⑩ 기지재영주지동이천리, 남여신라상접. ⑪ 월희말갈동북지흑수말갈, 지방이천리, 편호십여만, 승병수만인. ⑫ 풍속여고려급글란동, 파유문자급서기.

⑬ 발해, 본속말말갈부고려자, 성대씨. ⑭ 고려멸, 솔중보읍루지동모산.

1. 국문 해석

① 발해말갈(渤海靺鞨)의 대조영(大祚榮)은 본래 고구려의 별종(別種)이다. ② 고구려가 멸망하자 대조영은 가속(家屬)을 이끌고 영주(營州)로 옮겨와 살았다. ③ 만세통천(萬歲通天) 연간에 거란의 이진충(李盡忠)이 반란을 일으키자 대조영은 말갈의 걸사비우(乞四比羽)와 함께 각각 (무리를) 거느리고 동쪽으로 망명하여 요해지(要害地)를 차지하여 수비를 굳혔다. ④ 이진충이 죽자 측천무후가 우옥검위대장군(右玉鈐衛大將軍) 이해고(李楷固)에게 명하여 군사를 거느리고 가서 그 나머지 무리들을 토벌하게 하였는데, (이해고는) 먼저 걸사비우를 무찔러 베고 또한 천문령(天門嶺)을 넘어 대조영을 바짝 뒤쫓았다. ⑤ 대조영이 고구려와 말갈의 무리를 연합하여 이해고에게 항거하자 왕사(王師)는 크게 패하고 이해고만 탈출하여 돌아왔다. ⑥ 이때 거란과 해(奚)가 모두 돌궐(突厥)에게 항복을 하므로 길이 막혀서 측천무후는 그들을 토벌할 수 없게 되었다. ⑦ 대조영은 마침내 그 무리를 거느리고 동쪽으로 가서 계루부(桂婁部)의 옛 땅을 차지하고, 동모산(東牟山)에 웅거하여 성을 쌓고 살았다. ⑧ 대조영이 굳세고 용맹스러우며 병사를 잘 운용하자 말갈의 무리와 고구려의 나머지 무리들이 점점 모여들었다. ⑨ 성력(聖曆) 연간에 스스로 진국왕(振國王)에 오르고 돌궐에 사신을 보내어 통교하였다. ⑩ 그 땅은 영주의 동쪽 2,000리 밖에 있으며, 남쪽은 신라와 서로 접하고 있다. ⑪ 월희말갈(越憙靺鞨)에서 동북쪽으로는 흑수말갈(黑水靺鞨)에 이르는데, 사방이 2,000리이며, 편호(編戶)는 10여 만이고, 정예병은 수만 명이다. ⑫ 풍속은 고구려와 거란과 같고, 문자와 전적(典籍)도 상당히 있다.

–『구당서(舊唐書)』「북적열전(北狄列傳)」 발해말갈(渤海靺鞨)

⑬ 발해(渤海)는 본래 속말말갈(粟末靺鞨)로서 고구려에 부속(附屬)되어 있었으며, 성(姓)은 대씨(大氏)이다. ⑭ 고구려가 멸망하자, 무리를 이끌고 읍루(挹婁)의 동모산(東牟山)을 차지하였다.

–『신당서(新唐書)』「북적열전(北狄列傳)」 발해말갈(渤海靺鞨)

2. 사료 해설

당은 668년 고구려를 멸망시킨 이후 안동도호부(安東都護府)를 평양에 설치하였다. 그러나 676년 당이 신라와의 전쟁에서 패배함에 따라 안동도호부는 요동의 고군성(故郡城)으로 옮겨졌고, 이듬해에는 신성(新城)으로 옮겨졌다. 또한 당은 고구려 유민들에 대해서는 영주(營州) 등의 각지로 이주하도록 하였다.

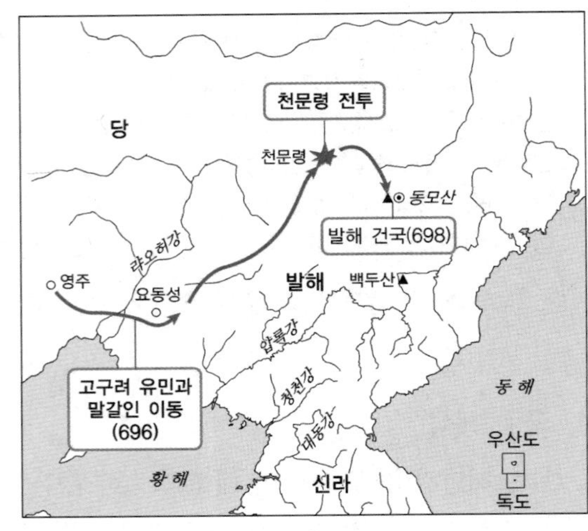

△ 발해의 건국 과정

그런데 696년 거란 추장 이진충(李盡忠)이 반란을 일으켜 순식간에 영주를 점령하고, 동쪽의 안동도호부를 공격하였다. 그러자 동북 방면에 있던 고구려 유민과 말갈족 등의 움직임이 심상치 않게 변해갔다. 영주에 거주하던 걸걸중상과 대조영 부자, 걸사비우 등의 고구려 유민과 말갈족이 힘을 합쳐 당나라에 반기를 든 것이다. 당시 정권을 장악한 측천무후는 돌궐의 원조를 빌려 거란을 진압해 나갔다. 또한 보장왕의 손자 고보원(高寶元)을 충성국왕(忠誠國王)에 임명해 요동 지역의 고구려 유민들을 달래고자 하였다.

그러나 대조영의 세력을 당으로서는 좌시할 수 없었다. 그리하여 당은 698년 이해고(李楷固)를 파견해 대조영 등의 세력을 진압하고자 하였으나, 대조영은 이해고가 이끄는 군대를 천문령(天門嶺)에서 크게 격파하였다. 이어 동모산(東牟山)에 나라를 세우고, 국호를 진국(震國), 연호를 천통(天統)이라 하였다. 그리고 곧장 이 무렵 당과 대립각을 내세우고 있던 돌궐과 통교하였다.

이 무렵 발해는 북서쪽의 거란과 돌궐족의 성장으로 요서 지방이 가로막힘에 따라 당나라의 직접 공격을 받지 않고 안정을 꾀할 수 있었다. 이러한 상황에서 당은 결국 발해를 '발해군왕(渤海郡王)'에 봉함으로써 국가로 인정하게 되었다.

사료 Plus+

수공(垂拱) 2년, 항복한 임금의 손자 보원(寶元)을 조선군왕으로 삼았다가, 성력(聖曆) 초에 좌응양위대장군(左鷹揚衛大將軍)으로 승진시키고, 다시 충성국왕(忠誠國王)으로 봉하여 안동의 옛 부(部)들을 통치하게 하였으나 부임하지는 않았다. 이듬해에 항복한 임금의 아들 덕무(德武)를 안동도독으로 삼았는데, 후에 조금씩 스스로 나라의 기틀을 세웠다.

– 『삼국사기(三國史記)』 「고구려본기(高句麗本紀)」 보장왕(寶藏王)

사료 텍스트 완성하기

교과서 텍스트

1. 한 ( )이/가 반란을 일으키자 대조영은 ( )에서 발해를 건국하였다(698).
2. 한 대조영은 추격해 오는 당군을 ( )에서 물리치고, 고구려 옛 땅인 동모산에 이르러 발해를 세웠다(698).

기출 텍스트

1. 능 7세기 말 대조영이 나라를 세우고 스스로 ( )이라 일컬었다.
2. 능 대무예가 왕위에 올라 연호를 ( )(이)라 하니 당나라에서 사신을 보냈다.

빈칸 정답

	교과서 텍스트	기출 텍스트
1	거란(이진충), 동모산	진국왕(震國王)
2	천문령	인안(仁安)

069 발해와 당의 충돌

① 玄宗開元七年, 祚榮死, 其國私謚爲高王. ② 子武藝立, 斥大土宇, ③ 東北諸夷畏臣之, 私改年曰仁安. ④ 帝賜典冊襲王幷所領. ⑤ 未幾, 黑水靺鞨使者入朝, 帝以其地建黑水州. ⑥ 置長史臨總. ⑦ 武藝召其下謀曰. ⑧ "黑水始假道於我與唐通, 異時請吐屯於突厥, 皆先告我. ⑨ 今請唐官不吾告, 是必與唐腹背攻我也." ⑩ 乃遣弟門藝及舅任雅相發兵擊黑水. … ⑪ 兵至境, 又以書固諫. ⑫ 武藝怒, 遣從兄壹夏代將, 召門藝, 將殺之. ⑬ 門藝懼, 儳路自歸, 詔拜左驍衛將軍. … ⑭ 後十年, 武藝遣大將張文休率海賊攻登州. ⑮ 帝馳遣門藝發幽州兵擊之. ⑯ 使太僕卿金思蘭使新羅, 督兵攻其南. ⑰ 會大寒, 雪袤丈, 士凍死過半, 無功而還.

—『新唐書』「北夷列傳」

주요 어휘

謚 시호 시	畏 두려워할 외	改 고칠 개	賜 하사할 사	幾 얼마 기
臨 임할 임	總 거느릴 총	召 부를 소	假 거짓 가	吐 털어놓을 토
屯 진칠 둔	皆 모두 개	告 알릴 고	腹 배 복	背 등 배
遣 보낼 견	藝 심을 예	舅 외삼촌 구	任 맡길 임	雅 맑을 아
固 굳을 고	諫 간할 간	率 거느릴 솔	賊 도둑 적	馳 달릴 치
幽 그윽할 유	擊 부딪칠 격	蘭 난초 란	督 살펴볼 독	會 시기 회
寒 찰 한	袤 길이 무	凍 얼 동	過 지날 과	

한자 독음

① 현종개원칠년, 조영사, 기국사시위고왕. ② 자무예립, 척대토우, ③ 동북제이외신지, 사개연왈인안. ④ 제사전책습왕병소령. ⑤ 미기, 흑수말갈사자입조, 제이기지건흑수주. ⑥ 치장사림총. ⑦ 무예소기하모왈. ⑧ "흑수시가도어아여당통, 이시청토둔어돌궐, 개선고아. ⑨ 금청당관불오고, 시필여당복배공아야." ⑩ 내견제문예급구임아상발병격흑수. … ⑪ 병지경, 우이서고간. ⑫ 무예노, 견종형일하대장, 소문예, 장살지. ⑬ 문예구, 참로자귀, 조배좌효위장군. … ⑭ 후십년, 무예견대장장문휴솔해적공등주. ⑮ 제치견문예발유주병격지. ⑯ 사태복경김사란사신라, 독병공기남. ⑰ 회대한, 설무장, 사동사과반, 무공이환.

1. 국문 해석

① 현종(玄宗) 개원(開元) 7년에 조영(祚榮)이 죽으니, 그 나라에서 사사로운 시호[私諡]로 고왕(高王)이라 하였다. ② 아들 무예(武藝)가 왕위(王位)에 올라 영토를 크게 개척하였다. ③ 이에 동북의 모든 오랑캐들이 겁을 먹고 그를 섬겼으며, 또 사사로이 연호를 인안(仁安)으로 고쳤다. ④ 현종(玄宗)이 전책(典冊)을 내려 왕(王) 및 도독(都督)을 세습시켰다. ⑤ 얼마 안 되어 흑수말갈(黑水靺鞨)의 사자(使者)가 입조(入朝)하므로, 현종(玄宗)은 그 땅을 흑수주(黑水州)로 삼았다. ⑥ 장사(長史)를 두어 총관(總管)케 하였다. ⑦ 무예(武藝)가 그의 부하들을 불러다 모의하며 말하였다. ⑧ "흑수(黑水)가 처음에는 우리에게 길을 빌어서 당(唐)과 통하게 되었고, 지난번 돌궐(突厥)에게 토둔(吐屯)을 청할 적에도 모두 우리에게 먼저 알려 왔다. ⑨ 이제 당(唐)에게 벼슬을 청하면서 우리에게 알리지 않았으니, 이는 반드시 당(唐)과 더불어 앞뒤로 우리를 치려는 것이다." ⑩ 곧 아우 문예(門藝) 및 외삼촌[舅] 임아(任雅)를 시켜 군사를 동원하여 흑수(黑水)를 치게 하였다. … ⑪ 군사가 국경에 이르렀을 적에 (문예가) 또 글을 올려 굳이 간하였다. ⑫ 이에 무예는 화를 내어 종형(從兄) 일하(壹夏)를 보내어 대신 통솔케 하고, 문예는 불러다 죽이려 하였다. ⑬ 문예가 두려워서 사잇길을 통하여 귀순해 오니, 현종은 조칙으로 좌효위장군(左驍衛將軍)을 제수(除授)하였다. … ⑭ 10년 뒤에 무예가 대장(大將) 장문휴(張文休)를 파견하여 해적(海賊)을 거느리고 등주(登州)를 쳤다. ⑮ 이에 현종은 급히 문예를 파견하여 유주(幽州)의 군사를 동원시켜 이를 공격하도록 하였다. ⑯ (또한) 태복경(太僕卿) 김사란(金思蘭)을 사신으로 신라(新羅)에 보내어 군사를 독촉하여 발해(渤海)의 남부를 치게 하였다. ⑰ 마침 날짜가 매우 추운 데다 눈이 한길이나 쌓여서 군사들이 태반이나 얼어 죽으니, 공을 거두지 못하고 돌아왔다.

— 『신당서(新唐書)』 「북이열전(北夷列傳)」

2. 사료 해설

발해 무왕은 즉위 직후 동북 방면으로 영역을 확장해 나갔다. 이 과정에서 월희말갈(越憙靺鞨), 흑수말갈(黑水靺鞨) 등의 말갈 부족이 발해의 영향권 안으로 들어왔다. 그런데 726년 당이 흑수말갈을 기미주로 편제하고 장사(長史)를 두어 감독하도록 한 일이 발생하였다.

무왕은 흑수말갈과 당이 연합하여 발해를 공격할 가능성, 그리고 발해에 복속된 다른 말갈 부족들의 이탈 가능성을 우려하였다. 이로 인해 흑수말갈에 대한 토벌 문제가 대두하기 시작하였다. 그러나 일찍이 당에서 숙위(宿衛)로 파견되었던 대문예(大門藝)는 현실적인 국력 차이를 들어 당과의 대결을 반대하다가 결국 당나라로 망명하였다. 무왕은 사촌형 대일하(大壹夏)를 파견하여 흑수말갈을 토벌하였는데, 이로 인해 당과 흑수말갈의 교류가 잠시 중단되기도 하였다.

무왕은 돌궐과 거란이 당에 대항하는 국제적 정세를 틈타 등주(登州) 지역에 대한 공격을 감행하기도 하였다. 732년 장문휴(張文休)가 이끄는 발해의 수군이 등주를 습격해 등주자사를 죽이는 전과를 올린 것이다. 이에 당은 733년 대문예를 보내 유주(幽州)의 병사를 징발해 발해를 공격하는 한편, 신라에는 김사란(金思蘭)을 보내 발해를 공격하도록 하는 협공작전을 구사하였다. 이에 무왕은 자객을 보내 대문예에 대한 암살을 시도하고, 거란 및 돌궐과 힘을 합쳐 마도산(馬都山)을 공격하는 등 강경한 입장을 견지하였다.

그런데 발해를 둘러싼 국제 정세가 불리하게 돌아가기 시작하였다. 돌궐이 734년경부터 붕괴하기 시작하고, 이에 따라 거란이 당에 투항한 것이다. 또한 신라가 단독으로 발해에 대한 공격을 시도하기도 하였다. 무왕 말년에는 발해가 당에 대한 화해 제스처를 보이게 되고, 당 역시도 현상 유지 차원에서 이를 수용하는 모습을 보였다. 이러한 상황에서 문왕이 무왕을 이어 즉위하였는데, 즉위와 함께 『당례(唐禮)』와 책봉을 요청함에 따라 발해와 당의 관계는 완전히 회복되었다.

사료 Plus+

- "무예(武藝)가 아룁니다. … 무예는 황송스럽게도 대국(大國)을 맡아 외람되게 여러 번(蕃)을 함부로 총괄하며, 고려의 옛 땅을 회복하고 부여의 습속(習俗)을 가지고 있습니다. 그러나 다만 너무 멀어 길이 막히고 끊어졌습니다. 어진 이와 가까이하며 우호를 맺고 옛날의 예에 맞추어 사신을 보내어 이웃을 찾는 것이 오늘에야 비롯하게 되었습니다. …"

  — 『속일본기(續日本記)』

- 연호를 세우자는 청원은 본래 임금을 높이려는 정성으로 우리 고려에서는 태조와 광종의 옛일이 있습니다. 그 옛글을 살펴보면 비록 신라와 발해가 그렇게 하여도 대국은 일찍이 정벌하지 않았으며 소국은 감히 잘못이라고 논하지 않았습니다.

  — 『고려사(高麗史)』

사료 텍스트 완성하기

교과서 텍스트

1. 한 무왕은 ( )(이)라는 연호를 정하여 국가의 위상을 높였으며, 영토 확장에 힘썼다.
2. 한 무왕은 당과 신라를 견제하였고, 당의 ( ) 지방을 공격하기도 하였다.
3. 한 무왕은 당과 연결된 ( )을/를 제압하고 당의 산둥 지방을 공격하기도 하였다.
4. 한 무왕은 외교적으로 ( ), 일본과 친교를 맺고 당과 신라를 견제하였다.

기출 텍스트

1. 능 무왕은 ( )(이)라는 독자적 연호를 사용하였다.
2. 능 당과 ( ) 사이의 직접 교류가 발단이 되어 발해와 당 사이에 전쟁이 발생하였다.
3. 능 무왕은 ( )을/를 보내 당의 등주를 공격하였다.
4. 능 이 사건을 계기로 당은 ( ) 이남 지역에 대한 신라의 통치를 인정하였다.

빈칸 정답

	교과서 텍스트	기출 텍스트
1	인안	인안
2	산둥	흑수말갈
3	흑수말갈	장문휴
4	돌궐	대동강

THEME

070 발해와 일본의 관계

역 동아, 역 비상, 역 지학사 / 한 미래엔, 한 천재

① 昔高麗全盛時, 其王高武, 祖宗奕世, 介居瀛表, 親如兄弟, 義若君臣, 帆海梯山, 朝貢相續. ② 逮乎季歲, 高氏淪亡, 自尒以來, 音問寂絶. ③ 爰洎神龜四年, 王之先考左金吾衛大將軍渤海郡王遣使來朝, 始修職貢. ④ 先朝嘉其丹款, 寵待優隆. ⑤ 王襲遺風, 纂修前業, 獻誠述職, 不墜家聲. ⑥ 今省來書, 頓改父道, 日下不注官品姓名, 書尾虛陳天孫僭号. ⑦ 遠度王意豈有是乎, 近慮事勢疑似錯誤. ⑧ 故仰有司, 停其賓禮. ⑨ 但使人萬福等, 深悔前咎, 代王申謝, 朕矜遠來, 聽其悛改. ⑩ 王悉此意, 永念良圖. ⑪ 又高氏之世, 兵乱無休, 爲假朝威, 彼稱兄弟. ⑫ 方今大氏曾無事, 故妄稱舅甥, 於禮失矣. ⑬ 後歲之使, 不可更然.

—『續日本記』 寶龜 3年

주요 어휘

盛 성할 **성**	奕 클 **혁**	瀛 바다 **영**	義 의로울 **의**	若 같을 **약**
帆 돛 **범**	梯 오를 **제**	逮 이르다 **체**	乎 어조사 **호**	季 끝 **계**
淪 망할 **윤**	尒 너 / 같이 **이**	寂 고요할 **적**	絶 끊을 **절**	爰 이에 **원**
洎 이르다 **계**	嘉 아름다울 **가**	優 넉넉할 **우**	隆 클 **륭**	襲 계승할 **습**
纂 모을 **찬**	墜 떨어질 **추**	聲 명예 **성**	頓 조아릴 **돈**	尾 꼬리 / 끝 **미**
虛 빌 **허**	陳 늘어놓을 **진**	僭 간사할 **참**	号 부를 **호**	豈 어찌 **기**
勢 기세 **세**	疑 의심할 **의**	錯 섞일 **착**	誤 그르칠 **오**	賓 손 **빈**
禮 예도 **예**	深 깊을 **심**	悔 뉘우칠 **회**	咎 허물 **구**	謝 사례할 **사**
朕 나 **짐**	矜 불쌍히 여길 **긍**	遠 멀 **원**	悛 고칠 **전**	悉 다 **실**
假 거짓 **가**	威 위엄 **위**	舅 시아비 **구**	甥 생질 **생**	

한자 독음

① 석고려전성시, 기왕고무, 조종혁세, 개거영표, 친여형제, 의약군신, 범해제산, 조공상속. ② 체호계세, 고씨윤망, 자이이래, 음문적절. ③ 원계신구사년, 왕지선고좌금오위대장군발해군왕견사래조, 시수직공. ④ 선조가기란관, 총대우융. ⑤ 왕습유풍, 찬수전업, 헌성술직, 불추가성. ⑥ 금성래서, 돈개부도, 일하불주관품성명, 서미허진천손참호. ⑦ 원도왕의기유시호, 근려사세의사착오. ⑧ 고앙유사, 정기빈예. ⑨ 단사인만복등, 심회전구, 대왕신사, 짐긍원래, 청기전개. ⑩ 왕실차의, 영염양도. ⑪ 우고씨지세, 병란무휴, 위가조위, 피칭형제. ⑫ 방금대씨증무사, 고망칭구생, 어예실의. ⑬ 후세지사, 불가경연.

1. 국문 해석

① 옛날 고구려의 전성기 때에 그 왕 고무(高武)는 조상 대대로 바다 밖에 있으면서 형제와 같이 친하고 군신(君臣)과 같이 의로워, 바다를 건너고 산을 넘어 조공(朝貢)을 계속하였다. ② 말기가 되어 고씨(高氏)가 망한 이래로 소식이 끊어졌다. ③ 그러다가 신구(神龜) 4년(무왕 9년)에 이르러 왕의 선고(先考)인 좌금오위대장군발해군왕(左金吾衛大將軍渤海郡王)이 사신을 보내어 내조(來朝)하여 비로소 조공을 닦았다. ④ 선조께서는 그 참된 마음을 가상히 여겨 총애하여 대우함이 더욱 두터웠다. ⑤ 왕은 유풍(遺風)을 계승하고 전왕(前王)의 유업(遺業)을 이어 정성스럽게 직공(職貢)을 닦아 집안의 명성을 떨어뜨리지 않았다. ⑥ 금번에 보내 온 글을 살펴보니 갑자기 부친이 행하던 법식을 고쳐, 날짜 아래에 관품(官品)과 성명을 쓰지 않고 글의 말미에 거짓되어 천손(天孫)임을 참칭하는 칭호를 써 놓았다. ⑦ 멀리 왕의 뜻을 헤아려 보면 어찌 이럴 수 있을까 싶으며, 가깝게는 일의 형편을 생각건대 착오일 듯 의심된다. ⑧ 그러므로 담당 관리에게 명하여 손님에 대한 예우를 멈추도록 하였다. ⑨ 다만 사신 만복(萬福) 등은 전의 허물을 깊이 뉘우치고 왕을 대신하여 사죄하므로 짐이 멀리서 온 것을 불쌍히 여겨 그 뉘우치고 고침을 들어 주었다. ⑩ 왕은 이 뜻을 모두 알아서 길이 좋은 계획을 생각하라. ⑪ 고씨의 때에는 병란이 그치지 않아 (우리) 조정의 위엄을 빌리기 위하여 그쪽에서 형제를 칭하였다. ⑫ 바야흐로 이제 대씨(大氏)는 일찍이 아무 일 없이 편안한 연고로 함부로 외숙과 생질이라 칭하는데, (그것은) 예(禮)를 잃은 것이다. ⑬ 뒷날의 사신은 다시는 그래서는 안 된다.

— 『속일본기(續日本記)』 보구(寶龜) 3년(年)

2. 사료 해설

발해와 일본의 관계는 발해와 신라의 긴장 관계와 연관해 움직였다. 먼저, 발해는 727년 말 처음으로 일본에 사신을 파견해 국교를 맺었다. 이 무렵 신라는 당과 밀착하였고, 곧이어 당의 요청에 따라 발해에 대한 공격을 감행하기도 하였다. 그러나 발해와 신라의 긴장 관계가 완화됨에 따라 발해의 대일 외교는 군사적 목적에서 경제적 목적으로 전환되었고, 외교 문서의 형식에서도 변화가 나타나게 되었다.

사료 Plus+

- 발해왕(문왕)에게 칙서를 보냈다. "천황이 삼가 고려국왕에게 문안한다."

  -『속일본기(續日本記)』

- 고려국왕 대흠무(문왕)가 천황의 승하 소식을 듣고 문안한다.

  -『속일본기(續日本記)』

- 아아, 공주는 대흥(大興) 56년(792) 여름 6월 9일 임진일에 외제에서 사망하니, 나이는 36세였다. 이에 시호를 정효공주라 하였다. 이해 겨울 11월 28일 기묘일에 염곡의 서쪽 언덕에 매장하였으니, 이것은 예의에 맞는 것이다. 황상은 조회를 파하고 크게 슬퍼하여, 정침에 들어가 자지 않고 음악도 중지시켰다. 장례를 치르는 의식은 관청에 명하여 완비하도록 하였다. …

  -「정효공주묘비(貞孝公主墓碑)」

사료 텍스트 완성하기

교과서 텍스트

1. 한 문왕은 (　　　　)(이)라는 독자적 연호를 사용하였으며, 국내에서는 '대왕', '황상'의 칭호를 사용하였다.
2. 한 발해 (　　　　)은/는 '금륜', '성법'이라는 불교식 명칭을 사용하는 등 이상적인 왕을 지향하여 각지에 많은 사찰을 세웠다.

기출 텍스트

1. 능 문왕은 수도를 중경현덕부에서 (　　　　)(으)로 옮겼다.
2. 전 (　　　　) 주변의 고분군에서 고구려 석실분의 전통을 보여주는 정혜공주묘가 발견되었다.

빈칸 정답

	교과서 텍스트	기출 텍스트
1	대흥(보력)	상경용천부
2	문왕	동모산

071 발해와 신라의 관계

한 지학사

① 去乾寧四年七月內, 渤海賀正王子大封裔, 進狀請許渤海居新羅之上. ② 伏奉勑旨. ③ "國名先後, 比不引強弱而稱. ④ 朝制等威, 今豈以盛衰而改. ⑤ 宜仍舊貫, 準此宣示者." … ⑥ 臣謹按渤海之源流也, 句驪未滅之時, 本爲疣贅部落靺羯之屬, 寔繁有徒, 是名粟末小蕃. ⑦ 嘗逐句驪, 內徙其首領乞四羽及大祚榮等, 至武后臨朝之際, 自營州作孼而逃, 輒據荒丘, 始稱振國. ⑧ 時有句驪遺燼勿吉雜流, 梟音則嘯聚白山, 鴟義則喧張黑水. ⑨ 始與契丹濟惡, 旋於突厥通謀, 萬里耨苗, 累拒渡遼之轍, 十年食葚, 晩陳降漢之旗. ⑩ 初建邑居, 來憑隣援, 其酋長大祚榮, 始受臣藩第五品大阿餐之秩. ⑪ 後至先天二年, 方受大朝寵命, 封爲渤海郡王. ⑫ 邇來漸見倖恩, 遽聞抗禮臣藩. …

—『崔文昌侯文集』「謝不許北國居上表」

주요 어휘

去 지난 거
裔 후손 예
居 있을 거
強 굳셀 강
弱 약할 약
威 위엄 위
仍 인할 잉
準 준할 준
謹 삼갈 근
按 누를 안
疣 혹 우
贅 군더더기 췌
繁 많을 번
嘗 경험할 상
逐 쫓을 축
際 사이 제
孼 서자 얼
孼 달아날 도
輒 문득 첩
據 의거할 거
燼 유민 신
嘯 울부짖을 소
喧 의젓할 훤
張 베풀 장
濟 건널 제
耨 김맬 누
苗 모 묘
轍 진로 / 차도 철
晩 저물 만
漸 점점 점
遽 갑자기 거
抗 막을 항

한자 독음

① 거건녕사년칠월내, 발해하정왕자대봉예, 진장청허발해거신라지상. ② 복봉래지. ③ "국명선후, 비불인강약이칭. ④ 조제등위, 금기이성쇠이개. ⑤ 의잉구관, 준차선시자." … ⑥ 신근안발해지원류야, 구려미멸지시, 본위우췌부락말갈지속, 식번유도, 시명속말소번. ⑦ 상축구려, 내사기수영걸사우급대조영등, 지무후임조지제, 자영주작얼이도, 첩거황구, 시칭진국. ⑧ 시유구려유신물길잡류, 효음즉소취백산, 치의즉훤장흑수. ⑨ 압여글란제악, 선어돌궐통모, 만리누묘, 누거도요지철, 십년식심, 만진항한지기. ⑩ 초건읍거, 내빙인원, 기추장대조영, 시수신번제오품대아찬지질. ⑪ 후지선천이년, 방수대조총명, 봉위발해군왕. ⑫ 이래점견행은, 거문항예신번. …

1. 국문 해석

① 지난 건녕(乾寧) 4년 7월 중에 발해 하정사(賀正使)인 왕자 대봉예(大封裔)가 장(狀)을 올려, 발해가 신라 위에 있도록 허락해 주기를 청하였습니다. ② 삼가 이에 대한 칙지(勅旨)를 받들건대 다음과 같았습니다. ③ "국명(國名)의 선후는 본래 강약에 의해서 따져 칭하는 것이 아니다. ④ 조제(朝制)의 등위(等威)를 어찌 성쇠(盛衰)로 고칠 수가 있겠는가. ⑤ 마땅히 구례(舊例)대로 할 것이니 이에 선시(宣示)를 따르도록 하라." … ⑥ 신이 삼가 살피건대, 발해의 원류는 고구려가 망하기 전에는 본디 쓸데없는 부락으로 앙갈(靺鞨)의 족속이었는데, 이들이 번성하여 무리가 이루어지자 이에 속말(粟末)이라는 작은 나라의 이름을 갖게 되었습니다. ⑦ 일찍이 (이들은) 고구려 유민을 따라 강제로 내지(內地)로 옮겨졌는데, 그 수령 걸사우(乞四羽)·대조영(大祚榮) 등은 무후(武后)께서 다스리실 때 영주(營州)에서 반란이 일어나자 도주하여 문득 황구(荒丘)를 점거하고는 비로소 진국(振國)이라 칭하였습니다. ⑧ 당시에는 고구려의 유신(遺燼)과 물길(勿吉)의 잡류(雜流)가 있었는데, 백산(白山)에서 악명을 떨치며 떼로 강도짓을 하는가 하면 흑수(黑水)에서 사납게 구는 것을 의리처럼 여기며 기승을 부리고는 하였습니다. ⑨ 처음에는 거란과 합쳐 악행을 조장하다가 이어 돌궐과 공모하였는데, 평안한 세상에서 여러 번 요수(遼水)를 건너는 사신을 막았으며, 10년 동안 반기를 들고서야 뒤늦게 중국에 항복하는 깃발을 들었습니다. ⑩ 처음 그들이 거처할 고을을 세울 적에 와서 의지하며 도움을 청하였는데, 그때 추장(酋長) 대조영이 신의 나라로부터 제5품(品) 벼슬인 대아찬(大阿餐)을 처음 받았습니다. ⑪ 이후 선천(先天) 2년에 이르러서 비로소 대조(大朝)의 총명(寵命)을 받아 발해군왕(渤海郡王)으로 봉해졌습니다. ⑫ 이후 점차 황은(皇恩)을 입게 되자 어느새 신의 나라와 대등한 예로 대하게 되었다는 말을 듣게 되었습니다. …

–『최문창후문집(崔文昌侯文集)』「사불허북국거상표(謝不許北國居上表)」

2. 사료 해설

신라와 발해의 국력은 8세기 후반경부터 엇갈리게 되었다. 신라는 8세기 후반부터 지속적인 왕위 계승 분쟁 등으로 말미암아 점차 쇠퇴해가고 있었다. 반면 발해는 9세기 초반 선왕(宣王)의 즉위로 인해 이전의 내분기를 극복하고 새롭게 중흥기를 맞이하게 되었다.

이러한 상황에서 발해와 신라는 국제 사회에서 미묘한 신경전을 벌였다. 특히 당나라에서 시행한 빈공과 순위와 당의 사신 접대 위치 등을 놓고 갈등을 벌인 것이다.

먼저 875년 오소도(烏昭度)가 신라의 이동(李同)을 제치고 빈공과에서 수석의 영광을 차지한 사건이 발생하였다. 이 사건은 발해에게는 국력의 부흥을 다시금 확인하는 계기였고, 신라에게는 충격적인 사건으로 작용했던 것으로 보인다. 이에 대해 최치원은 "이미 사방 이웃나라에 웃음거리가 되었으며, 일국의 수치로 영원히 남을 것."이라고 표현했을 정도였다.

발해는 당으로부터 국력에 걸맞은 대우를 받기를 원했다. 급기야는 897년 당에 파견된 왕자 대봉예(大封裔)가 당 소종에게 신라보다 국세가 강성함을 들어 윗자리에 앉아야 한다는 요구를 하기에 이르렀다. 그런데 당 소종은 그러한 국력의 상하 관계에 대해서는 언급하지 않고, 관례[舊例]를 들어 이를 거부한다. 이는 당이 보기에도 당시 발해의 국력이 신라를 압도하고 있음을 나타낸다고 할 수 있다.

이러한 상황에서 빈공과를 둘러싼 발해와 신라의 순위 다툼은 계속되었다. 906년에는 신라의 최언위(崔彦撝)가 오소도의 아들인 오광찬(烏光贊)을 제치고 합격하자, 오소도는 당나라에 자기 아들의 순위를 최언위보다 올려 달라고 요구했다가 거절당한 사건이 발생하기도 하였다.

사료 Plus⁺

- 최언위는 신라 말, 나이 18세에 당에 유학하여 빈공과에 급제하였다. 같은 해에 발해 재상 오소도의 아들 광찬도 급제하였다. 오소도가 당에 왔다가 자기 아들의 이름이 최언위 아래에 있음을 보고 글을 올려 청하기를, "신이 빈공과에 급제하였는데, 이름이 이동(李同)의 위에 있었습니다. 지금 신의 아들 광찬도 최언위 위에 올리는 것이 마땅할 것입니다."라고 하였다. 그러나 최언위의 재주와 학식이 뛰어났기 때문에 허락하지 않았다.

  — 『고려사(高麗史)』 「최언위열전(崔彦撝列傳)」

- 서리 하늘 달 밝은데 은하수 빛나 나그네는 돌아갈 생각 깊도다. 긴긴밤 시름에 겨워 오래 앉아 있노라니 홀연 들리는 이웃 아낙의 다듬이질 소리 바람결 따라서 끊어질 듯 이어지며 밤 깊어 별이 기울도록 잠시도 멎지 않네. 고국을 떠난 후로 저 소리 못 듣더니 지금 타향에서 들으니 소리 서로 비슷하네.

  — 양태사(楊泰師), 「밤에 다듬이질 소리를 들으며[夜聽擣衣聲]」

사료 텍스트 완성하기

교과서 텍스트

1. [한] (　　　) 사건은 발해와 신라가 국제 사회에서의 서열을 두고 다툰 일이다.

기출 텍스트

1. [수] 발해는 당과 교류하면서 (　　　)의 합격자를 배출하였다.

빈칸 정답

	교과서 텍스트	기출 텍스트
1	쟁장(爭長)	빈공과

072 발해의 수도와 지방 제도

① 天寶末, 欽茂徙上京, 直舊國三百里忽汗河之東. … ② 貞元時, 東南徙東京. … ③ 推宏臨子華璵爲王, 復還上京. … ④ 地有五京 · 十五府 · 六十二州. ⑤ 以肅愼故地爲上京, 曰龍泉府, 領龍 · 湖 · 渤三州.

— 『新唐書』 「北狄列傳」

주요 어휘

寶 보배 **보** 欽 공경할 **흠** 茂 우거질 **무** 徙 옮길 **사** 貞 곧을 **정**
推 변천할 **추** 復 다시 **부** 還 돌아올 **환** 領 거느릴 **영**

한자 독음

① 천보말, 흠무사상경, 직구국삼백리홀한하지동. … ② 정원시, 동남사동경. … ③ 추굉림자화여위왕, 부환상경. … ④ 지유오경 · 십오부 · 육십이주. ⑤ 이숙신고지위상경, 왈용천부, 영용 · 호 · 발삼주.

1. 국문 해석

① 천보(天寶) 연간 말년 흠무(欽茂)가 도성을 상경(上京)으로 옮기니, 구국(舊國)에서 300리 떨어진 홀한하(忽汗河)의 동쪽이다. … ② 정원(貞元) 연간에 도성을 동남쪽 동경(東京)으로 옮겼다. … ③ 굉림(宏臨)의 아들 화여(華璵)를 추대하여 왕으로 삼았는데, 다시 상경을 도성으로 삼았다. … ④ 국토는 5경(京) · 15부(府) · 62주(州)이다. ⑤ 숙신(肅愼)의 옛 땅을 상경으로 삼았으니, 부명은 용천부(龍泉府)이며, 용(龍) · 호(湖) · 발(渤)의 3주(州)를 통치하였다.

— 『신당서(新唐書)』 「북적열전(北狄列傳)」

2. 사료 해설

발해는 4차례에 걸쳐 천도를 단행하였다. 앞쪽 『신당서』에서는 발해의 수도가 구국(舊國)에서 상경용천부(上京龍泉府)로 천도한 것처럼 묘사되었지만, 다른 기사 등을 종합해보면 상경 천도 이전에 구국에서 중경현덕부(中京顯德府)로 천도하였음이 확인된다. 중경현덕부로 천도한 시기는 보통 무왕 시기로 추정한다. 또한 상경용천부로의 천도 등은 이 무렵 발생한 안사(安史)의 난과 거란에 대한 대비 차원으로 파악하는 경우가 많다.

문왕(文王)은 상경성으로 천도한 이후 왕을 정점으로 하는 통치 체제 정비에 박차를 가하였다. 또한 '천손(天孫)'과 '황상(皇上)' 등의 칭호를 사용하여 한층 강화된 왕권을 과시하였다. 그러다 동경성(東京城)으로 천도하였지만, 문왕의 손자인 성왕(成王)이 즉위하여 다시 상경성으로 도성을 옮겼다. 이후 상경성은 발해가 멸망할 때까지 발해의 도성으로서 역할을 다하였다.

상경성은 외성(外城)-궁성(宮城)-황성(皇城)의 구조로 되어 있으며, 이러한 도성의 규모는 당시 동아시아에서 당나라 장안성(長安城) 다음으로 큰 규모였다. 또한 주작대로(朱雀大路)는 황성의 남문에서 외성의 남문까지 너비 110m로 뻗어 있었는데, 이를 기준으로 동서와 남북으로 뻗은 직선 도로가 교차하면서 상경성 전체가 바둑판 모양처럼 질서정연한 형태로 구획되었다.

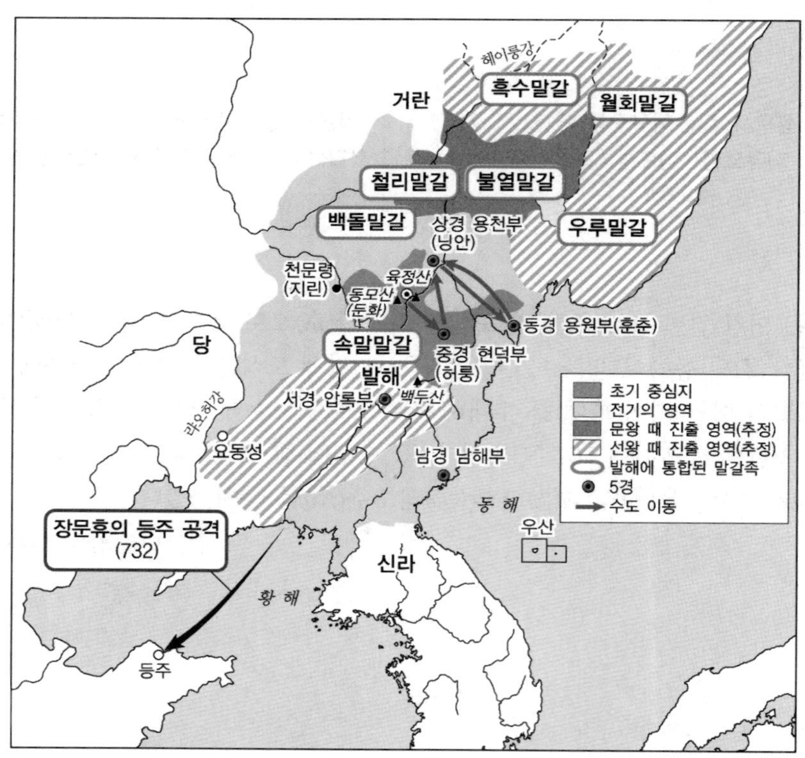

△ 발해의 영토 확장

사료 텍스트 완성하기

교과서 텍스트

1. 한 문왕 시기에는 당의 장안성을 본떠 새로운 수도인 (　　　)을/를 건설하였다.
2. 한 9세기 선왕 때 최대 영토를 확보한 발해는 이후 (　　　)(으)로 불리며 전성기를 맞았다.
3. 한 전략적 요충지에 5경을 설치하고, 15부 62주와 그 아래의 현에 지방관을 파견하였으며, 지방 행정의 말단인 촌락은 (　　　)의 도움을 받아 다스렸다.
4. 한 발해는 정복한 지역의 주민을 지배 체제에 편입시키기 위해 촌락의 우두머리인 (　　　)을/를 중앙 지배층으로 받아들이거나 촌락의 행정을 맡겼다.

PART 03

기출 텍스트

1. 수 동경의 절터에서 발견된 (　　　)은/는 흙을 구워 만든 것으로, 두 분의 부처가 나란히 앉아 있는 모습을 하고 있다.
2. 전 동경에서는 발해 시대 (　　　)의 유행을 알려주는 이불병좌상이 출토되었다.
3. 능 상경성은 내성과 외성으로 이루어졌고, 남북을 가로지르는 (　　　)이/가 있었다.
4. 능 발해는 (　　　)의 지방 행정 제도를 갖추었다.

빈칸 정답

	교과서 텍스트	기출 텍스트
1	상경성	이불병좌상
2	해동성국	법화신앙
3	(말갈) 수령	주작대로
4	수령	5경 15부 62주

THEME

073 발해의 대외교류

① 甲寅, 天皇御中宮, 高齊德等上其王書幷方物. ② 其詞曰. ③ "武藝啓. … ④ 謹遣寧遠將軍郎將高仁義, 游將軍果毅都尉德周, 別將舍航等廿四人, 齎狀, 幷附貂皮三百張奉送. …"

—『續日本記』 神龜 5年

⑤ 賈躭古今郡國志云. ⑥ "渤海國南海 · 鴨淥 · 扶餘 · 柵城四府, 並是高句麗舊地也. ⑦ 自新羅泉井郡至柵城府, 凡三十九驛."

—『三國史記』

주요 어휘

御 어거할 **어** 書 쓸 **서** 幷 어우를 **병** 詞 말씀 **사** 藝 심을 **예**
啓 열 **계** 謹 삼갈 **근** 游 헤엄칠 **유** 毅 굳셀 **의** 尉 벼슬 **위**
德 덕 **덕** 航 배 **항** 齎 가져올 **재** 狀 문서 **장** 附 붙을 **부**
貂 담비 **초** 奉 받들 **봉** 送 보낼 **송** 舊 옛 **구** 自 스스로 **자**
驛 역참 **역**

한자 독음

① 갑인, 천황어중궁, 고제덕등상기왕서병방물. ② 기사왈. ③ "대무예계. … ④ 근견영원장군낭장고인의, 유장군과의도위덕주, 별장사항등입사인, 재장, 병부초피삼백장봉송. …"

⑤ 가탐고금군국지운. ⑥ "발해국남해 · 압록 · 부여 · 책성사부, 병시고구려구지야. ⑦ 자신라천정군지책성부, 범삼십구역."

1. 국문 해석

① 갑인(甲寅)에 천황이 중궁(中宮)에 나아갔는데, 고제덕(高齊德) 등이 왕의 서신과 토산품을 바쳤다. ② 그 교서에 다음과 같이 쓰여 있었다. ③ "무예(武藝)가 아룁니다. … ④ 삼가 영원 장군(寧遠將軍) 낭장(郎將) 고인의(高仁義), 유장군(游將軍) 과의도위(果毅都尉) 덕주(德周), 별장(別將) 사항(舍航) 등 24명에게 서신을 가지고 가도록 하였고 아울러 담비 가죽 300장을 정중히 보냅니다. …"

— 『속일본기(續日本記)』 신구(神龜) 5년(年)

⑤ 가탐(賈耽)의 『고금군국지(古今郡國志)』에 다음과 같이 적혀 있다. ⑥ "발해국(渤海國)의 남해(南海)·압록(鴨淥)·부여(扶餘)·책성(柵城)의 4부(府)는 모두 옛 고구려의 땅이다. ⑦ 신라 천정군(泉井郡)에서 책성부(柵城府)에 이르기까지 무릇 39역(驛)이다."

— 『삼국사기(三國史記)』

2. 사료 해설

당과의 갈등 관계가 표면화되던 시기 발해는 일본과의 관계를 돈독히 하기 위해 노력하였다. 당시 발해는 흑수말갈을 놓고 당 현종과 갈등을 벌이던 시기였기 때문에 일본과의 관계는 매우 중요하였다. 이를 위해 사신 등이 지속적으로 파견되었고, 이러한 과정에서 교역품과 답례품 등이 대규모로 오고 가기 시작하였다. 발해는 주로 담비를 비롯한 동물 가죽, 인삼, 꿀 등을 일본에 수출하였으며, 비단, 명주, 면 등을 수입하였다.

이후 발해는 당과의 관계 개선에 나섬에 따라 신라와의 관계도 안정된 것으로 보인다. 가탐(賈耽)이 저술한 『고금군국지(古今郡國志)』에서는 발해와 신라와의 교역로인 신라도(新羅道)에 대해 묘사하고 있다. 이 책는 801년 저술된 것이므로 대략 9세기 전후 발해와 신라의 대외 교류를 묘사하고 있는 것으로 보인다.

사료 Plus⁺

이 나라에서 귀하에 여기는 것에는 … 남해부의 다시마, 책성부의 된장, 부여부의 사슴, 막힐부의 돼지, 솔빈부의 말, 현주의 삼베, 옥주의 풀솜, 용주의 명주, 위성의 철, 노성의 벼, 미타호의 붕어가 있고, 과일로는 환도의 오얏과 낙유의 배가 있다.

— 『신당서(新唐書)』

사료 텍스트 완성하기

교과서 텍스트

1. 역 발해는 당에 말, 모피, 철, 인삼 등을 수출하고, (　　　) 등을 수입하였다.
2. 역 당은 산둥반도에 (　　　)을/를 설치하여 발해인이 숙소로 이용하도록 하였다.
3. 역 발해는 당과 신라를 견제하기 위해 (　　　)와/과도 친선 관계를 맺고 활발하게 교류하였다.
4. 한 일본의 이시야마사에 소장되어 있는 (　　　)에는 이 불경을 861년 발해 사신 이거정이 가지고 왔다는 내용이 적혀 있다.

기출 텍스트

1. 수 발해는 밭농사를 주로 지었고 (　　　)이/가 발달하였다.
2. 수 발해는 인삼, 사향, (　　　) 등이 주요 수출품이었다.
3. 수 발해는 동해를 통해 (　　　)와/과 무역을 활발하게 전개하였다.
4. 등 발해는 (　　　)이/가 중심이었고, 일부 지역에서는 벼농사도 지었다.

빈칸 정답

	교과서 텍스트	기출 텍스트
1	비단과 서적	목축
2	발해관	모피
3	일본	일본
4	『가구영험불정존승다라니경』	밭농사

THEME

074 발해의 쇠퇴와 멸망 과정

① 契丹主大擧攻渤海, 圍忽汗城, 滅之, 改爲東丹國. ② 其世子大光顯及將軍申德・禮部卿大和鈞・均老司政大元鈞・工部卿大福謩・左右衛將軍大審理・小將冒豆干・檢校開國男・朴漁工部卿吳興等率其餘衆, 前後來奔者數萬戶. ③ 王待之甚厚. ④ 賜光顯姓名'王繼', 附之宗籍, 使奉其祀. ⑤ 僚佐, 皆賜爵

—『高麗史節要』 太祖 8年

주요 어휘

擧 들다 거 圍 두르다 위 滅 멸망할 멸 改 고칠 개 率 거느릴 솔
奔 도망칠 분 甚 몹시 심 厚 두터울 후 顯 높을 현 附 더하다 부
籍 문서 적 奉 받들 봉 祀 제사 사 僚 동료 요 佐 도울 좌
賜 벼슬을 내릴 사 爵 관 작

한자 독음

① 글란주대거공발해, 위홀한성, 멸지, 개위동단국. ② 기세자대광현급장군신덕・예부경대화균・균로사정대원균・공부경대복모・좌우위장군대심리・소장모두간・검교개국남・박어공부경오흥등솔기여중, 전후래분자수만호. ③ 왕대지심후. ④ 사광현성명'왕계', 부지종적, 사봉기사. ⑤ 요좌, 개사작.

1. 국문 해석

① 거란의 군주가 군사를 크게 일으켜 발해를 공격하여, 홀한성(忽汗城)을 포위한 채 멸망시키고, 동단국(東丹國)으로 바꾸었다. ② 그 세자(世子) 대광현(大光顯)과 장군(將軍) 신덕(申德)·예부경(禮部卿) 대화균(大和鈞)·균로사정(均老司政) 대원균(大元鈞)·공부경(工部卿) 대복모(大福謩)·좌우위장군(左右衛將軍) 대심리(大審理)·소장(小將) 모두간(冒豆干)·검교 개국남(檢校 開國男) 박어(朴漁)·공부경(工部卿) 오흥(吳興) 등 그 남은 무리들을 이끌고 전후로 도망쳐 온 자들이 수만 호(戶)였다. ③ 왕이 그들을 매우 후하게 대우하였다. ④ 대광현에게는 '왕계(王繼)'라는 성과 이름을 내려주면서 그를 왕실의 적(籍)에 붙이고, 자기 조상의 제사를 받들도록 허락하였다. ⑤ 보좌하는 신료들에게도 모두 작위(爵位)를 내려주었다.

-『고려사절요(高麗史節要)』 태조(太祖) 8년(年)

2. 사료 해설

10세기 초반 동아시아 국제 정세는 매우 혼란스러운 상황이었다. 신라는 후삼국으로 분열되어 신라·태봉·후백제가 각각 세력 경쟁을 벌이고 있었고, 당나라는 주전충이 애제(哀帝)를 폐위시키고 후량(後梁)을 세워 5대 10국의 시대가 열리고 있었다. 이러한 국제 정세의 혼란 속에서 거란이 발흥하여 동아시아의 강자로 대두하기 시작하였다.

발해는 거란의 발흥에 대해 효과적으로 대처할 수 없었다. 대외적으로는 거란에 함께 대처할 세력이 없었고, 내부적으로는 분란에 휩싸여 있었다. 여기에 발해의 이원적 사회구성 또한 국력을 기울여 방비를 할 수 없는 요인으로 작용하였다. 결국 발해는 거란의 공격으로 인해 멸망하였고, 거란은 이 지역에 동단국(東丹國)이라는 괴뢰 정권을 세워 통치하였다.

그런데 얼마 지나지 않아 동단국의 수도가 서쪽의 요양(遼陽)으로 옮겨감에 따라, 발해의 옛 영역의 상당수는 거란의 지배권이 미치지 못하게 되었다. 그러자 발해의 유민들은 대씨(大氏) 등의 주도하에 다시금 '발해'를 건국하였는데, 이를 이전의 발해와 구분하여 편의상 '후발해(後渤海)'라고 부른다. 이들은 후당(後唐)에 사신을 파견하기도 하는 등 활발한 활동을 하였다.

그러나 후발해는 곧 내분에 빠졌다. 그 과정에서 대광현(大光顯) 등이 수만의 무리를 이끌고 고려로 넘어가기도 하였다. 이 과정에서 주도권이 열씨(烈氏)와 오씨(烏氏) 등에게 넘어가게 되었다.

열씨의 주도하에 결국 왕조가 바뀌었으니, 그것이 바로 정안국(定安國)이다. 정안국은 송(宋)과 밀접한 외교 관계를 맺으면서 거란에 대한 협공책을 모색하기도 하였다. 그러자 거란은 정안국을 멸망시키고, 이후 고려에 대한 침공을 통해 후방의 안전을 도모하였다.

사료 Plus+

이심(離心)을 계기로 틈을 타 움직였으므로, 싸우지도 않고 이겼다.

－『요사(遼史)』

사료 텍스트 완성하기

교과서 텍스트

1. 역 발해는 9세기 말에 (　　　)의 권력 다툼 등으로 국력이 크게 약해졌다.
2. 역 발해는 (　　　)의 침략을 받아 멸망하였고, 왕자 (　　　)을/를 비롯한 발해 유민 일부는 고려로 망명하였다.

기출 텍스트

1. 능 (　　　)에 의해 발해가 멸망하였다.
2. 능 발해가 멸망한 후 세워진 (　　　)은/는 부흥 운동을 전개하였다.

PART 03

빈칸 정답

	교과서 텍스트	기출 텍스트
1	지배층	거란
2	거란, 대광현	정안국

075 발해에 대한 계승 의식

역동아, 역리베르, 역비상, 역지학사 / 한동아, 한미래엔

① 高麗不修渤海史, 知高麗之不振也. ② 昔者高氏居于北曰高句麗, 扶餘氏居于西南曰百濟, 朴昔金氏居于東南曰新羅, 是謂三國. ③ 宜其有三國史, 而高麗修之是矣. ④ 扶餘氏亾高氏亾, 金氏有其南, 大氏有其北曰渤海, 是謂南北國. ⑤ 宜其有南北國史, 而高麗不修之非矣. ⑥ 夫大氏何人也? ⑦ 乃高句麗之人也. ⑧ 其所有之地何地也? ⑨ 乃高句麗之地也. ⑩ 而斥其東斥其西斥其北而大之耳. ⑪ 及夫金氏亾大氏亾, 王氏統而有之曰高麗. ⑫ 其南有金氏之地則全, 而其北有大氏之地則不全, 或入於女眞, 或入於契丹. … ⑬ 竟不修渤海史, 使土門以北鴨綠以西, 不知爲誰氏之地. ⑭ 欲責女眞而無其辭, 欲責契丹而無其辭. ⑮ 高麗遂爲弱國者, 未得渤海之地故也, 可勝歎哉.

—『泠齋集』 渤海考序

주요 어휘

修 닦을 수 | 振 떨칠 진 | 昔 옛 석 | 居 있을 거 | 宜 마땅할 의
亾 망할 망 | 非 아닐 비 | 乃 이에 내 | 斥 물리칠 척 | 統 합칠 통
誰 누구 수 | 責 꾸짖을 책 | 辭 말 사 | 遂 이를 수 | 勝 이길 승
歎 읊을 탄

한자 독음

① 고려불수발해사, 지고려지불진야. ② 석자고씨거우북왈고구려, 부여씨거우서남왈백제, 박석김씨거우동남왈신라, 시위삼국. ③ 의기유삼국사, 이고려수지시의. ④ 부여씨망고씨망, 김씨유기남, 대씨유기북왈발해, 시위남북국. ⑤ 의기유남북국사, 이고려불수지비의. ⑥ 부대씨하인야? ⑦ 내고구려지인야. ⑧ 기소유지지하지야? ⑨ 내고구려지지야. ⑩ 이척기동척기서척기북이대지이. ⑪ 급부김씨망대씨망, 왕씨통이유지왈고려. ⑫ 기남유김씨지지즉전, 이기북유대씨지지즉불전, 혹입어여진, 혹입어글란. … ⑬ 경불수발해사, 사토문이북압록이서, 부지위수씨지지. ⑭ 욕책여진이무기사, 욕책글란이무기사. ⑮ 고려수위약국자, 미득발해지지고야, 가승탄재.

1. 국문 해석

① 고려(高麗)는 발해사(渤海史)를 편찬하지 못하였으니, 고려가 떨치지 못했다는 것을 알 수 있다. ② 옛날에 고씨(高氏)가 북쪽 지역을 차지하여 고구려(高句麗)라 하였고, 부여씨(夫餘氏)가 서남 지역을 차지하여 백제(百濟)라 하고, 박(朴)·석(昔)·김(金)씨가 동남 지역을 차지하여 신라(新羅)라 하였으니, 이것이 삼국(三國)이다. ③ 마땅히 삼국사(三國史)가 있어야 했는데, 고려가 이를 편찬했으니 옳은 일이다. ④ 부여씨가 망하고 고씨가 망함에 이르러 김씨가 그 남쪽을 차지하고, 대씨(大氏)가 그 북쪽을 차지하고 발해(渤海)라 했으니, 이를 남북국(南北國)이라 한다. ⑤ 마땅히 남북국(南北國)의 역사책이 있어야 했는데, 고려가 이를 편찬하지 않은 것은 잘못된 일이다. ⑥ 대저 대씨는 어떤 사람인가? ⑦ 바로 고구려 사람이다. ⑧ 그들이 차지했던 곳은 어디인가? ⑨ 바로 고구려 땅이다. ⑩ 그 동쪽을 개척하고 그 서쪽을 개척하고, 북쪽을 개척해서 나라를 넓혔을 뿐이다. ⑪ 김씨가 망하고 대씨가 망하여 왕씨(王氏)가 이를 통합하니, 고려(高麗)라 하였다. ⑫ 김씨가 차지했던 남쪽 땅은 온전하였으나 대씨가 차지했던 북쪽 땅은 온전하지 않으니, 혹 여진족이 들어가고, 혹 거란족이 들어갔다. … ⑬ 그러나 끝내 발해사를 편찬하지 않아 토문강 북쪽과 압록강 서쪽이 누구의 땅인지 알 수 없게 되었다. ⑭ 여진을 책망하려 하여도 할 말이 없고, 거란을 책망하려 하여도 할 말이 없다. ⑮ 고려가 약한 나라가 된 것은 발해의 땅을 차지하지 못하였기 때문이니, 이를 탄식할 수 있겠는가.

– 『영재집(泠齋集)』 발해고서(渤海考序)

2. 사료 해설

유득공(柳得恭)은 그동안 우리 역사에서 망각된 발해사를 복원하기 위해 여러 사서에 단편적으로만 기록된 사료들을 수집하여 『발해고(渤海考)』를 편찬하였다. 먼저 서문(序文)에서는 발해가 고구려의 후계자임을 분명히 밝히고, 발해와 신라가 양립된 시대를 남북국 시대로 봐야 한다고 규정하였다. 또한 당시 고려가 발해사를 서술했더라면 당시 고구려와 발해의 영토를 점령하고 있던 여진과 거란에게 영토에 대한 권리를 내세울 수 있었을 것이라고 아쉬워하기도 하였다.

『발해고』는 군고(君考)·신고(臣考)·지리고(地理考)·직관고(職官考)·의장고(儀章考)·물산고(物産考)·국어고(國語考)·국서고(國書考)·속국고(屬國考) 등 9개 부분으로 구성되어 있다. 먼저 군고는 발해 역대 왕에 관하여 기술한 본기(本紀)에 해당한다. 여기에서 대조영(大祚榮)이 고구려의 장수로서 동모산(東牟山)에서 발해를 건국했다고 기록하고 있다. 신고는 발해의 문·무신 등에 대해 쓴 열전(列傳)에 해당하며, 지리고는 5경 15부 62주의 지방 제도에 관한 내용을 기록하였다. 국서고는 주로 일본에 보낸 국서들을 정리한 것인데, 무왕의 국서에서 "(발해는) 고구려의 옛터를 회복한 것으로 부여의 유속이 있다."라고 쓴 글귀를 소개하여 발해의 고구려 계승 의식을 보여주었다.

사료 Plus⁺

- 옛날 당의 고종 황제가 고구려를 쳐 없앴는데, 고구려는 지금 발해가 되었다.

  — 최치원(崔致遠), 『상태사시중장(上太師侍中狀)』

- 『신라고기』에 이르기를 "고(구)려의 옛 장수 조영은 성이 대씨인데, 남은 군사를 모아 태백산 남쪽에 나라를 세우고 국호를 발해라 하였다."라고 한다.

  — 『삼국유사(三國遺事)』

- 고구려의 남은 자손들이 동류(同類)를 끌어모아 북으로 태백산 아래에 발을 붙이고 국호를 발해라고 하였다.

  — 『삼국사기(三國史記)』

사료 텍스트 완성하기

교과서 텍스트

1. 한 유득공은 (　　　)에서 발해사를 신라사와 더불어 남북국의 역사로 서술해야 한다고 주장하였다.
2. 한 발해는 토기, 성곽, 고분 형식 등 여러 면에서 (　　　)의 문화를 계승하였다.
3. 역 발해 유적인 '콕샤로프카성' 유적에서는 대규모 성벽을 비롯해 내부 건물지에서 (　　　) 시설이 확인된다.
4. 한 발해는 일본에 보낸 외교 문서에 (　　　)라는 국호를 사용하여 고구려를 계승한 나라임을 분명히 밝혔다.

기출 텍스트

1. 능 발해고는 (　　　)을/를 제시하였다.
2. 능 발해는 (　　　)을/를 표방하고 일본과 교류하였다.
3. 능 러시아 연해주의 크라스키노성 유적에 대한 공동 발굴 조사 결과 고구려의 영향을 받은 연화문 와당 등이 출토되었고, (　　　)이/가 확인되었다.
4. 수 발해는 모줄임 천장 구조의 (　　　)을/를 만들었다.

빈칸 정답

	교과서 텍스트	기출 텍스트
1	『발해고』	남북국 시대론
2	고구려	고려국왕
3	온돌	온돌
4	'고려'	굴식 돌방무덤

선생님을 위한,

한문사료노트

고대사/중세사

PART 04

중국의 역사 上

076 공자의 사상

세 비상

① 君子務本, 本立而道生. ② 孝弟也者, 其爲仁之本與.

—『論語』「學而」

③ 學而不思則罔, 思而不學則殆.

—『論語』「爲政」

④ 其身正, 不令而行, 其身不正, 雖令不從.

—『論語』「子路」

주요 어휘

務 힘쓸 **무** 本 근본 **본** 生 낳을 **산** 弟 아우 / 공손할 **제**
與 주다 / 무리 **여** 思 생각할 **사** 罔 그물 / 없을 **망** 殆 위태할 **태** 身 나 자신 **신**
令 명령 **령** 雖 비록 **수** 從 좇을 **종**

한자 독음

① 군자무본, 본입이도생. ② 효제야자, 기위인지본여.

③ 학이불사즉망, 사이불학즉태.

④ 기신정, 불령이행, 기신부정, 수령부종.

1. 국문 해석

① 군자는 근본을 힘쓰니, 근본이 확립되면 도가 생겨난다. ② 효와 공손함은 그 인(仁)을 행하는 근본일 것이다.

—『논어(論語)』「학이(學而)」

③ 배우기만 하고 생각하지 않으면 얻음이 없고, 생각하기만 하고 배우지 않으면 위태롭다.

—『논어(論語)』「위정(爲政)」

④ 자기 자신이 바르면 명령하지 않아도 행해지고, 자신이 바르지 못하면 비록 명령한다 하더라도 따르지 않는다.

—『논어(論語)』「자로(子路)」

2. 사료 해설

공자는 당시 사회가 혼란에 빠진 원인을 도덕성의 타락에서 찾았다. 공자는 개개인의 도덕적인 마음을 회복하고, 사회의 제도와 규범을 확립하여 사회 질서를 바로잡고자 하였다. 그래서 도덕적 마음으로서 '인(仁)'을 강조하였다. 공자에 따르면, '인(仁)'이란 인간관계에서 요구되는 '인간에 대한 사랑'과 인간으로서 지니는 '인간다움'을 뜻한다.

공자는 '효제(孝悌)'를 인을 행하는 기본 덕목으로 중시하였다. '효제(孝悌)'란 부모를 잘 섬기는 효도[孝]와 형제간의 우애[悌]를 말한다. 공자가 이러한 가족 윤리를 강조한 이유는 주대의 씨족공동체 질서가 붕괴하고 소가족제도가 발달하는 춘추 전국 시대의 사회변혁 속에서 가장 밑바탕이 되는 가족 질서를 중요하게 생각하였기 때문이다. 그리고 가족과 같이 친밀한 관계에서만 인을 실천할 것이 아니라 그 실천 범위를 넓혀 도덕적 사회를 구현해야 한다고 주장하였다.

공자에 따르면 인(仁)을 실현하기 위해서는 '사욕을 이기고 예를 회복[克己復禮]'해야 한다. 이때 인이 내면적 도덕성이라면, 예는 외면적 사회 규범이다. 그는 인을 바탕으로 예를 실천할 것을 강조하여 "예(禮)가 아니면 보지도 말고, 듣지도 말고, 말하지도 말고, 행하지도 말라."라고 하였다.

공자는 이와 같이 인을 갖추고 예를 실천하는 이상적 인간을 '군자(君子)'라고 하였다. 자신의 이로움에만 관심을 가지는 소인(小人)과 달리, 군자는 사회적 차원의 이익과 의로움을 중시하는 사람이다. 공자는 군자의 교육으로 특히 예·악(禮·樂)을 강조하고 예악을 인간교육의 중심으로 삼았다. 또한, 공자는 군자다운 인격을 갖춘 사람이 통치자가 되어야 사회 질서를 바로잡을 수 있다고 생각하였다. 그래서 '통치자가 먼저 인격을 닦은 후에 백성을 다스려야 한다[修己治人]'라고 주장하였다. 그리고 인을 중심으로 한 덕치(德治)로서 백성을 다스려야 한다는 것을 강조하였다.

공자는 사회 혼란을 해결하기 위해 "임금은 임금답고, 신하는 신하답고, 부모는 부모답고, 자식은 자식다워야 한다."라고 하는 '정명(正名)' 사상을 제시하였다. 이는 누구나 자신의 사회적 신분과 역할에 걸맞은 덕을 갖추고 행동해야 함을 강조한 것이다. 더 나아가 모두가 더불어 잘 사는 대동사회(大同社會)를 이상 사회로 지향하였다.

사료 Plus⁺

- 법령으로 이끌고 형벌로 규제하면 형벌만 면하려 하고 부끄러운 줄 모른다.

  — 『논어(論語)』

- 덕으로써 백성을 인도하고 예로써 백성을 평등하게 다스리면, 저마다 참인간으로서 양심적인 수치심을 느끼고 올바르게 행동하여 끝내는 선에 이르게 될 것이다.

  — 『논어(論語)』

사료 텍스트 완성하기

교과서 텍스트

1. 세 공자는 (　　　)와/과 예를 중심으로 도덕 정치를 해야 한다고 주장하였다.
2. 세 공자는 (　　　)와/과 우애의 가족 윤리를 강조하였다.

기출 텍스트

1. 수 공자는 "백성들을 다스리되 덕과 예로써 하면 백성들은 부끄러움을 알아 장차 (　　　)에 이를 것이다."라고 하였다.
2. 전 공자는 '문성지성(文成至聖)'의 존칭으로 (　　　)적인 숭배 대상이 되었다.

빈칸 정답

	교과서 텍스트	기출 텍스트
1	인	선
2	효도	종교

077 맹자의 사상

통금성 / 세금성, 세미래엔, 세천재

① 無恒産而有恒心者, 惟士爲能. ② 若民則無恒産, 因無恒心.

—『孟子』「梁惠王」

③ 民爲貴, 社稷次之, 君爲輕. ④ 諸侯無道, 將使社稷爲人所滅, 則當更立賢君, 是君輕於社稷也.

—『孟子』「盡心」

주요 어휘

恒 항상 **항**	惟 생각할 **유**	能 능할 **능**	社 제사지낼 **사**	稷 곡신 **직**
次 버금 **차**	諸 모든 **제**	侯 제후 **후**	滅 멸망할 **멸**	

한자 독음

① 무항산이유항심자, 유사위능. ② 약민즉무항산, 인무항심.

③ 민위귀, 사직차지, 군위경. ④ 제후무도, 장사사직위인소멸, 즉당경입현군, 시군경어사직야.

1. 국문 해석

① 일정한 직업이 없으면서도 일정한 마음을 가지고 있는 자는 오직 선비만이 가능한 것이다. ② 백성의 경우 일정한 직업이 없으면 그로 인하여 일정한 마음이 없어진다.

—『맹자(孟子)』「양혜왕(梁惠王)」

③ 백성이 귀하고, 사직이 그 다음이며, 임금은 가볍다. ④ 제후가 무도하여 장차 사직이 남들이 멸하는 바가 되면 마땅히 현군으로 바꾸어 세우니, 이는 임금이 사직보다 가벼운 것이다.

—『맹자(孟子)』「진심(盡心)」

2. 사료 해설

맹자는 공자의 사상을 계승한 유교 사상가이다. 맹자는 공자로부터 직접 사상을 전수받은 것은 아니고, 공자의 손자인 자사(子思)의 문하에서 공자의 사상을 습득하였다. 그는 인간은 선천적으로 네 가지 선한 마음[四端], 즉 남을 불쌍히 여기는 마음[惻隱之心], 자신의 잘못을 부끄러워하고 불의를 미워하는 마음[羞惡之心], 겸손해하며 양보하는 마음[辭讓之心], 옳고 그름을 분별할 줄 아는 마음[是非之心]을 지닌다고 보았다. 그리고 이러한 사단(四端)을 근거로 인간의 본성이 선하다는 성선설(性善說)을 주장하였고, 이러한 사단설을 바탕으로 오륜(五倫)을 설명하였다. 즉, 부자 사이에는 친(親)이 있어야 하며, 군신은 의(義)가, 부부(夫婦)는 구별(別)이, 장유(長幼)는 순서(序)가, 붕우(朋友)는 믿음(信)이 가장 중요하다고 하였다.

맹자는 당시 전국 시대의 혼란상을 해결하려면 힘과 무력으로 백성을 다스리는 패도정치(覇道政治)가 아니라, 덕으로 다스리는 '왕도정치(王道政治)'를 실현해야 한다고 보았다. 왕도정치 사상은 "백성이 가장 귀하고, 사직이 그 다음이고, 임금은 가볍다."라는 말에 나타난 것처럼 천하의 온갖 책임을 위정자 한 사람의 덕에 돌리면서도 민권(民權)을 한없이 높인 것이었다. 맹자는 군주가 군주답지 못하여 백성을 잔혹하게 다스린다면 혁명을 통해 군주를 교체할 수 있다고 주장했는데, 이를 '역성혁명'이라고 한다.

한편, 맹자의 사상에 큰 토대가 된 자사학파는 '천인합일(天人合一)'을 주장하였다. '천인합일'이란 하늘과 사람은 합일체라는 것인데, 이 안에는 인간의 '성(性)'이 '천(天)'으로부터 부여된 것[天命]이라는 사상이 담겨있는 것이다. 그리하여 이러한 성(性)을 좇는 것을 '도(道)', 도를 닦는 것을 '교(敎)'라고 규정하게 되고, 하늘과 인간의 본원적인 일치를 선언하면서 그 일치를 지향하는 내적인 수양과 실천의 모범을 확립하였다. 그리하여 맹자도 "대인은 갓 태어난 아기 때의 마음을 잃지 않고 보존하는 자이다."라고 하였는데, 이때의 대인은 천인합일을 유지하고 있는 사람이다.

사료 Plus+

- 힘으로 인(仁)을 가장하는 것이 패도(覇道)이다. 패도는 반드시 소국을 소유해야 한다. 덕으로 인을 행하는 것은 왕도(王道)이다. 왕도는 대국을 필요로 하지 않는다. 탕 임금은 70리로 왕도정치를 행했고, 문왕은 백리로 행했다. 힘으로 남을 굴복시키는 것은 마음으로 복종하게 하는 것이 아니라 힘이 모자라 복종하게 하는 것이다. 덕으로 남을 복종시키는 것은 마음으로 기뻐서 진실로 복종하게 하는 것이니 70명의 제자가 공자(孔子)에게 심복(心腹)한 것이 그것이다.

  – 『맹자(孟子)』 「공손추(公孫丑)」

- 남을 불쌍하게 여기는 마음[惻隱之心]이 없으면 사람이 아니고, 불의를 부끄러워하고 미워하는 마음[羞惡之心]이 없으면 사람이 아니고, 겸손하고 양보하는 마음[辭讓之心]이 없으면 사람이 아니며, 옳고 그름을 판단하는 마음[是非之心]이 없으면 사람이 아니다. 측은지심은 인(仁)의 단서요, 수오지심은 의(義)의 단서요, 사양지심은 예(禮)의 단서요, 시비지심은 지(智)의 단서이다.

  – 『맹자(孟子)』 「공손추(公孫丑)」

- 제나라 선왕이 맹자에게 국가 간의 외교 규범을 묻자 맹자는 "대국이 도리를 지켜 사소(事小), 즉 소국을 아끼고 섬긴다면 천하를 지킬 수 있고 소국이 규범을 두려워해 대국을 사대(事大)해 섬긴다면 나라를 지킬 수 있습니다."라고 하였다.

— 『맹자(孟子)』 「양혜왕(梁惠王)」

- 사람이 사단(四端)을 가지고 있는 것은 마치 사지(四肢)를 가지고 있는 것과 같다. 사단을 가지고 있는데도 자신은 선을 실천할 수 없다고 하는 사람은 스스로를 해치는 자이다.

— 『맹자(孟子)』

- 마음을 키우는 데는 욕심을 줄이는 것보다 더 좋은 방법이 없다. 욕심이 적은 사람이라면 마음을 보존하지 못한 사람이 없지는 않겠지만 드물다. 욕심이 많은 사람이라면 마음을 보존한 사람이 없지는 않겠지만 역시 드물다.

— 『맹자(孟子)』

- 이때를 당하여 진(秦)에서는 상앙을 등용하고 … 제(齊)에서는 손자를 등용해서 천하가 합종과 연횡에 힘쓰며 공격과 정벌만을 훌륭한 것으로 여겼는데, 맹가(맹자)는 도리어 요순과 삼대의 덕을 말하였다.

— 『맹자집주(孟子集註)』

PART 04

사료 텍스트 완성하기

교과서 텍스트

1. 세 공자의 사상은 맹자와 순자에게 계승되어 맹자는 (　　　　)을/를 주장하고, 순자는 성악설을 주장하였다.

기출 텍스트

1. 전 맹자의 사상은 송대 성리학자들에 의해 (　　　　) 이론의 기초가 되었다.

빈칸 정답

	교과서 텍스트	기출 텍스트
1	성선설	성즉리(性卽理)

078 순자와 한비자의 사상

세 금성, 세 미래엔, 세 비상

① 人之性惡. ② 其善者僞也. ③ 今人之性, 生而有好利焉. ④ 順是, 故爭奪生而辭讓亡焉. ⑤ 生而有疾惡焉. … ⑥ 故必將有師法之化, 禮義之道. ⑦ 然後出於辭讓, 合於文理而歸於治.

— 『荀子』 「性惡」

⑧ 能去私曲就公法者, 民安而國治. ⑨ 能去私行, 行公法者, 則兵强而敵弱.

— 『韓非子』 「有度」

주요 어휘

性 성품 **성** 　僞 거짓 **위** 　利 이로울 **리** 　順 순할 **순** 　辭 말 **사**
讓 사양할 **양** 　疾 병 **질** 　惡 악할 **악** 　理 다스릴 **리** 　歸 돌아갈 **귀**
去 내몰다 **거** 　就 이룰 **취** 　敵 원수 **적**

한자 독음

① 인지성악. ② 기선자위야. ③ 금인지성, 생이유호리언. ④ 순시, 고쟁탈생이사양망언. ⑤ 생이유질악언. … ⑥ 고필장유사법지화, 예의지도. ⑦ 연후출어사양, 합어문리이귀어치.

⑧ 능거사곡취공법자, 민안이국치. ⑨ 능거사행, 행공법자, 즉병강이적약.

1. 국문 해석

① 사람의 본성은 악하다. ② 선하다는 것은 인위적으로 바로잡은 것이다. ③ 사람의 본성은 태어날 때부터 이익을 좋아한다. ④ 그 이익을 따르기 때문에 다투고 빼앗는 마음이 생겨나고 사양하는 마음은 사라진다. ⑤ 사람의 본성은 태어나면서부터 질투하고 증오하는 마음이 있다. … ⑥ 그러므로 반드시 스승으로부터 가르침을 받거나 예(禮)와 의(義)의 도리를 배워야 한다. ⑦ 그런 다음에야 사양하는 마음이 나오고, 문리(文理)와 합치되어 다스려지는 것이다.

— 『순자(荀子)』 「성악(性惡)」

⑧ 사리사욕을 버리고 공적인 법으로 나아가게 한다면 백성이 편안하고 나라를 잘 다스릴 수 있다. ⑨ 사사로운 행위를 버리고 공적인 법을 시행하면 자기의 군사는 강해지고 적은 약해진다.

— 『한비자(韓非子)』 「유도(有度)」

2. 사료 해설

순자는 맹자와 비슷한 시기에 활동한 사상가이다. 당시 천(天)의 사상을 발전시킨 자사학파나 맹자와는 달리 순자는 공자의 사상 중 예(禮)를 발전시킨 사상가라고 할 수 있다.

순자는 인간의 본성이 태어날 때부터 악하다는 성악설(性惡說)을 주장하였다. 사람은 태어나면서부터 욕망을 지니고 있으며, 그 욕망이 채워지지 못하면 끊임없이 갈구하고, 이러한 욕구 때문에 사회 혼란이 끊이지 않는다고 본 것이다.

이러한 순자의 사상은 "인간의 본성이란 배고프면 배불리 먹고 싶고, 추우면 따뜻하게 하고 싶고, 피로해지면 쉬고 싶다고 하는 마음"이란 말에 잘 나타나 있다. 순자는 이러한 다툼을 예방하고자 옛 성인(聖人)이 예(禮)를 제정해 놓았다고 보았다. 그리고 성인의 가르침에 따라 예를 배워 인간의 악한 본성을 인위적으로 교화해야 한다[化性起僞]고 주장하였다.

한편, 순자의 문하에서 한비자(韓非子)와 이사(李斯)가 배출되었다. 그리하여 순자의 성악설은 법가의 인간 본성론으로 계승되었다. 그리하여 순자는 '예(禮)'를 사회적 제도로 하여 인간과 사회를 다스리려 하였다면, 법가는 '법(法)'을 사회적 제도로 하여 인간과 사회를 다스리려 하였다.

사료 Plus+

- 인간의 본성은 악한 것이고, 선은 인위[僞]에 따른 것이다. 인간은 나면서부터 이익을 좋아하기 마련이므로, 그대로 내버려 두면 서로 싸우고 빼앗기 때문에 양보란 있을 수 없는 것이다.

  — 『순자(荀子)』

- 명철한 군주는 뭇 신하가 법(法)을 벗어날 궁리를 못 하게 하고, 법의 적용에 온정을 기대하지 못 하게 하며, 모든 행동은 법에 따르지 않는 것이 없게 한다.

  — 『한비자(韓非子)』

- 무릇 백성의 본성은 힘든 것을 싫어하고 편히 노는 것을 좋아한다. 그들이 편히 놀면 나라가 황폐해진다. 나라가 황폐해지면, 사회의 안정을 이룰 수 없다. 사회가 안정되지 않으면 필시 혼란해지게 마련이다. 상과 벌을 공정하게 실시하지 않으면 나라의 운명이 다하게 된다.

  — 『한비자(韓非子)』

사료 텍스트 완성하기

교과서 텍스트

1. 동 한비자는 '인간의 본성은 본래 악하다.'라는 (   )의 견해를 수용하여 백성을 법률로 강제할 필요가 있다고 주장하였다.
2. 세 한비자가 집대성한 법가는 (   )의 권위를 강조하고 법을 제정하여 이를 엄격하게 적용해야 한다고 주장하였다.

기출 텍스트

1. 수 엄격한 상벌로 사회 질서를 유지하는 (   ) 사상이 발전하였다.
2. 전 법가 사상을 집대성한 인물은 (   )(이)다.

빈칸 정답

	교과서 텍스트	기출 텍스트
1	순자	법가
2	군주	한비자

079 노자의 사상

세금성, 세미래엔, 세비상

① 道可道, 非常道. ② 名可名, 非常名.

③ 天下皆知美之爲美, 斯惡已.

④ 上善若水. ⑤ 水善利萬物而不爭, 處衆人之所惡, 故幾於道.

⑥ 小國寡民. ⑦ 使有什伯之器而不用. ⑧ 使民重死而不遠徙. ⑨ 雖有舟輿無所乘之, 雖有甲兵無所陳之.

— 『道德經』

주요 어휘

可 가히 / 정도 **가**	非 아닐 **비**	常 항상 / 늘 **상**	已 이미 / 뿐 **이**	善 착할 / 훌륭할 **선**
若 같을 **약**	處 살다 **처**	幾 기미 **기**	寡 적을 **과**	什 열사람 **십**
伯 맏 **백**	遠 멀 **원**	徙 옮길 **사**	輿 수레 **여**	陳 늘어놓을 **진**

한자 독음

① 도가도, 비상도. ② 명가명, 비상명.

③ 천하개지미지위미, 사악이.

④ 상선약수. ⑤ 수선이만물이부쟁, 처중인지소악, 고기어도.

⑥ 소국과민. ⑦ 사유십백지기이불용. ⑧ 사민중사이불원사. ⑨ 수유주여무소승지, 수유갑병무소진지.

1. 국문 해석

① 말할 수 있는 도는 참된 도가 아니다. ② 이름 붙일 수 있는 이름은 참된 이름이 아니다.

③ 천하 사람들이 모두 아름다운 것을 아름다운 것으로 의식하지만 그것은 추악한 것일 뿐이다.

④ 최고의 선은 물과 같다. ⑤ 물은 온갖 것을 이롭게 하면서도 공을 다투지 않고, 모두가 싫어하는 낮은 곳에 처하므로 도에 가깝다.

⑥ 나라는 작고 백성이 적어야 한다. ⑦ 열사람 백사람 몫을 하는 문명의 이기가 있어도 이를 사용하지 말아야 한다. ⑧ 백성들이 죽음을 귀중히 보아 멀리 이사 가지 못 하게 해야 한다. ⑨ 배와 수레가 있더라도 타고 갈 일이 없고, 갑옷과 군대가 있어도 진칠 곳이 없어야 한다.

－『도덕경(道德經)』

2. 사료 해설

춘추 시대 활동한 노자(老子)는 도가(道家)의 창시자이다. 본디 노자의 성은 이(李), 이름은 이(耳), 자는 담(聃)이다. 공자가 젊었을 때 노자를 찾아가 예(禮)에 관한 가르침을 받았다는 이야기가 전하기도 하는데, 그 실재성에 대해서는 의견이 분분하다. 노자가 남긴 저서가 하나 있는데, 이를 『도덕경(道德經)』, 혹은 『노자도덕경(老子道德經)』, 『노자(老子)』라고 칭한다.

노자 사상의 핵심은 '도(道)'이다. 그에 따르면, 도(道)는 천지 만물을 낳는 근원이자 자연을 생성 운행하는 원리이다. 그리고 인간은 이러한 도의 원리에 따라 어린아이와 같이 순수하고 소박한 자연의 덕을 가지고 태어나는데, 그릇된 가치관이나 인위적 사회 제도 등으로 말미암아 사회 혼란이 발생하게 된다고 보았다.

노자는 인간의 인위적 가치 분별이 모든 문제의 원인이라고 보았다. 즉, 가치 분별에 따라 욕망이 발생하고, 이것을 두고 다투는 혼란이 발생한다고 본 것이다. 이를 방지하기 위해 노자는 자연의 도에 따르는 무위자연(無爲自然)의 삶을 제시하였다. 또한, 통치자들에게도 무위(無爲)의 정치를 제시하였다. 이는 억지로 일을 도모해서는 안 되고, 백성을 무지하고 무욕하게 해야 한다는 것이었다. 노자는 이러한 무위의 정치가 이루어지는 이상 사회로 '소국과민(小國寡民)'을 제시하였다.

마지막으로 노자는 개인이 갖춰야 할 자연에 따르는 삶의 태도를 '상선약수(上善若水)'로 표현하였다. 그에 따르면, 물은 항상 아래로 흐르며 만물을 이롭게 하고 싸우지 않는 덕을 지녔다. 그리하여 인간도 이를 본받아 겸허(謙虛)와 부쟁(不爭)의 덕을 지녀야 한다고 하였다. 노자는 이러한 덕을 지닌 이상적 인간을 성인(聖人)이라고 하였다.

노자의 이러한 사상은 전국 시대 장자(莊子)에게 계승되었다. 장자는 노자의 사상을 계승하여 도가 사상을 심화하였다고 평가받는다. 장자에 따르면, 만물은 서로 다른 본성을 가지고 태어나고, 타고난 능력도 서로 다르다고 한다. 그러나 장자는 능력이 다르다고 해서 만물에 우열이 있는 것은 아니라고 보았다. 만물은 각각의 도에 따르는 적합한 본성을 부여받았기 때문이다.

사료 Plus⁺

- 성인의 다스림은 마음을 비우고 배를 채우며, 뜻을 약하게 하고 뼈를 강하게 한다. 언제나 백성들을 순진하게 두고 욕심을 버리게 하여, 꾀가 있는 자들이 감히 행하지 못하게 하라. 무위(無爲)로 행하면 다스려지지 않는 것이 없다.
- 천하는 불가사의하고 오묘한 그릇과 같아서 … 그것을 억지로 다루려 하면 그것을 파괴할 것이며, 인위적으로 장악하려고 하면 그것을 잃게 될 것이다.
- 천하에 규제하는 명령이 많아질수록 인간은 더 빈궁해지고, 민간에 예리한 무기가 많아질수록 사회는 더 혼란해진다. 백성의 기술이 좋아질수록 쓸데없는 물건들은 더 많아지고, 법령이 정비될수록 도적은 더 늘어난다.
- 대도(大道)가 무너지고 인의가 생겨났고, 크나큰 인위가 있기 때문에 지혜가 나타나고, 육친(六親)이 화목하지 못하자 효와 자애가 생겨났고, 나라가 혼란에 빠지자 충신(忠臣)이 나타났다.
- 현자(賢者)를 숭상하지 않으면 백성들이 다투지 않을 것이다. 얻기 어려운 재화를 귀하게 여기지 않으면 백성들이 도둑질을 하지 않을 것이다. 백성들이 욕심낼만한 것을 드러내지 않으면 백성들의 마음이 혼란에 빠지지 않을 것이다. 그래서 성인의 다스림은 백성들의 마음은 비우게 하고 배는 채워주며, 뜻은 약하게 하고 뼈는 강하게 한다.

— 『도덕경(道德經)』

- 원숭이는 비슷한 원숭이와 짝을 맺고, 순록은 사슴과 사귀고, 미꾸라지는 물고기와 놀지 않는가. 모장(毛嬙)이나 여희(驪姬)는 남자들이 모두 아름답다고 하지만, 물고기는 보자마자 물속 깊이 들어가 숨고, 새는 보자마자 높이 날아가 버리고, 사슴은 보자마자 급히 도망가버린다. 이 넷 중에서 어느 쪽이 아름다움을 바르게 안다고 하겠는가?

— 『장자(莊子)』

사료 텍스트 완성하기

교과서 텍스트

1. 세 도가는 자연의 순리를 따르는 (   )을/를 주장하여 중국인의 자연관에 영향을 미쳤다.
2. 세 후한 시기 신선 사상은 민간 신앙과 결합하여 오두미도, (   ) 등으로 발전하였다.

기출 텍스트

1. 전 (   )의 사상은 '세재갑자(歲在甲子)'·'황천당립(黃天當立)'이라는 구호를 내세운 종교 운동의 이론적 단서로 이용되었다.
2. 수 신선 사상과 도가 사상이 결합하여 (   )(으)로 발전하였다.

빈칸 정답

	교과서 텍스트	기출 텍스트
1	무위자연	노자
2	태평도	도교

080 상앙 변법

① 令民為什伍, 而相牧司連坐. ② 不告姦者腰斬, 告姦者與斬敵首同賞, 匿姦者與降敵同罰. ③ 民有二男以上不分異者, 倍其賦. ④ 有軍功者, 各以率受上爵. ⑤ 為私鬥者, 各以輕重被刑大小. ⑥ 僇力本業, 耕織致粟帛多者複其身. ⑦ 事末利及怠而貧者, 擧以為收孥. ⑧ 宗室非有軍功論, 不得為屬籍. ⑨ 明尊卑爵秩等級, 各以差次名田宅, 臣妾衣服以家次. ⑩ 有功者顯榮, 無功者雖富無所芬華.

—『史記』「列傳」商君

주요 어휘

什 열 사람 **십**	伍 다섯 사람 **오**	牧 칠 **목**	姦 간사할 **간**	腰 허리 **요**
斬 벨 **참**	敵 원수 **적**	匿 숨을 **닉**	降 항복할 **항**	罰 죄 **벌**
鬥 싸울 **두**	輕 가벼울 **경**	僇 욕보일 **육**	織 짤 **직**	複 겹옷 **복**
擧 들 **거**	屬 엮을 **속**	尊 높을 **존**	卑 낮을 **비**	次 버금 **차**
顯 나타날 **현**	榮 꽃 **영**	芬 향기로울 **분**	華 꽃 **화**	

한자 독음

① 령민위십오, 이상목사연좌. ② 불고간자요참, 고간자여참적수동상, 닉간자여항적동벌. ③ 민유이남이상불분리자, 배기부. ④ 유군공자, 각이솔수상작. ⑤ 위사두자, 각이경중피형대소. ⑥ 육역본업, 경직치속백다자복기신. ⑦ 사말리급태이빈자, 거이위수노. ⑧ 종실비유군공론, 부득위속적. ⑨ 명존비작질등급, 각이차차명전택, 신첩의복이가차. ⑩ 유공자현영, 무공자수부무소분화.

1. 국문 해석

① 백성들의 집을 십(什)과 오(伍)로 나누어 서로를 감독하고 연좌(連坐)시켰다. ② 범법자를 알리지 않으면 허리를 자르는 요참(腰斬)에 처했고, 범법자를 알린 사람은 적의 목을 벤 것과 같은 상을 주었으며, 범법자를 감추면 적에 항복한 것과 같은 벌을 주었다. ③ 민가에 성인 남자가 둘 이상인데도 분가하지 않으면 세금을 두 배로 올렸다. ④ 군대에서 공을 세우면 그 정도에 따라 벼

슬을 높여 주었다. ⑤ 사적으로 다툰 자는 각각 경중을 따져 크고 작은 형을 매겼다. ⑥ 본업에 힘을 다하게 하여 농사와 베짜기에 수확이 많은 자는 노역을 면제해 주었다. ⑦ 상업에 종사하거나 게을러 빈궁해진 자는 모조리 노비로 떨어뜨렸다. ⑧ 종실이라도 군공이 있는지 없는지를 따져 친족 명부에 올리지 못하게 했다. ⑨ 귀하고 천함, 벼슬과 작위의 등급을 분명히 하여 땅과 집을 차등 있게 등록하게 했고, 노비의 옷도 그 집안의 등급에 따라 달리 입게 했다. ⑩ 공을 세운 사람은 부와 명예를 누렸고, 공이 없는 자는 아무리 부유해도 명예를 누릴 수 없었다.

－『사기(史記)』「열전(列傳)」 상군(商君)

사료 Plus+

태자가 법을 범했다. 상앙은 '법이 잘 시행되지 않는 것은 위에 있는 자부터 법을 어기기 때문이다.'라고 하고 태자를 처벌하려 하였다. 그러나 태자는 다음 임금이 될 사람이므로 형벌에 처하기는 난처한 일이라고 하여, 그 대신 태자의 스승을 처벌하였다. 다음 날부터 백성은 모두 법을 지켰다.

－『사기(史記)』「열전(列傳)」 상군(商君)

사료 텍스트 완성하기

교과서 텍스트

1. 동 전국 시대에 상앙과 한비자 등의 법가 사상가가 활약하였는데, 법가 사상은 (　　　)의 제정에 영향을 주었다.
2. 세 상앙은 (　　　)을/를 실시하고 호적제와 조세 제도를 확립하여 재정을 확충하였으며, (　　　)의 특권을 제한하였다.

기출 텍스트

1. 수 진은 (　　　)을/를 등용하여 부국강병을 추진하였다.
2. 전 상앙의 변법에는 부국을 추진하면서도 일면 경제를 장악하려는 (　　　)의 의도가 내포되어 있고, 여기에는 산업에 대한 당시의 본말관이 작용하고 있다.

빈칸 정답

	교과서 텍스트	기출 텍스트
1	율령	상앙
2	군현제, 귀족	국가

081 진시황의 통일 정책

역금성, 역미래엔 / 동비상 / 세금성, 세미래엔, 세비상, 세천재

① 分天下以爲三十六郡, 郡置守 · 尉 · 監. ② 更名民曰黔首, 大酺. ③ 收天下兵, 聚之咸陽, 銷以爲鍾鐻 · 金人十二, 重各千石, 置廷宮中. ④ 一法度衡石丈尺, 車同軌, 書同文字. ⑤ 地東至海曁朝鮮, 西至臨洮 · 羌中, 南至北嚮戶, 北據河爲塞, 並陰山至遼東. ⑥ 徙天下豪富於咸陽十二萬戶.

— 『史記』「秦始皇本紀」

⑦ 臣請史官非秦記皆燒之. ⑧ 非博士官所職, 天下敢有藏詩 · 書 · 百家語者, 悉詣守 · 尉雜燒之. ⑨ 有敢偶語詩書者棄市. ⑩ 以古非今者族. ⑪ 吏見知不擧者與同罪. ⑫ 令下三十日不燒, 黥爲城旦. ⑬ 所不去者, 醫藥卜筮種樹之書. ⑭ 若欲有學法令, 以吏爲師.

— 『史記』「秦始皇本紀」

주요 어휘

尉 벼슬 **위** / 酺 연회 **포** / 收 거둘 **수** / 聚 모일 **취** / 銷 녹일 **소**
鍾 종 **종** / 鐻 악기걸이 **거** / 衡 저울대 **형** / 曁 및 **기** / 嚮 향할 **향**
據 의거할 **거** / 徙 옮길 **사** / 燒 사를 **소** / 豪 호걸 **호** / 雜 섞일 **잡**
偶 짝 **우** / 棄 버릴 **기** / 族 일가 / 씨족을 멸하다 **족** / 黥 묵형할 **경**
城 성 **성** / 旦 아침 **단** / 醫 의원 **의** / 藥 약 **약** / 卜 점 **복**
筮 점칠 **서** / 種 씨 **종** / 樹 나무 **수**

한자 독음

① 분천하이위삼십육군, 군치수 · 위 · 감. ② 경명민왈검수, 대포. ③ 수천하병, 취지함양, 소이위종거 · 금인십이, 중각천석, 치정궁중. ④ 일법도형석장척, 거동궤, 서동문자. ⑤ 지동지해기조선, 서지임조 · 강중, 남지북향호, 북거하위새, 병음산지요동. ⑥ 사천하호부어함양십이만호.

⑦ 신청사관비진기개소지. ⑧ 비박사관소직, 천하감유장시 · 서 · 백가어자, 실예수 · 위잡소지. ⑨ 유감우어시서자기시. ⑩ 이고비금자족. ⑪ 리견지불거자여동죄. ⑫ 령하삼십일불소, 경위성단. ⑬ 소불거자, 의약복서종수지서. ⑭ 약욕유학법령, 이리위사.

1. 국문 해석

① 천하를 36개 군으로 나누고 군마다 수(守), 위(尉), 감(監)을 두었다. ② 민(民)을 검수(黔首)로 바꾸어 부르게 하고 전국에 큰 잔치를 베풀었다. ③ 천하의 병기를 거두어 함양에 모은 다음 녹여서 무게 1천 석의 종거·금인(鍾鐻·金人) 12개를 만들어 궁정에 배치했다. ④ 법과 도량형, 수레바퀴의 폭을 통일하고 문자도 통일했다. ⑤ 영토는 동으로 동해, 조선(朝鮮)에까지, 서로 임조(臨洮)·강중(羌中)에까지, 남으로 북향호(北嚮戶)에까지, 북쪽으로 황하를 의지하여 요새를 쌓아 음산(陰山)을 넘어 요동(遼東)에까지 이르렀다. ⑥ 전국의 부호 12만 호를 함양으로 이주시켰다.

—『사기(史記)』「진시황본기(秦始皇本紀)」

⑦ 신이 청하오니, 사관에게 진의 책이 아닌 것은 모두 태우게 하소서. ⑧ 박사관의 것을 제외하고는 천하에 감히 보관하고 있는 『시(詩)』, 『서(書)』, 제자백가의 글들은 지방관에게 보내 모두 태우게 하십시오. ⑨ 또 두 사람 이상이 모여 감히 『시』,『서』를 이야기하면 저잣거리에서 사형시켜 조리를 돌리십시오. ⑩ 옛날을 가지고 지금을 비판하는 자는 멸족시키십시오. ⑪ 또 이런 자를 보고 알고도 잡아들이지 않는 관리 역시 같은 죄에 처하십시오. ⑫ 명령이 떨어지고 30일이 지났는데도 서적을 태우지 않는 자는 묵형[黥刑]을 가한 다음 장성 쌓는 곳으로 보내십시오. ⑬ 불태우지 않을 책은 의약, 점복, 나무 심는 것에 관계된 서적입니다. ⑭ 법령을 배우고자 하는 자가 있다면 관리를 스승으로 삼게 하옵소서.

—『사기(史記)』「진시황본기(秦始皇本紀)」

2. 사료 해설

진(秦)이 6국을 멸망시키고 천하를 통일한 후 이러한 광대한 영토를 어떻게 통치할 것인가가 당면한 과제로 떠올랐다. 당시 승상 왕관(王綰)은 황제의 여러 아들을 멀리 각지의 왕에 봉할 것을 주장하였고, 이사(李斯)는 군현제의 효율성과 필요성을 적극적으로 내세웠다. 그리하여 시황제는 이사의 주장을 채용하였고, 전국을 36군(郡)으로 나누어 다스리게 되었다. 물론 이때의 36군의 대다수는 이미 설치된 것이었는데, 봉건제의 재현을 거부하고 군현제의 전국적 실시를 포고한 것이었다. 그리고 이러한 36군은 이후 영토가 늘어나거나 큰 군(郡)이 분할됨에 따라 48군(郡)이 되었다.

진은 지방의 반란을 예방하기 위한 여러 조치를 취하였다. 먼저 전국의 민간 병기를 몰수하고, 이를 녹여 종거(鐘鐻)·금인(金人) 12개를 주조하였다. 종거란 악기 혹은 악기를 거는 걸이를 말하고, 금인이란 금속으로 만든 사람의 상(像)을 말한다. 또한 전국의 부호 12만 호(戶)를 수도 함양으로 강제 이주시켰다.

진은 중앙집권적 통치체제를 확고히 하기 위한 여러 통일정책을 시행하였다. 먼저 도량형을 통일하여 진량(秦量)·진권(秦權)이라 불리는 도량형기[升]이나 저울추[分銅]를 각지에 반포했다. 화폐도 무게가 반량[8g]인 반량전(半兩錢)으로 통일했다. 그리고 수레의 폭을 6척[135cm]으로 통일하고, 치도(馳道)를 건설해 지방에 대한 통제를 강화했다. 또한 군사용 도로로 오척도(五尺道), 직도(直道) 등을 건설하였는데, 이는 이후 교통과 상업의 발달에도 기여하였다.

한편 시황제는 분서갱유(焚書坑儒)를 단행하였다. 이는 유가가 이상적 군주관으로 삼은 '왕도(王道)'와 '황제(皇帝)'로 대표되는 새로운 법가주의적 통치 질서가 충돌했기 때문에 벌어진 일이었다. 그리하여 진(秦)의 입장에서는 비판 여론을 잠재우기 위해 민간 소장의 서적과 사학(私學)을 금하고, 이를 관이 소장하며 관학으로 일원화하고자 분서갱유를 단행한 것이었다. 이 사건의 발단은 박사 순우월(淳于越)이 시황제의 면전에서 이전의 봉건제를 찬미하고 옛날을 배우지 않고 국가의 장래를 바랄 수는 없다고 주장한 것에서 비롯되었다. 그리하여 분서(焚書)가 발생하였는데, 이듬해 단행한 갱유는 시황제의 신선술에 대한 동경이 계기가 되었다. 시황제가 자신을 속인 방사(方士) 노생(盧生)에 대한 화풀이로 유학자를 포함한 460여 명의 학자들을 수도 함양에서 파묻어 죽였기 때문이다.

사료 Plus+

- 시황제가 어사에게 방사와 같은 부류들을 모조리 심문하게 하였다. 이들은 서로를 끌어들이며 고발하였다. 이렇게 법을 어긴 자들 460여 명을 골라내서 함양에다 파묻은 다음 천하에 알려서 후세에 경계로 삼게 했다. 또 유배된 자들을 더 징발해서 변경으로 옮겼다.

  — 『사기(史記)』 「진시황본기(秦始皇本紀)」

- 시황제는 탐욕스러웠고, 자만하여 공신을 신임하지 않았다. 선비와 백성을 너그럽게 대하지 않고, 개인의 권력을 앞세워 제자백가의 서적을 불태웠다. 형법을 혹독하게 집행하고, 거짓된 술수를 부리며 폭력을 앞세워 포악한 정치를 펼쳤다.

  — 가의(賈誼)

- 시황제는 최초로 중국을 통일한 인물이다. 정치적으로 통일했을 뿐만 아니라, 중국의 문자와 도량형, 각종 제도를 통일했다. 중국의 봉건 군주 중에서 그를 능가할 사람은 없다.

  — 마오쩌둥(毛澤東)

사료 텍스트 완성하기

교과서 텍스트

1. 동 진의 시황제는 법가 사상가인 (　　　)을/를 중용하여 엄격한 법치에 입각한 정책을 시행하였다.
2. 세 시황제는 (　　　)을/를 확대 시행하여 전국을 36개 군으로 나눈 후 관리를 파견하였으며, 수도와 지방을 잇는 도로망을 건설하였다.
3. 세 시황제는 (　　　)을/를 통해 사상을 통제하고 황제를 반대하는 세력을 억눌렀다.

기출 텍스트

1. 수 진시황은 사상을 통제하기 위해 (　　　)을/를 단행하였다.
2. 수 진시황은 전국을 제패한 후 화폐·문자·(　　　) 등을 통일하는 정책을 시행하였다.

빈칸 정답

	교과서 텍스트	기출 텍스트
1	이사	분서갱유
2	군현제	도량형
3	분서갱유	

082 한의 유교 이념 수용

① 陸生時時前說稱詩書. ② 高帝罵之曰. ③ "迺公居馬上而得之. ④ 安事詩書!" ⑤ 陸生曰. ⑥ "居馬上得之, 寧可以馬上治之乎? … ⑦ 文武並用, 長久之術也. … ⑧ 鄕使秦已並天下, 行仁義, 法先聖, 陛下安得而有之?" ⑨ 高帝不懌而有慚色, 迺謂陸生曰. ⑩ "試為我著秦所以失天下, 吾所以得之者何, 及古成敗之國." ⑪ 陸生迺粗述存亡之徵, 凡著十二篇. ⑫ 每奏一篇, 高帝未嘗不稱善, 左右呼萬歲. ⑬ 號其書曰'新語'.

—『史記』「列傳」

주요 어휘

說 말씀 **설**	稱 일컬을 **칭**	詩 시경 **시**	書 서경 **서**	罵 꾸짖을 **매**
迺 이에 **내**	安 어찌 **안**	久 오랠 **구**	術 꾀 **술**	陛 층계 **계**
懌 기뻐할 **역**	慚 부끄러울 **참**	色 빛 **색**	著 분명할 **저**	敗 개뜨릴 **패**
粗 거칠 **조**	著 분명할 **저**	每 매양 **매**	奏 아뢸 **주**	嘗 맛볼 **상**

한자 독음

① 육생시시전설칭시서. ② 고제매지왈. ③ "내공거마상이득지. ④ 안사시서!" ⑤ 육생왈. ⑥ "거마상득지, 영가이마상치지호? … ⑦ 문무병용, 장구지술야. … ⑧ 향사진이병천하, 행인의, 법선성, 폐하안득이유지?" ⑨ 고제불역이유참색, 내위육생왈. ⑩ "시위아저진소이실천하, 오소이득지자하, 급고성패지국." ⑪ 육생내조술존망지징, 범저십이편. ⑫ 매주일편, 고제미상불칭선, 좌우호만세. ⑬ 호기서왈'신어'.

1. 국문 해석

① 육가는 항상 황제 앞에 나아가 진언할 때마다 『시경(詩經)』과 『상서(尙書)』를 인용했다. ② 고조는 육가를 꾸짖으며 말했다. ③ “짐은 말 위에서 천하를 얻었소. ④ 어찌 『시경』과 『상서』따위를 쓰겠소!” ⑤ 그러자 육가가 말했다. ⑥ “말 위에서 천하를 얻으셨지만 어찌 말 위에서 천하를 다스릴 수 있겠습니까? … ⑦ 문무(文武)를 아울러 쓰는 것이 나라를 길이 보존하는 방법입니다. … ⑧ 당시에 진이 천하를 통일한 뒤에 인의(仁義)를 행하고 옛 성인을 본받았다면 폐하께서 어떻게 천하를 차지할 수 있었겠습니까?” ⑨ 고조는 마음이 불편했지만 오히려 부끄러워하는 기색을 보이며 곧 육가에게 말했다. ⑩ “시험 삼아 짐을 위해 ‘진이 천하를 잃은 까닭과 짐이 천하를 얻은 까닭이 무엇인지, 그리고 옛날에 성공하고 실패한 나라’에 대해 저술해주시오.” ⑪ 육가는 이에 국가의 존망의 징후에 대해 약술해 모두 12편을 지었다. ⑫ 그가 매 편을 상주할 때마다 고조는 좋다고 칭찬하지 않은 적이 없었으며, 좌우의 사람들도 모두 만세를 외쳤다. ⑬ 그 책을 『신어(新語)』라고 했다.

— 『사기(史記)』 「열전(列傳)」

2. 사료 해설

한 고조는 앞 시대의 유습을 받아 유가를 경시하였다. 그리하여 고조가 채택한 정치사상은 황로술(黃老術)이었다. 황로술은 오제(五帝)의 첫 번째에 나오는 황제(黃帝)와 노자(老子)의 사상을 가리키는 것으로 무위 정치(無爲政治)를 기본으로 하는 정치사상을 말한다. 이는 당시 휴식이 필요한 시기였기 때문이기도 하였는데, 이를 통해 전조(田租)를 경감해서 15분의 1세로 정하는 등 사회의 안정과 경제 회복을 꾀하였다.

그러나 고조는 점차 국가통치의 기틀을 유교주의의 방향으로 잡았다. 여기에는 바로 유학자인 육가(陸賈)의 공이 컸다. 그리하여 육가로 하여금 진의 멸망 원인 등을 다룬 『신어(新語)』를 짓게 하였고, 승상 소하(蕭何)에게는 진의 가혹한 형법을 개정하도록 하여 『구장율(九章律)』을 편찬하게 하였다.

고조의 통치책은 관제나 통치조직에 있어 대부분 진의 제도를 계승하였기 때문에 법가주의적 색채가 많이 남아있다고 평하기도 하고, 그러한 상황에서 유교의 예악을 받아들여 궁중의 의식과 예절을 제정함으로써 유가를 가지고 법가를 장식하는 법가적 유교주의 정치를 수립했다고 평하기도 한다.

사료 Plus+

한(漢) 7년, 장락궁(長樂宮)이 완성되자 제후들과 뭇 신하들이 모두 10월 조회에 참가했다. 예식은 다음과 같았다. 날이 밝기 전에 알자(謁者)가 예를 맡고 조회하는 사람들을 인도해 순서에 따라 대궐의 문에 들어오게 했다. 뜰 가운데에는 전차 · 기병 · 보병과 위병(衛兵)을 배열해 무기를 갖추고서 깃발을 세웠다. 그런 뒤 "뛰어가!"라는 명령을 전달했다.

이때 궁전 아래에는 계단을 끼고 낭중(郎中)들을 양옆에 도열시켰는데 각 계단마다 수백 명이 되었다. 공신 · 열후(列侯) · 장군 · 군리(軍吏)들은 서열에 따라 서쪽에 열을 지어 동쪽을 향하고, 문관인 승상(丞相) 이하는 동쪽에 열을 지어 서쪽을 향했다.

대행(大行)은 아홉 명의 빈상(賓相)을 두어 황제의 명령을 전달하게 했다. 이때 황제가 봉련(鳳輦)을 타고 나타나면 모든 관리들이 깃발을 들어 정숙하게 하고, 제후왕 이하 봉록이 6백석인 관리까지 인도되어 차례대로 황제께 하례를 올렸다. 이렇게 하면 제후왕 이하 두려워 떨며 엄숙하고 공경하지 않는 사람이 없었다.

의식이 끝나고 법주(法酒)를 거행한다. 궁전 위에 모시고 있던 사람들은 모두 머리를 조아리고 있다가 서열에 따라 일어나서 황제에게 축수했다. 술잔이 아홉 순배가 돌자 알자가 "술잔을 거두시오!"라고 말했다.

어사는 법을 집행해 의식을 준수하지 않은 사람을 즉시 데리고 나갔다. 그래서 의식을 끝내고 다시 주연을 베푸는 동안 어느 누구도 감히 시끄럽게 예를 위반하는 사람이 없었다. 그제야 고조는 이렇게 말했다. "나는 오늘에서야 비로소 황제의 고귀함을 알았소." 그러고는 숙손통을 태상(太常)에 제수하고 황금 5백 근을 하사했다.

— 『사기(史記)』 「열전(列傳)」 숙손통(叔孫通)

사료 텍스트 완성하기

교과서 텍스트

1. [동] '효'와 '인', '예'를 중시하는 유교 사상은 ( )을/를 유지하고 백성의 자발적인 복종을 유도하는 데 효과적이었다.
2. [동] 유교가 국가의 통치 이념으로 작용하면서 법률에도 유교 사상이 반영되었는데, ( ) 사상이 완전히 배제된 것은 아니었다.

기출 텍스트

1. [전] '王霸雜道'라는 말은 ( )의 정신이 한대의 통치 방식에도 반영되었음을 보여준다.
2. [전] 무제 시기에는 ( )의 주장에 따라 유교를 국가의 정통학문으로 채택하였다.

빈칸 정답

	교과서 텍스트	기출 텍스트
1	향촌 질서	법가
2	법가	동중서

083 한 무제의 대외 팽창과 재정 정책

동금성, 동비상 / 세미래엔

① 至今上卽位數歲 … 都鄙廩庾皆滿, 而府庫餘貨財. … ② 又興十萬餘人築衛朔方, 轉漕甚遼遠自山東咸被其勞, 費數十百巨萬, 府庫益虛. … ③ 初, 大農筦鹽鐵官布多, 置水衡, 欲以主鹽鐵.

—『史記』「平準書」

④ 漢興至于孝武, 事征四夷, 廣威德, 而張騫始開西域之迹. ⑤ 其後驃騎將軍擊破匈奴右地, 降渾邪・休屠王, 遂空其地, 始築令居以西. ⑥ 初置酒泉郡, 後稍發徙民充實之. ⑦ 分置武威・張掖・敦煌, 列四郡, 據兩關焉.

—『漢書』「西域傳」

주요 어휘

數 셀 수　鄙 시골 비　廩 곳집 름　庾 곳집 유　滿 찰 만
庫 창고 고　貨 재화 화　財 재물 재　築 쌓을 축　衛 지킬 위
轉 구를 전　漕 배로 실어나르다 조　虛 빌 허　筦 다스릴 관
興 발흥할 흥　征 칠 정　威 위엄 위

한자 독음

① 지금상즉위수세 … 도비름유개만, 이부고여화재. … ② 우흥십만여인축위삭방, 전조심요원자산동함피기로, 비수십백거만, 부고익허. … ③ 초, 대농관염철관포다, 치수형, 욕이주염철.

④ 한흥지우효무, 사정사이, 광위덕, 이장건시개서역지적. ⑤ 기후표기장군격파흉노우지, 항혼사・휴도왕, 수공기지, 시축령거이서. ⑥ 초치주천군, 후초발사민충실지. ⑦ 분치무위・장액・돈황, 열사군, 거양관언.

1. 국문 해석

① 무제가 즉위한 지 몇 해가 지나 … 도시나 촌락의 미곡 창고[廩庾]는 모두 가득 찼으며, 관청의 창고에도 재물과 보화가 남아돌았다. … ② 또한 10만여 명을 동원하여 삭방군의 성을 구축하여 지켰는데, 육로와 수로 운송이 너무나 멀어 산동 지방은 그 노역에 고통스러워했으며, 비용도 수십억 내지 수백억 전이 들어 조정 창고가 날이 갈수록 비게 되었다. … ③ 당초 대농이 염철관을 관장하여 일을 널리 분산하면서, 수형(水衡)을 두어 그들에게 염철의 일을 주관하게 하였다.

－『사기(史記)』「평준서(平準書)」

④ 한나라가 발흥하여 무제에 이르러 사이(四夷)를 정벌함에 힘쓰고 위덕을 넓혔으며, 장건은 서역으로 가는 길을 처음으로 개통했다. ⑤ 그 후 표기장군(驃騎將軍)이 흉노의 우지(右地)를 공격하여 혼야왕(渾邪王)과 휴도왕(休屠王)을 항복시키고 마침내 그 지역에서 (흉노를) 몰아낸 뒤 비로서 영거(令居)의 서쪽에 성을 쌓았다. ⑥ 처음으로 주천(酒泉)군을 설치했고 그 후에 차츰 사민시켜서 그곳을 충실하게 채웠다. ⑦ 무위(武威)・장액(張掖)・돈황(敦煌)을 나누어 설치하여 사군(四郡)을 늘어놓고 두 개의 관문에 의지하도록 하였다.

－『한서(漢書)』「서역전(西域傳)」

2. 사료 해설

한 무제는 황로술(黃老術)의 영향을 받은 무위이치(無爲而治)의 '문경지치(文景之治)'를 극복하고 황제 지배 체제를 회복하고자 하였다. 그리하여 무제는 축적된 국력 등을 바탕으로 흉노(匈奴) 등의 인접 국가들을 진압하고자 움직였다.

기원전 133년 시작된 대흉노 전쟁은 점차 한이 우위를 점하면서 오르도스 남쪽 지역을 차지하게 된다. 이 시기에는 주로 위청과 곽거병 등이 큰 승리를 거두었다. 그러나 점차 재정이 바닥나게 되고, 이에 따라 기원전 119년부터 소금과 철에 대한 전매 단행을 시작으로 오수전(五銖錢) 주조, 균수법(均輸法)과 평준법(平準法) 등이 시행된다. 그리고 이러한 재정을 바탕으로 흉노가 점차 약화되는 것이 보이자 남월(南越)에 대한 정벌을 단행하기도 하였고, 흉노의 왼팔 격이라 할 수 있는 고조선(古朝鮮)에 대한 정벌도 단행하였다.

기원전 104년을 기점으로 대흉노 전쟁은 흉노의 오른팔 격인 서역 지방을 공격하는 것으로 전환되었다. 외척 이광리(李廣利)가 이끄는 군대가 파미르고원을 넘어 서역으로 진출한 것이다. 그러나 결정적인 승기를 잡지 못한 채 막대한 군사적・재정적 손실만이 지속적으로 발생하였다. 오랜 전란으로 농토가 황폐화하고 화폐의 남발로 물가가 앙등하는 등의 문제가 발생한 것이다. 이러한 상황에서 이사장군(貳師將軍) 이광리가 전군을 들어 흉노에 투항하는 충격적인 사건이 발생하였다. 이에 수속도위 상홍양은 오늘날의 투르판 지방인 윤대지방(輪臺地方)에 둔전(屯田)을 개설하고 장기전에 대비할 것을 건의하였다. 그러나 무제는 백성을 쉬게 한다는 이유로 그것을 허락하지 않았는데, 이를 '윤대(輪臺)의 조칙(詔勅)'이라고 한다.

사료 Plus⁺

- 대월지로 가는 길은 반드시 흉노 땅을 지나야만 하므로 사신으로 갈 만한 사람을 모집했다. 장건이 모집에 지원하여 사신으로 가게 되었다. … 그러나 장건은 대월지 왕으로부터 수교에 대한 답을 얻지 못하였다. … 장건이 직접 가 본 곳은 대원, 대월지, 대하, 강거였지만 그 밖에 인접한 나라에 대해 전해 들은 것이 많았다.

  — 『사기(史記)』 「열전(列傳)」

- 무제께서 남쪽으로 백월을 멸망시켜 일곱 군을 세우시고 … 북쪽으로 흉노를 물리쳐 … 풍요로운 땅을 빼앗으셨습니다. 동쪽으로 고조선을 정벌하시고 현도와 낙랑군을 세우시어 흉노의 왼팔을 자르셨습니다. 또한 서쪽으로 … 오손과 손을 잡아 둔황 · 주취안 · 장예 세 군을 설치하시고 강족을 떼어 놓으시어 흉노의 오른팔을 잘라 버리셨습니다.

  — 『한서(漢書)』

사료 텍스트 완성하기

교과서 텍스트

1. 세 무제는 (　　　)와/과 동맹을 맺고 흉노를 견제하기 위해 장건을 서역에 파견하였다.
2. 동 무제는 대외 관계 면에서 (　　　)을/를 북쪽으로 몰아내고 남비엣과 고조선을 멸망시켰다.
3. 세 장건이 개척한 길은 동서 교역로인 (　　　)(으)로 이용되었다.
4. 동 한 무제 시기 주변 국가와의 전쟁으로 인해 영토는 대대적으로 확대되었지만, 그 후유증으로 재정난이 심각해지고 (　　　)의 불균형이 심해졌다.

기출 텍스트

1. 수 무제 시기 재정의 고갈로 평준법과 (　　　)을/를 실시하였다.
2. 수 재정 고갈 문제에 대해 무제는 소금과 (　　　)을/를 국가가 전매하는 제도를 실시하였다.

빈칸 정답

	교과서 텍스트	기출 텍스트
1	대월지	균수법
2	흉노	철
3	비단길	
4	빈부	

084 염철론의 논쟁

역 지학사 / 세 비상

① 今郡國有鹽鐵酒榷均輸, 與民爭利, 散敦厚之樸, 成貪鄙之化. ② 是以百姓就本者寡, 趨末者衆. ③ 夫文繁則質衰, 末盛則本虧. ④ 末修則民淫, 本修則民愨. ⑤ 民愨則財用足, 民侈則饑寒生. ⑥ 願罷鹽鐵酒榷均輸. ⑦ 所以進本退末, 廣利農業便也.

— 『鹽鐵論』

주요 어휘

鹽 소금 **염**	鐵 쇠 **철**	酒 술 **주**	榷 전매할 **각**	均 고를 **균**
輸 나를 **수**	利 이로울 **리**	散 흩을 **산**	貪 탐할 **탐**	鄙 더러울 **비**
就 나아갈 **취**	寡 적을 **과**	趨 추구할 **추**	夫 대저 **부**	繁 많을 **번**
質 바탕 **질**	衰 쇠할 **쇠**	盛 성할 **성**	虧 이지러질 **휴**	淫 사치할 **음**
愨 성실할 **각**	侈 사치할 **치**	饑 주릴 **기**	寒 추울 **한**	便 편할 **편**

한자 독음

① 금군국유염철주각균수, 여민쟁리, 산돈후지박, 성탐비지화. ② 시이백성취본자과, 추말자중. ③ 부문번즉질쇠, 말성즉본휴. ④ 말수즉민음, 본수즉민각. ⑤ 민각즉재용족, 민치즉기한생. ⑥ 원파염철주각균수. ⑦ 소이진본퇴말, 광리농업편야.

1. 국문 해석

① 지금 각 군국(郡國)에는 염관(鹽官)·철관(鐵官)·주각관(酒榷官)·균수관(均輸官) 등이 있어 백성들과 이익을 다투고 있어서, 인정 많고 순박한 풍속을 해치고 탐욕스럽고 비루한 풍조를 만들고 있습니다. ② 그렇기 때문에 백성들 중에 본업(本業)에 나아가는 자가 적고, 말업(末業)을 좇는 자들이 많습니다. ③ 대체로 꾸밈이 화려해지면 본바탕은 쇠미해지고, 말(末)이 성하게 되면 본(本)은 훼손되는 법입니다. ④ 말업(末業)이 발전하면 백성은 사치하게 되고, 본업(本業)이 발전하면 백성은 근실하게 됩니다. ⑤ 백성이 근실하면 경제가 넉넉해지고, 백성이 사치하면 굶주림과 추위의 고통이 생기게 됩니다. ⑥ 소금·철·술의 전매 제도와 균수법(均輸法)을 폐지하시길 바라옵니다. ⑦ 이는 본업을 진작시키고 말업을 물리쳐서, 농업을 확대하고 이롭게 하는 방편일 것입니다.

— 『염철론(鹽鐵論)』

2. 사료 해설

무제의 신재정 정책이 시행(B.C. 110)된 지 약 40여 년이 되었을 무렵 염철 제도를 계속 유지할 것인가를 놓고 논쟁이 벌어지게 되었다. 이러한 염철 제도의 존폐를 놓고 토론한 것을 기록한 책이 환관(桓寬)이 편찬한 『염철론(鹽鐵論)』이다.

시원 5년(B.C. 82) 6월, 한(漢) 조정에서는 전국적으로 현량(賢良)과 문학(文學)을 천거하도록 하였다. 이렇게 천거된 이들은 총 60여 명에 달했다. 이듬해 이들은 조칙에 따라 궁중에 모여 유사(有司, 정부)와 염철・균수・평준・각고(榷酤) 등을 폐지할 것인가를 놓고 치열하게 격론을 벌였다. 이때 유사(有司)의 대표로는 정책의 입안자였던 어사대부 상홍양(桑弘羊)이 직접 참가하였다.

이 논쟁의 갈등 구조 이면에는 당시 사회경제적 분화와 유가와 법가의 대립이라고 하는 측면으로도 볼 수 있다. 당시 염철 제도에 대한 폐지를 주장하는 현량・문학들은 대규모 상공업에 종사할 수 있는 지방 호족의 입장을 반영한 것이었고, 자신들의 이익을 유가 사상으로 무장하여 공격한 것이었다. 반면 상홍양의 입장은 법가의 입장에서 강력한 중앙집권적 개혁을 시행하는 입장이었다.

사실 이러한 논쟁의 배후, 즉 현량・문학의 배후에는 내조(內朝)의 곽광(霍光)이 있었다. 『한서(漢書)』 등에 따르면, 곽광은 현량을 천거하여 토론을 하도록 유도하였다고 한다. 이는 당시 내조와 외조(外朝)의 갈등 구조 속에서 내조가 외조에 가한 공격이라고 할 수 있다. 이러한 공격은 당시 내조가 빈민구제 등의 휼민정책을 추진하고 있었고, 외조는 둔전 정책 등의 재개를 통해 국가 재정과 대외 방비의 충실함을 기하는 부국강병책을 추진했기 때문에 벌어질 수 있었다. 이러한 갈등은 이후 상홍양이 연왕(燕王) 유단(劉旦)・상관걸(上官傑) 등과 손을 잡고 모반을 획책하다가 처형되는 것으로 이어지게 되었다.

염철론(鹽鐵論)은 '윤대(輪臺)의 조칙(詔勅)'에 담긴 정신을 계승하여 무제 시대를 재평가하는 과정에서 나타난 것이라고 보기도 한다. 그리고 여기에 나타난 유가(儒家)와 법가(法家)의 논쟁은 어느 한쪽의 일방적 승리가 아니라 양자의 공존과 융합이라는 방향[王覇雜道]으로 귀결되었다고 본다.

사료 Plus+

어사대부 상홍양이 말하였다. "무제께서는 변경 주민들이 오랫동안 오랑캐들의 침략에 시달려온 것을 불쌍히 여기셔서 변경에 대한 방비를 강화하셨습니다. 그런데 이러한 변경 방어에 필요한 비용이 부족하였기 때문에, 소금과 철, 술에 대한 전매 제도를 시행하신 것입니다."

– 『염철론(鹽鐵論)』

사료 텍스트 완성하기

교과서 텍스트

1. 세 무제는 잦은 (   )(으)로 재정이 부족해지자 소금과 철을 국가에서 전매하였다.
2. 동 무제는 상업 (   ) 정책을 통해 재정난을 해결하고자 하였다.
3. 세 무제는 균수법과 (   )을/를 실시하여 재정을 확보하였다.

기출 텍스트

1. 전 염철 전매제가 시행될 당시 대외 정책은 평화 유지 전략에서 (   )(으)로 전환되었다.
2. 전 염철 전매제가 시행되자 지방 재정에 대한 (   )의 통제가 강화되었다.
3. 전 염철 전매제의 시행으로 유가와 (   )의 정치 투쟁이 본격화되었다.

빈칸 정답

	교과서 텍스트	기출 텍스트
1	대외 원정	군사적 해결책
2	통제	대사농
3	평준법	법가

085 동중서의 사상

동천재 / 세금성, 세비상, 세천재

① 凡災異之本, 盡生於國家之失. ② 國家之失乃始萌芽, 而天出災害以譴告之, 譴告之而不知變, 乃見怪異以驚駭之. ③ 驚駭之尚不知畏恐, 其殃咎乃至. ④ 以此見天意之仁而不欲陷人也.

— 『春秋繁露』「必仁且智」

⑤ 以春秋災異之变推陰陽所以錯行. ⑥ 故求雨閉諸陽, 縱諸陰, 其止雨反是.

— 『史記』「儒林列傳」董仲舒

주요 어휘

凡 무릇 **범**	災 재앙 **재**	盡 다할 **진**	萌 싹 **맹**	芽 싹 **아**
譴 꾸짖을 **견**	告 알릴 **고**	怪 기이할 **괴**	驚 놀랄 **경**	駭 놀랄 **해**
殃 재앙 **앙**	咎 허물 **구**	陷 빠질 **함**	变 변할 **변**	推 옮을 **추**
陰 응달 **음**	陽 볕 **양**	錯 섞일 **착**	縱 세로 **종**	

한자 독음

① 범재이지본, 진생어국가지실. ② 국가지실내시맹아, 이천출재해이견고지, 견고지이부지변, 내견괴이이경해지. ③ 경해지상부지외공, 기앙구내지. ④ 이차견천의지인이불욕함인야.

⑤ 이춘추재이지변추음양소이착행. ⑥ 고구우폐제양, 종제음, 기지우반시.

1. 국문 해석

① 무릇 재이의 근본은 모두 국가의 잘못에서 생겨난다. ② 국가의 잘못이 생기기 시작하면, 하늘이 재해를 일으켜 경고하고, 경고하여도 고칠 줄 모르면 이에 변괴를 일으켜 놀라게 한다. ③ 놀라게 했는데도 두려워할 줄 모르면 그 재앙이 마침내 이른다. ④ 이를 통해 하늘의 뜻은 사람을 사랑하는 것이고 백성을 위험에 빠뜨리려는 것이 아님을 알 수 있다.

– 『춘추번로(春秋繁露)』 「필인차지(必仁且智)」

⑤ 그(동중서)는 『춘추』에 기재된 자연재해와 특이한 현상 변화를 가지고 음양(陰陽)의 도가 바뀌는 원인을 유추했다. ⑥ 그러한 까닭에 비를 내리길 청할 경우에는 모든 양기(陽氣)를 가두고 모든 음기(陰氣)를 방출시키고, 비를 그치게 청하는 경우에는 그와 반대의 방법으로 하였다.

– 『사기(史記)』 「유림열전(儒林列傳)」 동중서(董仲舒)

2. 사료 해설

한 무제는 강력한 중앙집권적 통치체제를 구축해나가고자 했다. 그리고 이 과정에서 황제의 권위와 위엄을 갖추어줄 기반을 유학에서 구함에 따라 유학은 한(漢)의 통치 이념으로 자리잡을 수 있었다.

이 과정에서 활약한 인물이 바로 동중서(董仲舒)이다. 그는 음양오행설을 이용한 천인상응설(天人相應說)을 내세우고, 황제의 통치와 자연재해를 연관시켜 황제의 권위를 더욱 높였다. 무제는 이러한 동중서의 건의를 받아들여 유교를 국가가 인정하는 정통 학문으로 인정하고, 장안에 태학(太學)을 설치하였다. 또 지방의 군국에서도 효행·청렴한 청년을 천거하도록 하여, 이를 중앙에서 선발한 후 관리로 등용하는 효렴과(孝廉科)를 설치하였다.

그런데 무제 시기의 통치를 '왕패잡도(王覇雜道)'라고 표현하기도 한다. 이는 무제가 표면적으로 유교를 내세우긴 했지만, 실질적으로는 법가적 부국강병책을 추진하였기 때문이다. 특히 대외 원정의 지속과 이 과정에서 실시된 신재정정책은 법가의 이념에 충실한 혹리(酷吏)의 중용으로 이어졌다.

사료 Plus⁺

- 무제의 책문에 대해서 동중서는 다음과 같이 응답하였다. "하늘이 어떤 이를 치켜세워 제왕으로 만들 때는 인력으로 하지 못하는 현상이 반드시 저절로 나타나는데, 바로 천명을 받았다는 징표입니다. … 제왕이 방탕하고 나태하면 나라는 쇠하고 백성을 통솔하여 다스리지 못하며 … 재앙이 발생합니다. … 제왕은 하늘의 뜻을 받들어 정치를 행해야 합니다. 따라서 덕과 교화의 힘을 빌려 다스릴 뿐 형벌의 힘을 빌려 다스리지는 않습니다."

  – 『한서(漢書)』 「열전(列傳)」

- 제왕은 하늘의 뜻을 받들어 다스려야 합니다. 따라서 덕과 교화의 힘을 빌려 다스릴 뿐 형벌의 힘을 빌려 다스리지는 않습니다. … (옛날의 제왕은) 수도에는 대학을 세워서 교육을 시행했고, 읍에는 학교를 설립하여 백성을 교육하였습니다. … 따라서 형벌을 아주 가볍게 하였음에도 국가에서 금하는 것을 백성이 범하지 않았습니다.

  – 『한서(漢書)』 「열전(列傳)」

• 어리석은 제가 생각하기에 육예의 학문과 공자의 가르침에 속하지 않는 여러 가지 모든 학술은 모두 그 길을 끊어 버림으로써 다 같이 세상에 나아가지 못하도록 해야 합니다.

— 『한서(漢書)』 「열전(列傳)」

사료 텍스트 완성하기

교과서 텍스트

1. 세 무제는 동중서의 주장이 (   ) 강화에 도움이 된다고 생각해서 그 의견을 받아들였다.
2. 동 무제는 국가 기관으로 (   )을/를 두어 오경을 가르치게 하였다.
3. 동 한대에 유교가 국가 통치 이념으로 채택되면서 중앙 교육 기관으로 (   )이/가 설립되었다.
4. 세 (   )은/는 무제 때 국가의 통치 이념으로 채택된 이후 중국의 대표적 통치 사상으로 자리잡았다.

기출 텍스트

1. 전 동중서는 (   )을/를 연구하여 천하의 치란흥망에는 그것에 앞서 하늘이 재이(災異)를 보인다고 주장하였다.
2. 전 동중서의 주장은 한 무제 때 유학이 (   )을/를 옹호하는 이념으로 자리 잡는 계기를 마련하였다.
3. 전 동중서의 주장은 도참과 (   ) 등 신비주의적 학설을 발전시켰다.
4. 수 한 무제는 동중서의 건의를 받아들여 (   )을/를 설치하였다.

빈칸 정답

	교과서 텍스트	기출 텍스트
1	황제권	『춘추공양전』
2	오경박사	황제 권력
3	태학	참위설
4	유교	태학

PART 04

THEME

086 왕충의 사상

① 善則逢吉, 惡則遇凶, 天道自然, 非爲人也.

—『論衡』「卜筮」

② 夫人不能以行感天, 天亦不隨行而應人.

—『論衡』「明雩」

③ 夫天道, 自然也, 無爲. ④ 如譴告人, 是有爲, 非自然也.

—『論衡』「譴告」

주요 어휘

逢 만날 **봉**	吉 길할 **길**	遇 만날 **우**	凶 흉할 **흉**	感 느낄 **감**
隨 따를 **수**	應 응할 **응**	如 같을 **여**	譴 꾸짖을 **견**	告 알릴 **고**

한자 독음

① 선즉봉길, 악즉우흉, 천도자연, 비위인야.

② 부인불능이행감천, 천역불수행이응인.

③ 부천도, 자연야, 무위. ④ 여견고인, 시유위, 비자연야.

1. 국문 해석

① 선하면 길함을 만나고, 악하면 흉함을 만나는데, 그것은 하늘의 도가 본래 그러한 것이지 사람을 위한 것이 아니다.

– 『논형(論衡)』「복서(卜筮)」

② 사람은 행동으로 하늘을 감동시킬 수 없고, 하늘 또한 행동에 따라 인간에게 감응하지 않는다.

– 『논형(論衡)』「명우(明雩)」

③ 하늘의 도는 자연이며 무위이다. ④ 하늘이 만일 인간을 꾸짖고 알려준다면 이것은 유위이지 자연이 아니다.

– 『논형(論衡)』「견고(譴告)」

2. 사료 해설

금문학파인 동중서의 활동 이후 도참이나 참위와 같은 신비주의적·비합리적 경향이 강하게 나타났다. 후한 시기에 접어들어 이러한 경향에 대한 비판적인 움직임이 본격적으로 나타났다.

왕충(王充)의 『논형(論衡)』은 이러한 움직임의 대표적인 저작이라고 할 수 있는데, 사실 이 책은 당시의 여러 가지 철학적 문제에 대한 진리 추구를 담고 있는 책이다. 가장 많이 인용되는 「명우편(明雩篇)」에서는 동중서의 천인상응설에 반박하면서, 모든 존재가 기(氣)로 이루어지고 기의 전개에 따라 자연 현상, 인간의 운명 등이 결정된다고 주장하였다. 또한 「문공편(問孔篇)」에서는 인간 공자에 대해 한나라 속유(俗儒)들이 지나치게 성인화·신격화시켰다고 하여 성인화된 공자를 본래의 모습으로 회복시켜야 한다고 주장하였다. 그리고 「자맹편(刺孟篇)」에서는 맹자의 사상을 분석·비판하였고, 「길험편(吉驗篇)」에서는 당시 강대한 국력을 자랑하던 부여의 건국 신화에 대해 다루기도 하였다.

PART 04

사료 Plus+

- 천도(天道)는 자연이고 무위(無爲)이다. 무엇으로써 하늘이 자연임을 알 수 있는가? 하늘은 입과 눈이 없기 때문이다. 생각하건대 의도적인 행위를 하는 자는 눈이나 입과 같은 감각 기관이 있어야 한다. 입은 먹고자 하고, 눈은 보고자 하므로 인간의 내면에 욕망이 싹트고 이것이 밖으로 표출되어 진다. 입과 눈을 통해 먹을 것과 입을 것을 추구하게 되고 이를 얻어야 만족하게 되는 것이 욕망의 작용이다. 입과 눈의 욕망이 없고, 만물에 대하여 추구하는 것도 없는 하늘이 어떻게 의도적인 행위를 할 수 있겠는가?

  – 『논형(論衡)』

- 『논형(論衡)』의 핵심은 한마디로 논하면 '거짓을 미워함'이다. 가짜가 진실한 것보다 잘난체하고 진짜가 거짓에 의해 난도질을 당하는데도 사람들이 깨닫지 못하니 옳고 그름이 바로 잡히지 않는다. 이는 자주색과 붉은색을 뒤섞는 것이요. 기왓장과 보옥을 한데 쌓아놓는 것이다. 사물의 경중을 가려 서술하고 참과 거짓의 표준을 세우기 위하여 『논형』을 쓴다.

  – 『논형(論衡)』

087 왕망의 등장

① 夫改定神祇, 上儀也. ② 欽修百祀, 咸秩也. ③ 明堂雍臺, 壯觀也. ④ 九廟長壽, 極孝也. ⑤ 制成六經, 洪業也. … ⑥ 況堂堂有新, 正丁厥時, 崇嶽渟海通瀆之神, 咸設壇場, 望受命之臻焉.

— 『文選』 符命

⑦ 乃均土地, 以稽其人民而周知其數. ⑧ 上地家七人, 可任也者家三人. ⑨ 中地家六人, 可任也者二家五人. ⑩ 下地家五人, 可任也者家二人.

— 『周禮』 地官 小司徒

주요 어휘

夫 대저 **부**	祇 토지의 신 **기**	欽 공경할 **흠**	修 닦을 **수**	咸 다 **함**
秩 차례 **질**	雍 학교 **옹**	臺 돈대 **대**	極 다할 **극**	況 하물며 **황**
厥 다할 **궐**	嶽 큰 산 **악**	渟 물이 괼 **정**	瀆 도랑 **독**	設 설립할 **설**
場 터 **장**	望 바랄 **망**	臻 이를 **진**	稽 조사할 **계**	周 두루 **주**

한자 독음

① 부개정신기, 상의야. ② 흠수백사, 함질야. ③ 명당옹대, 장관야. ④ 구묘장수, 극효야. ⑤ 제성육경, 홍업야. … ⑥ 황당당유신, 정정궐시, 숭악정해통독지신, 함설단장, 망수명지진언.

⑦ 내균토지, 이계기인민이주지기수. ⑧ 상지가칠인, 가임야자가삼인. ⑨ 중지가육인, 가임야자이가오인. ⑩ 하지가오인, 가임야자가이인.

1. 국문 해석

① 무릇 천지에 제사지내는 곳을 개정하신 것은 모두 중요한 의례였습니다. ② 온갖 제사를 몸소 정비하신 것은 모두 순서가 있습니다. ③ 명당과 학교를 새롭게 하신 것은 장대한 경관이었습니다. ④ 구묘와 장수궁을 신축하신 것은 대단히 효성스러운 일이었습니다. ⑤ 육경을 제정하여 완성하신 것은 위대한 사업이었습니다. … ⑥ 성대한 신 왕조는 꼭 적절한 시기를 만나, 위대한 산들과 크고 작은 하천의 신들이 모두 단과 터를 만들어 놓고 명을 받는 이가 이르기만을 기다렸습니다.

— 『문선(文選)』 부명(符命)

⑦ 이에 토지를 균등하게 하고 인원수를 두루 파악한다. ⑧ (좋은 땅인) 상지(上地)는 7명의 식구가 있는 집안에 할당하는데, 일을 감당할 수 있는 자는 한 집에 3명이다. ⑨ (보통의 땅인) 중지(中地)는 6명의 식구가 있는 땅에 할당하는데, 일을 감당할 수 있는 자는 두 집에 5명이다. ⑩ (안 좋은 땅인) 하지(下地)에는 5명의 식구가 있는 집에 할당하는데, 일을 감당할 수 있는 자는 한 집에 2명이다.

- 『주례(周禮)』 지관(地官) 소사도(小司徒)

2. 사료 해설

왕망은 유교적 교양을 갖춘 인격자로 왕씨 일족의 신망을 받아 관직에 입문하였다. 입관 후에는 바른 행동 등으로 인해 현자(賢者)로 인정받으며 평판이 좋았다. 그리하여 한 왕조를 안존시킨다는 의미로 안한공(安漢公)이라는 칭호가 주어지기도 하였다. 또한 공평무사를 내세워 자신의 아들조차 가혹하게 처벌할 정도로 엄격함도 갖추고 있었다.

그러나 왕망은 세간의 명망을 이용하여 점차 황제 권력에 대한 야욕을 드러냈다. 평제(平帝)를 죽이고, 두 살 된 유영(劉嬰)을 세워 본격적으로 움직이기 시작하였다. 이 과정에서 당시 유행하던 오행참위설(五行讖緯說)을 교묘히 이용하며 민심을 모으고, 유흠(劉歆) 등의 유학자들을 이용해 여론을 형성하고자 노력하였다. 또한 스스로 가황제(假皇帝)라 칭하고, 신하들에게는 섭황제(攝皇帝)라고 부르게 하였으며, '안한광 왕망은 황제가 되리라.'라는 붉은 글씨가 쓰여진 흰 돌이 나타나게 하는 등 지속적인 여론 공작을 가하였다. 결국 왕망은 여론 조작에 힘입어 선양을 통해 황제가 됨으로써 '신(新)'을 건국하게 되었다.

왕망은 『주례(周禮)』를 앞세워 여러 가지 사회경제적 개혁을 펼쳤다. 먼저 주(周)의 정전법(井田法)을 모방하여 토지개혁을 단행하였는데, 이를 왕전제(王田制)라고 하였다. 왕전제는 전국의 토지를 모두 국유로 하여 사사로이 매매하는 것을 금지하고, 한 집에 남자가 8명 이하일 경우에는 1정(井, 900무)만을 소유하고 나머지는 친척이나 토지가 없는 사람에게 나누어 주도록 하는 것이었다. 이는 당시 대두한 지방호족의 대토지 소유를 제한하고 자영농민의 빈민화를 막으려는 방편이었다. 또 가난한 농민에게 싼 이자의 자금을 융자하여 주는 사대제도(賒貸制度)를 두기도 하였고, 노비매매를 금지하였다. 그리고 화폐 제도의 개혁을 표방하여 오수전을 폐지하였는데, 이러한 정책들은 많은 혼란을 불러일으켰다.

왕망은 대내적인 정책의 실패를 외부로 돌리고자 강압적인 외교 정책을 펼쳤다. 그로 인해 주변국들이 반발하고 흉노와 적대적 관계에 놓이게 되자 대규모 군사를 동원했지만 패배하였다. 결국 적미(赤眉)와 녹림(綠林) 등의 봉기로 인해 정권은 붕괴되어 갔고, 왕망은 장안(長安)의 미앙궁(未央宮)에서 부하에게 찔려 죽음을 당했다.

사료 Plus⁺

수년이 지나 낭야(琅邪) 사람 번숭(樊崇)은 거(莒)에서 기병하여 그 무리 백여 명을 이끌고 전전하다 태산(泰山)으로 들어가 삼로(三老)를 자칭하였다. 이때 청주(靑州)와 서주(徐州)에 대기근이 들어 도적떼들이 벌떼처럼 일어났는데, 군도들은 번숭을 용맹히 여겨 모두 그를 따르니 일 년 만에 그 무리는 만여 명에 달하였다. 번숭과 같은 낭야군 출신인 봉안(逢安), 동해군(東海郡) 사람 서선(徐宣)·사록(謝祿)·양음(楊音)도 각각 거병, 연합하여 수만 명을 이루었는데 이들도 무리를 이끌고 다시 번숭을 따랐다. … 왕망은 평균공(平均公) 염단(廉丹)과 태사(太師) 왕광(王匡)을 보내 이들을 공격하였다. 번숭 등은 싸우려고 보니 그 무리와 왕망의 병사가 혼동될 것이 걱정되어 눈썹을 모두 붉게 칠해 서로 구별되게 하였다. '적미(赤眉)'라는 이름은 여기서 비롯된 것이다.

－『후한서(後漢書)』「열전(列傳)」 유분자(劉盆子)

사료 텍스트 완성하기

교과서 텍스트

1. 세 무제가 죽은 후 권력 다툼이 벌어지는 가운데, 외척 (　　　)이/가 전한을 무너뜨리고 신을 세웠다.
2. 세 왕망은 신을 세운 후 토지의 (　　　), 노비 매매 금지를 추진하였다.

기출 텍스트

1. 전 (　　　)을/를 중요한 경전으로 여기는 학자들은 탁고개제(托古改制)의 논리로써 왕망(王莽)의 왕조 찬탈을 정당화하였다.
2. 수 왕망은 (　　　)을/를 모범으로 삼아 토지·노비·화폐 등 각종 제도를 개혁하여 유교적 이상 국가를 지향하였다.
3. 전 왕망은 (　　　)에 입각하여 고구려왕의 명칭을 하구려후(下句驪侯)로 고쳤다.
4. 전 왕망은 적미(赤眉)와 (　　　)이/가 봉기하여 15년 만에 정권이 몰락하였다.

빈칸 정답

	교과서 텍스트	기출 텍스트
1	왕망	『춘추좌씨전』
2	국유화	『주례』
3		화이 사상
4		녹림(綠林)

088 오두미도와 태평도의 등장

① 光和中, 東方有張角, 漢中有張衡. … ② 角為太平道, 衡為五斗米道. ③ 太平道者, 師持'九節杖'為符祝. ④ 教病人叩頭思過, 因以符水飲之. ⑤ 得病或日淺而愈者, 則云此人信道, 其或不愈, 則云不信道. ⑥ 衡法略與角同, 加施靜室, 使病者處其中思過. … ⑦ 使病者家出米五斗以為常, 故號曰五斗米師. ⑧ 實無益於治病, 但為淫妄, 然小人昏愚, 競共事之. ⑨ 後角被誅, 衡亦亡. ⑩ 及魯在漢中, 因其民信行脩業, 遂增飾之. ⑪ 教使作義舍, 以米肉置其中以止行人, 又教使自隱, 有小過者, 當治道百步, 則罪除. ⑫ 又依月令, 春夏禁殺, 又禁酒. ⑬ 流移寄在其地者, 不敢不奉.

—『三國志』「列傳」張魯

주요 어휘

角 뿔 각	衡 저울대 형	師 스승 사	持 가질 지	符 부신 부
祝 빌 축	叩 두드릴 고	淺 얕을 천	愈 나을 유	施 베풀 시
靜 고요할 정	思 생각할 사	過 지날 과	實 열매 실	益 더할 익
淫 음란할 음	妄 허망할 망	昏 어두울 혼	愚 어리석을 유	競 겨룰 경
被 이불 피	誅 벨 주	增 붙을 증	飾 꾸밀 식	肉 고기 육
止 멈출 지	隱 숨길 은	寄 부칠 기	敢 감히 감	奉 받들 봉

한자 독음

① 광화중, 동방유장각, 한중유장형. … ② 각위태평도, 수위오두미도. ③ 태평도자, 사지'구절장'위부축. ④ 교병인고두사과, 인이부수음지. ⑤ 득병혹일천이유자, 즉운차인신도, 기혹불유, 즉운불신도. ⑥ 형법략여각동, 가시정실, 사병자처기중사과. … ⑦ 사병자가출미오두이위상, 고호왈오두미사. ⑧ 실무익어치병, 단위음망, 연소인혼우, 경공사지. ⑨ 후각피주, 형역망. ⑩ 급로재한중, 인기민신행수업, 수증식지. ⑪ 교사작의사, 이미육치기중이지행인, 우교사자은, 유소과자, 당치도백보, 즉죄제. ⑫ 우의월령, 춘하금살, 우금주. ⑬ 유이기재기지자, 불감불봉.

1. 국문 해석

① 광화(光和) 연간, 동쪽에서는 장각(張角)이, 한중에서는 장형(張衡)이 난리를 일으켰다. … ② 장각(張角)은 태평도(太平道)를 믿었으며, 장형(張衡)은 오두미도(五斗米道)를 유행시켰다. ③ 태평도에서는 그 지도자가 '구절장(九節杖)'이라는 지팡이로 주술을 부렸다. ④ 이는 환자에게 머리를 땅에 대고 잘못을 반성하게 한 뒤 신비한 물을 마시게 하였다. ⑤ 병이 나으면 자신들의 도를 믿었기 때문이라고 하고, 혹 낫지 않으면 그 도를 믿지 않는 탓이라고 하였다. ⑥ 오두미도를 행한 장형의 방법도 장각의 태평도와 거의 같은데, 정실(靜室)을 더하였을 뿐이어서, 여기서 환자들이 잘못을 반성하게 하였다. … ⑦ 환자 집에서 좁쌀 다섯 말씩을 내게 하였으므로, 그 지도자를 오두미사(五斗米師)라고 불렀다. ⑧ 사실 이러한 방법은 병을 치료하는 데 전혀 도움이 안 되는 요망한 술수일 뿐이었으나, 미련하고 어리석은 사람들이 열렬히 따랐다. ⑨ 그 뒤 장각은 토벌되고, 장형 역시 죽었다. ⑩ 그러나 장형의 아들 장로(張魯)가 한중에 있을 때, 그 백성들이 믿고 배워서 술수가 더욱 교묘해졌다. ⑪ 의사(義舍)를 만들고 그 안에 먹을 것을 두어 나그네들이 쉴 수 있게 하였으며, 스스로 헤아려 작은 잘못이 있을 경우 100보(步) 가량의 길을 닦으면 죄가 없어진다고 하였다. ⑫ 또 월령(月令)에 따라 봄과 여름에는 살생을 못하게 하고, 술도 못 먹게 하였다. ⑬ 떠돌아다니다가 이곳에 온 자들은 이를 감히 따르지 않을 수 없었다.

– 『삼국지(三國志)』 「열전(列傳)」 장로(張魯)

2. 사료 해설

장릉(張陵)은 신선 사상과 도가 사상을 기반으로 사천(四川) 지역에서 종교 교단을 형성하였다. 그는 병자로 하여금 교단의 별실에서 참회를 하도록 하고, 그의 이름과 참회문을 적은 내용을 3신[天·地·水神]에게 바쳐 신의 용서를 빌게 함으로써 병을 고칠 수 있다고 하였다[三官年書]. 또한 교단은 그 유지비로 쌀 5두를 바치게 하였기 때문에 이를 오두미교라고 부른다. 이러한 오두미교는 장릉의 아들 장형(張衡)과 손자인 장로(張魯) 등에게 계승되면서 발전하였으나, 이후 조조(曹操)의 공격을 받아 항복하게 되었다(215). 항복 이후 장로는 제후로서 높은 대우를 받았지만, 그 아래 많은 신도들은 여러 지역으로 강제 이주되면서 교단 조직 자체는 크게 약화되었다. 그 후 동진이 건국되면서 오두미교의 거점이 강서성(江西省) 용호산(龍虎山)으로 옮겨가기도 하는데, 이로 인해 오두미교는 강남의 농민층에게 크게 확산되었다.

한편, 장각(張角)은 화북 지방에서 신인(神人)으로부터 받았다고 하는 『태평청령서(太平淸領書)』를 앞세워 태평도(太平道)를 만들어 활동하였다. 장각은 자신을 황천(黃天)에서 보낸 신(神)의 사자, 혹은 대현량사(大賢良師)라 자처하고 새로운 세상이 온다고 주장하였다. 이와 함께 부적과 생명수, 주술로써 병든 농민을 치료하고 구제하였기 때문에 가난과 질병에 시달리고 있던 농민의 마음을 사로잡을 수 있었다. 태평도 세력은 십여 년 간 화북 지방에서 창장강 지역까지 걸쳐 수십만의 신자를 얻게 되었다. 이에 장각은 농민과 지식인 계층의 반정부 성향을 이용하여 신도들을 군사 조직으로 재편[三十六房]하였다. 장각은 '창천(蒼天)은 이미 끝났고 황천(黃天)이 일어나니 때는 갑자년(甲子年)이고 천하는 대길(大吉)이다.'라고 하며, 36명의 장군을 세우고 장군 1명당 1만 명의 병사를 거느리게 하여 일제히 봉기하였다. 이를 '황건적의 난'이라고 하며, 이 봉기는 각지의 군웅들과 정부군에 의해 진압되었다.

위진 남북조 시대에 이르러 오두미교와 태평도는 교리의 확립과 북위의 지원에 힘입어 도교로 발전하게 되었다.

사료 Plus+

보장왕(寶藏王)이 왕위에 오르자 유 · 불 · 도 삼교를 함께 일으키려고 하였다. 당시 총애받던 재상 개소문(蓋蘇文)이 왕을 설득하기를, "유학과 불교는 함께 번성하고 있지만, 도교는 아직 그렇지 못하니, 특별히 당나라에 사신을 보내어 도교를 구해야 합니다."라고 하였다.

—『삼국유사(三國遺事)』 흥법(興法)

사료 텍스트 완성하기

교과서 텍스트

1. 세 지배적 학문으로 자리잡은 (　　　)에 대한 반발로 인해 신선 사상 등 민간 신앙이 도가 사상과 결합하여 태평도, 오두미도 등이 퍼지기도 하였다.
2. 세 (　　　)와/과 태평도 등은 후한 말 농민 반란에도 영향을 주었다.
3. 세 (　　　)은/는 교도들이 황색 천을 표지로 삼았기 때문에 이들을 황건의 무리라고도 불렀다.
4. 동 유학은 한 대에 국교의 지위를 누렸지만, 남북조 시대부터 불교와 (　　　)이/가 융성하면서 그 세력이 약해졌다.

기출 텍스트

1. 전 오두미도의 지도층은 파(巴)와 (　　　) 지역에 30년 정도 독립적인 종교 왕국을 세웠다.
2. 전 (　　　)의 신도들은 입교할 때 다섯 말의 쌀을 바쳤으므로 미적(米賊)이라고 불렀다.
3. 전 (　　　)의 신도들은 갑자년을 맞아 새로운 국가[黃天]의 수립을 목표로 일제히 봉기하였다.
4. 전 (　　　)은/는 오두미도와 태평도의 교리를 아울러 교단의 의례를 정비하여 자신들의 종교를 도교라고 불렀다.

빈칸 정답

	교과서 텍스트	기출 텍스트
1	유교	한중
2	오두미도	오두미도
3	태평도	태평도
4	도교	구겸지

089 인재 선발 제도의 변천

세 비상

① 今立中正, 定九品, 高下任意, 榮辱在手. ② 操人主之威福, 奪天朝之權勢. ③ 愛憎決於心, 情僞由於己. … ④ 上品無寒門, 下品無世族.

—『晉書』「劉毅傳」

⑤ 初, 恒爲州大中正, 鄕人任讓輕薄無行, 爲恒所黜.

—『晉書』「華恒傳」

⑥ 魏氏承顚覆之運, 起喪亂之後, 人士流移, 考詳無地, 故立九品之制, 粗且爲一時選用之本耳.

—『晉書』「衛瓘傳」

⑦ 初秀才科等最高. ⑧ 試方略策五條, 有上上上中上下中上凡四等. ⑨ 貞觀中有擧而不第者. ⑩ 坐其州長由是廢絶. ⑪ 自是士族所趣嚮唯明經進士二科. ⑫ 而已其初止試策, 貞觀八年詔加進士試讀經史一部. ⑬ 至調露二年, 考功員外郞劉思立始奏二科並加帖經.

—『通典』「選擧志」

주요 어휘

任 맡길 / 멋대로 임	意 뜻 / 생각 의	榮 영화 영	辱 욕될 욕	手 손 수
操 잡을 / 장악할 조	威 위엄 위	福 복 복	奪 빼앗을 탈	權 권세 권
勢 기세 세	愛 사랑 애	憎 미워할 증	決 결단할 결	心 마음 심
情 뜻 정	寒 차다 / 가난하다 한	恒 항상 항	讓 사양할 양	輕 가벼울 경
薄 엷을 박	黜 물리칠 출	顚 뒤집힐 전	覆 다시 / 넘어지다 / 배반하다 복	
運 돌 운	起 일어날 기	喪 죽을 상	亂 어지러울 란	流 흐를 류
移 옮길 이	考 상고할 고	詳 자세할 상	粗 거칠 조	選 가릴 선
初 처음 초	秀 빼어날 수	才 재주 재	最 가장 최	試 시험할 시
條 가지 조	擧 일으킬 거	坐 마침내 좌	廢 폐할 폐	絶 끊을 절
趣 뜻 취	嚮 향할 향	唯 오직 유	明 밝을 명	經 경서 경

進 나아갈 진　策 꾀 책　詔 고할 조　讀 읽을 독　調 고를 조
露 이슬 로　奏 아뢸 주　帖 표제 첩

한자 독음

① 금립중정, 정구품, 고하임의, 영욕재수. ② 조인주지위복, 탈천조지권세. ③ 애증결어심, 정위유어기. … ④ 상품무한문, 하품무세족.

⑤ 초, 항위주대중정, 향인임양경박무행, 위항소출.

⑥ 위씨승전복지운, 기상란지후, 인사류이, 고상무지, 고립구품지제, 조차위일시선용지본이.

⑦ 초수재과등최고. ⑧ 시방약책오조, 유상상상중상하중상범사등. ⑨ 정관중유거이부제자. ⑩ 좌기주장유시폐절. ⑪ 자시사족소취향유명경진사이과. ⑫ 이이기초지시책, 정관팔년조가진사시독경사일부. ⑬ 지조로이년, 고공원외랑유사립시주이과병가첩경.

1. 국문 해석

① 지금 중정(中正)을 세워 구품(九品)을 정하고 있는데 등급의 고하(高下) 및 일신의 영욕(榮辱)이 모두 그 손에 달려 있다. ② (중정이) 임금의 위엄과 복[威福]을 조종하여 천자(天子)의 권한을 빼앗고 있습니다. ③ 애증(愛憎)은 마음속에서 결정되었고, 진정(眞情)과 거짓은 자기 자신에게서 나왔다. … ④ 상품(上品)에는 한미한 가문이 없고, 하품(下品)에는 대대로 벼슬한 집안이 없었다.

— 『진서(晉書)』 「유의전(劉毅傳)」

⑤ 처음에 화항(華恒)을 본주의 대중정(大中正)으로 삼았는데, 향인(鄕人) 임양(任讓)이 경박하게 행동하지 않았음에도 화항에게 축출당하였다.

— 『진서(晉書)』 「화항전(華恒傳)」

⑥ 위씨(魏氏)는 전복(顚覆)하는 운명 계승하여 상란(喪亂)의 뒤에 일어났는데, 사족들이 떠돌아다녀 상세히 고려할 형편이 없었으므로 구품의 제도를 세워 대략 한때의 인재를 선발하고자 한 것이다.

— 『진서(晉書)』 「위관전(衛瓘傳)」

⑦ 처음에는 수재과(秀才科)의 수준이 가장 높았다. ⑧ 수재과(秀才科)는 방략(方略)의 책문(策問) 5문제를 부과하여 그 성적을 상상(上上)・상중(上中)・상하(上下)・중상(中上) 4등급으로 나누었다. ⑨ 정관 연간에 지방장관의 추천을 받고도 응시하지 않는 사람이 생겼다. ⑩ 마침내 그 주의 추천은 폐해지고 끊어지게 되었다. ⑪ 이로부터 사족(士族)들은 진사과(進士科)와 명경과(明經科)에만 몰렸다. ⑫ 진사과(進士科)는 처음에 책문(策問)만 부과하였으나 나중에 독경(讀經)과 독사(讀史)를 추가하였다. ⑬ 조로(調露) 2년에는 고공원외랑(考功員外郎) 유사립(劉思立)의 주청(奏請)으로 진사과(進士科)와 명경과(明經科)에 첩경(帖經)을 추가하였다.

— 『통전(通典)』 「선거지(選擧志)」

2. 사료 해설

한나라 시기에는 '찰거징벽(察擧徵辟)'의 제도로 인재를 선발했다. '찰거'란 중앙과 지방의 고급 관리, 즉 승상(丞相) · 후(侯) · 자사(刺史) · 군수(郡守) 등이 세심한 관찰을 통해 뽑은 우수한 인재를 조정에 천거하면, 조정에서 이를 검토하여 관직을 수여하는 것이다. 이는 무제(武帝) 원광(元光) 원년(B.C. 134)에 동중서(董仲舒)의 건의에 의해 군국에서 효자 · 염리(孝子 · 廉吏) 각 1명을 추천하도록 한 것에서 비롯되었다. 이를 향거리선제(鄉擧里選制)라고 하기도 한다. '징벽'이란 중앙과 지방의 고급관리들이 소속 관리를 선발하는 제도를 말한다.

위진 남북조 시대에는 9품 중정제가 시행되었다. 이는 조비(曹丕)가 위(魏) 건국을 앞두고 당시 호족들의 지지를 얻고자 시행한 것이었다. 또한 후한 시대의 관직 등용이 외척이나 환관 등에 극도로 문란하였다는 것을 바로잡기 위함도 있었다. 이를 통해 호족들의 지지를 얻어 위 왕조를 출현시키고, 새 왕조에 협조하는 숨은 인재들을 추천에 의해 선발하려는 것이었다.

9품 중정제는 각 주(州) · 군(郡)에 중정관(中正官)을 두고, 그들로 하여금 덕망과 재주를 겸비한 지방의 인물들을 추천받아 선발하려는 것이었다. 이를 위해 중정관은 현지 사정에 밝은 그 지역 출신의 고관이 임명되었다. 각 지역의 중정관은 관할 지역 내의 향론을 살펴 덕망이 있고 재주가 뛰어난 인물을 상상 · 상중 · 상하 등의 9품으로 분류하였는데, 이를 향품(鄕品)이라 하였다. 중앙에서는 지방에서 추천한 향품에 따라 관리로 임명하는 관품을 주었는데, 일반적으로 향품에서 4품을 내려 제수하였다.

그러나 9품 중정제는 호족들에 의한 관직 독점과 귀족화를 촉진하는 도구로만 기능하였다. 이 시기는 이미 호족들에 의해 향론이 장악된 시기였고, 중정관들은 9품을 분류하는 데 있어 가문 등을 중시할 뿐 실제 재능과 학문을 별로 중시하지는 않았기 때문이다. 이 때문에 중소지주들이 관직에 진출하기는 사실상 어려웠다. 게다가 이 법은 위(魏)의 권신 사마의(司馬懿)가 중앙 정권을 장악하고, 군중정(郡中正)의 상부 기구로 주(州)에 대중정(大中正)을 설치하면서 더욱 변질되었다. 즉, 중앙의 사도(司徒)가 대중정을 마음대로 임명하고, 여기에 군중정을 예속시킴으로써 9품 중정제의 운영권까지 장악하였기 때문이다.

새롭게 중국을 통일한 수 왕조는 선거(選擧) 제도를 시행하였다. 이는 더이상 귀족이 관직을 독점하는 것을 막고, 시험에 의해 새 왕조에 충성할 인재를 확보하기 위함이었다. 이는 중소지주들에게도 학식을 갖추면 관리로 나아갈 수 있는 길이 열렸음을 의미했다.

당은 수의 선거제를 계승하여 과거 제도를 확립하였다. 과거시험 과목으로는 수재(秀才) · 진사(進士) · 명경(明經)이 주축을 이루었고, 이 밖에 기술과목으로 명법(明法) · 명산(明算) · 명서(明書) 등이 있었다. 그 가운데 수재과는 당 초기에 폐지되었고, 시문(詩文)으로 시험 보는 진사과(進士科)와 유교 경전을 시험보는 명경과(明經科)가 주류를 이루게 되었다. 그런데 남북조 이래 '귀족은 문학, 한인(寒人)은 경학(經學)'이라는 전통이 당대에도 계속됨에 따라 귀족은 시문(詩文)에 열을 올렸고, 이에 따라 진사과는 응시자가 몰리는 반면 명경과는 급격히 쇠하여 갔다.

한편, 당대에 과거 시험은 관직에 나아갈 수 있는 신분, 즉 자격을 얻는 시험에 불과하였다. 실제 관직에 나아가기 위해서는 일정한 선발과정을 다시 거쳐야 했다. 이러한 선발을 전선(銓選)이라고 한다. 당대의 전선은 이부선(吏部選)・병부선(兵部選) 등이 있었는데, 이부선의 경우 신언서판(身言書判)을 통한 평가가 가장 중요했다.

송대에는 당대의 전선 대신 과거시험 급제자들의 순위에 따라 관품이 등급이 정해지는 방식을 채택하였다. 특히 마지막 단계의 시험인 전시(殿試)에서 황제가 친히 과거 합격자의 석차를 결정하였다. 석차는 초임(初任)과 승진에 더없이 중대한 작용을 하기 때문에 황제에 대한 충성심을 발휘하는 요소로 작용하였다.

명・청대에는 과거제와 학교제가 연계되었다. 학교의 입학시험을 통과한 생원에게만 과거에 응시할 수 있는 자격이 주어졌다. 또한 학위 소지자들을 신사(紳士)라는 이름으로 우대하였다.

사료 Plus+

- 지금 중정관을 두어 9품을 정하고 있는데, 등급의 높고 낮음이 그의 뜻에 달려 있어, 임금의 권세와 은혜를 제멋대로 가지고 놀며 천자의 권한을 빼앗고 있습니다. … 이런 까닭에 상품(上品)에는 천한 가문이 없으며, 하품(下品)에는 권세 있는 가문이 없다고 합니다.

  -『진서(晉書)』

- 이전까지 관원의 임용에 대해 조정은 거의 간여하지 못했다. 앞으로는 대소 관직의 인사권을 모두 이부에 귀속시킨다. 선발 시험 제도를 도입하고, 그 성적과 업무의 실적에 의거하여 인사 명령을 내릴 것이다.

  -『수서(隋書)』

- 한림학사 이방은 사사로운 정을 개입시켜 합격과 불합격을 결정하였다고 제소당하는 일이 있었다. 그렇기 때문에, 황제는 최종 시험장에서 불합격된 사람 360명의 이름을 명부에 기재한 뒤, 그들을 소견하고 195명을 선발하였다. … 그리하여 전시가 통상의 제도로 되었다.

  -『송사(宋史)』

- 사람에게 좋은 일로 독서만한 것이 없다. 공부해야 예의와 도덕의 가르침을 알게 된다. … 지금 천자는 3년에 한 번씩 과거를 시행하고 있다. 비록 산간에 사는 빈천한 집안이라 할지라도 자제가 공부하여 실력을 닦으면 과거에 합격할 수 있다. 그리하여 그 자신은 부귀를 누릴 것이고, 가문에는 영광이 있을 것이다. 그 집안에는 요역이 사라지고 자손이 번성하게 될 것이니, 어찌 멋진 장관이 되지 않겠는가?

  -『적성집(赤城集)』「선거권학문(仙居勸學文)」

사료 텍스트 완성하기

교과서 텍스트

1. 세 위진 남북조 시대에는 관리 선발 제도로 9품 중정제가 실시되었는데, 이를 통해 대부분 유력 ( )이/가 높은 관직을 독점하였다
2. 세 수 문제는 9품 중정제를 폐지하고 과거제를 시행하여 ( )을/를 약화시켰다.
3. 세 당의 귀족은 ( )와/과 음서를 통해 관직을 독점하고 여러 가지 특권을 누렸다.
4. 세 송 태조는 과거제에 ( )을/를 도입하여 황제의 인사권을 강화하였다.

기출 텍스트

1. 수 위(魏)나라는 주·군·현에 모두 크고 작은 ( )을/를 두고, 관할하는 곳의 인물을 평가하여 9등급으로 나누었다.
2. 수 9품 중정제는 ( ) 사회의 형성에 기여하였다.
3. 수 ( )의 도입은 귀족 세력을 견제하기 위한 조치였다.
4. 수 송 태조는 과거 시험의 마지막 단계로서 황제 주관하에 실시되는 ( )을/를 도입하여 권위를 높였다.

빈칸 정답

	교과서 텍스트	기출 텍스트
1	호족	중정
2	문벌 귀족 세력	문벌 귀족
3	과거	과거제
4	전시	전시

090 토지 제도의 변천

동 미래엔 / 세 미래엔

① 方里而井, 井九百畝, 其中爲公田. ② 八家皆私百畝, 同養公田. ③ 公事畢, 然後敢治私事.

－『孟子』

④ 今更名天下田曰'王田', 奴婢曰'私屬', 皆不得賣買. ⑤ 其男口不盈八, 而田過一井者, 分餘田予九族鄰里鄕黨. ⑥ 故無田, 今當受田者, 如制度.

－『漢書』「王莽傳」

⑦ 太祖以任峻爲典農中郞將, 募百姓屯田許下, 得穀百萬斛, 郡國列置田官. ⑧ 數年之中, 所在積粟, 倉廩皆滿.

－『三國志』「魏書」任峻傳

⑨ 男子一人占田七十畝, 女子三十畝. ⑩ 其外丁男課田五十畝, 丁女二十畝, 次丁男半之, 女則不課.

－『晉書』「食貨志」

⑪ 凡給田之制有差. ⑫ 丁男中男以一頃, 老男篤疾廢疾以四十畝, 寡妻妾以三十畝, 若爲戶者則減丁之半. ⑬ 凡田分爲二等, 一曰永業, 一曰口分. ⑭ 丁之田, 二爲永業, 八爲口分.

－『唐六典』「尙書戶部」

주요 어휘

井 우물 **정**	養 기를 **양**	畢 마칠 **필**	敢 감히 **감**	更 고칠 **경**
賣 팔다 **매**	買 사다 **매**	盈 차다 **영**	任 맡길 **임**	峻 높을 **준**
募 모을 **모**	許 허락할 **허**	斛 휘 **곡**	積 쌓을 **적**	粟 조 **속**
廩 곳집 **름**	凡 무릇 **범**	篤 도타울 **독**	疾 병 **질**	廢 폐할 **폐**
寡 적을 **과**	妻 아내 **처**	妾 첩 **첩**	減 덜 **감**	

한자 독음

① 방리이정, 정구백무, 기중위공전. ② 팔가개사백무, 동양공전. ③ 공사필, 연후감치사사.

④ 금경명천하전왈'왕전', 노비왈'사속', 개부득매매. ⑤ 기남구불영팔, 이전과일정자, 분여전여구족린이향당. ⑥ 고무전, 금당수전자, 여제도.

⑦ 태조이임준위전농중랑장, 모백성둔전허하, 득곡백만곡, 군국열치전관. ⑧ 수년지중, 소재적속, 창름개만.

⑨ 남자일인점전칠십무, 여자삼십무. ⑩ 기외정남과전오십무, 정녀이십무, 차정남반지, 여즉불과.

⑪ 범급전지제유차. ⑫ 정남중남이일경, 노남독질폐질이사십무, 과처첩이삼십무, 약위호자즉감정지반. ⑬ 범전분위이등, 일왈영업, 일왈구분. ⑭ 정지전, 이위영업, 팔위구분.

1. 국문 해석

① 사방으로 1리(里)를 정(井)으로 삼는데, 정의 넓이는 900무(畝)이고, 그 가운데는 공전(公田)이다. ② 주변 농경지를 여덟 집이 각각 사전(私田)으로 삼아 100무씩 농사를 짓고, 공전은 함께 일군다. ③ 공전에서 일을 다 마친 다음에야 자신의 사전에 가서 일을 한다.

– 『맹자(孟子)』

④ 지금 천하 토지의 이름을 바꾸어서 '왕전(王田)'이라 하고, 노비는 '사속(私屬)'이라고 하며, 모두 매매를 할 수 없다. ⑤ 그 집에 남자가 8명이 차지 않으면서 전(田)이 1정(井)이 넘는 사람은 나머지의 전지를 친척과 이웃, 마을, 향당에 나누어 준다. ⑥ 옛날에 땅이 없었지만 지금 토지를 마땅히 받을 사람도 이 제도를 따랐다.

– 『한서(漢書)』「왕망전(王莽傳)」

⑦ 태조는 임준을 전농중랑장으로 임명하고 백성을 모집하여 허현(허창)에서 둔전을 실시한 결과 곡식 백만 곡을 얻자 군국마다 모두 전관을 두었다. ⑧ 수년 동안 쌓인 속(粟)으로 창름(倉廩)이 가득하였다.

– 『삼국지(三國志)』「위서(魏書)」 임준전(任峻傳)

⑨ 남자 1명은 점전 70무, 여자는 30무이다. ⑩ 그 밖에 정남(丁男)의 과전은 50무, 정녀(丁女)는 20무, 차정남(次丁男)은 절반이고, (정녀가 아닌) 여자에게는 부과하지 않는다.

– 『진서(晋書)』「식화지(食貨志)」

⑪ 무릇 토지를 지급하는 제도에는 차등이 있다. ⑫ 정남(丁男)과 중남(中男)에게는 1경(頃)을 주고, 노남(老男)과 독질(毒疾)·폐질(廢疾)에게는 구분전(口分田) 40무를 지급하고, 남편과 사별하거나 이혼한 부녀에게는 구분전 30무를 지급한다. ⑬ 무릇 토지는 두 가지인데, 하나는 영업전이고, 하나는 구분전이다. ⑭ 정의 토지는 2가 영업전이고, 8이 구분전이다.

– 『당육전(唐六典)』「상서호부(尚書戶部)」

2. 사료 해설

중국의 토지 제도는 사회 경제적 발달상을 반영하여 변해왔다. 먼저, 『맹자(孟子)』에 나타나 있는 정전제는 서주(西周) 시대 촌락 사회의 토지 분급과 수취 관계를 묘사한 것으로 파악된다. 당시 주왕은 제후와 신하들에게 토지를 하사했고, 이를 받은 제후들 역시 자신들 밑에 있는 경・대부・사에게 하사하였다. 이를 통해 당시의 지배계급은 읍민들에게 조세를 수취하였는데, 이러한 모습이 읍민의 자급을 위한 경지[私田]와 공납분을 공동으로 생산하는 경지[公田]로 구분되어 나타난 것으로 본다. 이러한 농업 생산은 씨족장의 지휘 아래 집단 경작의 방식을 취하며, 씨족장을 통해 전토에 대한 공납과 노역의 의무를 집단적으로 지고 있었던 것으로 본다.

이후 춘추 전국 시대에는 철기 농기구의 발달과 보급으로 인해 농업 생산력이 비약적인 증가를 맞이하였다. 또한 이전의 씨족공동체에 의한 집단 경작이 아닌 5인이 1호를 이루는 표준 농가에 의한 농업 생산이 일반적으로 자리잡게 되었다. 이를 통해 이전보다 경작지가 대폭적으로 늘어나게 되었고, 이를 효과적으로 장악한 이들이 많은 경제적 부 혹은 부강한 국력을 거머쥐게 되었다.

이후 등장한 한나라 시기에는 토지 매입, 불법적 토지 겸병, 황무지 개간 혹은 상업 활동 등을 통해 부를 거머쥔 호족이 등장하였다. 이들의 등장은 필연적으로 자영 농민의 몰락을 초래하였고, 이는 지속적인 농민 반란으로 연결되었다. 이에 무제 시기 동중서와 애제(哀帝) 때 사단(師丹)이 토지 소유를 제한하는 법 등을 제한하였으나 실패하였다. 이는 사회불안의 고조로 이어졌고, 결국 이를 틈타 왕망에 의해 한 왕조가 찬탈되었다.

왕망은 『주례(周禮)』를 내세워 개혁을 단행하였다. 그는 정전제를 모방한 왕전제(王田制)를 실시하고, 노비 매매를 금하였다. 왕전제를 통해 전국의 토지를 모두 국유로 하고 사사로이 매매하는 것을 금하였다. 또한 한 집에 남자가 8명 이하일 경우에는 1정(井)[900무]만을 소유하고 나머지는 친척이나 토지가 없는 사람에게 나누어주도록 하였다. 그러나 이러한 왕망의 개혁은 각지의 호족과 지주들의 반발에 부딪혀 결국 신 왕조의 붕괴로 이어졌다.

이후 후한 시기에는 호족연합적 성격의 영향으로 토지 제한에 대한 시도가 이루어지지는 않았으나, 후한의 멸망으로 도래한 위진 남북조 시기에는 여러 종류의 수전법이 실시되었다.

먼저 196년 조조(曹操)는 북방에서 둔전(屯田)을 실시하고 유랑 농민들을 편제해 1호당 약 100무의 토지를 나누어주었다. 관가 소유의 소를 이용해 경작하는 경우에는 수확량의 60%를, 사용하지 않는 경우에는 수확량의 50%를 지조(地租)로 납부하도록 하였다. 이를 통해 조조 정권은 유민의 생활 안정과 안정적 군량 확보를 할 수 있게 되었다.

이후 등장한 서진은 전국을 통일한 직후인 280년 점전(占田)・과전(課田)이라는 토지 제도를 시행하였다. 일반적으로 점전은 토지를 점유할 수 있는 한도를 규정한 것으로 보며, 과전은 경작의무를 토대로 한 과역을 부담시키는 토지로 본다. 이러한 점과전은 남녀 농민 모두 분배받을 수 있는 것이었고, 이를 통해 농민 1호당 (최소) 100무의 전토를 경작할 수 있었다. 이를 통해 성인 남성의 경우 과전(課田) 50무를 받고, 이에 따라 전조(田租)로 속(粟) 4곡을 냈으며, 정녀와 차정남의 경우도 이와 유사한 비율로 냈을 것으로 보인다.

이후 북위는 485년 균전제를 시행하였다. 이 제도는 정부가 농민들에게 토지를 지급하는 것이었는데, 노전(露田)과 마전(麻田) 혹은 상전(桑田)으로 구분하여 지급하였다. 노전(露田)은 곡물 재배 전용지인데, 남자 40무, 여자 20무를 지급받았고, 70세가 되거나 사망 시 국가에 반환해야만 했다. 그 밖에 마전(麻田)은 마(麻)를 경작하는 것이었고, 이것이 어려우면 상전(桑田)을 지급하여 뽕나무 등을 심도록 하였다. 이러한 마전 혹은 상전의 경우 국가에 대한 반납 없이 상속이 가능하였다. 또한 관리의 경우 관품의 고하에 따라 공전을 지급받았는데, 이는 관직을 마치고 국가에 반납하는 것이었다.

당나라 시기에는 균전제에 새로운 규정을 더하여 성별·나이·건강상태·직업 등에 따라 다른 면적의 토지를 분배하였다. 당대의 균전제는 구분전(口分田)과 영업전(營業田)으로 나뉘어져 있는데, 이는 상속 가능 여부의 차이였다. 구분전은 남자의 경우 18세가 되면 80무(畝)를 지급받고, 60세가 되면 절반을 반납하고, 죽으면 모두 반납하는 것이었다. 영업전의 경우 상속이 가능한 토지였고, 특히 왕공(王公) 이하의 작위(爵位) 소유자 및 직사관(職事官), 산관(散官), 훈관(勳官) 등이 그 지위에 따라 100경(頃)에서 60경까지 지급받을 수 있었다.

그러나 당나라 중엽 이후 이러한 균전제는 극심한 토지 겸병과 과중한 부세(賦稅) 등으로 말미암아 무너져 갔다. 현종 무렵이 되면 토지 겸병이 더욱 확대되고, 이에 따라 농민 경작지의 대부분이 장원(莊園)으로 바뀌어 갔다.

사료 Plus+

- 지금 황상이 즉위하자 사단(師丹)이 다시 건의하였다. "지금은 계속된 평화를 이어받아서 힘 있고 부유한 이민(吏民)들은 자산이 셀 수 없이 많고, 가난하고 약한 사람은 더욱 곤란해졌습니다. 의당 대략이라도 제한하여야 합니다."

  천자가 그것을 의논하라고 내려보냈다. 이에 승상(丞相) 공광(孔光)과 대사공(大司空) 하무(何武)가 주청(奏請)하였다. "제후왕·열후(列侯)·공주(公主)들의 봉국 밖 토지는 제한을 둬야 합니다. 또한 관내후(關內侯), 그리고 관리와 일반 백성[吏民]의 명전은 모두 30경(頃)을 넘을 수 없고, 노비는 30인을 초과하지 못합니다. 기한은 3년으로 다하며, 범하는 자는 관부(官府)로 몰수하겠습니다."

  이때 농지나 주택, 노비의 값이 떨어지게 되자, 임금의 인척[貴戚]과 가까운 이들이 모두 불편해하였다. 이에 조서를 내려서 '또 다음까지 기다리라.'라고 하고는 드디어 묵혀두고 시행하지 아니하였다.

  —『자치통감(資治通鑑)』

- 무덕 7년 고조는 처음으로 율령을 제정하여 전제를 확정하였다. 5척을 1보, 240보를 1묘, 100묘를 1경으로 한다. 정남·중남에게 1경을 준다. 중병이 든 자나 불구자에게는 40묘를 준다. 남편을 잃은 부인에게는 30묘를 준다. 집안을 이루고 있는 자가 있으면 20묘를 더 준다.

  —『구당서(舊唐書)』「식화지(食貨志)」

- 왕공(王公), 백관(百官) 및 부호의 집안은 줄곧 장전(莊田)을 설치하고 마음대로 빼앗아 … 황무지를 빌린다고 하면서 실은 기름진 땅을 빼앗아 버리고, 목장을 설치한다고 하면서 많고 적음을 가리지 않고 산골짜기를 둘러싸 버린다. 그 결과 구분전, 영업전을 위법으로 매매하거나 서류를 고쳐 거짓으로 저당잡혔다고 하며 백성을 내쫓는다. 그리고 달리 객호(客戶)를 두어 소작시킨다.

  —「둔황(敦煌)의 호적(戶籍)」

사료 텍스트 완성하기

교과서 텍스트

1. 세 한은 호족을 견제하기 위해 (　　　)을/를 제한하는 법령을 공포하고 중농 억상책을 시행하였으나, 호족의 성장을 막을 수 없었다.
2. 동 북위의 (　　　)은/는 황폐해진 농경지를 몰락 농민에게 분배한 제도로 국가 통합에 기여하였다.
3. 동 당의 균전제는 일정한 기준 아래 토지를 농민에게 분배하는 제도로, 토지를 받은 농민은 이에 대한 반대급부로 (　　　)을/를 바치고 (　　　)의 임무를 담당했다.
4. 세 당은 7세기 돌궐과 토번, 8세기 (　　　)와의 대립 속에서 통치체제가 흐트러지면서 (　　　)이/가 늘어나 균전제가 무너져 갔다.

기출 텍스트

1. 전 (　　　)은/는 삼국 통일의 재정적 기반이 되었다.
2. 전 균전제는 북위에서 (　　　)와/과 함께 시행되었다.
3. 수 장원이 확산되던 시기에는 지방에서 전권을 지닌 (　　　) 세력이 성장하였다.
4. 수 균전제의 붕괴 이후 빈부격차를 반영하여 1년에 두 차례 세금을 부과하는 (　　　)이/가 시행되었다.

빈칸 정답

	교과서 텍스트	기출 텍스트
1	토지 소유	둔전제
2	균전제	삼장제(三長制)
3	조용조, 부병	절도사
4	위구르, 장원	양세법

THEME | 2009 기출

091 조세 제도의 변천

세 미래엔

① 魏晉有戶調之名. ② 有田者出租賦, 有戶者出布帛, 田之外復有戶矣. ③ 唐初立租・庸・調之法. ④ 有田則有租, 有戶則有調, 有身則有庸. ⑤ 租出穀, 庸出絹, 調出繒細綿布麻, 戶之外復有丁矣. ⑥ 楊炎變為兩稅. ⑦ 人無丁中, 以貧富爲差. ⑧ 雖租庸調之名渾然不見, 其實併庸調而入干祖也. ⑨ 相沿至宋, 未嘗減庸調於租內, 而復斂丁身錢米. ⑩ 後世安之, 謂兩稅租也, 丁身庸調也, 豈知其爲重出之賦乎?

—『明夷待訪錄』「田制」

⑪ 楊炎乃請作兩稅法, … 曰. ⑫ "凡百役之費一錢之斂. ⑬ 先度其數而賦於人, 量出以制入. ⑭ 戶無主客以見居爲簿, 人無丁中以貧富爲差."

—『唐會要』「租稅」

주요 어휘

調 곡식을 낼 **조**	租 세금 **조**	賦 세금 **부**	布 베 **포**	帛 비단 **백**
復 다시 **부**	庸 쓸 / 고용할 **용**	絹 비단 **견**	繒 비단 **증**	細 가늘 **세**
綿 이어질 **면**	麻 삼 **마**	變 변할 **변**	貧 가난할 **빈**	富 부유할 **부**
渾 뒤섞일 **혼**	沿 따를 **연**	未 아닐 **미**	嘗 경험할 / 이전에 **상**	
減 덜다 **감**	斂 거둘 **렴**	安 안존할 / 이에 **안**	減 덜다 **감**	斂 거둘 **렴**

한자 독음

① 위진유호조지명. ② 유전자출조부, 유호자출포백, 전지외부유호의. ③ 당초입조・용・조지법. ④ 유전즉유조, 유호즉유조, 유신즉유용. ⑤ 조출곡, 용출견, 조출증세면포마, 호지외부유정의. ⑥ 양염변위양세. ⑦ 인무정중, 이빈부위차. ⑧ 수조용조지명혼연불견, 기실병용조이입간조야. ⑨ 상연지송, 미상감용조어조내, 이부렴정신전미. ⑩ 후세안지, 위양세조야, 정신용조야, 기지기위중출지부호?

⑪ 양염내청작양세법, … 왈. ⑫ "범백역지비일전지렴. ⑬ 선도기수이부어인, 양출이제입. ⑭ 호무주객이견거위부, 인무정중이빈부위차."

1. 국문 해석

① 호조(戶調)의 명칭이 있다. ② 농지[田]가 있는 자는 조부(租賦)를 내고, 호(戶)가 있는 자는 포와 비단을 내는데, 농지[田] 이외에 다시 호구에 대한 세가 있는 것이다. ③ 당초에는 조용조의 법을 세웠다. ④ 농지[田]가 있으면 조(租)를 내고, 호(戶)가 있으면 조(調)를 내고, 몸[身]이 있으면 용(庸)을 낸다. ⑤ 조(租)는 곡식으로 내고, 용은 비단(絹)으로 내고, 조(調)는 비단과 솜, 포와 마를 내는데, 호에 대한 세금 이외에 다시 정(丁)에 대한 세금이 있었다. ⑥ 양염(楊炎)이 양세법으로 변화시켰다. ⑦ 사람들을 정남[丁]과 중남[中]의 구별 없이 빈부로써 차별을 두었다. ⑧ 비록 조용조의 명칭이 섞여 나타나지는 않았지만, 실제로는 용(庸)과 조(調)를 나란히 하여 조(租)에 넣고 있는 것이다. ⑨ 계승하여 송에게 이르렀는데, 조(租)에서 용(庸)·조(調)를 감하지 않았는데, 다시 정신(丁身)으로 화폐와 쌀[錢米]를 거두었다. ⑩ 후세에 이를 고정시켜놓고 양세법은 조(租)라 하고, 정신(丁身)은 용조(庸調)라 하였으니 어찌 중복해서 거두는 부세임을 알겠는가?

－『명이대방록(明夷待訪錄)』「전제(田制)」

⑪ 양염(楊炎)이 이에 양세법을 만들어 청하며 … 말하였다. ⑫ "무릇 모든 역(役)의 비용은 하나의 세금으로 합쳐 징수한다. ⑬ 세금은 호는 주호와 객호를 구분하지 않고 현재 거주하는 호를 세역 징수 대상으로 장부에 올린다. ⑭ 사람은 정남과 중남을 구분하지 않고 빈부로써 차등을 둔다."

－『당회요(唐會要)』「조세(租稅)」

2. 사료 해설

서진은 280년 '점전(占田)·과전(課田)'의 새로운 토지 제도를 실시하고, 이에 따라 '호조식(戶調式)'이라는 새로운 세제를 반포하였다. 과전(課田)의 분급에 따라 속(粟)을 수취하였으며, 또한 호별로는 호조식(戶調式)에 따라 호당 견 3필과 면 3근, 여자와 준성인의 호는 그 절반을 수취하였다.

당조는 민들에게 균전(均田)의 급전 대가로 조용조(租庸調)와 잡요(雜徭)를 부담하도록 하였다. 조용조는 정남을 기준으로 조(租)는 속(粟) 2석이었고, 용(庸)은 20일간의 역역(力役) 혹은 하루에 견 3척이나 포 3.75척으로 환산해 납부하도록 하였다. 조(調)는 견 2장과 면 3냥을 납부하도록 하였고, 잡요는 지방 관청의 각종 사역에 동원되는 것이었다. 그 외에도 자산을 기준으로 한 호세(戶稅)와 지세(地稅)가 있기는 했으나, 이것은 율령에서는 규정되지 않은 세목이었다.

그러나 당나라 중엽 이후 균전제가 무너짐에 따라 새로운 부세 제도를 확립하니, 그것이 바로 덕종 건중(建中) 원년(780년) 확립된 양세법(兩稅法)이었다. 양세법의 특징은 다음과 같다. 첫째, 호세(戶稅)와 지세(地稅)를 기초로 중요한 세목을 종합하여 단일화하였다. 둘째, 현재 거주지를 기준으로 세금을 걷었다. 셋째, 하세(夏稅)와 추세(秋稅)로 2회 징수하였다. 넷째, '지출을 헤아려 수입을 통제한다[量出制入]'의 원칙을 정하여 지출할 금액을 추정하고 나서 수입의 총액을 확정하여 각지에 할당하였다. 다섯째, 납세할 때에는 전(錢)을 납세의 계산 단위로 삼았다.

송나라 시기에도 여전히 양세법을 사용하였는데, 『송사(宋史)』「식화지(食貨志)」에서는 이를 '민전(民田)의 부(賦)'라고 표현하고 있다. 송대에는 이외에도 허다한 잡세들이 있었다. 도시의 가옥과 택지에서 징수하는 옥세·지세인 '성곽(城郭)의 부(賦)', 인두세인 신정전(身丁錢) 혹은 신정미(身丁米)를 걷는 '정구(丁口)의 부(賦)' 등이 그것이다. 본래 당대의 양세에는 요역도 포함되었으나 송대의 양세는 전세(田稅)만 가리키게 되어 다시금 직역(職役)과 잡요(雜徭)가 출현하였다. 송대에는 자산 정도에 따라 호를 구분하여 역을 부과하였는데, 이를 '차역(差役)'이라고도 불렀다. 이러한 차역은 훗날 왕안석이 등장할 무렵 송대 조세 제도의 가장 큰 폐단으로 지목될 정도였다.

사료 Plus+

- 숙종 지덕(至德) 원재 계미일(2일)에 상황(현종)이 제서를 내려 천하를 사면하였다. 북해(北海) 태수 하란진명이 녹사참군 제오기를 파견하여 촉(蜀)에 들어가 일을 상주하도록 하였는데, 제오기가 상황에게 말하였다. "지금 바야흐로 전쟁을 하는 중이고 재부(財富)가 나오는 곳은 강회(江淮)에 많이 있으니, 빌건대, 신에게 한 직책을 빌려주시면 군대에 부족한 것이 없도록 만들겠습니다." 상황은 기뻐하고 즉시 제오기를 감찰어사 강회조용사로 삼았다.

  — 『자치통감(資治通鑑)』

- 덕종 건중 원년 양염(楊炎)이 다음과 같이 상주하였다. "국가가 처음 세역 제도를 정하였을 때 조용조(租·庸·調)의 법이 있었습니다. … 숙종 지덕 연간 이후 천하에 병사들의 반란이 일어나자, 병란에 따른 백성들의 부담으로 사람들이 굶주리고 고통을 받았습니다. 게다가 물자의 징발과 그 운송 등 온갖 노역을 시킨 결과 백성들이 줄어들어 기존의 세역의 부과 근거였던 호적 등의 공문서가 쓸데없어졌습니다. … 천하 사람들이 피폐해서 떠돌아다니고, 고향 땅에 계속 사는 이가 백 명 중에 네댓 명도 안된지 벌써 거의 30년이나 되었습니다."

  — 『당회요(唐會要)』「조세(租稅)」

- 양염은 폐단을 걱정하여 황제에게 아뢰어 법을 만들어 조세 제도를 하나로 통일하였다. … 빈부에 따라 징수액에 차이를 둔다. 자기 땅에 거주하지 않고 행상을 하는 자는 자신이 머무르고 있는 주현의 세금으로 판매액의 30분의 1을 내게 한다. 거주자의 세금은 여름, 가을에 징수한다.

  — 『신당서(新唐書)』「양염열전(楊炎列傳)」

- 각 현(縣)의 토지세와 요역을 모두 합치고, 각 호의 토지와 성년 남자의 수에 따라 토지세와 요역을 할당하여 관청에 납부하도록 한다. … 각종 잡다한 부담은 모두 합쳐 한 가지 조목(一條)으로 하여, 토지의 넓이에 따라 은으로 징수하여 관청에 바치도록 한다.

  — 『명사(明史)』「식화지(食貨志)」

사료 텍스트 완성하기

교과서 텍스트

1. 세 균전을 지급받은 성인 남자는 국가에 (　　　)의 의무를 지고 군대에 동원되었다.
2. 세 대다수 농민이 소작농으로 몰락하자 당 정부는 재정난을 해결하기 위해 (　　　)을/를 실시하였다.
3. 세 양세법은 각종 세금을 재산의 많고 적음에 따라 (　　　)와/과 가을에 내도록 한 제도로, 명대에 (　　　)이/가 실시될 때가지 유지되었다.
4. 세 일조편법이란 전국적인 토지 조사를 토대로 세분되어 있던 토지세와 잡다한 요역을 통합하여 각 호의 토지와 성년 남자 수에 따라 (　　　)(으)로 내게 한 세제이다.

기출 텍스트

1. 수 당에서는 농민을 대상으로 조용조와 (　　　)을/를 시행하였다.
2. 수 재상 (　　　)은/는 (　　　)에 따라 세액을 결정하고 여름과 가을 두 차례에 걸쳐 징수하는 양세법의 시행을 건의하였다.
3. 수 명은 전국적으로 토지 조사 사업을 실시하고 은으로 세금을 받는 (　　　)을/를 시행하고자 하였다.
4. 수 명에서는 일본과 마닐라로부터 들어온 (　　　)을/를 토대로 일조편법을 시행하였다.

빈칸 정답

	교과서 텍스트	기출 텍스트
1	조용조	부병제
2	일조편법	양염, 국가 재정 지출
3	여름, 양세법	일조편법
4	은	은

092 군사 제도의 변천

① 大統三年, 文帝復以丞相泰爲之. ② 其後功參佐命, 望實俱重者, 亦居此官, 凡八人, … 謂之八柱國. ③ 泰始籍民之才力者爲'府兵', 身租庸調, 一切蠲之. ④ 以農隙講閱戰陳, 馬畜糧備, 六家供之. ⑤ 合爲百府, 每府一郎將主之, 分屬二十四軍. ⑥ 泰任總百揆, 督中外諸軍, 欣以宗室宿望, 從容禁闥而已. ⑦ 餘六人各督二大將軍, 凡十二大將軍. ⑧ 每大將軍各統開府二人, 開府各領一軍. ⑨ 是後功臣位至柱國大將軍 · 開府儀同三司 · 儀同三司者甚衆, 率爲散官, 無所統御, 雖有繼掌其事者, 聞望皆出諸公之下云.

— 『資治通鑑』

⑩ 往者分建府衛, 計戶充兵, 裁足周事. ⑪ 二十一入募, 六十一出軍. … ⑫ 開元六年, 始詔折衝府兵. ⑬ 每六歲一簡. … ⑭ 天下久不用兵, 府兵之法浸壞, 番役更代多不以時, 衛士稍稍亡匿. ⑮ 至是益耗散, 宿衛不能給. ⑯ 宰相張說乃請, 一切募士宿衛.

— 『新唐書』

주요 어휘

復 다시 부	泰 클 태	佐 도울 좌	望 바랄 망	實 열매 실
籍 문서 적	身 몸 신	蠲 밝을 / 덜다 견	隙 틈 극	講 익힐 강
閱 검열할 열	陳 늘어놓을 진	畜 쌓을 축	糧 양식 양	備 갖출 비
供 이바지할 공	屬 엮을 속	總 거느릴 총	欣 기뻐할 흔	每 매양 매
衆 무리 중	統 거느릴 통	御 어거할 어	繼 이을 계	掌 주관할 장
往 옛 왕	裁 분별할 재	募 모을 모	詔 고할 조	衝 찌를 충
浸 잠길 침	壞 무너질 괴	衛 지킬 위	稍 점점 초	匿 숨을 닉
益 더할 익	耗 줄 모	散 흩을 산	請 청할 청	宿 묵을 숙

한자 독음

① 대통삼년, 문제부이승상태위지. ② 기후공참좌명, 망실구중자, 역거차관, 범팔인, … 위지팔주국. ③ 태시적민지재역자위'부병', 신조용조, 일체견지. ④ 이농극강열전진, 마축양비, 육가공지. ⑤ 합위백부, 매부일랑장주지, 분속이십사군. ⑥ 태임총백규, 독중외제군, 흔이종실숙망, 종용금달이이. ⑦ 여육인각독이대장군, 범십이대장군. ⑧ 매대장군각통개부이인, 개부각영일군. ⑨ 시후공신위지주국대장군 · 개부의동삼사 · 의동삼사자심중, 솔위산관, 무소통어, 수유계장기사자, 문망개출제공지하운.

⑩ 왕자분건부위, 계호충병, 재족주사. ⑪ 이십일입모, 육십일출군. … ⑫ 개원육년, 시조절충부병. ⑬ 매육세일간. … ⑭ 천하구불용병, 부병지법침괴, 번역경대다불이시, 위사초초망닉. ⑮ 지시익모산, 숙위불능급. ⑯ 재상장열내청, 일체모사숙위.

1. 국문 해석

① 대통(大統) 3년에 문제(文帝)는 다시 승상 우문태를 (주국대장군으로) 삼았다. ② 그 후에 공로가 천명을 돕는 일에 참여하였고 명망과 실적을 모두 갖춘 사람 또한 이 관직에 두었더니 무릇 여덟 명이었는데 … 이들을 팔주국(八柱國)이라고 불렀다. ③ 우문태는 처음으로 백성들 가운데 재능과 힘 있는 사람을 적(籍)에 넣어 '부병(府兵)'으로 삼고, 이런 사람은 조 · 용 · 조(租 · 庸 · 調) 일체를 덜어주었다. ④ 농한기에는 전투의 진법을 강론하거나 열람하게 하며 말을 기르고 양식을 갖추며 여섯 가구가 그에게 공급하였다. ⑤ 이들은 합하여 100부(府)였으며, 매 부(府)마다 한 명의 낭장(郎將)이 그것을 주관하며 나누어 24군(軍)에 소속시켰다. ⑥ 우문태는 백관을 전체적으로 거느리고 안팎의 여러 군사를 감독하였는데, 원흔은 종실(宗室)이고 오래전부터 명망이 있었기에 궁궐에서 한가하게 지냈을 뿐이었다. ⑦ 나머지 여섯 명은 각각 두 명씩의 대장군을 지휘하니 모두 12대장군이었다. ⑧ 매 대장군마다 각각 개부(開府) 두 명을 통제하게 하고 개부는 각각 일군(一軍)을 다스렸다. ⑨ 이후 공신의 지위는 주국대장군 · 개부의동삼사 · 의동삼사에 이르는 사람이 매우 많았고, 거의 산관(散官)이어서 다스리는 바가 없었으며, 비록 이어서 그 일을 맡는 사람이 있어도 명예와 인망은 모두 여러 공(公)들의 아래에 있었다.

－『자치통감(資治通鑑)』

⑩ 예전에 부위(府衛)를 나누어 세우는데 호(戶)를 계산하여 군사를 세우고 헤아려 족히 일을 이루었다. ⑪ 21세가 되면 군대에 들어오고, 61세가 되면 군대에서 나갔다. … ⑫ 개원 6년에 비로소 부병으로서 절충(折衝)하는 것을 알렸다. ⑬ 매 6년마다 한결같이 하였다. … ⑭ 천하(天下)가 오랫동안 병사를 사용하지 않아 부병의 법이 점점 무너지게 되어 번역(番役)을 다시 교대하는 것을 대부분 제때 하지 못하니 숙위하는 군사들이 점점 도망쳐 숨었다. ⑮ 이에 더욱 소모되고 흩어져 숙위하는 군사들이 공급되지 못하였다. ⑯ 이에 재상 장열(張說)이 마침내 청하여 모든 군사를 모집해서 숙위하였다.

－『신당서(新唐書)』

2. 사료 해설

일반적으로 부병제(府兵制)는 수나라와 당나라에서 실시한 군사 제도를 말한다. 그런데 그 시초를 따지면 서위 시대까지 올라갈 수 있다.

서위 시기 실권자였던 우문태의 군사력은 두 가지로 나누어 볼 수 있다. 6진 등에서 남하한 북족계 군사를 중심으로 하는 진민 세력과 우문태에게 협력하는 관중의 호족들이 이끄는 향병 집단이 그것이었다. 그리고 우문태는 이러한 향병 집단을 적극적으로 조직화하였는데, 이를 책에 따라 '부병제'라고 표현하기도 하고, '부병제의 선구' 등으로 에둘러 표현하기도 한다.

우문태는 당시 향병 집단을 편제하면서 총 24군으로 구성하였다. 집단의 최상위에는 '주국(柱國)'이라고 불리는 최고 사령관 6명을 두고, 이들이 각각 4개의 군을 지휘하도록 하였다. 각각의 '주국' 아래에는 2명의 '대장군'을 두고, '주국'의 통제 아래 각각 2개의 군을 지휘하도록 하였다. 그리고 '대장군' 아래에는 '개부(開府)'라고 불리는 이들이 각각 1군씩 통솔하도록 하였다. 이를 통해 6주국 − 12대장군 − 24개부로 계열화하도록 한 것이다. 이곳의 병사들에게는 세(稅)와 역역(力役) 부담 등을 면제해주었다.

서위를 계승한 북주 시기에 가면 군사 제도는 더욱 확대되어 실시된다. 이러한 편재 방식은 북제에 대한 군사력 우위를 보이게 되어 화북 지역을 통일하는 밑바탕이 되기도 하였다.

그후 수나라와 당나라 시기에 이르러 일반적으로 말하는 '부병제'가 정착된다. 이때의 부병제는 균전제의 시행에 따라 농민들에게 토지를 분급하고, 그에 대간 대가로서 조용조(租庸調)와 부병(府兵)의 부담을 짊어지게 하는 것이었다. 그렇기 때문에 몇몇 책에서는 이때의 부병제를 일컬어 '병농일치적 부병제가 실시되었다.'라고 표현하기도 한다.

당 태종 때인 정관(貞觀) 10년(636) 부병제는 당나라 시기의 병제로 완성되었다. 전국적으로 약 630개의 절충부(折衝府)를 두었고, 여기서 21세~59세의 정남(丁男)들을 등록시켜 농한기에 군사 훈련을 받도록 하였다. 그리고 이들에게 보통 3명당 1명씩 3년에 한 번씩 징집하여 근무하도록 하였는데 이를 번상(番上)이라고 하였다. 이들은 보통 수도의 궁전과 도성 등을 경비하는 12위(衛)·6솔부(率府)가 되어 근무하였고, 재역 기간 중 한번은 진(鎭)·수(戍) 등으로 불리는 변경에 가서 3년간 방인(防人)으로 근무하여야만 했다.

그런데 부병에게는 두 가지 문제점이 있었다. 첫째, 일반 농민들에게는 이러한 병역 부담 자체가 굉장히 부담되었다. 출정 시에 양식과 생활비용, 심지어 무기까지도 개인이 조달해야 했기 때문이다. 물론 정부는 이를 위해 약 100묘(畝)의 토지를 지급하는 균전제를 실시하고, 번상 중에는 조용조 등의 부담을 면제하기는 하였다. 그럼에도 병역 자체에 대한 부담은 컸고, 점차 균전제가 동요됨에 따라 군역 부담을 피해 유랑하는 사태로까지 나아갔다. 둘째, 군역 부담의 편중성이 매우 컸다. 당시 절충부는 전국적으로 630여 개가 설치되었는데, 그중 400여 개가 장안 및 낙양을 중심으로 하는 수도와 그 주변에 설치되어 있었다. 이에 따라 부병역의 부담이 본관이 등록된 지역에 따라 편중되었다.

부병의 부담이 과중해짐에 따라 부병제를 기피하는 움직임이 더욱 커져갔다. 이에 당 현종 시기인 개원(開元) 10년(722) 당시 재상이자 병부상서를 겸임하고 있던 장열(張烈)은 모병으로써 수도 경비병을 확보하자는 의견을 냈다. 이를 계기로 3년 후인 개원(開元) 13년(725) '확기(彍騎)'라고 하는 새로운 병종이 정원 12만 명으로 성립되었다. 그러나 이것은 장열이 개진한 의견과는 달리 한 번에 1개월씩, 1년에 두 번 의무적으로 복무해야 하는 징병제의 형태였다. 이는 변경 근무를 제외하고 수도 근번만을 의무로 하는 것이었다. 그러나 이 역시도 큰 효과를 보기 어려웠기 때문에 확기제도 채 20년이 되지 않아 붕괴하였다.

부병제가 동요되자 당의 변경 방위는 점차 번진(藩鎭)이 맡게 되었다. 최초의 번진은 710년 무렵 설치된 하서(河西)번진이었고, 현종이 재위한 개원(開元, 713~741) 연간에 확대되었다. 이에 따라 병제 전반이 점차 부병제에서 모병제로 이행하게 되었고, 결국 천보(天寶) 8년(749)에는 절충부의 기능이 정지되어 부병제는 공식적인 종말을 맞이하였다.

사료 Plus+

예종 경운 2년(景雲) 하발연사(賀拔延嗣)를 양주도독 겸 하서절도사(河西節度使)로 삼았다. 그 뒤 개원(開元) 연간가지 변경 지역에 있던 삭방(朔方)·농우(隴右)·하동(河東)·하서(河西) 등의 진에 모두 절도사를 두었다. 범양절도사(范陽節度使) 안녹산(安祿山)이 반란을 일으켜 수도를 공략하였다. 천자의 병사들은 약해서 막아내지 못하였고, 결국 장안과 낙양 두 수도를 빼앗겼다. 숙종(肅宗)이 영무(灵武)에서 토벌군을 일으키고, 여러 진들의 병사들도 호응하여 반란군을 무찔렀다.

－『신당서(新唐書)』

사료 텍스트 완성하기

교과서 텍스트

1. 동 당나라 시대 농민은 (　　　)이/가 되어 변경 수비, 도성 방어 등을 담당하였다.
2. 동 (　　　)을/를 전후하여 조용조 제도와 부병제의 운영이 어려워졌고, 이로 인해 율령을 기반으로 하는 통치체제가 동요하였다.

기출 텍스트

1. 전 우문태가 창건한 서위와 그 뒤를 이은 (　　　)은/는 무천진 출신의 호족 장병들과 관중 지방의 토착 귀족의 향병 집단을 하나의 군사 제도로 통일하였다.
2. 수 부병제는 농민들이 평상시 경작을 하다가 전쟁이 일어나면 (　　　)(으)로 소집되어 출전하는 방식이었다.

빈칸 정답

	교과서 텍스트	기출 텍스트
1	부병	북주
2	안사의 난	절충부

093 한유의 사상

① 性之品有上中下三. ② 上焉者善焉而已矣. ③ 中焉者可導而上下也. ④ 下焉者惡焉而已矣. ⑤ 其所以爲性者五, 曰仁, 曰禮, 曰信, 曰義, 曰智. … ⑥ 孟子之言性, 曰'人之性善'. ⑦ 荀子之言性, 曰'人之性惡'. ⑧ 揚子之言性, 曰'人之性善惡混'. ⑨ 夫始善而進惡, 與始惡而進善, 與始也混而今也善惡, 皆擧其中而遺其上下者也. ⑩ 得其一, 而失其二者也.

—『原性』

주요 어휘

性 성품 **성**	善 착할 **선**	導 이끌 **도**	惡 악할 **악**	智 슬기 **지**
孟 맏 **맹**	荀 풀 이름 **순**	揚 오를 **양**	混 섞일 **혼**	夫 대저 **부**
進 나아갈 **진**	遺 버릴 **유**	失 잃을 **실**		

한자 독음

① 성지품유상중하삼. ② 상언자선언이이의. ③ 중언자가도이상하야. ④ 하언자악언이이의. ⑤ 기소이위성자오, 왈인, 왈예, 왈신, 왈의, 왈지. … ⑥ 맹자지언성, 왈'인지성선'. ⑦ 순자지언성, 왈'인지성악'. ⑧ 양자지언성, 왈'인지성선악혼'. ⑨ 부시선이진악, 여시악이진선, 여시야혼이금야선악, 개거기중이유기상하자야. ⑩ 득기일, 이실기이자야.

1. 국문 해석

① 성의 등급은 상·중·하(上·中·下) 3가지가 있다. ② 상품인 사람은 선할 뿐이다. ③ 중품인 사람인 사람은 이끌어주면 위로 올라갈 수도 내려갈 수도 있다. ④ 하품인 사람은 악할 뿐이다. ⑤ 그것이 성이 된 까닭은 5가지이니, 인(仁)·예(禮)·신(信)·의(義)·지(智)가 이것이다. … ⑥ 맹자는 성(性)을 말하며 '사람의 본성은 선(善)하다.'라고 했다. ⑦ 순자는 성(性)을 말하며 '사람의 본성은 악(惡)하다.'라고 했다. ⑧ 양자(揚子)는 성(性)을 말하며 '사람의 본성은 선악(善惡)이 혼재되어 있다.'라고 했다. ⑨ 그렇다면 선하게 태어나 악하게 된다는 것과 악하게 태어나 선하게 된다는 것, 그리고 선악이 혼재한 상태로 태어나 이제 선한 이가 되고 악한 이가 된다는 것은 다 중품인 사람만을 말했을 뿐, 상품과 하품의 사람은 버린 것이다. ⑩ 이는 하나는 얻었으나 두 가지는 잃어버린 것이다.

－『원성(原性)』

2. 사료 해설

당 말 한유(韓愈)는 위진 남북조 시대 이래 흥성해 온 불교와 도교의 폐해를 지적하고 유학(儒學)를 부활시키고자 하였다. 그는『원도(原道)』에서 불교의 법통(法統)에 대항하여 요 － 순 － 우 －탕 － 문왕 － 무왕 － 주공 － 공자 － 맹자로 이어지는 유가의 도통론(道統論)을 내세웠다. 또한 맹자 이후 유학의 전통이 단절되었다고 주장하며, 스스로 맹자의 계승자임을 자처하였고, 인의도덕(仁義道德)을 바탕으로 한 유학 부흥을 내세웠다. 그리고『대학(大學)』과『중용(中庸)』을 인용해 놓았는데, 이는 이전까지 관심을 받지 못했던 두 경전이 관심을 받게 되는 계기가 되었다.

한유는『원성(原性)』에서 인간의 성(性)은 태어날 때 생기며, 이것은 인·의·예·지·신(仁·義·禮·智·信)의 다섯 가지로 구성되어 있다고 보았다. 이러한 성(性)을 다시 상·중·하의 3품으로 구분하였고, 이중 중품의 성은 상하로 움직일 수 있다고 하였는데, 이는 맹자의 성선설이나 순자의 성악설, 양자(양웅)의 성선악혼설(性善惡混說) 등을 모두 포괄하는 것이라 할 수 있다.

이러한 한유의 활동은 성리학의 선구자, 혹은 성리학의 단초를 제공했다고 평가받는다. 왜냐하면 그의 성삼품설(性三品說)이나 그의 제자인 이고의 복성멸정설(復性滅情說) 등의 인성론(人性論)은 송대의 이기설(理氣說)로 계승되어 통합되기 때문이다.

사료 Plus⁺

- 천자로부터 서인에 이르기까지 일체 모두 수신을 근본으로 삼는다.

－『대학(大學)』

- 하늘이 명(命)하신 것을 성(性)이라 이르고, 성(性)을 따름을 도(道)라 이르고, 도(道)를 품절(品節)해 놓음을 교(敎)라 이른다.

－『중용(中庸)』

사료 텍스트 완성하기

교과서 텍스트

1. 동 한대에 유학이 관학으로 발달한 이후 위 · 진 · 남북조 시대에는 (   )와/과 불교가 유행하여 유학이 침체되었다.
2. 동 수 · 당대를 거치며 불교와 도교 사상의 영향을 받아 북송 시기에 우주 원리와 (   )의 본질을 탐구하는 신유학이 대두하였다.

기출 텍스트

1. 전 당 말에 한유는 (   )와/과 도교의 성행에 대하여 유교의 존립을 크게 우려하고 이들을 배척해 유교의 정통성을 재확립하고자 하였다.
2. 전 한유는 (   ) 관념을 제기하여 송대 신유학(新儒學)의 선구적 역할을 하였다.

빈칸 정답

	교과서 텍스트	기출 텍스트
1	도교	불교
2	인간	도통(道通)

참고문헌

한국사 영역[PART 01~03]

· 2015(2018) 교육과정 역사 / 한국사 교과서
· 강종훈, 『사료로 본 한국고대사』, 지성과 인성, 2020.
· 류승렬 외, 『뿌리깊은 한국사 샘이 깊은 이야기』 7권(전권) 세트, 가람기획, 2016.
· 만인만색연구자네트워크 모임, 『만인만색 역사공작단』, 서해문집, 2021.
· 변태섭, 『한국사통론』, 삼영사, 2007.
· 여호규 외, 『한국고대사』 1-2권, 푸른역사, 2016.
· 우리역사넷(http://contents.history.go.kr/)
· 전덕재, 『이슈와 쟁점으로 읽는 한국고대사』, 역사산책, 2018.
· 젊은역사학자모임, 『욕망 너머의 한국고대사』, 서해문집, 2018.
· 젊은역사학자모임, 『한국 고대사와 사이비역사학』, 역사비평사, 2017.
· 한국고대사학회, 『우리시대의 한국고대사』 1-2권, 주류성, 2017.
· 한국사데이터베이스(http://db.history.go.kr/)
· 한국역사연구회, 『한국고대사산책』, 역사비평사, 2017.

중국사 영역[PART 04]

· 2015(2018) 교육과정 세계사 / 동아시아사 교과서
· 가이즈카 시게키, 배진영 역, 『중국의 역사: 선진시대』, 혜안, 2011.
· 가와카쓰 요시오, 임대희 역, 『중국의 역사: 위진남북조』, 혜안, 2004.
· 김병준 외, 『사료로 보는 아시아사』, 위더스북, 2014.
· 김형종, 『서문으로 보는 중국의 역사 사상』, 위더스북, 2017.
· 누노메 조후 외, 임대희 역, 『중국의 역사: 수당오대』, 혜안, 2001.
· 니시지마 사다오, 최덕경 역, 『중국의 역사: 진한사』, 혜안, 2004.
· 신성곤 외, 『한국인을 위한 중국사』, 서해문집, 2004.
· 신채식, 『동양사개론』, 삼영사, 2018.
· 이근명, 『중국 역사』, 신서원, 2002.
· 이준갑 외, 『아틀라스 중국사』, 사계절, 2015.
· 판슈즈, 이영옥 외 옮김, 『100가지 주제로 본 중국의 역사』, 고려대학교출판부, 2007.

선생님을 위한,

한문사료노트

고대사/중세사

초판인쇄 | 2021. 4. 5. **초판발행** | 2021. 4. 10. **편저자** | 구영모
발행인 | 박 용 **발행처** | (주)박문각출판 **등록** | 2015년 4월 29일 제2015-000104호
주소 | 06654 서울특별시 서초구 효령로 283 서경 B/D **팩스** | (02)584-2927
전화 | 교재 문의 (02)6466-7202, 동영상 문의 (02)6466-7201

저자와의
협의하에
인지생략

ISBN 979-11-6704-013-8 / ISBN 979-11-6704-012-1(세트)
정가 20,000원